钟山风雨起苍黄，百万雄师过大江。
虎踞龙盘今胜昔，天翻地覆慨而慷。
宜将剩勇追穷寇，不可沽名学霸王。
天若有情天亦老，人间正道是沧桑。

红墙图志

撰文／顾保孜

摄影／杜修贤
　　　钱嗣杰
　　　侯　波
　　　徐肖冰

毛泽东

1949~1976 上

中国出版集团有限公司

世界图书出版公司
北京　广州　上海　西安

图书在版编目（CIP）数据

红墙图志：毛泽东（全2册）/ 顾保孜著 . —北京：
世界图书出版公司 , 2016.1（2024.8 重印）
ISBN 978-7-5192-0314-6

Ⅰ . ①红… Ⅱ . ①顾… Ⅲ . ①毛泽东（1893 ～ 1976）
—生平事迹 Ⅳ . ① A752

中国版本图书馆 CIP 数据核字 (2015) 第 230015 号

书　　名	红墙图志：毛泽东（全2册）	
	HONGQIANG TUZHI：MAOZEDONG（QUAN 2 CE）	
著　　者	顾保孜	
总 策 划	吴　迪	
责任编辑	梁沁宁	
特约编辑	刘迁红	
出版发行	世界图书出版有限公司北京分公司	
地　　址	北京市东城区朝内大街 137 号	
邮　　编	100010	
电　　话	010-64033507（总编室）　0431-80787855　13894825720（售后）	
网　　址	http://www.wpcbj.com.cn	
邮　　箱	wpcbjst@vip.163.com	
销　　售	新华书店及各大平台	
印　　刷	北京广达印刷有限公司	
开　　本	787 mm×1092 mm　1/16	
印　　张	32.5	
字　　数	399 千字	
版　　次	2016 年 1 月第 1 版	
印　　次	2024 年 8 月第 4 次印刷	
国际书号	ISBN 978-7-5192-0314-6	
定　　价	128.00 元（全 2 册）	

1965 年 10 月 1 日，毛泽东在天安门城楼上（杜修贤 摄）

1957 年 10 月 1 日，毛泽东在天安门城楼上（侯波 摄）

1958 年，毛泽东在成都（钱嗣杰 摄）

引無數英雄競折腰
惜秦皇漢武略輸文
采唐宗宋祖稍遜風
騷一代天驕成吉思汗
只識彎弓射大雕
俱往矣數風流人物
還看今朝

沁园春

北国风光　千里冰封　万里
雪飘　望长城内外　惟余
莽莽　大河上下　顿失滔滔
舞银蛇　原驰蜡象
欲与天公试比高　须
晴日　看红装素裹　分
外妖娆　江山如此多娇

20世纪60年代，毛泽东在天安门城楼上(杜修贤 摄)

在外人眼里，"中南海"是一个既神秘又庄严的地方——它是中海和南海的合称，旧时与北海并称为"三海"。这里，湖面如镜，殿阁别致。前人赞曰："翡翠层楼浮树杪，芙蓉小殿出波心。"这里，御苑览胜，佳景处处。宝月楼、勤政殿、瀛台、丰泽园、静谷、怀仁堂、紫光阁、颐年堂、芭蕉园、水云榭、摄政王府……真可谓一砖一瓦透历史，一台一榭印风流。

1949~1976年，戎马生涯28年的毛泽东，在中南海又整整工作生活了27个春秋。27年，在历史的长河中只是匆匆一瞥，可对一个人来讲，时间不长，可也不短。"红墙"内是党中央的所在地，它赋予了中国人民全新的意义。"红墙"内的"中南海"，这昔日的皇家园林，再次成为中国人民心目中最神圣、最向往的地方……

中南海（杜修贤　摄）

中南海新华门（杜修贤　摄）

第一章

开国前后

"进京赶考"放豪言

毛泽东等领袖们决定离开大决战的总指挥部西柏坡，驱车进京。毛泽东说：今天是赶考的日子，我们决不当李自成。周恩来说：我们应当都能考试及格

1949 年 3 月 5 日，中国共产党在西柏坡召开了第七届中央委员会第二次全体会议（简称"中共七届二中全会"）。会上，毛泽东提出建立新中国后要定都北平。会后，中央军委从"四野"抽调了一个英雄汽车团，百十辆大小汽车开到河北西柏坡等地，将中央各机关陆续迁往北平。

3 月 23 日，河北省平山县西柏坡已是早春景象。

上午 10 时许，卫士李银桥叫醒了毛泽东。吃过饭，稍事休息后，周恩来开始招呼大家准备出发奔赴北平。临上车时，毛泽东说了一句至今仍让人振聋发聩的话："我们决不当李自成，我们都希望考个好成绩！"

下午 2 时，毛泽东、周恩来、刘少奇、朱德、任弼时五位中共中央书记处书记（时称"五大书记"）偕家属上了吉普车，大家不约而同地回首望了一眼这个大决战总指挥部的所在地，不由得感慨万千。

1949 年 3 月，毛泽东在中国共产党第七届中央委员会第二次全体会议上（历史照片）

西柏坡旧址

1949 年 3 月，北平市长叶剑英到西苑机场迎接"进京赶考"的毛泽东
（徐肖冰　摄）

1949 年 3 月，毛泽东在北平西苑机场
（侯波　摄）

　　长长的车队，在曲曲弯弯的沙土路上卷起滚滚烟尘，车轮朝着历代朝都——北平进发，那里将是共和国开国元勋们收获胜利果实的地方……

　　24 日下午，车队到达河北涿县。叶剑英和滕代远等从北平乘火车赶来，接中央领导进城。晚上研究进城仪式时，不少同志认为，既是胜利之师，入城就该有些气派，至少应是锣鼓喧天，各路人马夹道相迎，以壮中国革命之声势。但中央书记处的书记们基本不赞成"大搞"。不知是谁又提到了李自成进城，于是，大家都愿以此为戒，甘愿头顶上时刻高悬警示之剑。

　　深夜，中共中央领导们改乘专列，向北平进发。上车后，大家又集中到毛泽东所在的车厢，谈论有关北平城内的情况。不知不觉，清华园火车站就到了。华北军区司令员兼平津卫戍区司令聂荣臻、中共北平市委书记彭真和中央社会部部长李克农带车队前来迎接。之后，车队陆续开进颐和园，大家稍作休息，并做入城准备。

　　走进颐和园，大家更加兴奋，目光里除了惊讶，还有一种自豪。这可是一座名扬四海的皇家园林，今天它属于新生共和国的一部分了。

　　下午 3 时，中共中央领导们身着西柏坡时期的棉袄棉裤，外披西柏坡时期的棉大衣，分乘几辆美式旧卧车，准时开往西苑机场。在那里，他们将参加庄严的入城阅兵式，并与各界群众见面。

　　此时的西苑机场已经站满了人，一侧是待命受阅的中国人民

毛泽东在北平西苑机场检阅装甲部队
（徐肖冰　摄）

民主党派人士李济深、无党派民主
人士郭沫若迎接毛泽东（侯波　摄）

解放军战士，阳光下钢盔、战车、枪炮闪着寒光；另一侧是衣着色杂的工农商学各界代表。

下午5时，各位领导人登上检阅车。毛泽东站在第一辆车上，含笑向受阅的部队挥手致意。其后是朱德、刘少奇、周恩来、任弼时的检阅车。士兵们有节奏地喊着口号，群众不停地欢呼雀跃，"万岁"的口号声响彻云霄。

检阅车行至民主人士、人民团体代表面前时徐徐停下，五大书记走下汽车，同他们亲切握手和问候。这些人在重庆时大都见过毛泽东，也同周恩来打过交道。几年没见，今天故友重逢，格外亲切。

半小时之后，周恩来抬腕看了一下表，有些歉意地说："朋友们，先生们，谢谢大家到这里来欢迎毛主席、党中央和人民解放军总部进驻北平。天快黑了，请诸位先生早些回去休息吧，以后请大家见面的机会还多着呢！"

周恩来的话音一落，就响起一片掌声。

告别了大家，领导们乘车到香山双清别墅休息。毛泽东对检阅很满意，他对身边的工作人员说："今天总算完成了一件大事。从现在起，我们就可以向全中国、全世界宣布，中国共产党中央委员会和中国人民解放军总部已经进驻北平了。这标志着中国革命已取得伟大胜利。"停了一下，他又说了一句："但还不是完全胜利。"

1949 年 3 月，中共中央迁至北平，毛泽东在北平西苑机场检阅了中国人民解放军（徐肖冰 摄）

毛泽东在北平香山的双清别墅
（侯波　摄）

双清别墅的故事

毛泽东在这里办了两件大事：
打过长江去,筹建中央政权

1949年3月25日下午，毛泽东等中央领导在西苑机场检阅人民解放军受阅部队后，乘车前往香山双清别墅。

双清别墅坐落在香山寺以南的半山腰，是一个依山而建的小庭院。院子的高坡上涌出两股泉水，晶莹清澈。乾隆曾在山泉旁的石崖上亲笔御题了"双清"二字。

双清别墅淡雅幽静，院内山、水、树、石顺其自然。甘洌的泉水汇集一池，微风吹过，池水泛起涟漪。池边有亭，亭后有屋，因材借景，异常秀丽。

香山的公路是临时抢修的，毛泽东乘坐汽车上山来到双清别墅。

下了车，毛泽东仔细望了望双清别墅的大门，然后大步走了进去。

"这个院子不错呀，比我们在西柏坡的院子还大还漂亮。"毛泽东很高兴地说道。

双清别墅的院子确实不小，房子也很大，是一排坐北朝南的平房，屋子里阳光充足。从西头起，有卫生间、卧室、办公室；中间正厅是会客厅，能容纳20多人；从正厅向东，还有办公室和会客厅；过了会客厅是小餐厅，小餐厅通过一条走廊和厨房相连。

从这一天起，毛泽东在这儿，一直住到六月份进城。期间他只是白天进城到中南海办公，夜里仍回双清别墅休息。

毛泽东第一次走进双清别墅自己的卧室，便对身边的工作人员发了一通脾气。原来，毛泽东对卧室里那张弹簧床极不满意。其实，这间卧室里唯一有些豪华气的家具，就是那张弹簧床。警卫员还是头一次见到这种床，坐在上面就像坐在沙发上一样。他们觉得，这张床要比毛泽东在农村时睡的任何一张床都高级，于是，将这张床摆好。可是，

1949 年春，毛泽东在北平双清别墅（侯波 摄）

毛泽东并不这么想，他看到这张床，声音很高地对工作人员说：
"为什么要给我买这样的床？这床比木板床得多花多少钱？为什么
昨天能睡木板床，今天就不能睡了？我睡木板床已经习惯了，我不
喜欢这个床。"他指示卫士们赶忙撤走弹簧床，并说："我还是睡木
板床舒服。"

于是，管理科的同志们赶紧请木匠为毛泽东赶做了一张大木
板床。毛泽东见了这张床，很满意，而后才上床休息。

后来，这张木板床随着毛泽东被搬进了中南海的菊香书屋。不
久，工作人员又对毛泽东的木板床进行了改造，使它变得更大了，
足有5尺宽。为什么要把木板床加宽呢？因为毛泽东有躺在床上
看书、看报、办公的习惯，床的一半是用来放书的。平时，毛泽东床
上的书堆得足有1尺多高。毛泽东自己说过："人生几乎有一半时
间是在床上度过的。至于我更是比一般人在床上度过的时间要
多。因此，我的床一定要舒服一些。"

在香山的双清别墅，毛泽东要处理的第一件事情，是和国民党
政府的和平谈判。

双清别墅六角亭

毛泽东在双清别墅看报纸

（杜修贤　摄）

遵照毛泽东关于向全国进军的命令，中国人民解放军百万雄师于 1949 年 4 月以排山倒海之势横渡长江（历史照片）

1949 年 4 月 23 日，中国人民解放军占领南京国民党总统府，预示着国民党反动统治的覆灭（历史照片）

　　三大战役后，国民党军队的主力已经基本被消灭，人民解放军解放了长江以北的广大地区，并形成了对国民党军长江防线的军事压力。

　　为了阻止解放军过江，国民党政府提出了和平谈判的要求。中共中央为了早日结束战争，减轻人民的痛苦，接受了这一要求。

　　4 月 1 日，以张治中为首席代表的南京政府和平谈判代表团到达北平。在谈判中，中共代表坚持无论谈判成功与否，解放军都必须渡江，并指出长江在历史上从来没有阻止过中国的统一；但在战犯处理、对待国民党政府和军队人员以及联合政府组成等问题上，可照顾国民党各方的情况，做宽大处理和适宜解决。经过半个月的谈判，双方形成了《国内和平协定（最后修正案）》，但这个协定遭到了南京政府的拒绝。

　　4 月 21 日，毛泽东和朱德下达了向全国进军的命令。

　　在西起湖口、东至江阴的千里战线上，第二野战军分东、中、西三个突击部队，一举突破了国民党苦心经营的长江防线。

　　4 月 23 日，解放军攻占了南京城。预示着蒋介石政权统治中国 22 年的历史结束。

　　在这振奋人心的时刻，毛泽东坐在双清别墅的六角亭下，写下了《七律·人民解放军占领南京》这一光辉诗篇：

> 钟山风雨起苍黄，
> 百万雄师过大江。
> 虎踞龙盘今胜昔，
> 天翻地覆慨而慷。
> 宜将剩勇追穷寇，
> 不可沽名学霸王。
> 天若有情天亦老，
> 人间正道是沧桑。

热情歌颂了中国人民解放战争所取得的这一决定性胜利。

　　随着前线捷报不断传来，在香山上住的

光以在前

毛泽东

1947 年，毛泽东给任弼时女儿任远志题词——光明在前

有些领导人有点儿坐不住了。他们当中有不少是行伍出身，都是子弹堆儿里钻出来的，听惯了枪炮声，几天不打枪手痒心痒全身痒的人。现在一下子没仗打了，他们自然很不习惯，也很不适应了。

不久，他们终于找到了解痒的法子。香山有的是麻雀，打吧！不知是谁挑头儿开了第一枪，于是大家就都尽情一试身手了。

一天，毛泽东开会回来，刚下车，正有几名警卫干部打了麻雀回来。他们枪法好，打了很多，拴成一串儿，兴高采烈地走过来。

毛泽东听到喧笑声，只是随便朝那边望了一眼，突然停住了脚步。

1949 年 6 月，新政治协商会议筹备会常务委员们在中南海开会。一排左起：谭平山、章伯钧、朱德、毛泽东、沈钧儒、李济深、陈嘉庚、沈雁冰，二排左起：黄炎培、马寅初、陈叔通、郭沫若、蔡廷锴、乌兰夫，三排左起：周恩来、林伯渠、蔡畅、张奚若、马叙伦、李立三（侯波　摄）

那几名警卫干部见到毛泽东，礼貌地停止喧哗，放慢脚步。

毛泽东眉梢抖动一下，渐渐聚拢，习惯性地吮吮下唇，问："你们拿的什么呢？"

"打了几只家雀儿。"一位同志将一串儿麻雀举向毛泽东，这样可以清清楚楚地看到鸟羽上沾满的鲜血，甚至有一滴血还被甩了出来，滴落在毛泽东脚前。

毛泽东的脸一抽搐，显出大不忍的悲戚神色。他退了半步，突然以手遮脸，喊起来："拿走，拿开！我不要看。"

那位同志吓得赶紧将滴血的麻雀藏到身后。

"谁叫你们打的？"毛泽东皱紧眉头责问道，"它们也是生命么，麻雀也是有生命的么！它们活得高高兴兴，你们就忍心把它们打死了？招你们惹你们了？"

几位同志无言以对。

"以后不许打，任何人不许打！"

"是首长们先打的。"毛泽东身边的卫士悄悄解释，"后来大家才跟着打……"

"今后任何人不许打，什么首长不首长，告诉他们，我说的，任何人不许打！"

此后，那些疲于奔命的麻雀，又有了安定宁静的生活环境，得以自由地歌唱翱翔，热热闹闹地繁衍子孙……

毛泽东在双清别墅处理的第二件大事，就是会见各民主党派的领导人、人民团体的领导人和无党派的知名人士，协商召开新的政治协商会议，建立中央政权。

毛泽东会见党外知名人士的时候，都特意嘱咐工作人员把吉普车准备好，到山下去接；客人来了，要及时告诉他。

每次客人到来，毛泽东都会走出房间，到院子里迎接，有时还走到大门口去迎接。张澜、李济深、沈钧儒、陈叔通、何香凝、马叙伦等老人来时，毛泽东都亲自走到汽车跟前，搀扶他们下车和上台阶。对此，被会见的人非常感动，他们说："我们都是经过几个朝代的人了，没有哪一个朝代的领导人能和中共的领导人相比。毛主席、周恩来都是和我们平起平坐，心平气和地商量问题。"也有的说："我们过去认为中共领导人能打仗，蒋介石不能打仗，所以失败；现在认识到了，中共政策对头，得到了广大工人、农民的拥护，连我们这些人也拥护，因此，中共必然取胜。蒋介石有钱没有群众，人心向背，不可能不失败。"

有一次，李济深先生到达香山双清别墅，紧紧拉着毛泽东的手说："我这个人你是知道的。我过去是反对共产党的。以后我觉悟了，看到蒋介石反动派丧权辱国，腐败无能，使中华民族贫穷落后、暗无天日，才认识到，只有中国共产党才能救中国。现在，大半个中国已经获得了解放，全国即将解放，我真心诚意地拥护中国共产党，我们全体同志都拥护中国共产党。共产党的领导干部都很谦虚，毛主席、周恩来先生都这么谦虚。我们这次来北平的同志，都是这么认为的，这并不是我个人奉承。"

毛泽东说："我们都是老朋友，互相都了解，不要多夸奖了，应该对我们多提意见，多提批评。这样，才能使咱们今后相处得更好啊！"

李济深先生说："我说的这些，都是实实在在的。我相信，以后在毛主席的领导下，咱们会相处得更好。"

毛泽东于香山(侯波　摄)

菊香书屋新主人

中南海的毛泽东故居在丰泽园内，清朝时即名为"菊香书屋"。这里环境十分清幽典雅，院内古柏葱郁，老槐蔽荫，偏厦飞檐。在很多人的想象中，毛泽东的"菊香书屋"是一个神秘的地方

菊香书屋是个古旧的正四合院，东西南北四面皆有5间房。每个房间几乎都被图书占满，就像图书馆的书库一样，一架架、一排排，分门别类，摆放得整整齐齐。毛泽东的藏书达六七万卷之多，可谓"家藏万卷书"。应该说，这座昔日皇家附庸风雅的书屋，自毛泽东入住后，才真正成为名副其实的书屋。

毛泽东非常喜欢这里的自然景致，非常留恋小院淳朴清爽的气息，工作之余常推门出来自赏。院中遍地蓬勃生长的小草，给了他不少恬淡的心境。

有一天，工作人员想要收拾一下院中的杂草，正要动手，忽然，耳边响起毛泽东浓重的湖南口音："莫拔莫拔，莫伤了无辜生命！"

入夏后，工作人员摆放了许多美丽的盆花在小院门口。

可毛泽东对这样的做法并不赞成。

他心平气和地和大家商量："过去这里是公园，由他们随意美化，我们不干涉。可是现在我住这里，就不要摆了吧，摆一点儿松柏怎么样？"

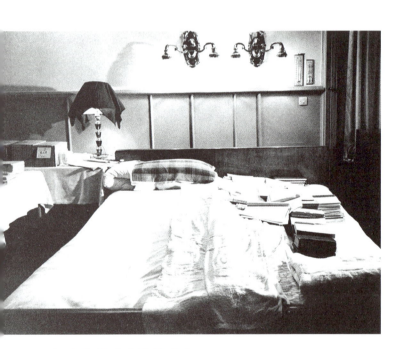

毛泽东在菊香书屋的卧室

他又耐心地解释说："你们知道，到我这里来的人多，以后还会有工人、农民来。"他稍微停顿一下，继续说，"他们来了，就是为看看我，看看我住的地方。如果我这里摆了那么多的花，那他们也会上行下效，养成这种虚荣的风气就不好了。"

听到这里，工作人员才明白毛泽东的良苦用心，马上把盆花挪走了。

随后，征得毛泽东的同意，工作人员只把一棵常绿的棕榈树和一对无花果木摆在院内十字路口处。而走廊上，也只摆了两盆菊和两盆绿草。

对于这样简单而生机盎然的绿色世界，毛泽东极为满意。

毛泽东在丰泽园前（侯波　摄）

"八三四一"的传说

老道无言，给毛泽东写下"八三四一"四个数字

据说毛泽东住香山双清别墅期间，在山上曾遇到一位道术高深的老道，遂向其请教入住中南海何日为吉。老道无言，只写下两个"九"字，亦即9月9日。毛泽东像开玩笑似的又要老道给自己也算算，老道依然无言，接着写下"八三四一"四个数字。毛泽东自幼好读杂书闲籍，却不明白这老道所示何意。

毛泽东入住中南海后，曾跟郭沫若、周谷城、范文澜等几位大学问家朋友探讨过这两组道家术数之谜。对于"九"，倒是易作诠释。因为中国传统以九为大，最为崇高尊贵，如称帝王为"九五之尊"，称帝王居所为"九重宫阙"，称天下为"九天九地""九州方圆"；又如周代称财帛流通之法为"九府圜法"，春秋时颂齐桓公"九合诸侯"之德，魏晋南北朝的选官制度为"九品中正"；再如中国古代的戏曲音乐曲谱集称"九宫大成"，古代国家的宝器称"九鼎大吕"，古代数学典籍称"九章算术"，古代经文典籍称"九经古义"，道家炼丹以"九转金丹"为最高功力……

可惜郭沫若、周谷城、范文澜等人纵是学富五车、才高八斗，也未能在毛泽东生前，给他解答出"九九"和"八三四一"两组数字的奥秘。直至毛泽东1976年9月9日在中南海游泳池居所病逝，"九九"和"八三四一"两组数字才浅露天机："九九"为毛泽东去世之日；"八三四一"则是暗示毛泽东的生命历程为83岁（1893~1976年），他在党内的领袖地位历经41年（1935~1976年）。这是偶合，还是天意？还有人说中南海"8341部队"的番号就是源于此说。

当然啦，以上只是一种传说。仁者见仁，智者见智。

毛泽东在对 8341 部队的战士们讲话
（侯波　摄）

北平站亲迎宋庆龄

宋庆龄曾感叹:"北平是我最伤心之地,我怕到那里去。"但是开国大典的主席台上不能没有宋庆龄。邓颖超受毛泽东、周恩来之托,亲赴上海诚迎宋庆龄北上

新政权经过紧锣密鼓的筹措,各项准备都已就绪,只是有一件事令毛泽东和周恩来颇感不安,那就是宋庆龄女士至今仍在上海,也没函告何时能够北上,参加筹建新政府。

为此,毛泽东和周恩来多次商量,一定要请宋庆龄北上。

1949 年 1 月 19 日,毛泽东、周恩来联名发电报邀请宋庆龄参加新政治协商会议,电文说:"新的政治协商会议将在华北召开,中国人民革命历尽艰辛,中山先生遗志迄今始告实现。至祈先生命驾北来,参加此一人民历史伟大的事业,并对于如何建设新中国予以指导。至于如何由沪北上,已告梦醒和汉年、仲华切商,总期以安全第一,谨电致意,伫盼回音。"

这时的上海尚未解放,蒋介石集团还在做最后的垂死挣扎,并加紧了对革命者的迫害。电报无法被直接送达宋庆龄本人,只好通过地下电台转交。在发出电文时,周恩来特别给地下电台工作人员写了几句话:

"要派孙夫人最信任而又最可靠的人送去,并当面致意。要注意:第一必须要秘密,不能冒失;第二必须要孙夫人完全同意,不能稍涉勉强。如有危险,宁可不动。"

电报是到达了宋庆龄手中,可是这个电台却遭到破坏,工作人员被捕杀。廖梦醒将电文内容告知宋庆龄时,宋庆龄很警惕,她告诉廖梦醒:"你也上了黑名单了,赶快走吧。"廖梦醒密电请示周恩来,周恩来指示她立即转移。宋庆龄让一位外国朋友为廖梦醒买了船票,把她送到香港,自己仍然住在上海。

5 月 27 日,上海解放后,毛泽东委派陈毅和其他领导人前往宋庆龄公馆看望宋庆龄,并派出警卫部队为她站岗放哨,以保证安全。眼见建国的日子临近,却未见宋庆龄成行,毛泽东与周恩来不免有些着急。

"我很想亲自去上海将孙夫人接来,可是哪里离得开呀!"周恩来向毛泽东汇报完与首都文化界人士交谈的情况后,又谈起宋庆龄北上的事情。

"还是派一位女同志去接,可能更有共同语言。"毛泽东说着自己的意见。

"那就派邓颖超去吧。"

"她不是身体不好吗?"

"等做完这件事后再让她休养。"

"我看可以。如顺利成行,将来孙夫人离开时,可以让江青送行。"

"请主席写一封亲笔信,让邓颖超带给孙夫人,这样可能更好些。"

毛泽东写了信:

庆龄先生:

重庆违教,忽近四年。仰望之诚,与日俱积。兹者全国革命胜利在即,建设大计,

亟待商筹，特派邓颖超同志趋前致候，专诚欢迎先生北上。敬
希命驾莅平，以便就近请教，至祈勿却为盼！专此

　　敬颂大安！

毛泽东

一九四九年六月十九日

　　邓颖超带着毛泽东的亲笔信准备出发了。临行前，周恩来也写
了一封信，让邓颖超带上。信中写道：

庆龄先生：

　　沪滨告别，瞬近三年，每当蒋贼肆虐之际，辄以先生安全
为念。今幸解放迅速，先生从此永脱险境，诚人民之大喜，私心
亦为之大慰。现全国胜利在即，新中国建设有待于先生指教者
正多，敢藉颖超专诚迎迓之便，谨陈渴望先生北上之情。敬希
早日命驾，实为至幸。专上。

　　敬颂大安！

周恩来

一九四九、六、廿一

　　此次与邓颖超同行的还有已从香港返回北平的廖梦醒。廖梦
醒曾在宋庆龄身边工作多年，又是廖仲恺、何香凝之女，行事便利。
到达上海后，邓颖超让廖梦醒先去宋庆龄处说明来意。宋庆龄感叹
一声："北平是我最伤心之地，我怕到那里去。"因为孙中山正是在
北平逝世的，当时的种种悲情历历在目。

毛泽东致信宋庆龄

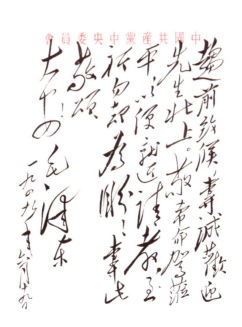
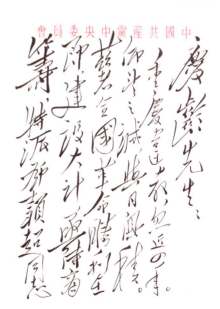

廖梦醒说:"北平将成为红色中国的首都。邓颖超代表中共中央、毛泽东、周恩来特来迎您。您打算什么时候见她?"

宋庆龄拍拍廖梦醒的手,"让我想想好吗?"

过了两天,邓颖超接到了宋庆龄宴请她的请柬。几次交谈之后,邓颖超把宋庆龄说服了,并着手准备北上之行。

8月26日,周恩来将这一消息告诉毛泽东。毛泽东异常高兴,"邓颖超这次上海之行,出色地完成了党中央交给她的任务。"他翻看日历,查看由上海到达北平的火车时间。

周恩来建议:"主席,孙夫人这次能来参加新政协,很不容易。主席能否亲自去车站迎接?"

毛泽东想了一下说:"宋庆龄是一位杰出人物,中国妇女的典型代表。她能与蒋介石决裂,同中国共产党合作,实属不易。我去车站迎接,也是应该的。"不论是在延安,还是初到北平,这是毛泽东第一次亲自到机场或车站迎接客人。

28日,毛泽东早早地就向工作人员打了招呼,他要去车站迎接孙夫人。

宋庆龄乘坐的专列,下午4时15分才进站。车刚刚停稳,毛泽东便走上车厢,迎接孙夫人下车,并与之握手,"欢迎你,欢迎你,一

1949年8月28日,毛泽东等在北平火车站迎接宋庆龄。左起:毛泽东、周恩来、张治中(徐肖冰 摄)

1949 年 8 月 28 日，宋庆龄由上海
抵达北平（历史照片）

路上辛苦了！"

在毛泽东的陪伴下，宋庆龄走下车来。她看上去比实际年龄要
年轻许多，一身黑色栲绸旗袍，加之遵从母亲嘱愿留着盘发，风采
灼人。

周恩来迎上前来问好握手，宋庆龄高兴地说："感谢你派你
的夫人来接我。"周恩来说："欢迎你来和我们一起领导新中国的
建设。"

蔡畅向宋庆龄献上一束花。

宋庆龄由周恩来陪同，与站在月台上的欢迎者一一相见。随
后，宋庆龄与何香凝、邓颖超、周恩来同车前往寓所休息。毛泽东
等才乘车相继离去。

9 月，毛泽东和周恩来再次亲临车站，迎来了国民党原湖南省
政府主席、湖南和平起义将领程潜将军。

时为毛泽东摄影的徐肖冰回忆道："当程潜走下火车后，毛主
席快步迎上去，紧紧握住他的双手。就在握手的刹那间，程潜的泪
水流了下来，激动得说不出话来。"当时还是毛泽东先开了口，风趣

毛泽东与程潜在中南海
（侯波 摄）

地说："多年未见，你历尽艰辛，还很康健，洪福不小啊！这次接你这位老上司来，请你参加政协，共商国家大事。"接着，毛泽东把程潜扶进车里，两人同乘一辆车，来到中南海的菊香书屋。晚宴时，毛泽东对程潜说："二十多年来，我是有家归不得，也见不着思念的乡亲。蒋介石把我逼成个流浪汉，走南闯北，全靠这一双好脚板，几乎踏遍了半个中国。""我们这个民族真是多灾多难啊！经过八年浴血抗战，打败了日本侵略者，也过不成太平日子。阴险的美帝国主义存心让蒋介石来吃掉我们。我们是被迫打了四年内战，打出一个新中国。这是人心所向啊！"

筹建新中国

建立一个新中国，是中国人民多少年来梦寐以求的理想。随着解放战争走向全面胜利，随着建立新中国已成为越来越多人的共同要求，这件事情便被提到现实的议事日程上来了

毛泽东从西柏坡来到北平后，广泛地同各界代表人物接触，和他们共商建国大计。

毛泽东要民主党派"积极参政，共同建设新中国"，这将是新中国政治生活中的一件大事，具有深刻的政治意义。

1949年6月15日至19日，新政治协商会议筹备会第一次全体会议在北平中南海勤政殿召开。参加会议的有中国共产党和各

1949年参加新政治协商会议的中国共产党代表团，一排左起：刘少奇、林伯渠、董必武、吴玉章、徐特立、毛泽东，二排左起：安子文、李克农、彭真、周恩来、齐燕铭，三排左起：刘澜涛、陈云、邢西萍、陆定一（侯波 摄）

民主党派、无党派民主人士及各人民团体等 23 个单位的代表共 134 人。

毛泽东在会议的开幕会上讲话。他说:"中国人民将会看见,中国的命运一经操在人民自己的手里,中国就将如太阳升起在东方那样,以自己的辉煌的光焰普照大地,迅速地荡涤反动政府留下来的污泥浊水,治好战争的创伤,建设起一个崭新的强盛的名副其实的人民共和国。"

这次会议一致通过《新政治协商会议筹备会组织条例》《关于参加新政治协商会议的单位及其代表名额的规定》,选出了以毛泽东为主任的筹备会常务委员会。

新政治协商会议筹备会在以毛泽东为主任的常务委员会之下,设立了六个小组,分别完成以下任务:(一)拟定参加新政治协商会议的单位及其代表名额;(二)起草新政治协商会议组织条例;(三)起草新政治协商会议共同纲领;(四)起草新政治协商会议的大会宣言;(五)拟定中华人民共和国政府方案;(六)拟定国旗、国徽及国歌方案。

对新中国的政体问题,毛泽东一直在思考中。早在 1949 年 1 月,他就批示:"各地新区外均应建立人民代表会议制度,首先是区、村人民代表会议,方能防止命令主义与官僚主义。"

1949 年 9 月 21 日下午 7 时,毛泽东等来到中南海怀仁堂,出席中国人民政治协商会议第一届全体会议(简称"政协第一届全体

1949 年,毛泽东在中国人民政治协商会议第一届全体会议上发表讲话(侯波 摄)

1949 年 9 月 30 日,中国人民政治协商会议第一届全体会议举行闭幕式。左起:刘少奇、朱德、毛泽东、宋庆龄、李济深、张澜(侯波 摄)

夙愿得偿，手持国徽图案的毛泽东不禁开怀大笑（侯波 摄）

宋庆龄在中国人民政治协商会议第一届全体会议上发言（历史照片）

会"）。大会在欢快的《中国人民解放军进行曲》中和场外鸣放的54响礼炮声中隆重开幕，全体代表起立，热烈鼓掌达5分钟之久。这是一个具有历史意义的庄严时刻！

毛泽东在会上致开幕词。他激情豪迈地说：

"诸位代表先生们，我们有一个共同的感觉，这就是我们的工作将写在人类的历史上，它将表明：占人类总数四分之一的中国人从此站立起来了。"

毛泽东的这些话，说出了中国人民此时此刻的共同心声。他所说的"中国人从此站立起来了"，使许多人热泪盈眶。代表们不时报以热烈的掌声。

各民主党派、各界代表88人在会上做了发言。特邀代表宋庆龄说："这是一个历史的跃进，一个建设的巨力，一个新中国的诞生！我们达到今天的历史地位，是由于中国共产党的领导。这是唯一拥有人民大众力量的政党。孙中山先生的民族、民权、民生三大主义的胜利实现，因此得到了最可靠的保证。……让我们现在就着手工作，建立一个独立、民主、和平与富强的新中国。……"

9月27日，政协第一届全体会议一致通过《中华人民共和国中央人民政府组织法》《中国人民政治协商会议组织法》。

中华人民共和国的国都定于北平，自即日起，改名北平为北京。

中华人民共和国的纪年采用公元，今年为1949年。

中华人民共和国的国歌未正式制定前，以《义勇军进行曲》为国歌。

　　中华人民共和国的国旗为五星红旗,象征中国革命人民的大团结。

　　9月29日,政协第一届全体会一致通过《中国人民政治协商会议共同纲领》。它包括序言和总纲、政协机关、军事制度、经济政策、文化教育政策、民族政策、外交政策等七章,是一部中国人民的临时宪法。

　　9月30日,政协第一届全体会选出毛泽东等为政协全国委员会委员;选举毛泽东为中央人民政府主席,朱德、刘少奇、宋庆龄、李济深、张澜、高岗为副主席,陈毅、周恩来等56人为中央人民政府委员。

　　会议发表了由毛泽东起草的《中国人民政治协商会议第一届全体会议宣言》:"中华人民共和国现在宣告成立。中国人民业已有了自己的中央人民政府。这个政府将遵照共同纲领,在全中国境内实施人民民主专政。它将指挥人民解放军将革命战争进行到底,消灭残余敌军,解放全国领土,完成统一中国的伟大事业。它将领导全国人民克服一切困难,进行大规模的经济建设和文化建设,扫除旧中国留下来的贫困和愚昧,逐步地改善人民的物质生活和提高人民的文化生活。""中国的历史,从此开辟了一个新的时代。"

　　当夜幕将要降临时,毛泽东和政协全体代表一起来到天安门广场,为人民英雄纪念碑举行隆重的奠基典礼。在这个庄严肃穆的场合,毛泽东满怀激情地朗声宣读了他亲自撰写的碑文:

　　"三年以来,在人民解放战争和人民革命中牺牲的人民英雄们永垂不朽!三十年以来,在人民解放战争和人民革命中牺牲的人民英雄们永垂不朽!

　　"由此上溯到一千八百四十年,从那时起,为了反对内外敌人,争取民族独立和人民自由幸福,在历次斗争中牺牲的人民英雄们永垂不朽!"

　　这一夜,毛泽东彻夜未眠。第二天黎明,他将迎来中国历史上一个新时代的开始。

1949年9月,在中国人民政治协商会议第一届全体会议上,毛泽东当选为中央人民政府主席(历史照片)

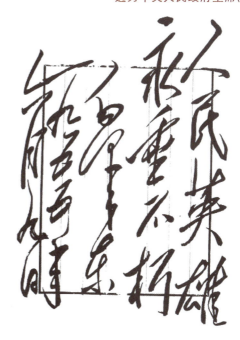

毛泽东为人民英雄纪念碑题词

开国大典

　　中国共产党人经过 28 年的浴血奋斗，终于推翻了国民党反动派的黑暗统治，迎来了新中国的春天

　　1949 年 10 月 1 日，北京是个大晴天。

　　新中国迎来了历史性的一天。

　　下午 3 时，林伯渠在天安门城楼上宣布开国大典开始。随着扩音器传出的《义勇军进行曲》，广场上的群众共同高歌。歌声如狂涛巨澜，震撼着北京城。

　　毛泽东走到麦克风前，朝广场深深地望了一眼，他的肩膀和胸膛微微起伏一下。当那具有划时代意义的庄严激昂的声音"中华人民共和国中央人民政府今天成立了！"如隆隆春雷响彻在神州大地上时，天安门广场上欢声如雷，呼声如潮。从鸦片战争以来，一

1949 年 10 月 1 日下午 2 时，开国大典前，毛泽东宣布中华人民共和国主席、副主席名单（侯波　摄）

直在水深火热的半封建半殖民地社会中苦苦挣扎、艰苦奋斗的占人类总数四分之一的中国人从此站起来,当家做主了。

毛泽东这时的表情是那么庄严、神圣,两眼炯炯发光。

接着,毛泽东按动电钮,人民英雄纪念碑奠基地点前,高高矗立的旗杆上,第一面鲜艳的五星红旗在《义勇军进行曲》激昂的旋律中,在万众翘首仰望的庄严热烈的目光中,冉冉升起,将那伟大、庄严、团结的气氛推向了高潮。

此情此景,亘古未见。毛泽东胸膛起伏不已,他情不自禁地大声喊道:"升得好!"

巨大的红旗缓缓地被蓝天搂到怀里,定格在 22 米高的白色铁杆上。这面五星红旗,长 460 厘米,宽 338 厘米,红色绸料做旗面,黄色缎料做五角星,鲜红中泛着金光,在蔚蓝色天幕的衬托下显得那么艳

1949 年 10 月 1 日,毛泽东、朱德、宋庆龄登上天安门城楼参加开国大典(侯波 摄)

丽、壮美,在轻风吹拂中高高飘扬。仰望国旗,人们任泪水在脸上流淌。百多年来,中国人何时有过这等自豪?今天,中国人民终于扬眉吐气了!

随着五星红旗徐徐升起,礼炮在军乐声中鸣响了。54 尊礼炮同时发出的 28 声巨响,把这庄严的气氛再次推向高潮。54 尊礼炮代表着当时全国的 54 个民族,象征着全国人民大团结。28 响代表着中国共产党从 1921 年诞生,领导中国人民经过 28 年的浴血奋斗,终于取得了革命的伟大胜利。

礼炮响过后,毛泽东向全世界宣读了中央人民政府的第一号公告:"本政府为代表中华人民共和国全国人民的唯一合法政府。凡愿遵守平等、互利及互相尊重领土主权等项原则的任何外国政府,本政府均愿与之建立外交关系。"

之后,朱德宣布阅兵式开始。随着 3 个小时的阅兵式,广场上的人们在欢呼,在跳跃……

黄昏降临时,天安门广场上忽地一下子灯火齐明、花炮竞放。在热烈的气氛中,欢呼的群众开始游行。游行的队伍经过天安门时,人们都高兴得手舞足蹈,振臂高呼:"庆祝中华人民共和国成立!""拥护中央人民政府!""毛主席万岁!"

开国大典（侯波 摄）

毛泽东挥手向游行群众致敬，并对着扩音器高呼："人民万岁！""工人同志们万岁！""农民同志们万岁！""同志们万岁！"

这中间，毛泽东很少到大厅里休息，即使休息片刻，也是与代表们会见、交谈。毛泽东正在与程潜交谈时，周恩来走了进来，为难地说："主席，游行群众站在那里不走了，要见主席！"

是啊！谁也代替不了毛泽东在人民群众心目中的威望，谁也代替不了毛泽东站在主席台上。台下游行的群众，谁都想亲眼看一下毛泽东，谁都想在此时表达自己对领袖的热爱和崇敬之情。见不到毛泽东，谁也不愿意走开。

"毛主席！毛主席！毛主席！……"

当毛泽东出现在主席台上时，台下顿时响起了热烈的掌声和欢呼声。人们眼里含着幸福的泪花，欢呼着、跳跃着，然后才恋恋不舍地离开。一批又一批的群众就是这样走过了天安门。

夜晚，在东西长安大街南北两侧人行道旁，各竖起了一排高而

1949 年 10 月 1 日，毛泽东在北京
天安门城楼上宣读《中华人民共和
国中央人民政府公告》(侯波　摄)

坚固的粗钢管灯座,像手臂一样将硕大的球形路灯朝天举着。每簇灯群由十个炽亮的大灯组成,把大街照得如同白昼,给节日的夜晚增添了火热的气氛。

十月的夜晚有些凉了。毛泽东穿上了那件棕红色的毛衣,在儿女们的簇拥下,坐在天安门城楼上观看焰火。他面朝广场坐在轻便的藤椅上,吸着香烟,任轻柔的烟云在眼前飘动着。他泰然自若地享受着天伦之乐,体会着大业初建的喜悦,同时也缓解着在主席台上站立了五六个小时的疲劳。

五颜六色的焰火,千姿百态,加上焰火腾空的炮声和火花的爆炸声,交织在一起,异彩纷呈。

除了吃饭,从午后3时到晚上9时多,毛泽东一直与人民群众在一起。他站在那里,举着一只手,时而迅速有力地挥动一下,时而庄严地停在半空中。右手举累了就换左手,左手累了又换右手。城楼下的呼喊声越来越响,越来越烈。毛泽东情不自禁地探身到栏

开国大典上,朱德宣布阅兵式开始
(侯波 摄)

阅兵开始（侯波　摄）

阅兵进行中（历史照片）

开国大典的晚上，毛泽东依然和人民群众在一起（侯波 摄）

杆外，去伸手招呼群众，并对着扩音器高呼：

"同志们万岁！

"人民万岁！"

退场的群众发现领袖仍在他们中间，并且高声和他们讲着亲切的话语，便改变了原来向东西分走的路线，潮水一般拥向天安门，挤在金水桥畔，想尽情地看看毛泽东等国家领导人的英姿风采，接受他们的检阅。兴奋的群众热烈地一遍又一遍地高呼：

"毛主席万岁！"

毛泽东也在城楼上激动地呼喊：

"同志们万岁！

"人民万岁！"

一呼一应，一片沸腾，一片热烈。领袖的心和人民的心是连在一起的，共同沉浸在幸福和欢乐之中……

站在毛泽东身旁的陈毅放亮嗓门，激动地大喊："看了这，总算是此生不虚了！"

开国大典结束后，毛泽东乘车回到菊香书屋，激动地说："人民喊我万岁，我也喊人民万岁，这才对得起人民呀！"

"人民万岁！"只有毛泽东，只有与人民有血肉之情的领袖，才能喊得出来。

开国大典之夜的天安门广场（侯波 摄）

第二章

抗美援朝

鸭绿江畔起烽烟

国内经济百废待举之时，东北边境战事又起

1950 年 6 月 25 日，朝鲜战争爆发。

朝鲜人民军同仇敌忾，一开始打得非常顺利，6 月 28 日便解放了汉城。

6 月 27 日，美国出动海军、空军对朝鲜进行武装干涉，并派遣第七舰队入侵我国的台湾海峡，以阻止我军解放台湾。3 天后，美国又派陆军第八集团军直接参加朝鲜地面作战。随后美国又操纵联合国，要挟英国、法国、加拿大、土耳其、澳大利亚等 16 个国家出兵，组成联合国军，另加李承晚的军队，由美军五星上将麦克阿瑟任总司令。8 月初，朝鲜人民军由于英勇作战，已经解放了朝鲜 90% 以上的领土，迫使美军和李承晚军队退守洛东江以东的大丘、釜山一隅。人们都处于高度的兴奋之中，等待着朝鲜实现统一的时刻到来。

当金日成的文告和朝鲜报纸都在宣传即将胜利时，毛泽东却说，现在根本就不是谈胜利的时候，朝鲜领导人和人民军应立即冷

1950 年冬，美国飞机轰炸辽东省安东市（今辽宁丹东）对岸的朝鲜的新义州，战火烧到了鸭绿江边（历史照片）

被美国飞机扫射夺去生命的安东居民的家属（历史照片）

静下来。作为伟大的战略家，毛泽东未雨绸缪，早在半个多月前，就对未来的朝鲜战局有所估计。因战场情况瞬息万变，不好轻易下结论，但有些工作毛泽东已经在做了——1950 年 8 月 5 日他命令：东北边防军务必在 8 月份完成战争准备，以防不测。8 月 18 日，他再次要求：务于 9 月 30 日前完成一切准备。

后来的事实证明，毛泽东的判断是正确的。当周恩来与军事参谋对美军的登陆时间做了预测，即 9 月 15 日是大潮日，美军很有可能在这一天从仁川登陆时，毛泽东格外警惕。他下达了心中酝酿已久的命令。

"立即通知情报部门严密注视朝鲜和英、美、日。立即把我们的看法向斯大林和金日成通报，提供他们参考，希望人民军有后撤和在仁川防守的准备。立即通知东北的第十三兵团要加紧准备，八、九两个月一旦有事，能立即行动。"

果不其然，就在他们预料的那一天，即 1950 年 9 月 15 日，凌晨 5 时，对朝鲜人民军最不利的美军开始实施仁川登陆。

美军占领仁川后，遂向汉城等地出击，一路向北打到"三八线"，并以一部兵力南下水原，策应其正面战线上的部队实施反攻。当时，美国政府为稳住中国，曾传话给我国领导人说只打到"三八线"。当其侵占朝鲜的行动开始前后，又传话给我国说，将在距鸭绿江 40 千米处停止前进。

毛泽东从来没有相信过美国的谎言。

中南海颐年堂点将

金日成请求中国出兵援朝。中央政治局扩大会议研
究出兵援朝问题。林彪以到苏联养病为由拒绝任职,彭德
怀受命于危难之际

自从美军在仁川登陆,中南海居仁堂作战室的那排平房里的
参谋们就一直在通宵达旦地工作。

就在美军登陆仁川的第三天,即 1950 年 9 月 17 日,毛泽东已
预感到形势将会发生大的逆转,不出兵是不行了。他致信东北局的
领导人高岗,要东北方面做好出兵准备。

朝鲜形势日趋恶化。

毛泽东和周恩来认为:在出兵援朝问题上,对外应该先向敌人
发出警告,争取让他们知难而退。如果敌人打到"三八线"时提出和
谈,就不应该放过这样一个机会。对内则请各大军区的负责人再议
一议,掌握好最后出兵的时机,早了不利于充分暴露敌人,晚了又
对我军事上不利。

9 月 30 日,周恩来在全国政协庆祝国庆一周年大会上发表演
说时向世界传递信息:中国人民热爱和平,但是为保卫和平,也从
不害怕战争。中国人民决不能容忍外国的侵略,也不能听任帝国主

春天的中南海颐年堂(杜修贤 摄)

义者对自己的邻人肆行侵略而置之不理。谁要企图把中国五万万人口排除在联合国之外，谁要是抹杀和破坏这四分之一人类的利益而妄想独断地解决与中国有直接关系的任何东方问题，那么，谁就一定要碰得头破血流。

但是，就在周恩来发表演说的同一天，李承晚军第三师越过了"三八线"。

10月1日，正是中华人民共和国第一个国庆日，麦克阿瑟无视中国政府的原则、立场，竟向朝鲜发出"最后通牒"，要求他们无条件投降。当天晚上，金日成便召见中国大使。他说："麦克阿瑟要我们举手，我们从来没有这个习惯。"与此同时，他向毛泽东提出了中国出兵援朝的请求，希望中国集结在鸭绿江边的第十三兵团尽快过江作战。

对金日成的请求，毛泽东立即做出回应。

10月2日开始，毛泽东在中南海颐年堂主持召开中央政治局扩大会议，研究出兵援朝问题。各大区负责人和中央党政军负责人都参加了此次会议。

与会者畅所欲言，确实摆了不少不利因素和困难。毛泽东对周恩来说，让大家放开说，这样便于吸取群众的智慧，丰富决策的依据。很多同志提出的意见非常具有建设性，对完善出兵方案和赴朝后可能遇到的一系列困难，提得非常具体。

但是，在中央政治局会议和军委常委扩大会议上，也确有从一

颐年堂

1950年6月6日，参加中国共产党
第七届中央委员会第三次全体会议
的同志合影。一排左起：周恩来、任
弼时、董必武、林伯渠、徐特立、刘少
奇、毛泽东、朱德、吴玉章、张云逸、
王维舟、古大存（侯波 摄）

开始就唱低调的，林彪就是最突出的一个。

相比之下，彭德怀对出兵朝鲜，态度鲜明而坚决。他是10月4日下午由中央派专机从西安接到北京的。一下飞机，他就赶到颐年堂参加会议，讨论出兵问题。

后来彭德怀回忆说："那天晚上我怎么也睡不着，以为睡沙发床不习惯，享不了那个福，搬到地毯上，还是睡不着。心里老想着美国占领朝鲜后与我隔江相望，威胁我东北，又控制我台湾，威胁我上海、华东。"

第二天，正逢林彪在会上唱反调，彭德怀则态度坚决地说："出兵援朝是完全必要的，无非是等于解放战争晚胜利几年。如果美军重兵摆在鸭绿江岸和台湾，要对我们发动侵略战争，随时都能找到借口，我们还是不得安宁。这个兵我看是非出不可！"

这个与林彪截然不同的发言，赢得了与会者的赞许。

然而，毛泽东的心情却是一言难尽的。不久前，他曾向周恩来透露过让林彪担任志愿军统帅的想法。因为参战部队兵力除第十三兵团的四个军以外还要扩大，第九兵团、第十九兵团、第三兵团、第二十兵团等都准备去参战，指挥工作非一般的将领所能胜任。而

且，出兵的主力是原来"四野"的部队，都是林彪的部下。参战部队
将来的后方东北，又是解放战争时期"四野"的老根据地，对于各
方面情况，林彪都比较熟悉。在各战略区指挥员当中林彪年纪又
最轻，当时只有44岁。林彪是以能打仗、花样多而著称的名将，在
党内军内都有很高的威望。毛泽东很器重他，说他打仗的特点是
又狠又刁。在众人的心目中，林彪去当参战部队的统帅是很合适的。

但是，真的要林彪领兵出征时，他却以到苏联养病为借口拒绝
任职。

联系全国胜利以后林彪不断滋长的右倾保守思想，毛泽东背
着手望着满天繁星，沉思良久后说："个别人的反对无碍大局，历
史照样前进，革命照样胜利。我们的彭大将军，可
说是受命于危难之际啊！相信他一定能打好这次
抗美援朝、保家卫国的战斗！"

在这种情况下，毛泽东只得改派彭德怀挂帅
出征。

在颐年堂开会的那些日子，毛泽东逐个与政
治局委员们谈心，逐个地做工作。他说："我们不
能见死不救，尽管有些同志对出兵有些意见，讲
的都有一定的道理，但是别人处在国家危亡时
刻，作为邻国和社会主义伙伴，我们站在旁边看，
不论怎么说，心里也是难过的。"毛泽东语重心长
的谈话，终于说服了所有的与会者，最终形成了
一致意见——出兵朝鲜。

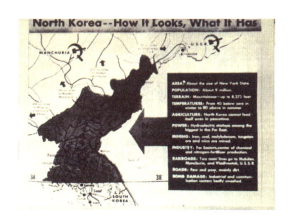

1950年10月13日，《美国新闻与
世界报道》公开刊出这张地图，赤裸
裸地供述美国妄图吞并朝鲜、进攻
中国的计划（历史照片）

民主人士黄炎培要求就"支援军"一事见毛泽东。"支援军"改为"志愿军"。中国政府向世界宣布：中国人民志愿军参加朝鲜人民的抗美斗争

出兵大策一定，接着便是怎么出兵、以什么名义出兵的问题。

如果公开宣布派中国人民解放军赴朝作战，那便是以国家的
名义参战，等于公开向美国宣战。怎么做到师出有名，又不为美军
扩大战争找到借口呢？毛泽东颇费了一番脑筋，为此还征求了不少
民主人士的意见。

刚开始，毛泽东几次找周恩来商议以什么名义出兵。两位领导
人一致认为叫"支援军"比较妥当，支援朝鲜人民嘛，并且作为初步
意见基本定了下来。在总参拟订计划方案时，已开始使用"支援军"
的字样。

但是，初步意见毕竟是初步的，一旦真的要公之于众，毛泽东
又是非常慎重的。他特别注重听取年迈资深的民主人士的意见，他

认为，这些老先生们阅历广，见识多，有许多经验，多听听他们的意见，事情会更加周全。

毛泽东指示，就出兵名义问题征求意见，请民主人士就"支援军"一事谈看法。开始有人觉得用"支援"二字很合适，出兵在即，不必再为此费时了。毛泽东不同意，他说一定要听听多方面的意见。

这一问，意见还真的来了。著名民主人士黄炎培要求就"支援军"一事见毛泽东。毛泽东很重视，也很高兴，亲迎黄炎培来中南海，并和周恩来一起听他谈意见。

黄炎培是上海川沙县人，是辛亥革命时期同盟会会员，1917 年便投身教育事业，九一八事变后积极投身救亡运动，在国内很有影响。毛泽东、周恩来对这位老先生了解颇多，知道他有一些真知灼见又直言不讳，所以很尊敬他。当时黄炎培是中央人民政府委员、政务院副总理、全国政协副主席，对于国家大事，毛泽东和周恩来经常听取他的意见。

"有个问题我们要考虑呀！"黄炎培刚一落座，便开始提意见。他看看毛泽东，又看看周恩来，诚恳而又关切地说："自古道师出有名，名不正则言不顺，这个仗就不那么好打！"

周恩来微笑着说："我们叫支援军，支援朝鲜人民，不是名正言顺嘛！"

黄炎培摇着头说："不，这样叫法是不是师出有名，我看还值得考虑。"

"怎么能说是师出无名呢？先生有何高见？"周恩来问。

毛泽东看看黄炎培，表现出了很大兴趣。

黄炎培像教书先生一样将手向外一挥，说："支援军，顾名思义，那就是国家派遣出去的，那不等于说是我们公开向美国宣战？"

"噢，有道理！"毛泽东伸出手从笔筒里拿出一支很粗的铅笔，将面前稿纸上的"支援"两字一画，改写成两个遒劲有力的大字"志愿"，然后掷笔于桌，欣然道："我们不是跟美国宣战，不是国与国宣战，我们是人民志愿的么！这是民间的事儿，人民志愿去帮助朝鲜人民的，他们不愿看着朝鲜人民挨打。这不是国家与国家的对立！"

周恩来做了一个手势说："'志愿'二字，好！世界上有许多志愿军的先例，马德里保卫战就有各国来的志愿兵。"

七十余岁的黄炎培频频点头，高兴地说："好，师出有名则战无不胜！你们领导人时光珍贵，我没有意见了！"说着就起身告辞。毛泽东、周恩来一起送他上了车。

10 月 8 日，毛泽东发布组成中国人民志愿军令："任命彭德怀同志为中国人民志愿军司令员兼政治委员。"应朝鲜政府请求，"为了援助朝鲜人民解放战争，反对帝国主义及其走狗们的进攻，借以保卫朝鲜人民、中国人民及东方各国人民的利益，着将东北边防军改为中国人民志愿军，迅即向朝鲜境内出动，协同朝鲜同志向侵略者作战并争取光荣的胜利"。命令指出："中国人民志愿军进入朝鲜境内，必须对朝鲜人民、朝鲜人民军、朝鲜民主政府、朝鲜劳动党、其他民主党派及朝鲜人民的领袖金日成同志表示友爱和尊重，严格地遵守军事纪律和政治纪律……"

伴随着命令的下达，聚集在中国东北的几十万中国人民解放军，马上都换上了那种轧出许多道线的志愿军军装，秘密开往鸭绿江。于是，战争史上有了"中国人民志愿军"的称谓。

命令下达的当晚，彭德怀即到了沈阳。这位久经沙场的老将在披挂上阵之际，与一些随行的将军们共饮出征酒。他举起酒杯致辞："从井冈山到朝鲜，还是咱们这些人。咱

自己动手

丰衣足食

泽东

1939 年 2 月，毛泽东在延安生产动员大会上题词——自己动手，丰衣足食们叫志愿军,其实我也不是志愿的。要不是美国军队压到鸭绿江边,我也不会志愿的。现在他打到咱们家门口,我志愿挂帅出征,你们志愿不志愿?"

"志愿!"整齐的回答声以其浑厚的阳刚之气,震荡屋宇,飞出窗外。

斯大林建议金日成到中国东北组织"流亡政府"。毛泽东说:中国出兵的主张决不改变,这不仅是为了朝鲜利益和中国利益,也是为了整个东方、世界的利益

毛泽东关于出兵朝鲜的意见,一俟被中央政治局通过,部队立即全面进入战前准备。在大部队尚未进入朝鲜之前,毛泽东决定派周恩来去苏联面见斯大林,一是陈述中国政府的主张,二是请求苏联给予空军和军需物资的支援。当时的中国,由于连年处于战乱之中,人民生活很苦,国内建设各方面百废待兴,如果再挑起战争负担,的确有很大困难。

中央政治局扩大会议尚未结束,周恩来便偕工作人员师哲、康一民到了莫斯科。当时斯大林正在黑海海滨休假,周恩来又偕同推辞出任志愿军司令而在苏联养病的林彪飞往黑海海滨。

周恩来向斯大林介绍了中国准备出兵赴朝作战,以挽救朝鲜局势、维护世界和平的决定。此前,斯大林对朝鲜局势曾做出估计,他认为,美军越过"三八线"以后,朝鲜至多再坚持一个礼拜,与其进行毫无希望的抵抗,不如尽早撤退。斯大林曾私下建议金日成把主要力量、武器、物资和部分工作人员撤退到中国东北,组织"流亡政府",而把老弱病残撤退到苏联境内。理由是一旦条件成熟,从中国东北入朝比从苏联入朝方便。斯大林的这个态度是低调的,他已经做了朝鲜失败的准备。可当周恩来明确谈了中国的出兵主张后,他又有些犹豫不决了,他担心中国出兵会引起世界战争,从而把苏联拖入战争的旋涡,最终形成美、苏两个大国的对抗。比较起来,他更倾向于组织朝鲜"流亡政府"。

周恩来立即将斯大林的这个态度电告毛泽东。毛泽东接到周恩来的报告后,斩钉截铁地回答:不,中国出兵的主张决不改变,这不仅是为了朝鲜利益和中国利益,也是为了整个东方、世界的利益!就在接到周恩来报告的当天,即10月13日,毛泽东再次主持召开了中央政治局紧急会议。会议一致同意毛泽东的意见,认为出兵朝鲜对中国、对朝鲜、对东方、对世界人民都是有利的。当然,如果朝鲜被美帝国主义占领了,中国作为朝鲜唇齿相依的邻邦,也必然受到西方势力的直接威胁。总之,中国应当参战,必须参战,参战利益极大,不参战损失极大。

斯大林更多的是在顾及本国利益,而对中国出兵犹豫不定。

毛泽东不仅为了中国利益,而且站在世界革命利益的高度,来思考出兵的历史意义。

实事求是地说,在毛泽东坚定不移地把出兵决心电告斯大林后,斯大林的态度还是积极的,苏联提供的物资对抗美援朝战争也起了作用。

当时,苏联提供的部分军火,是作为他们对抗美援朝的物资供应的贡献。这是在会谈中斯大林主动提出来的,只是没有明确表明。因为任务紧急,周恩来准备在下次会见时正式提出这个问题,争取能做出明确的规定。遗憾的是,后来周恩来再也没有机会同斯大林谈及此事。斯大林从没有明确规定,一定要我国偿还这笔军火的费用。后来,他去

世了,这件事便成为一桩悬案。若干年后,中、苏两国关系恶化,中国经济遇到困难,赫鲁晓夫却乘人之危,利用这个遗留问题,向我国要这部分军火的款项,给我国造成很大的负担。

中国人民志愿军 26 万人秘密跨过鸭绿江,向南!向南!再向南!神不知鬼不觉地向南!中、美两军开始了现代历史上的第一次交锋

上甘岭战役(历史照片)

1950 年 10 月 19 日晚 8 时,是一个值得纪念的时刻。中国人民志愿军主力在彭德怀的率领下,肩负着中国共产党和中国人民的重托,高举着抗美援朝、保家卫国的旗帜,雄赳赳、气昂昂地从安东(今丹东)、长甸河口、辑安(今集安)等处跨过了鸭绿江,奔赴抗美援朝的战场。

彭德怀过江后,立即会晤金日成,向他转达毛泽东的部署,大意是 26 万人已过江,准备先进行改装和训练,而后发动进攻。

就在彭德怀和金日成会谈的同一天,毛泽东从大量情报资料中发现敌人还不知道我军已渡江,麦克阿瑟仍在督促部队不顾一切地向鸭绿江挺进。于是,他决定马上改变原来的计划,电告彭德怀,抓住战机,尽快完成战役部署,争取初战胜利。

几乎是同时,彭德怀在听完金日成的介绍后,也致电毛泽东说,目前人民军抗击美伪北犯很困难,敌人在未发现我军行动前仍在北犯冒进,我军以运动战的方式歼灭敌人,是极有可能的。

领袖和将军在战略思想上的一致是胜利的重要基础。

11 月 8 日,中国政府正式向世界宣布:"中国人民志愿军在彭德怀司令员的带领下,渡过了鸭绿江,参加朝鲜人民的抗美战争。"

朝鲜人民为之欢呼。

苏联首脑为之感动。

美国及其同盟为之震惊。

于是,中、美两军开始了现代历史上的第一次交锋。

云山战役中,中国人民志愿军歼灭美骑兵第一师第八团的大部和韩军第一师十二团一部,共 2 000 多人,其中美军 1 800 多人,缴获飞机 4 架。

多年以后,接替麦克阿瑟"联合国军总司令"的李奇微中将,在他的回忆录中也不得不承认:"中国人对云山西面第八骑兵团第三营的进攻,也许达成了最令人震惊的突击性。"

燃烧弹命中志愿军指挥所。毛泽东得知长子牺牲的消息后发出一声叹息："谁叫他是毛泽东的儿子呢！"彭德怀带着负罪的心情来见毛泽东

1950 年 11 月下旬，周恩来正在办公，中央机要室送来一份电报。电文是以志愿军司令部名义发给军委的。

军委并高（岗）、贺（晋年）：

　　我们今日 7 时已进入防空洞，毛岸英同三个参谋在房子内。11 时敌机四架经过时，他们四人已出来。敌机过后，他们四人返回房子内，忽又来敌机四架，投下近百枚燃烧弹，命中房子，当时有两名参谋跑出，毛岸英及高瑞欣未及时跑出被烧死。其他无损失。

　　志司 25 日 16 时。

周恩来愣住了，他忽地一下站起来，重新看了一遍电文。从电报的语气和措辞，他知道这肯定出自彭德怀之手，事情绝对不会错

毛泽东与毛岸英在香山双清别墅
（徐肖冰　摄）

的。因为轰炸的事，他和毛泽东都有过担心。鉴于彭德怀是猛将，打起仗来不要命，他和毛泽东曾几次去电督促："你们的指挥所应建筑可靠的防空洞，保障你们司令部的安全。""你们指挥所应速建坚固的防空洞，立即修建，万勿疏忽！""请你们充分注意机关的安全，千万不可大意！"……没想到还是造成了巨大的不幸，而且牺牲的不是别人，正是毛泽东心爱的儿子。

周恩来呆呆地坐了好一会儿，才拿起毛笔，在电报上写道："刘（少奇）、朱（德），因主席这两天身体不好，故未给他看。"

那几天，毛泽东和江青都患了感冒。

事隔一个多月后的 1951 年 1 月 2 日，周恩来才把毛岸英牺牲的消息先告诉了江青，并在电报后附了一封信：

> 主席、江青同志：
>
> 　　毛岸英同志的牺牲是光荣的。当时我因你们都在感冒中，未将此电送阅，但已送少奇同志阅过。在此事发生前后，我曾连电志司党委及彭，请他们严重注意指挥机关安全问题，前方回来的人亦常提及此事。高瑞欣亦是一个很好的机要参谋。胜利之后，当在大榆洞及其他许多战场多立些纪念中国人民志愿军的烈士墓碑。
>
> 　　　　　　　　　　　　　　　　　周恩来
>
> 　　　　　　　　　　　　　　　　　一、二

毛岸英烈士墓（孟昭瑞　摄）

机要室主任叶子龙自然早已知道了这个情况。那天他给毛泽东送文件，在毛泽东办公室门口遇到医生王鹤滨。他低声而沉痛地告诉王鹤滨："鹤滨同志，毛岸英牺牲在抗美援朝战场上了。毛主席还不知道，还瞒着他哩，怕他知道后，精神上受不了，这是周总理的指示。"很快毛泽东身边的其他工作人员都得知了这个不幸的消息。

毛泽东身体好些后，办完公休息时，叶子龙和江青轻手轻脚地进来，把毛岸英牺牲的事用最简单的语言说了出来。

毛泽东正坐在沙发上，听到消息，慢慢仰起脸，也不说话，眼睛直盯着江青和叶子龙，好像看着两个陌生人。他俩则好像自己犯了错误，不敢说第二遍，也找不到什么劝慰的话，不约而同地垂下了头。

毛泽东敛起目光，漫无目的地四处看了一下，又看向桌上那盒烟。

他伸手拿烟，两次都没从烟盒里抽出烟。站在一旁的卫士李银桥急忙抽出一支，帮他点上。屋里静得掉根针都能听得见，谁也不说一句话，只有毛泽东抽烟的咝咝声，和弥漫在屋里的烟的辣味。毛泽东的手有些轻微抖动，长长的烟灰落在了地上。又沉默了很久，毛泽东吸完第二支烟，把烟头拧灭在烟缸里，用略带沙哑的声音，发出一声叹息："谁叫他是毛泽东的儿子呢！"

毛泽东带着小女儿李讷与中国人民
志愿军战士在一起(侯波　摄)

　　毛泽东湿润的眼窝含着泪,没有落下。他仍然不停地吸烟,边吸边问起毛岸英牺牲的经过,最后只交代了一句:"这个事先不要告诉思齐(毛岸英的爱人)了,晚点儿,尽量晚点儿……"

　　1951年2月,中朝联军第一线兵团连续作战,大量减员,而第二番轮换兵团还远在鸭绿江边。前线部队衣鞋粮弹均未补充,很多战士赤脚作战,这使得彭德怀深为焦虑。他感到战场情况用电报说不清楚,16日急电毛泽东,要求回京向中央面报。毛泽东回电:同意。20日晚,彭德怀带着两名参谋、两名警卫员,乘两辆吉普车,冒着敌机的轰炸离开前线,21日晨到达安东, 聂荣臻派来的专机已在机场等候。11时,飞机降落在沈阳机场加油。东北军区司令部的同志见彭德怀很疲劳, 请他在机场休息室休息一会儿, 他摆摆手说:"我不累,你们别管我!"他不进休息室,既不吃饭,也不喝水,就一直站在飞机旁,等着飞机加完油,即刻向北京飞去。

　　午后,彭德怀在西郊机场下了飞机,就乘车赶赴中南海。不巧毛泽东那天住在西郊玉泉山。彭德怀又命车折返西郊。当他急急进入静明园时,毛泽东正按老习惯在睡午觉。秘书和警卫员劝彭德怀等一等。彭德怀面色严肃,大声说:"我有急事要向毛主席汇报!"他不顾警卫员的拦阻,推门而进,将毛泽东唤醒。

　　毛泽东因为长期失眠,睡着后特别不情愿被别人打扰。当他知道是彭德怀进来时,立即起床,一面穿衣,一面打趣道:"只有你老彭,才会在人家睡觉的时候闯进来。吃饭了没有?"

　　彭德怀坐在沙发上说道:"哪里有饭吃!不吃了,我给你汇报。"

　　"你必须先吃饭,你不吃饭我就不听汇报。"

彭德怀只好到食堂草草扒了几口饭，又赶回来向毛泽东汇报朝鲜战场的局势和困难。最后说到毛岸英的牺牲，彭德怀十分不安，"主席，你让岸英随我到朝鲜前线后，他工作很积极。可我对你和恩来几次督促志司注意防空的指示不重视，致岸英和高参谋不幸牺牲，我应承担责任，我和志司的同志们至今还很悲痛。"

毛泽东穿着睡衣，在卧室里来回走着，脸色很不好看。沉默良久，他轻轻念叨起《枯树赋》中的句子："昔年种柳，依依汉南，今看摇落，凄怆江潭。树犹如此，人何以堪！"

他坐回座位，反过来宽慰彭德怀："打仗总是要死人的嘛！中国人民志愿军已经献出了那么多指战员的生命，他们的牺牲是光荣的。岸英是一个普通的战士，不要因为是我的儿子，就当成一件大事。现在美国已使用在朝鲜战场上的各型飞机约一千多架，你们千万不能疏忽大意，要采取一切措施保证司令部的安全。"

毛泽东的对策："针锋相对，寸土必争。""以其人之道还治其人之身。"克拉克哀叹："我是美国历史上第一个在没有取得胜利的停战协定上签字的统帅。"

志愿军有了三次战役经验，后来又相继发动了四五次战役。到了1951年6月，朝鲜战场上形成了双方的战略对峙状态，无论敌人怎么发动进攻，战线都稳定在"三八线"附近。尽管美国纠集了16个国家联合行动，但除了美国之

1953年7月27日，联合国军总司令、美国陆军上将马克·韦恩·克拉克在朝鲜停战协定上签字（历史照片）

1953年8月11日上午10时，中国人民志愿军司令员彭德怀将军由朝鲜胜利凯旋，受到首都各界人民的欢迎（历史照片）

1953年9月12日，彭德怀在中央人民政府委员会第二十四次会议上做抗美援朝工作报告。主席台左起：李济深、刘少奇、彭德怀、毛泽东（侯波 摄）

外,其余国家只是象征性地出兵,而且多是应付差事,并没有什么积极行动,也无战斗力,在战斗中一触即溃。但中朝两军却越战越强,是美军第二次世界大战以来从没遇到过的对手。

美国深恐中朝军队越过"三八线",那样会弄得美国更加难堪,甚至一败涂地,于是急忙建议双方停战议和,以便把中朝军队阻止在"三八线"一带。这样,美国既可保住面子,也可维持四分五裂的阵营,以免丢脸和遭受更大的损失。因为在侵朝战争中蒙受损失最大的是美国。

于是,美国两次向苏联表示,愿意立即停火谈判,希望苏联能从中斡旋。斯大林向我方建议考虑美国的提议。

6月23日,苏联常驻联合国代表马立克提出和平解决朝鲜问题,立即进行停战谈判的主张。我方响应。7月10日,交战双方开始正式谈判。美国人虽然坐下来谈判了,但在谈判桌上缺乏诚意,多次提出非常无理的要求。

敌人的目的很明显,想利用和谈来进一步推行其侵略计划。这套诡计对我们来说一点儿也不新鲜,蒋介石用过,马歇尔用过,但一个个都失败了。

1954年,毛泽东与彭德怀在中南海接见中国人民志愿军代表(侯波　摄)

毛泽东的对策仍是老办法:"针锋相对,寸土必争。""以其人之道还治其人之身。"也就是以谈对谈,以打对打,谈谈打打,互相配合,互相促进,以革命的两手对反革命的两手。

经过整整两年的战场上和谈判桌上的反复较量,美国连续失败,内外交困,不得不在1953年7月27日被迫签订了朝鲜停战协定。这一停战协定宣布了美国侵略朝鲜战争的失败,宣布了中朝两国人民军事外交上的重大胜利。美国侵朝军队总司令克拉克在朝鲜停战协定上签字后哀叹:"我是美国历史上第一个在没有取得胜利的停战协定上签字的统帅。"

秋风瑟瑟送弼时

**毛泽东快步迎上去，伸手帮助走在前面的刘少奇和
周恩来托起任弼时的遗体**

　　1950 年秋，抗美援朝战争即将开战之时，时任中共中央政治
局委员、中央书记处书记、中共中央秘书长、中国新民主主义青年
团中央名誉主席的任弼时在北京逝世。

　　在中共五大书记中，只有任弼时没有入住中南海，他把家选在
了景山东街。1949 年，中央机关迁到了北平，但他的高血压等病情
却逐渐加重，连开国大典他都未能全程参加。毛泽东要他到苏联去
治疗休养，意思是让他养好了再回来。国家的事情虽多，总不像在
西柏坡时那么吃紧了。那个时候大决战正在节骨眼儿上，关系到战
争的成败，拼命工作总还值得。现在不能再让他那么拼下去，要让
他养好了病再工作。可是没过几个月，任弼时就从苏联回来了。

　　"怎么这么快就回来了？"毛泽东知道任弼时所患的几种病在
这么短的时间内是不可能治好的。

1949 年，任弼时因病没有参加开国
大典。1950 年国庆时，他终于登上
了天安门（侯波　摄）

"我总觉得有许多工作在等着我,在那里住着心里不踏实。"

就在这一年的 10 月,任弼时的病情突然恶化。毛泽东不让他再工作,刘少奇和周恩来也劝他把工作全部丢开,一定要先治病。他嘴上答应,实际上还是歇不住。他工作一会儿,顶不住了,再躺一会儿。直到最后起不来了,他意识到自己已经不行的时候,还在说:"给我的时间太少了!哪怕……"话还没说完,大家便再也听不到他的声音了……

1950 年 10 月 27 日,任弼时突发脑溢血不幸逝世,享年 46 岁。

28 日是为任弼时送行的日子。

临近 9 时,党和国家领导人乘坐的轿车,一辆接一辆地驶入景山东街,沿着街两侧一字排开。人们聚集在任弼时景山东街住所的门前,等候起灵,准备为他送行。

9 时整,一辆黑色的吉斯轿车无声地驶到任弼时的住所前。车门开处,走下来身穿灰色风衣、头戴灰色帽子的毛泽东。他神色悲伤,嘴角紧抿着,低垂着头,步履沉重。等候在门口的各界代表和军乐队队员们,默默地注视着这位一脸悲痛神情的伟大领袖。

毛泽东走进任弼时的住所,见院当中停放着一口厚重的闪着高级漆色的棺材。他走上前伸手轻轻抚摸着棺材,若有所思,许久才慢慢地抬起头环视四周,像是要牢牢地记住这里的一切似的。稍顷,他似乎感觉到了什么,甩开两手快步向门口走去,并在那里停下脚步。

刘少奇、周恩来、朱德和彭真抬着任弼时的遗体从屋内小心翼翼地走出来,像是怕惊醒睡梦中的任弼时似的。屋门太窄,出门时他们都侧过身,慢慢地挪动脚步。下台阶时,毛泽东快步迎上去,伸手帮助走在前面的刘少奇和周恩来托起任弼时的遗体,以保持平衡,平稳地来到院中。

为任弼时送行的党政军领导人和民主党派的领导人,密密麻麻地站满了院子,大家沉痛地默哀,为失去任弼时而悲伤。

在陕北朱官寨时,任弼时与毛泽东在一起研究和处理解放战争中的问题(**历史照片**)

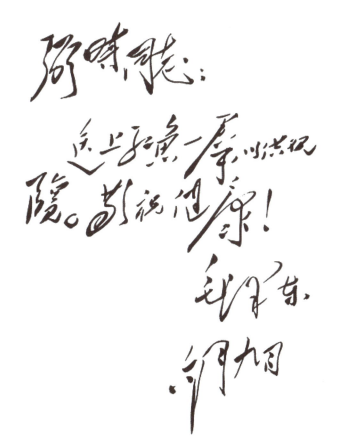

1949 年 6 月 9 日,毛泽东致信任弼时

1950 年 10 月 28 日，中央人民政府主席毛泽东、中国人民解放军总司令朱德、政务院总理周恩来等亲扶任弼时灵柩，由任弼时寓所移往北京市劳动人民文化宫（历史照片）

任弼时的灵堂（历史照片）

　　任弼时的遗体入殓了，他头戴灰色的帽子，唇上还留着那为人们所熟悉的乌黑的胡子，神态安详，仿佛紧张工作一天后刚刚睡去。毛泽东俯身深情地注视着老战友，把任弼时的遗容深深地印在脑子里。慢慢地，毛泽东抬起头来，看着一个工作人员捧着一面叠得整整齐齐的鲜红的党旗走过来。周恩来接过党旗并展开，刘少奇、朱德、彭真各接过党旗一角，轻轻地覆盖在任弼时的遗体上。

　　毛泽东缓缓地挥了挥右手，起灵了，10 名解放军战士把沉重的灵柩抬上灵车。

　　秋风瑟瑟，枯干的树叶无声地在秋风中翻飞落下，军乐队奏出悲痛的哀乐。毛泽东、刘少奇、周恩来、朱德扶着灵车走出任弼时的住所，再后面是各界代表，整个景山东街笼罩在悲痛的气氛中。这是中国共产党历史上首次高规格的葬礼。

　　队伍来到景山东街南口停下，工作人员把系在灵车车头两边的长长的黄布伸展开，刘少奇、周恩来、朱德、彭真、李立三、罗荣桓、刘伯承、张闻天、蔡畅、聂荣臻、吴玉章、滕代远、徐特立、薄一波、邓颖超和李维汉分立两排，手拽黄布，用中国古朴的执拂礼仪为任弼时送行，向着北京市劳动人民文化宫走去。

　　毛泽东停住脚步站在路口，神情忧伤地望着远去的送葬队伍，黯然泪下，似乎忘记了时间，久久地一动不动。

　　追悼会上，刘少奇说："他几十年如一日，不声不响，勤勤恳恳地埋头工作，从不计较名誉地位……"陈毅说："他是人民的骆驼，只为人民贡献，对自己却从来无所求……"

　　1951 年 7 月 18 日，任弼时遗体安葬于北京八宝山革命公墓，毛泽东亲笔题写了墓碑名——任弼时同志之墓。

　　1956 年，国家领导均签署了关于实行火葬的倡议书，至此，领导人土葬已鲜见并需特批。

第三章

过渡时期

第一次过与政治活动
有关的生日

> 毛泽东话中有话地跟罗瑞卿开起玩笑："我这是政治感冒,鼻子不灵。"六十大寿时他做出重大决定,解决中央存在的分裂隐患

毛泽东一生很少提及自己生辰,按他的想法,一个人的生日,最好让它偷偷过去,不要留下什么"寿星"的感觉。他曾经对身边的工作人员说过:"大家都不做寿,这个封建习惯要改。你们知道,做一次寿,这个寿星就长一岁,其实就少了一岁,不如让它偷偷地走过去,到了八九十岁时,自己还没有发觉……这多好啊!"

新中国建立后,毛泽东更加反对为他做寿,生日那天最多加一碗"长寿面"而已。然而就是这为数不多的几次"长寿面",往往酝酿着中国历史上的重大事情。

1953 年 12 月下旬,马上就要进入六十周岁的毛泽东,准备离开北京到杭州主持起草共和国第一部宪法,动身前他却被一件意想不到的事情给耽搁了。

事情起源于中央人民政府副主席高岗。

新中国成立后,为适应大规模经济建设的需要,党中央决定将各中央局和大区行政委员会的主要领导人调京。1952 年 8 月,邓小平、高岗、饶漱石、邓子恢、习仲勋五人陆续从西南局、东北局、华东局、中南局、西北局来京担任党和国家机关的领导职务,素有"五马进京"之说。

1955 年 3 月,中国共产党全国代表大会召开,总结了对高岗和饶漱石阴谋分裂党、篡夺党和国家最高权力的重大斗争,增强了党的团结(历史照片)

高岗来京之前,已担任中央人民政府副主席,这时又安排他兼任国家计划委员会主任,掌握"经济内阁"大权;饶漱石担任中央组织部部长。应当说高岗和饶漱石是很受中央器重的,其权力、地位在五人中甚为突出。

但是,高岗、饶漱石权欲熏心,对这样的安排仍不满足。特别是高岗,对于自己的职位处在刘少奇之下,一直耿耿于怀。进京不久,他就把刘少奇在工作中的一些缺点和错误搜集起来,并整理成系统材料,进行传播。他夸大其词,说刘少奇自中国共产党第七次全国代表大会(简称"中共七大")以来犯了一系列的错误。后来,他发觉毛泽东在发展农业生产互助合作组织和向社会主义过渡等问题上,与刘少奇有不同的看法,心中暗暗窃喜,以为刘少奇将不再受中央的信任,其威信和地位将发生动摇。于是,他就授意别人写文章,以他的名义公开发表,借以抬高自己、打击别人。高岗散布反对刘少奇的言论,目的是把刘少奇拉下来,使自己成为毛泽东的唯一助手,准备自己将来做领袖。

毛泽东针对高岗等人的行为,尖锐地指出:现在王国甚多,八百诸侯,谁也管不了谁,有极少数人是坚决反对集体领导的。

毛泽东这不点名的批评,明眼人一听就知道是针对高岗、饶漱石的。

中华人民共和国成立四周年国庆节庆祝典礼于 1953 年 10 月 1 日在首都天安门广场举行。毛泽东在检阅台举手向游行的队伍致意(侯波 摄)

面对毛泽东出示的黄牌警告,高岗、饶漱石却不买账。尽管毛泽东十分反感他们的做法,但还是耐下心来以批评教育、团结为主,抱着治病救人的态度对待他们。高压之下,饶漱石的锋芒有所收敛,但高岗却愈加地走火入魔,摆出了一副不打倒刘少奇决不罢休的架势,篡权活动有增无减。

就在毛泽东走近 60 岁之际,高岗的"倒刘"活动也达到了登峰造极的地步。他到处找人谈话,企图联合中央各方面的领导人与他一起拱倒刘少奇。

12 月 24 日,毛泽东主持召开中央政治局扩大会议,正式决定在他外出期间,由刘少奇代理主持中共中央工作。那天到会的有二十来人。毛泽东目光炯炯地扫视会场,出示了他的第二张黄牌警告:

"北京城里有两个司令部,颐年堂门可罗雀,东交民巷 8 号车水马龙。一个是以我为首的司令部,就是刮阳风、烧阳火;一个是

菊香书屋会客厅外的乒乓球室

以别人为司令的司令部，叫做刮阴风、烧阴火，一股地下水……"

会场里静极了，与会者都注视着毛泽东，等待着他下一句说出这个"别人司令"是谁，但毛泽东戛然而止，不再往下说了。其实毛泽东已经指明了"东交民巷8号"，还有谁不知道"别人司令"是何许人也？

当天下午，毛泽东就放心地去了杭州，全力投入到新中国第一部宪法的制定之中。因为中央的事情他已经做了安排，在他的两张黄牌警告之后，往往就是一张"驱逐下场"的红牌，剩余的事情就留给同志们去收场吧。

1955年3月下旬，中国共产党的全国代表会议在北京召开。邓小平代表中央委员会做《关于高岗、饶漱石反党联盟的报告》，全面论述了党同他们斗争的经过，以及进行这场斗争的重要意义和经验教训。会议通过了《关于高岗、饶漱石反党联盟的决议》，将他们两人开除出党，撤销党内外一切职务。至此，一场在毛泽东六十岁诞辰前后进行的反对"高饶"的斗争画上了句号。

20 世纪 50 年代初,毛泽东在北京"新六所"
（侯波　摄）

"一五计划"的事前事后

刚刚获得独立的中华民族，距离强大还有很长的路要走。毛泽东提出了"三年准备，十年计划经济建设"的思想，首次明确提出了编制国民经济发展计划的设想

毛泽东于 1949 年 12 月 21 日在莫斯科参加庆祝斯大林七十寿辰大会（历史照片）

1950 年 2 月 14 日，在毛泽东和斯大林的直接参加下，中、苏两国由周恩来和维辛斯基在莫斯科签订了具有历史意义的《中苏友好同盟互助条约》《中苏关于中国长春铁路、旅顺口及大连的协定》《关于苏联贷款给中华人民共和国的协定》等（历史照片）

新中国宣告成立的第三天，苏联政府发来外交照会，成为世界上第一个承认中华人民共和国的国家。这对新中国而言，无疑是一个巨大的支持。

两个多月后，1949 年 12 月 6 日，毛泽东踏上了西去的列车前往莫斯科，这是他第一次出国，也是他出国访问时间最长的一次。这次访问最大的收获便是我国与苏联签订了《中苏友好同盟条约》。

《中苏友好同盟互助条约》缔结后，毛泽东迅速回国。因为他知道签订了这个条约，就对中国的安全和稳定，乃至世界和平，提供了一个巨大的法律上的保障，对下一步国内经济建设的意义非常重大。

专列在浩瀚无际的西伯利亚平原上行驶着，毛泽东一边吸烟一边看着窗外的景色。此刻，他的心也在飞驰……他没有忘记，1945 年的中共七大上，他就提出了未来中国工业建设要在若干年内，逐步地建立重工业和轻工业，使中国由农业国变为工业国的宏伟计划。他将这个美好设想装进了心里，整整沉淀了五年，腹稿了五年，也期盼了五年。返回北京的毛泽东，在中央高层会议上指出，条约定下来比不定好，定下来，就有了依靠，可以放手做别的事情。

毛泽东所说的"别的事情"就是指经济建设。

从国际上来看，20 世纪 40 年代后期，美国和苏联在全球范围内展开了政治与外交上的角逐，军事上剑拔弩张，世界被划分成两大阵营。冷战的阴云与对第三次世界大战的忧虑笼罩了整个世界。以美国为首的资本主义国家不仅孤立了中国，还对中国实施禁运，切断了中国许多传统产品与世界市场的交流和联系。

1954 年 10 月 1 日，毛泽东在天安门城楼上
（历史照片）

经济制裁、切断运输、孤立中国、冷眼旁观等一个接一个的国际压力，好似一场又一场的大雪压顶，不等积雪融化，风霜又起——中国东北边境传来了隆隆炮声。1950年6月25日，朝鲜战争爆发，美国借机派海军第七舰队开进了我国的台湾海峡。10月，美军无视中国的警告，越过"三八线"，将战火扩大到鸭绿江边。中国新生政权的安全受到了严重的威胁，中国人民志愿军毅然开始保家卫国的战斗，数十万新组建的志愿军部队深入朝鲜内陆，与美军展开了艰苦卓绝的战斗。

1951年1月，正是抗美援朝战争进行得如火如荼之时，中央政府开始考虑用三年时间进行国民经济的恢复和新生政权的巩固工作，为以后的大规模经济建设创造条件。

要进行大规模经济建设，必须编制切实可行的计划经济纲要。

陈云在勤政殿做国家财政报告
（侯波 摄）

计划经济的优势在于直接、高效，特别是对于大型基础设施建设，这对当时迅速发展的中国来说是非常必要的

毛泽东在中共中央政治局会议上提出了"三年准备，十年计划经济建设"的思想，首次明确提出要编制国民经济发展计划的决定。

陈云当时是中央财政经济委员会主任，负责主持全国的经济工作，因此，编制国民经济发展计划的任务历史性地落在了他的肩上。

他亲自组织，精心策划，开始编制发展国民经济的第一个五年计划(简称"一五计划")，并计划从1953年起开始执行。

有了陈云挂帅，毛泽东放心许多。因为新中国成立时，面对经济崩溃的烂摊子，主持中央财政经济工作的陈云连出良策，只用了半年多就使全国财政收支接近平衡，解决了旧中国多少年都无法解决的金融物价问题。一时间陈云被称为"经济奇人"。

1952年7月，中央财政经济委员会试编印出了《1953年至1957年计划轮廓(草案)》，共有25本小册子，主要包括钢铁、有色金属、机器、汽车、船舶、电器、化学、建筑材料、电力、煤矿、石油、纺织、轻工业、交通、邮电等方面的发展计划。

中国总算有了一部自己编制的计划草案。但由于经验不足，资料不全，全国经济建设的布局尚未完全确定，因此，这一计划只能算是一个试验品。

虽然还不是正式计划，但这个草案一印出来，马上就被递给毛泽东审阅。

陈云还就草案致信毛泽东，对这个五年计划的编制情况进行了说明。

实际上，陈云此时已经开始筹措更为详细的"一五计划"实施方案。

1954年夏，毛泽东和陈云在北戴河（侯波　摄）

1955 年，毛泽东在中国共产党第七届
中央委员会第六次全体会议（扩大）上
（杜修贤　摄）

中国向苏联老大哥求援。苏联领导人看了中国的计划后，认为中国呕心沥血编制的五年计划甚至作为指令也不够。苏联的经济模式成为了新中国学习制订"一五计划"的最佳蓝本

当陈云率部进行更加详细的"一五计划"编制工作后，新中国的缔造者们又一次面临巨大的难题，那就是专业技术干部严重不足。

的确如此，经济领域对于拿枪打仗的开国将领们来说是一个十分陌生的领域。什么是编制国民经济发展计划？国民经济又是什么？一些干部甚至将经济工作看成是会计打打算盘、商人搞搞货物的工作，很多人对搞经济工作嗤之以鼻。

这里引用一份资料，就能说明问题：建国初期，新中国从国民党当局那里接收下来的各类工程师和技术专家只有 2 万余人，而且其中许多人尚未树立正确的政治观点。在当时的鞍山钢铁公司，

70 名工程师中竟有 62 名是伪满时期留下来的日本技术人员。遣返了政治立场不明的日本技术人员后,在全国钢铁产业中心的东北,技术人员仅占全行业总人数的 0.24%。在各工业领域中,全国总共只有 78 个设计单位,而各单位的设计人员均不超过 500 人。

如此单薄的力量,怎能满足新中国全面恢复和建设国民经济的要求?这将是中国工业化的一个重要障碍!

当这一严峻问题被摆在中央高层会议桌上时,毛泽东、周恩来等人开始沉思。他们心里清楚,要想依靠自己的专业技术人才独立自主地编制出一套覆盖全行业的计划指标,既要兼顾协调发展,又要保持平衡;既要计划得当,又要调动方方面面的积极性,无疑是不现实的,也是不可能的。

怎么办?没有别的办法。领导人只能将目光越过辽阔的国土,投向北部更广阔的苏联。只能学苏联,而且要虚心地学,因为中国没搞过社会主义。

社会主义苏联早在 20 世纪二三十年代,就创造了人类历史上崭新的计划经济模式,曾经引起全世界的普遍关注。正是依靠高度集中、巨细有序的计划经济体制,苏联在建国后短短十几年间,就从农业国变成了工业国。这一发展模式,吸引了包括中国在内的很多刚刚实现民族独立的新生国家的关注与向往。

人类的创新之举是极其困难的,因此人们便把已有的创举形式视为神圣的遗产。是遗产,就要共享,就要继承。中国领导人更加迫切地感到需要苏联专家帮助中国进行这一复杂的工作。

1952 年 8 月,中央派出以周恩来为团长、陈云和李富春为副团长,另有 30 多名专家随行的政府代表团前往苏联,带着试编出来的五年计划轮廓草案的 25 本小册子,征询苏联政府的意见,并且商谈苏联援助我国进行经济建设的具体方案。

周恩来这次专程赴莫斯科与苏联最高领导人斯大林商谈。

既然不远万里长途跋涉而来,周恩来也就不客气了,一开口就要求苏联增派 800 名专家到中国。斯大林当时就面露难色,数量之多让他感到为难,但是斯大林那时还是诚心诚意要帮助中国的,他没有拒绝这个有些过分的要求,还千方百计抽调了大量的科技人员派到中国。除此之外,中方还希望苏联提供各种工业标准和技术资料,用于"一五计划"的制订和实施。后来有人统计,新中国建立后的 1950 年至 1953 年,苏联专家带来的科学文献和技术资料重达 600 吨。

周恩来在与斯大林的会晤中,还专门就"一五计划"的编制请教了这位苏联领导人。斯大林以他的经验告诉周恩来,五年计划轮廓草案中规定的工业总产值每年递增 20% 太高了,应降到 15% 或 14%。他还说,计划不能打得太满,要留有后备力量,以应付意外困难。

斯大林的这些中肯的意见让中国人心悦诚服,很快得到了采纳。

周恩来、陈云等人在苏联与苏方商谈了一个多月,并同斯大林进行了两次直接会谈。大局方针定下之后,周恩来、陈云等人率先回国,留下副团长李富春率团再具体商谈援助项目。没有想到,这个专门为"一五计划"而去苏联商谈的政府代表团,竟在苏联待了整整 10 个月,直到 1953 年 6 月完成所有的任务后才返回。

会谈期间还遇到两个事件,一个是苏联召开苏联共产党第十九次代表大会,再一个是斯大林突然驾鹤西去,导致会谈中断很长时间。待苏联方面料理完斯大林的丧事,谈判才重新进行,所幸斯大林与周恩来事先定下来的大政方针没有受到领导人更换的影

正在交谈中的毛泽东、朱德、周恩来、陈云（侯波 摄）

响,会谈进展得比较顺利。只是可惜,斯大林没有看见他伸出的援手给新中国建设带来了怎样的巨大变化……

毛泽东在悼念斯大林的文章中这样写道:苏联共产党"是世界上最先进的、最有经验的和最有理论修养的党;这个党在过去和现在是我们的模范,在将来也是我们的模范"。

可见,当时苏联援助中国的确是诚心实意、感人至深的。

1953 年, 是中国经济史上一个重要的分水岭,"一五计划"正式实施。从那时起,中国人熟悉了一个经济术语——"五年计划"。中国历史上第一次有了称得上是真正意义的计划经济。

苏联方面,苏联计划委员会有 14 个副主任参加,分成了十几个组,分别与中方各行各业对口谈判。经过两个多月的谈判,中、苏两国政府最终商定,今后 5 年里,苏联给予中国必要的援助,开工建设骨干工程。

苏联援助的项目基本确定以后, 留在莫斯科的李富春马上派人回国, 向毛泽东当面汇报。

毛泽东一听苏联答应援助 156 个项目,顿时喜上眉梢,连连说:"苏联已经花了这么大的力气了,不要要求太高,可以签字了……可以

毛泽东在获知斯大林逝世的消息后,特偕同朱德、周恩来等中共中央领导前往苏联驻中国大使馆吊唁(历史照片)

1954 年,毛泽东在延庆视察(侯波 摄)

签字了！"

1953 年 5 月 15 日，中、苏两国政府签订了《关于苏维埃社会主义共和国联盟政府援助中华人民共和国中央人民政府发展中国国民经济的协定》。

在这期间，毛泽东和其他中央领导都在深入工厂、农村调研，为经济建设做着准备。

就在人们为打败强大的美国而欢欣鼓舞时，毛泽东的内心如火一样燃烧着，烧出了火热的愿望与急切的目标

毛泽东告诫大家："1950 年时，美国的钢产量是 8 700 万吨，中国只有 61 万吨，双方相差 140 多倍。在与世界第一工业强国的较量中，志愿军战士用英勇无畏的牺牲精神，捍卫了新中国的安全。而我们一定要清醒地认识到国力之间的巨大差距，一个刚刚获得独立的民族，距离真正的强大还有很长的路要走。"

新中国的工业建设，在苏联的帮助下加快了进程，在毛泽东提出的"反保守"的指导思想下，又进一步加大了力度和热度，这个热度更多地来自全国人民期盼早日进入共产主义社会的

1954 年 5 月 1 日，毛泽东和首都各界人民在天安门广场举行盛大的游行大会，热烈庆祝国际劳动节（侯波 摄）

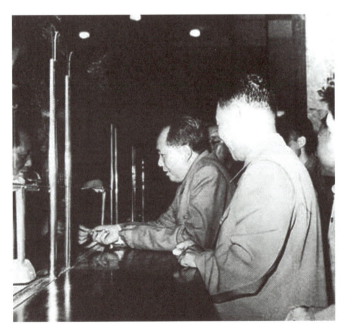

1959 年 9 月 14 日晚，毛泽东视察北京站，并通过售票大厅玻璃窗口，接过售票员递出的一张火车票（历史照片）

1956 年 1 月 30 日,在中国人民政治协商会议第二届全国委员会第二次全体会议的开幕式上,全国工人、农民、手工业者和资本主义工商业者的代表,向毛泽东和国家其他领导人以及民主党派的人民团体负责人报告全国各地在社会主义建设和社会主义改造工作中所获得的伟大胜利。图为工商业代表盛丕华向毛泽东报喜(邹健东 摄)

1956 年 7 月 14 日,第一批国产汽车——"解放"牌载重汽车出厂(袁芩 摄)

1958 年,毛泽东视察沈阳,参观我国自己生产的飞机(侯波 摄)

1958年,毛泽东在农村视察
（侯波 摄）

20世纪60年代初期,毛泽东在北京郊区视察（侯波 摄）

美好愿望。

在人们的记忆里,新中国好像是一夜苏醒的雄狮,奔腾而起,祖国大地上到处充满了生机与活力。

"一五计划"和后面的"二五计划""三五计划"最大的不同,就是前者是边实践边制订的,有的时候计划指标是根据经济建设的进展情况重新更改制订的。而当时新中国正处于青春焕发、热情高涨的年代,眼看着以前所订的计划都被一一打破,工业化在很短的时间内就取得了重大突破,这一现象令毛泽东格外欣喜,他决定对"一五计划"进行第五次编制。

这一次,毛泽东立下了军令状,要求国家计划委员会（简称"计委"）从1954年2月15日起,一个月内交出初稿,然后由陈云领导的小组定稿。计委感到时间太紧,向毛泽东请求宽限一些时间,毛泽东只给延长5天,要求3月20日必须拿出初稿。

计委根据陈云的指示,迅速展开工作,按预定时间及时向编制小组提供所需的各种材料,并于4月15日印好后送到了毛泽东手里。

第五次编制"一五计划",更多的是要修改基础建设投资这一块,而这一块最容易导致整体经济比例失调。

1955年7月30日,第一届全国人民代表大会第二次会议审议并正式通过了"一五计划"。

至此,历时4年之久、五易其稿的"一五计划"编制工作胜利结束。"一五计划"是在缺乏经验的情况下开始编制的,虽有苏联专家的帮助,但毛泽东、周恩来、陈云等人始终强调要把苏联的经验同中国的具体情况很好地结合起来,要从中国的具体情况出发。因此,在编制过程中虽有诸多曲折,但却积累了许多重要而又成功的经验,在具体执行过程中也取

20 世纪 50 年代中期，毛泽东在工厂视察（侯波 摄）

得了很好的效果，奠定了我国工业化的初步基础。

第二年，即 1956 年，第一个"五年计划"便提前完成了。"一五计划"期间，我国工业建设和生产所取得的成就远远超过了旧中国的一百年。也就是在这一年，社会主义改造基本完成，社会主义基本经济制度在中国全面建立，原计划用 18 年实现的目标我们只用了 7 年就完成了。社会主义制度的全面确立为中国的发展和进步奠定了根本基础，中国开始转入全面的大规模的社会主义建设。

然而，"一五计划"期间，来自中央高层的"反冒进"与"反保守"的分歧和争论一直都没有得到统一，此消彼长，最终导致 1958 年的"大跃进"，引发了生产的全面大冒进……

中苏论战内幕

1955 年,赫鲁晓夫的一份内部讲话被曝光,内称中国人为"黄祸"。此举极大地伤害了中国人民的民族自尊心。毛泽东也是从那时起,领导了对苏联长达十年的口诛笔伐的论战

对于苏联,毛泽东的心绪十分复杂。

对于曾经对中国共产党打下江山,以及而后的经济建设有过巨大帮助,关系极为密切的邻邦大国——苏联,长期以来,中国人是怀着敬畏与感恩之情的。

正如毛泽东所言,"谁是我们的朋友呢"?谁是"拿真正的同情给我们","把我们当作兄弟看待的"呢?"就是苏联人民,就是斯大林。""中国人找到马克思主义是经过俄国人介绍的……十月革命一声炮响,给我们送来了马克思列宁主义。"基于这一立场,毛泽东做出了这样的结论——"走俄国人的路"。

但自建国之初,一些不愉快的事情逐渐占据毛泽东的记忆空间。诸如,中苏建交当天斯大林没有发来贺电,而建国比中国晚六天的民主德国却在第一时间收到了斯大林的祝贺;与苏联建交的公报,中国政府将其当作头等大事刊登在党报、第一大报《人民日报》上,而苏联并没有在同一天、在他们的第一大报同时也是党报的《真理报》上刊载这一消息,只是在第二天在他们的政府报纸《消息报》上予以报道;还有令毛泽东觉得更加不可思议的事情,苏联派往新中国的第一任大使罗申,竟是国民党时期最后一位驻华大使,而且他于 1949 年跟着国民政府迁到了广州,这些情况斯大林是知道的。

后来,接二连三发生的让毛泽东不愉快的事情,导致苏联与中国这对看似兄弟般关系的国家走向了争执、对立,直至冷战。

新中国刚刚建立,毛泽东第一次出国就是专程拜访"苏联老大哥"。可是,毛泽东抵达苏联后发现,苏联人不愿失去 1945 年从蒋介石手中得到的远东政治与经济利益。这让毛泽东有些意外。这样的做法显然不符合"老大哥"的风范。

然而,天生不畏强手的毛泽东,视国家主权高于一切,无论是谁,只要侵犯了中国的国家主权与尊严,他绝不让步。正是毛泽东这一强硬态度,让苏联和整个国际社会看到了新中国废除一切不平等条约的决心。

毛泽东抱着寻求一个公正的结局,并不受别人干涉的态度,在莫斯科与斯大林打起了持久战。经过长达 70 多天的交谈、谈判,毛泽东迫使斯大林逐渐认识到,中国共产党在中国的胜利最终将改变远东的政治格局,而中国"一边倒向苏联"的政治立场,不仅能使苏联东部边境获得真正的安全,也能使自己在世界舞台上的政治力量更加强大。今天的中国共产党,远不是当年被国民党层层包围、拼命突围的弱小政党,而是一个拥有九百六十万平方公里国土和五万万人口的执政党。这个不可小视的政治砝码,放在谁的天平上,都会引起震动与倾斜。

斯大林审时度势,不得不重新调整对华政策,做出新的判断,那就是必须赢得中国与之结盟的政治立场。

斯大林决定不让毛泽东空手而归。

毛泽东笑了。他终于扳回了这一局,主权愿望得以实现。两国签订了《中苏友好同盟

互助条约》，中国收回了旅顺港和中长铁路，并且商定到 1952 年底，中国在二战后因 1945 年《中苏友好同盟条约》而失去的主权和利益将全部收回，这就意味着苏联将要失去它在太平洋的出海口和不冻港。

这以后，毛泽东给斯大林留下了"半个铁托"的印象。到赫鲁晓夫时代，毛泽东留给赫鲁晓夫的应该是"超铁托"的印象。1956 年 3 月 24 日，毛泽东在中央政治局扩大会议上道出了多年来一直深藏在他心里的感受，他说斯大林不相信他是一个共产主义者，认为他是"半个铁托"。

1953 年 3 月 5 日，斯大林病逝；9 月，赫鲁晓夫上台。刚上台的赫鲁晓夫急需各方力量的支持，对中国的经济建设支援不仅没有停下来，而且比斯大林更大方，著名的 156 个重点项目也是在赫鲁晓夫手上签署的，他当时甚至对斯大林的大国沙文主义也加以了改正。

1954年9月，毛泽东接见布尔加
宁和赫鲁晓夫（齐观山　摄）

1954年，毛泽东和赫鲁晓夫在招待
会上（历史照片）

1955年9月，赫鲁晓夫执政两年后，感觉自己的脚跟基本站稳，潜意识里看不起中国人了。一次他在接待联邦德国总理时，将中国人比喻为"黄祸"，认为中国非常危险，要大家提防来自中国的威胁。

赫鲁晓夫的这个讲话被曝光后，极大地伤害了中国人民的民族自尊心。后来毛泽东说中国与苏联的分歧是从1955年开始的，正是基于这个原因。

带领全国人民捍卫中华民族的尊严，毛泽东责无旁贷。

苏联共产党第二十次代表大会（简称"苏共二十大"）前后，苏联明显地暴露出在社会主义建设中的一些错误和缺点。毛泽东已经清楚地认识到，苏联的路子走不通了，也不能再去仿效了。为此，1955年底，毛泽东在全党率先提出了以苏联为鉴戒探索适合中国国情的社会主义建设道路的重大命题。

仅隔两个月，苏联就发生了一件令全世界都震惊的事情，从而证明了毛泽东的预见与抉择的正确。

1956年可谓是多事之年。就在这一年，一个曾被全世界共产党员铭刻在心的光辉而伟大的名字，一夜之间被钉在了历史的耻辱柱上。斯大林在苏联几乎遭到了全盘否定！中苏之间的矛盾由此进一步扩大。

1956年2月，严寒还包围着莫斯科，但克里姆林宫内的气氛却很热烈，从14日至25日，苏共二十大正在这里召开。大会还邀请了包括中国在内的55个国家的共产党和工人党代表团参加。

这次大会是斯大林逝世后苏联共产党首次召开的全国代表大会，是对苏联内外政策进行一系列调整加以确认的大会。谁也没有想到，大会结束后，赫鲁晓夫会引爆一枚政治方面的"定时炸弹"。24日下午，大会宣布闭幕，代表们各自回到住所准备离去。当夜11时30分，苏联代表们又接到通知，要求立即返回克里姆林宫参加一个秘密会议,那些已经离开下榻宾馆的代表也被紧急召回。因为是秘密会议秘密举行,外国代表团没有被邀请参加。

这个秘密会议,是赫鲁晓夫为结束"斯大林时代"而精心准备的。

会议上,苏共中央第一书记赫鲁晓夫做了题为《关于个人崇拜及其后果》的报告,史称"秘密报告"。报告以大量的、惊人的事实,揭露了斯大林所犯的错误,论述了大搞对斯大林的个人崇拜所带来的严重后果与危害。

赫鲁晓夫还公布了列宁给俄国共产党(布尔什维克)第十二次代表大会的信,这是对斯大林崇高威望最致命的打击。这封信被斯大林严密封锁了几十年,所有人都不知晓。列宁在这封信中对斯大林做了评价,指出"斯大林粗暴",建议代表大会把斯大林从总书记的职务上调开,找一个比斯大林更耐心、更忠顺、更和蔼、更关心同志、更少任性的人代替他。斯大林后来所犯的全部错误,证明了列宁担心的正确。这样,赫鲁晓夫首先摘去了斯大林是列宁的学生、

1957 年 4 月 15 日,苏联最高苏维埃主席团主席伏罗希洛夫在北京拜会了毛泽东(侯波　摄)

战友和合法继承人的神圣光环。

被摘去光环的斯大林变成了一个"暴君",大量血淋淋的事实被推到了代表们的面前——滥用权力,制造大量的冤假错案,大批忠诚的共产党人、革命干部被逮捕和处决,社会主义民主和法制遭到践踏。而与此同时,斯大林又在制造和欣赏对自己的个人崇拜……

尽管赫鲁晓夫再三强调,这个报告不能拿到苏共党外去宣扬,尤其不准登报,以免为敌人所利用;但事实上,赫鲁晓夫一边强调保密,一边又将报告的全文向苏联共产党的积极分子传达。

这样一来,所谓的"秘密报告"已没有秘密可言。

斯大林的名字,斯大林的语录,斯大林的功绩,斯大林的形象,几十年来在全世界共产党人心中犹如精神支柱。时任波兰统一工人党总书记的贝鲁特,因为经不起这样的精神打击,还没等离开莫斯科,就在悲哀惊吓中猝然去世。

作为中共代表团成员参加苏共二十大的邓小平,把赫鲁晓夫"秘密报告"的速记稿带回了北京。毛泽东接到"秘密报告"后极其震惊!苏联对斯大林的否定给当时的中国共产党带来了唇亡齿寒的感觉。这个"秘密报告"对毛泽东的精神世界无疑是个打击。这个打击或许激起了毛泽东的某些逆反心理,他认为赫鲁晓夫反对的我们就要拥护。

5月,美国中央情报局从波兰人那里搞到了"秘密报告"的全文,并将其发表。赫鲁晓夫的"秘密报告"大白于天下,其产生的巨大影响犹如原子弹爆炸,在东欧引发了强大的冲击波,使人们在心灵上经受了斯大林神圣形象被粉碎的震撼。东欧国家的人民,要求其领导人纠正过去的错误,为冤假错案平反昭雪,出现了要求摆脱"斯大林模式"、要求摆脱苏联控制的社会情绪。

波兰首先出现了大的社会动荡,匈牙利紧随其后。两国发生了群众走上街头抗议当局的骚乱,史称"波匈事件"。面对突如其来的冲击,一些东欧国家的领导人被弄得不知所措。后来"波兰事件"得以和平解决;而在匈牙利,骚乱演变为当局无法控制的动乱,直到苏军的坦克开进布达佩斯,动乱才得以平息。

中国也难避冲击,受"波匈事件"影响,国内相继出现了一些攻击共产党领导的言论和少数地方罢工、罢课、公社社员退社事件。这对中国共产党的领导层,特别是对毛泽东,触动很深。其影响既有积极的,也有消极的。

毛泽东从"波匈事件"发生的原因分析中,感受到新一代苏共领导人虽然一方面在批判斯大林,但是另一方面又在继续重犯大国沙文主义的错误。这更加坚定了毛泽东与之斗争的信念,坚定了他独立自主地走中国式社会主义道路的决心。与此同时,他过分地看重"波匈事件"中阶级斗争的因素,把这一被夸大了的阶级斗争形势运用于对国内现状的评估,由此产生了错误的估计,最后导致实践上的阶级斗争扩大化。

毛泽东还有一个担心,赫鲁晓夫在苏共二十大上引起的震荡,可能会断送整个国际共产主义运动的生命与成果。这时需要有人站出来,与否定列宁主义的机会主义思潮进行斗争,捍卫十月革命的道路和经验。

使命使然,信念使然,性格使然,毛泽东担起了历史的重任。

于是,中、苏两党的分歧逐渐成为国际共产主义运动内部的一件大事。

与赫鲁晓夫的较量

　　1964 年 10 月 16 日,在这个历史上极平常的日子,却发生了两件极不平常的大事——中国成功试爆了一颗原子弹和苏共领导赫鲁晓夫下台

　　1964 年 10 月 16 日,中国成功试爆了一颗原子弹,举国上下为之欢呼雀跃。与此同时,苏共领导赫鲁晓夫下台了。

　　赫鲁晓夫下台这个消息,同样令国人雀跃不已。自从中苏关系破裂,经历了苏联撤走专家、还债和三年自然灾害雪上加霜的中国人民,刻骨铭心地记住了一个好似仇人的名字——赫鲁晓夫。

　　突然传来的赫鲁晓夫下台的消息,更增加了原子弹爆炸后的热度。

　　毛泽东曾说过:"赫鲁晓夫有胆量,不过这个人也能捅娄子,可能日子不大好过,是多灾多难的。"毛泽东的分析预见十分准确,在实践中得到了验证。

毛泽东与赫鲁晓夫(历史照片)

　　作为中、苏两个大国的元首,毛泽东和赫鲁晓夫有过多次的交往,但由于不同的个性、不同的政治追求、不同的民族利益,也发生了各种各样的冲突。在处理这些冲突的过程中,毛泽东表现出了过人的智慧和不畏大国霸权的中华民族气节。

　　1953 年 3 月 5 日,斯大林去世。9 月,苏共召开中央全会,在会上赫鲁晓夫当选为苏共中央第一书记。

　　赫鲁晓夫,1894 年出生于矿工家庭,比毛泽东小一岁,俄罗斯族。他是一个矿工的后代,1918 年国内战争期间,加入布尔什维克党。从小由于生活所迫,没有受过良好的教育,文化程度较低,马列主义理论水平也很低。他的言谈举止,常常流露出愚昧无知、粗鲁野蛮、莽撞无礼。

　　1954 年 10 月 1 日是我国国庆五周年的日子。这年的国庆节,举国上下洋溢着和平安定、颂团结赞友谊的欢乐气氛。

　　9 月 29 日,赫鲁晓夫率苏联政府代表团到达北京。这是他第一次踏上中国这块广袤而神秘的土地。他这次访华,主要是参加中华人民共和国成立五周年的庆祝活动和苏联经济及文化建设成就展览会的开幕式。

　　对赫鲁晓夫的接待,中国方面十分热情,规格也很高。因为那

时，中苏友谊还处在鼎盛阶段。访问期间，苏方也积极提供了不小的援助。我们可以从以下七个共同签署的文件中窥见一斑。

1.关于"苏军从旅顺口海军基地撤退，1955年5月31日之前将该基地交由中国完全支配"。

2.关于将1950年、1951年创办的四个中苏股份公司中的苏联股份，自1954年1月1日起完全交给中国。这四个公司分别是，在新疆境内开采有色及稀有和贵重金属的公司，在新疆境内开采和提炼石油的公司，在大连建造和修理轮船的公司和民航公司。这些公司中的苏方股份由中方用出口货物在数年内还清。

3.签订中苏科学技术合作协定。

4.中苏修建兰州—乌鲁木齐—阿拉木图铁路并组织联运的协定。

5.中苏蒙修建集宁到乌兰巴托铁路并组织联运的协定。

6.关于苏联政府为中国政府提供5.2亿卢布长期贷款的协定。

7.关于苏联政府帮助中国新建15项中国工业企业和扩大原有协定规定的141项企业设备的供应范围的议定书。

10月1日，赫鲁晓夫率苏联代表团参加了天安门广场的国庆活动。10月3日，在中南海颐年堂，举行了中、苏两国最高级会谈。中方参加会谈的有毛泽东、朱德、刘少奇、周恩来、陈云、彭德怀、邓小平、邓子恢、李富春等人；苏方有赫鲁晓夫、布尔加宁、米高扬等人。

在会谈中，毛泽东首先发言。他首先对赫鲁晓夫的来访表示欢迎，接着说："今天我们可以谈谈，交流一下意见。一般地说，我们之间的问题或意见都是随时提出，随时解决，没有积累下什么问题。今天我们有这个极好的机会，再交换点意见。"

接着，毛泽东话锋一转："国际形势总的说来，对我们是有利的。首先，是各国人民积极地行动起来了，抬起头来了。帝国主义的威风被煞下去了好多，不再像以前那样嚣张，盛气凌人，轻举妄动，实际上，他们的日子越来越不好过了。"

这是赫鲁晓夫第一次零距离接触毛泽东，虽然他在1949年毛泽东第一次访苏期间已经见过毛泽东，但那次只是跟着众多的苏共领导成员一起，这次他是以苏共第一书记的身份坐在毛泽东对面。

他不同意毛泽东的说法，讲道："帝国主义没有睡大觉，而是天天在蠢蠢欲动，在图谋不轨，想达到他们的罪恶目的。诚然，他们的气焰的确没有以前那么嚣张，但他们确实还在活动着。"

毛泽东也不甘示弱，说："十根指头被切去了两根，况且切去的是大拇指，手力毕竟不如以前了，大大削弱了，甚至减去了一半力量。总之，形势是好了，对我们是有利的。当然，我们在任何时候都不能放松自己的警惕性。"

毛泽东又补充道："我们现在有一个和平建设时期，应充分利用它，进行经济建设，大力发展生产力。不过这个时期究竟有多长很难说，因为，这不是由我们的主观愿望所决定的。如果我们有20年的和平建设时期来发展经济，那么战争的危险性就会减少很多，甚至可能打不起来了。过二三十年后，如果帝国主义要打，那就是结束帝国主义存在的时候了。但究竟是经过一场大战来结束战争，还是由于强大的人民力量、和平力量，从此战争打不起来，这还要看看。"

赫鲁晓夫见提到了经济建设，来了话题，主动问毛泽东："你们对我们还有什么要求吗？"

毛泽东略加考虑，说："我们对原子能、核武器感兴趣。今天想同你商量，希望你们在这方面对我们有所帮助，使我们有所建树。总之，我们也想搞这项工业。"

当翻译把这话全部翻译出来后，赫鲁晓夫呆了，这太出乎他的预料了。好一会儿他才反应过来，说："搞那个东西太费钱了，我们社会主义大家庭，有一个核保护伞就行了，无须大家都来搞它。毛泽东同志，你不知道哇，那个东西既费钱又费力，既不能吃又不能用。生产出来后还得储存起来，不久又过时了，还得重造，太浪费了。"

会场立刻沉寂下来。

赫鲁晓夫开口打破了沉默："目前你们不必搞这些东西，还是集中力量搞经济建设，发展与国计民生有关的生产，改善人民的福利。提高人民的生活水平，比搞原子弹好。假使目前要搞核武器，把中国的电全部集中用在这方面，是否足够还很难说。那么，其他各项生产事业怎么办？国计民生怎么办？但你们如果十分想办这件事，而且是为了进行科研、培训干部、为未来新兴工业打基础，我们可以帮助先建设一个小型原子反应堆。这比较好办，花钱也不太多。这是一个切实可行的办法。借这个条件培训干部，也可以派一些有基础的人员到苏联学习、实习和深造。你们以为如何？"

毛泽东回答说："也好，让我们考虑考虑再说。"

赫鲁晓夫又说："我们听说，中国人民在解放以后，生活上有了保障，这是可喜的一面。但人的欲望是无止境的，要求是与日俱增的。我经常想，你们这么多人口，如果人们在衣食住行方面都伸手向国家要，我看很难应付得了。然而不管怎样，这的确是国家应该解决好的首要问题。在西方，这个问题如果不能摆在首要位置加以妥善解决，那日子是过不好的，甚至是过不下去的。"

毛泽东赞同赫鲁晓夫的说法，说："我们之间在对外方面和国际活动中，多进行磋商，协调步调，一致对外，在对内方面和生产建设上，则互相帮助，互通有无，互相协作，这不很好么！"

赫鲁晓夫等苏方客人听后喜形于色，很满意。他们兴高采烈起来，气氛也随之活跃起来。

会谈间隙，服务员端上了湖南腊肉、松烟熏制的火腿、烤面包和茶水等。对于中餐，赫鲁晓夫早已久闻大名，只是一直没有机会品尝。当他把香喷喷的火腿肉送到嘴里时，觉得这食品的味道既独特，又十分鲜美，果然名不虚传，不一会儿便将它们一扫而光。

宾主双方就这样愉快而满意地度过了一个上午。

会谈结束时，毛泽东问道："你们是否准备到我国某些地方，特别是南方去看看？"

赫鲁晓夫答道："一定要出去走一走，看一看。因为这里的一切对我们都是生疏的、新鲜的。我们想去的地方很多，但看来只能在沿海的南北方走走。"

毛泽东高兴地说："那你们就到各地去走走看看，随你们的便，愿意去哪儿都可以，就像在你们自己家里一样。我们也不准备做什么特殊安排。"

这时，毛泽东又说了一句意味深长的话："我就喜欢自由自在、随心所欲地去活动，不喜欢被别人牵着鼻子走。"

这次会谈之后，中苏双方又进行了三次会谈。在这些会谈中，双方再三表达了互助合作和团结友好的愿望。两党对国际问题的意见也是完全一致的。正如联合公报中所讲的，"会谈是在真诚友好和互相谅解的气氛中进行的"。在这个时期，中苏友谊确实进入了高潮。

毛泽东第二次访苏，与赫鲁晓夫在不同场合有过多次交谈和接触。在交谈中，毛泽东对赫鲁晓夫进行了开诚布公的同志式批评。赫鲁晓夫的人格缺陷又一次暴露在毛泽东面前

转眼间到了 1957 年，这是建国后迎来的第八个金秋。中共中央已经做出决定，由毛泽东率领中国代表团访问苏联，参加十月革命胜利四十周年庆祝活动和世界各国共产党莫斯科会议。

这是毛泽东第二次访问苏联。上一次他访问苏联，是率领中共中央代表团来为斯大林祝寿，并就两党所关心的问题交换意见，商谈和签订有关条约与协定。

在机舱里，毛泽东的思维一刻也没有停止，他对翻译李越然说："你去把尤金叫来，我要跟他谈谈。"

尤金是苏联驻中国大使，可以说是一个中国通。

尤金走进来，毛泽东请他坐到桌子对面。

"你是哲学家，又是老朋友，"毛泽东开玩笑似的眨一下眼，"对不对？"

尤金带着哲学家的认真表情，很沉着地点点头，"是的，我是研究哲学的，跟您也够得上是老相识了。"

毛泽东与赫鲁晓夫握手致意
（钱嗣杰　摄）

知己知彼

百战百胜

毛泽东

1950 年 5 月，毛泽东题词——知己知彼，百战百胜

"那么，我给你出个题目怎么样?"毛泽东说道。

尤金下意识地用手指理理头发，说："那好吧，争取及格。"

毛泽东笑笑，接着又问："你说说，方才我们在机场，现在上了天，再过一会儿又要落地，这在哲学上该怎么解释?"

尤金没有想到毛泽东提出了这么一个问题，他一个劲儿地眨眼，终于作难地叹道："唉呀，这我可没有研究过。"

"考住了?"毛泽东笑道，"我来答答试试看，请你鉴定鉴定。飞机停在机场是个肯定，飞上天空是个否定，再降落是个否定之否定。"

"妙! 妙!"尤金拊掌喝彩，"完全可以这样说明。"

莫斯科时间下午 3 时左右，飞机经过 8 小时的飞行，来到莫斯科上空。这天莫斯科天气晴朗，从舷窗向下观望：灰黄的田野，蔚蓝色的莫斯科河，色彩斑驳的树林，被公路和林木分割成各种几何图形的城市建筑，宛如一幅油画尽收眼底。

当舷梯与飞机舱门对接好时，卫士长已经替毛泽东整理好大

1957 年 11 月，毛泽东在莫斯科参加十月革命胜利四十周年庆祝活动和世界各国共产党和工人党莫斯科会议（侯波　摄）

1957 年 11 月 7 日，苏联莫斯科红场上举行了盛大的阅兵式和群众游行，庆祝十月革命四十周年。图为主席台上的赫鲁晓夫、毛泽东、布尔加宁、米高扬（从左至右）（历史照片）

衣和礼帽，毛泽东向舱门走去。

舱梯下是红地毯铺就的一条路。毛泽东的身影在舱门一出现，机场上立刻响起一片掌声。热烈鼓掌的赫鲁晓夫等苏联党政军主要领导人，满面笑容地向舱梯走来。

他们在舱梯下拥抱，亲颊，互致问候。

赫鲁晓夫对毛泽东和中国代表团表示热烈欢迎。

毛泽东在赫鲁晓夫的陪同下，完成那一套在他看来烦琐的仪式，然后上了汽车。

赫鲁晓夫和他同坐一辆车。在车上，毛泽东又和赫鲁晓夫说起仪式的事情来。

"赫鲁晓夫同志，我不是和你们打过招呼吗，请你们不要搞什么仪式，不要来这么多的人接，你们怎么还是搞得这么隆重？"

赫鲁晓夫也有他的想法，在他的心目中这是应该的、必需的，是不应该也不能简化的。

他庄严地解释道："我们是收到过尤金的报告，说你有这样的请求。我们认真地讨论过，我们的同志都认为不应该那样。其他国家的领导人来了都照惯例办的，你这样的同志来了，我是不能简化的。"

"谢谢你们的盛情，我看到了共产主义社会，这一套也就都没有用了。"毛泽东回答得十分幽默。

尽管当时中苏两党在一些问题上的分歧已经初露端倪，但赫鲁晓夫还是以最高礼遇接待了毛泽东。他知道，要维护苏共在社会主义兄弟党中的领导地位，离不开中共这样一个大党的支持。

　　苏方当时把毛泽东安排住在克里姆林宫，驻地离会议厅很近，有条走廊与会场乔治大厅相通，很方便。在饮食方面完全按照毛泽东的生活习惯特别安排，如辣椒和"活鱼"。

　　"莫斯科会议"是12个社会主义国家共产党和工人党代表会议以及64个共产党和工人党代表会议的简称。会前重要的准备工作是起草宣言，由中苏双方讨论起草。中方首席代表是邓小平，苏方首席代表是苏斯洛夫。

　　在这期间，毛泽东与赫鲁晓夫在不同场合(包括在会议休息室、宴会席间，乃至汽车上)有过多次交谈和接触，涉及的内容很广泛。在交谈中，毛泽东对赫鲁晓夫进行了开诚布公的同志式批评。

　　一是关于如何对待铁托。

　　毛泽东抵达莫斯科后不久，赫鲁晓夫到克里姆林宫看望毛泽东。赫鲁晓夫说："这次我们也给铁托发了请帖，他可能不来。"又说："他不来是他自己失礼，如果来了，正好可以批他……"

　　毛泽东不赞成这样做。他说："铁托不来，要理解他们。斯大林整了人家，情报局把人家赶跑了，肚子里能没有气吗？"

　　毛泽东微微一笑，又问："铁托不来，别人来不来？"

　　"来，是卡德尔。"赫鲁晓夫介绍说，"他是一个笔杆子，南共的重要文件多半出自于他的手。"

　　"那好啊，"毛泽东的兴致高涨，"我倒很想会会他，听听他有什么见解。"

　　二是关于现代战争和物质生活。

　　在拜会赫鲁晓夫、布尔加宁的时候，毛泽东讲过这样的话："我们对现代战争是一反对，二不怕……"又说："古时候打仗没有原子弹和火箭，刀、枪、剑、戟打起来，死人不见得比现在少。"

　　赫鲁晓夫不吱声，显然他不同意毛泽东的观点。布尔加宁倒是很欣赏，说："这是很有意思的分析。"

　　谈到物质生活时，毛泽东说："人身上的热量是很有限度的，不能昼夜都吃，也不能同时穿10件皮大衣，享受也有自然的限度……"

　　三是关于苏联专家。

　　在会议休息时，赫鲁晓夫说："我们的专家在中国没有什么事情做，是不是可以回来？"

1957年,毛泽东访问苏联(侯波　摄)

毛泽东在《社会主义国家共产党和工人党代表会议宣言》上签字(侯波　摄)

1957年,毛泽东、邓小平、宋庆龄等在克里姆林宫(侯波　摄)

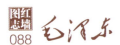
毛泽东表示："事情是有得做的，不过不一定要那么多。我们的同志应该学会自己走路……"

赫鲁晓夫对米高扬说："你听见了没有？毛泽东同志同意专家回来。"

米高扬表示："想想再说。"

四是关于核武器。

毛泽东出于后发制人的观点，在会见场合问赫鲁晓夫："敌人使用核武器，我们可不可以等一等再还击？"

赫鲁晓夫说："一秒钟也不能等，必须立即还击。"

"你怎么能算得那么准，知道他什么时候放？"毛泽东问。

"能知道。"接着，赫鲁晓夫又说，"任何一个社会主义国家，遭受帝国主义进攻，我们都将迅速回击。"

"这种说法不对，"毛泽东不同意这一观点，"每一个国家都是独立的，要看人家请你没有。"

五是对赫鲁晓夫的批评。

在宴会席间，毛泽东忠告赫鲁晓夫："你的个人脾气不好，很容易伤人。在兄弟国家之间有什么不同意见，让人家讲出来以后，慢

1957 年 11 月 7 日，毛泽东在莫斯科大学接见中国留学生（侯波 摄）

1957 年 11 月 7 日，毛泽东在莫斯科大学讲话（侯波　摄）

慢谈，着急不行……"

赫鲁晓夫急了，说："你不了解，有些人拿我们的东西，还骂娘，真使人生气。"

六是关于以苏联为首。

毛泽东强调社会主义阵营要以苏联为首。

赫鲁晓夫说："应以苏、中两家为首。"

毛泽东说："我们没有资格……"

第二次访苏期间，毛泽东还来到莫斯科大学，看望在那里学习的中国留学生们，对大家讲了那句著名的"世界是你们的，也是我们的，但是归根结底是你们的"。

为了维护共产主义运动的团结，毛泽东在各国共产党的领导人面前树立赫鲁晓夫的威信，给了他不少面子。但毛泽东的话一语双关——你赫鲁晓夫应该起表率作用，带头搞好团结

12 个社会主义国家共产党和工人党代表会议终于在克里姆

毛泽东在莫斯科大学进行演讲
（侯波　摄）

林宫乔治大厅开幕了。

　　赫鲁晓夫陪同毛泽东向乔治大厅走去时，大家情绪很热烈，掌声不断。

　　赫鲁晓夫讲完话后，第一个讲话的是毛泽东。毛泽东的讲话，不但在内容上令听众折服，博得阵阵掌声，而且他那放眼世界，对社会主义充满必胜的信心，以及那领袖的风度和魅力，也赢得了与会者的敬仰。毛泽东说："建立一个没有人剥削人的社会，曾经是世界上劳动人民和进步人类千百年来的梦想。十月革命破天荒地第一次在世界上五分之一的土地上，把这个梦想变成了现实。"

　　就在毛泽东抵达莫斯科的第二天，即 11 月 3 日，苏联发射了第二颗人造地球卫星，毛泽东对此兴奋不已。所以在会上，他对苏联的成就给予了高度的评价和赞扬。

　　毛泽东首先用兴奋的语气说："苏联抛了一个 500 公斤的小月亮，我们大家要督促苏联同志一下，希望你们以后抛的卫星要重于

毛泽东在邓小平的陪同下在莫斯科大学接见中国留学生并发表
讲话（侯波　摄）

500公斤，搞一个5万公斤的抛上去，我看事情更加好办了，就有可能订立和平协定了。"

各国代表听到毛泽东的生动语言，气氛顿时活跃起来。

毛泽东抿了抿嘴唇后，又说："世界上谁胜谁负的问题并没有解决，还有严重的斗争，还有战争的危险。要防备疯子，他用原子弹来打，你怎么办？所以，我们必须有那么一个国家，有那么一个党，它随时可以召集会议；为首，与召集会议差不多是一码事。"

说到这里，他把脸转向坐在他旁边的赫鲁晓夫说："我们的赫鲁晓夫同志你干不干呀？"赫鲁晓夫笑了，大家也跟着笑了。笑过以后，赫鲁晓夫谦逊地说："这要靠大家共同努力才有可能啊！"

"大家共同努力，那也对，不过我看主要由你努力！""赫鲁晓夫这朵花比我毛泽东好看。"毛泽东向赫鲁晓夫做个手势，望着会场说，"中国有句古话，叫作'荷花虽好，还得绿叶扶持'。我看赫鲁晓夫这朵花是需要绿叶扶持的。"

毛泽东这句话可谓一语双关，既抬举了赫鲁晓夫，又包含着你赫鲁晓夫应该起表率作用，带头搞好团结的意思。

毛泽东接着讲："我们希望你们在不长的时间里，再抛一个很大的东西上去，把资本主义世界远远抛在后边，我们的日子就更加好过了，而且全人类的生活都好过了，就免于'恐怖'了。罗斯福不是讲过'免于恐怖'吗？资产阶级政治家有时也讲几句好话，不过他们讲的是一套，做的又是一回事。要'免于恐怖'，要有5万公斤，或者更大的东西抛上去，而这首先依靠苏联。"

赫鲁晓夫被毛泽东的话打动了，他神采飞扬，连连说："谢谢你，毛泽东同志。我们争取再抛一个大的上去。"

毛泽东看会场情绪激昂，又进一步鼓动说："不是讲美国非常厉害吗？你为什么到现在连一个山药蛋还没有抛上去？你有一亿吨钢，牛皮吹得那么大呀，还做出了什么'先锋计划'，我看'先锋计划'要改成'落后计划'了。"

毛泽东这时又把脸转向了赫鲁晓夫，说："人们说，美国会赶上来的，它也会抛上卫星的，这是真的。赫鲁晓夫同志的报告就讲了美国会抛上卫星的。但是他们现在究竟是一年、两年还是五年才能赶上苏联？我不管你是一年、两年还是五年，你总是被抛到后面去了。我们的苏联同志，赫鲁晓夫同志，大概只是晚上睡觉，白天不会睡大觉吧？"赫鲁晓夫笑着答道："毛泽东同志，你很会开玩笑，我们当然大白天不会睡觉啦。"

毛泽东接着说："是啊，所有的苏联人民不会白天睡觉，一年、两年、五年总在睡觉吧？你一年、两年、五年赶上苏联了，但苏联又前进啦！"

大厅里响起一片热烈掌声。赫鲁晓夫也显出喜悦的感激之情，因为毛泽东的发言既维护了苏联老大哥的威信，又说了不少他的好话。

这时，毛泽东目光掠过会场，落在南斯拉夫共产主义者联盟代表卡德尔身上，微笑着说道："一个和尚两个帮，一个篱笆三个桩。"他朝卡德尔努努下颌，"有不同意见可以保留起来嘛。有了什么事，还是朋友靠得住。我相信你们迟早是会回来的。"

卡德尔当时显出很受感动的表情。

"现在世界分为两大阵营，对抗的两大阵营。谁的力量更强些？算一下吧。二次世界大战，美国有多少钢？苏联有多少钢？"毛泽东说出两个数字，在分析了力量对比之后，用那高亢的声音，说出了当时的世界形势是"东风压倒西风"这一著名论断。

会场又响起了掌声和喧哗声。

讲完了社会主义阵营出现的大好形势后，毛泽东又把话题转到了战争上……

"要警惕出战争狂人，他们有可能到处乱扔原子弹和氢弹……""我和外国一位国务活动家(尼赫鲁)辩论过这个问题。他相信如果打起一场原子战争，整个人类都会消灭。我说如果糟到不能再糟，一半人都死了，那另外一半人还活着，帝国主义将被夷为平地，全世界将成为社会主义的。多少年内又会有17亿人，而且肯定会更多。我们中国人还没有完成我们的建设，我们希望和平，可是，如果帝国主义一定要打仗，我们没有别的选择，只有横下一条心，奉陪到底，打了再建设……"

当毛泽东讲完话，从讲台回到座位的时候，会场又一次响起了暴风骤雨般的掌声。

赫鲁晓夫迫不及待地要与毛泽东握手、拥抱，以表示感谢，因为他知道这次毛泽东给足了他面子。

12个社会主义国家共产党和工人党代表会议，于1957年11月14日至16日召开。64个共产党和工人党的代表团，又于16日至19日召开会议。两次会议先后通过了《社会主义国家共产党和工人党代表会议宣言》(简称《莫斯科宣言》)和《和平宣言》。

11月20日，苏共中央主席团在克里姆林宫叶卡捷琳娜大厅，为各国党的代表团举行隆重的送别宴会，气氛非常热烈。毛泽东与赫鲁晓夫在主宾席正中并坐。

毛泽东祝酒说："感谢苏共中央和苏联政府的邀请。谢谢今天招待我们这么多好吃的东西。我们开了两个很好的会，大家要团结起来，这是历史的需要，是各国人民的需要。"毛泽东略一停顿，用诗词比喻了共产党人的团结，他说："中国有首古诗：两个泥菩萨，

毛泽东与赫鲁晓夫(杜修贤 摄)

毛泽东率领中国代表团于 1957
年 11 月 20 日离开莫斯科回国
（历史照片）

一起都打碎。用水调和，再做两个。我身上有你，你身上有我。"

宴会厅响起热烈掌声。赫鲁晓夫举起酒杯，一边喝彩，一边在毛泽东的酒杯上碰出一道清脆的响声。

1958 年 7 月，赫鲁晓夫再次访华，这次他没有进宾馆就直奔中南海，这在外交事务中是罕见的。会谈中，毛泽东为赫鲁晓夫的无理要求所震怒，因为他把中国的主权看得比生命都重要！

随着时间的推移，中苏两党的分歧越来越明显，其实早在 1957 年 1 月 27 日，毛泽东在《在省市自治区党委书记会议上的讲话》中，就对中苏关系做了下面的论述：

"我看总是要扯皮的，不要设想共产党之间就没有皮扯。世界上哪有不扯皮的？马克思主义就是个扯皮的主义，就是讲矛盾讲斗争的。矛盾是经常有的，有矛盾就有斗争。现在中苏之间就有那么一些矛盾。""在形势的压迫下，苏联那些顽固分子还要搞大国沙文主义那一套，行不通了。我们目前的方针，还是帮助他们，办法就是同他们当面直接讲。这次我们的代表团到苏联去，就给他们捅穿了一些问题。我在电话里跟恩来同志说，这些人利令智昏，对他们的办法，最好是臭骂一顿。"

如果把中苏两党的分歧集中起来，主要有以下几个问题：

关于"和平过渡"的问题，毛泽东根本就不同意这样的提法。他认为凡是反动的东西，你不打他就不倒，帝国主义是不会自行退出历史舞台的。赫鲁晓夫却认为，在有的国家，是可以搞合法斗争，走议会道路的。

在战争问题上，他们也有着很大的分歧。赫鲁晓夫认为现代战争可以毁灭人类，毛泽东却不这么看，他说古时候打仗没有原子弹和火箭，打起来死的人不见得比现在少。更使赫鲁晓夫不能同意的是，毛泽东居然认为，原子弹也是纸老虎……

而如何对待斯大林，是他们产生分歧、争论的主要问题。

斯大林去世之后，赫鲁晓夫做了那个所谓的"秘密报告"。毛泽东看到这份"秘密报告"后十分震惊。

这个报告让毛泽东看清了赫鲁晓夫的为人。

后来，毛泽东在他的那篇《论十大关系》的著名讲话中，明确指出：

"苏联过去把斯大林捧得一万丈高的人，现在一下子把他贬到地下九千丈。我们国内也有人跟着转。中央认为斯大林是三分错误，七分成绩，总起来还是一个伟大的马克思主义者，按照这个分寸，写了《关于无产阶级专政的历史经验》。三七开的评价比较合适。"

毛泽东所说的过去把斯大林捧得一万丈高的人，不是别人，正是赫鲁晓夫。

当中苏两国出现裂痕时，毛泽东不得不把立足点放在依靠自己力量的基础上，努力尽快地把中国的经济建设搞上去。也正是此刻，国家的利益、国家的主权比什么都重要。而偏偏这时，赫鲁晓夫匆匆来到中国，所要求的事又涉及中国的主权。这一次毛泽东没有给他面子，双方发生了尖锐冲突。

1958 年，毛泽东和赫鲁晓夫在北京举行会谈并发表会谈公报（历史照片）

1958 年 7 月 31 日，赫鲁晓夫来华。毛泽东乘车到南苑机场亲自迎接。同行的还有刘少奇、周恩来和邓小平。在候机室等待时，气氛严肃，不像过去那么轻松愉快，大家很少说话。

赫鲁晓夫乘坐的客机缓缓落下，我方党政领导人迎出去。没有红地毯，没有仪仗队，也没有拥抱，毛泽东只是同赫鲁晓夫握手致意。随后毛泽东陪赫鲁晓夫直奔中南海颐年堂。

走进颐年堂，毛泽东随便问候道："一路上还好吧？"

赫鲁晓夫点头，"还好。你健康吧？"

"自我感觉良好。"毛泽东请赫鲁晓夫坐下，自己也坐下来，说：

"尤金向我讲了，你们有那么个意思，但说不清究竟你们是出于什么考虑。所以我想听听你的想法。你自己来了，这很好，我们欢迎。我们一起谈谈好。"

赫鲁晓夫首先埋怨尤金，说他可能没有听明白苏联领导的意思。这次他来就是为这件重要的事情亲自与毛泽东商量。

究竟是什么事情，非要赫鲁晓夫亲自出马？

原来前一段时间，苏联方面通过驻华大使尤金请见毛泽东，表达了苏联领导的一个意思，希望在中国有一个潜艇基地，建个长波电台，以便与他们的舰队保持联络。并提出和中国搞个联合舰队。尤金第一次来谈，毛泽东便严肃地问他："你们是什么意思？为什么要这么个搞法？"尤金解释不清。毛泽东有些恼火，严厉地说："你讲不清，请赫鲁晓夫来讲！"

尤金回去便向莫斯科紧急发电报告，当得到莫斯科的答复后，他再次请见毛泽东，还是说要搞一个联合舰队，以对付美国第七舰队。毛泽东听后很生气，追问苏方的真实想法究竟是什么，尤金依然回答不清。毛泽东说："不行，这事必须弄清楚。请你转告赫鲁晓夫同志，让他自己来讲！"

就这样，赫鲁晓夫决定亲自来华。

会谈一开始，赫鲁晓夫就迫不及待地把他的想法一股脑儿地倒了出来。大致意思是，根据一项协定，苏联的飞机可以在中国的机场停留加油。现在苏联的远程潜艇开始服役了，而且苏联的舰队现在正在太平洋活动，而他们的主要基地在符拉迪沃斯托克(海参崴)。此前中国已经提出要求，请苏联把潜艇的设计图纸交给中国，并教会中国同志建造潜艇的技术。现在台湾海峡局势紧张，美国第七舰队活动猖狂。苏联舰队进入太平洋活动，是为了对付美国的第七舰队。远程潜艇服役后，需要在中国建一个长波电台，等等。

赫鲁晓夫打着手势讲了十几分钟，加上翻译，就讲了有半个钟点。毛泽东神色肃穆地静听。赫鲁晓夫以为毛泽东听得仔细，越讲情绪越高，有些得意。

突然，毛泽东做了个果断而简捷的手势，只说了一句话："你讲了很长时间，还没有说到正题。"

赫鲁晓夫一怔，随即显出尴尬，"是呀是呀，您别忙，我还要继续讲，继续讲下去……"他强作笑脸，有些不自然，"尤金告诉我了，您很火。尤金没有讲清楚，我们只是有个想法，想跟你们商量……"

毛泽东不耐烦赫鲁晓夫的遮遮掩掩、绕山绕水，便语锋犀利地直戳要害："请你告诉我，什么叫共同舰队？"

"嗯，嗯……"赫鲁晓夫支支吾吾，说出一句显然是不着边际的解释，"所谓共同嘛，就是共同商量商量的意思……"

"请你说明什么叫共同舰队？"毛泽东抓住要害问题不放。

"毛泽东同志，我们出钱给你们建一个电台。这个电台属于谁对我们无关紧要，我们不过是用它同我们的潜水艇保持无线电联络。我们甚至愿意把这个电台送给你们，但希望这个电台能尽快建起来。我们的舰队正在太平洋活动，我们的主要基地……"

毛泽东越听越恼火，愤然站起身，指着赫鲁晓夫的鼻子，声色俱厉地说："你讲的这一大堆毫不切题，我问你，什么叫共同舰队？"

我方翻译见此情景，在译语的使用上，力求准确地表达毛泽东的情感，使赫鲁晓夫

天安门城楼上的毛泽东（杜修贤　摄）

充分感到问题的严肃性。

赫鲁晓夫脸涨红了，看得出，他心里很不是滋味，可又不能自圆其说，始终处于答辩地位。他仍然搪塞道："我们不过是来跟你们共同商量商量……"

"什么叫共同商量，我们还有没有主权呢？你们是不是想把我们的沿海地区都拿去？"愤怒之中毛泽东不乏自信的嘲意，"你们都拿去算了！"陪同赫鲁晓夫参加会谈的苏联副外长费德林用俄语从旁提醒赫鲁晓夫："毛泽东可真是动火了！"

赫鲁晓夫耸耸双肩，一双细小而敏锐的眼睛眨了两下，锋芒稍纵即逝，摊开了两只胖而小的手，带着鼻音嘟哝着："我们没有这个意思，不要误解。我们在家里已经商量过了，现在是和我们的中国同志商量，就是要共同加强防御力量……"

"你的这个意思不对。"毛泽东重新坐下，他至此还没有附和过赫鲁晓夫一句。莫斯科会议上，毛泽东还注意选择一些有共同点的问题谈谈。这次不然，他抓住要害不放，"你明明是搞联合舰队！"

赫鲁晓夫皱起了眉头，提高一些音调："我们只不过来跟你们一块商量商量，没想到引起这么大的误解。"说着，赫鲁晓夫愤怒地连连摇头，"这就不好商量不好办了。"

1957 年，毛泽东对时任波兰共产党中央委员会第一书记的哥穆尔卡说过："苏联有多少力量，你我有多少力量？"中国海军创建不到十年，还只处于沿海防御阶段，怎么可能平等地和苏联搞什么联合舰队？何况苏联如果在中国搞海军基地，这是关系国家主权的大问题！中国自己的事要自己做主，任何外国的一兵一卒都不许在中国的土地上立足。这是我们党一贯的鲜明立场。

赫鲁晓夫曾多次责怪尤金不会办事，现在这样收场，他大约也感到不好下台，想了想又建议道："毛泽东同志，我们能不能达成某种协议，让我们的潜水艇在你们的国家有个基地，以便加油、修理、短期停留等等？"

"不行！"毛泽东断然拒绝，把手从里向外挥开，"我不想再听到这种事！"

"毛泽东同志，大西洋公约组织国家正在互相合作，可是我们这里竟连这样一件事情都达不成协议！"赫鲁晓夫微露愤懑，他在不高兴和愤怒时，眼睛便眯成一条线，目光像被聚光之后凝成犀利的一束。

毛泽东反而坦然了，甚至慢悠悠地吸起了香烟。大概他的目的达到了：弄清了苏联人的真实想法，并且抓住时机把态度明确地告诉他们，涉及主权的大事是不行的。

赫鲁晓夫的表情也恢复了平和，毕竟是大国领导人，他突然一笑，"为了合情理，如你愿意的话，毛泽东同志，你们的潜艇也可以使用我们的摩尔曼斯克作基地。"

"不要！"毛泽东吮吮下唇，淡淡一笑，换了一种慢条斯理的语气说，"我们不去你们的摩尔曼斯克，不想在那里搞什么名堂，也不希望你们来我们这里搞什么名堂。"经过激烈的争论，最后赫鲁晓夫表示："你们不理解，我们也不提了。"

"不同意就不同意吧！"赫鲁晓夫不再抱任何希望，但心里又憋得发胀，兀自用抱怨的口气嘟哝着，"为什么要这样误解我们呢？毛泽东同志，你是知道的，我们苏联是对你们中国做出了许多帮助的。1954 年我到这里来，我们把旅顺港归还中国，放弃在新疆成立联合股份公司中的股份，这比你和斯大林所签协定规定的日期提前了 25 年，而且我们还增加了对你们的经济援助……"

"这是另一个问题。"毛泽东的口气也变得缓和了，"我们感谢你们的援助，但这是另一个问题。"

1960 年 12 月 9 日，毛泽东、周恩来、朱德、邓小平、陈毅等领导人
欢迎刘少奇率领的中国党政代表团访问苏联归来（杜修贤　摄）

1957 年的毛泽东（侯波 摄）

在颐年堂的这次会谈是赫鲁晓夫一下飞机就开始的，可见毛泽东对中国主权问题的重视，他把主权看得比自己的生命还重要。

第二天，毛泽东在游泳池等候赫鲁晓夫，准备第二次会谈。

赫鲁晓夫到了。双方握手寒暄了几句，便在藤椅上坐下来，开始第二次会谈。

关于建长波电台和搞共同舰队的问题，已经在昨天被毛泽东否定，赫鲁晓夫便不再提这个事，转而谈国际形势。对于国际形势的看法，双方分歧不是很大，可以谈出许多共同点，因而气氛比前一天融洽些。不过，还是有争论。

如赫鲁晓夫借谈中国国内形势之机，将话题一转，转到国际关系上："对亚洲，对东南亚，应该说你们比我们清楚。我们对欧洲比较清楚。如果分工，我们只能多考虑考虑欧洲的事情，你们可以多考虑考虑亚洲的事情。"

毛泽东对此没有随声附和，他做个手势说："这样分工不行，各国有各国的实际情况。有些事你们比我们熟悉一些，但各国的事情主要还是靠本国人民去解决，每个国家都有各自的实际情况，别的国家不好去干涉。"毛泽东讲这段话仍是坚持尊重别国主权，提醒赫鲁晓夫不要搞什么划分势力范围的事。

会谈结束，毛泽东请赫鲁晓夫游泳。

赫鲁晓夫换了游泳裤下水。他游泳水平不行，在浅水那边下池，说不上是什么泳姿，就是手脚乱刨的那种姿态。他"刨"了几下就沉不住气了，在工作人员的帮助下爬上来，要了一个救生圈，套上以后才重新下水。

毛泽东的游泳技术在国内外都是闻名的。他从深水区下水，进水后便从容地游几下蛙泳，然后将身体一侧，用侧泳向浅水区游去。

这时，赫鲁晓夫悄悄地注视着毛泽东。毛泽东将手一划，两腿一蹬夹，肩头冲起一片水花，速度很快，像颗巨大的鱼雷一样飞速前进，手刚动了几下，身体已过游泳池中线。

赫鲁晓夫大约是出于自尊心,想故意不去看毛泽东,但又忍不住要打量这位既是伙伴又是对手的中国共产党领袖。他将头刚转开,很快又转回来。转回来时,毛泽东已经游到他身边。

"我早就知道你是游泳能手。"赫鲁晓夫伏在救生圈上喃喃道。毛泽东微微一笑,没有说话,又折回深水区。折返时,他的侧泳换成了仰泳,几下就游到了池中间。

这时,赫鲁晓夫忽然睁大了眼,僵住了——

毛泽东竟躺在了水面上!

工夫不大,更令赫鲁晓夫惊叹的事情发生了。毛泽东竟在水中成 90 度角竖直了身子,近乎立正的样子。他见过有人可以躺在水中,但还没见过谁能像毛泽东这样不动地"立"于水中!

赫鲁晓夫愣了片刻,终于叹服地晃了晃头,又点了点头。

毛泽东游了一段时间,心满意足地靠近赫鲁晓夫聊天。现在已不是双方坐下来会谈的紧张气氛,而是比较轻松自由的感觉。

"中国人是最难同化的。"毛泽东望了一眼赫鲁晓夫,语意深沉地说,"过去有多少个国家想打进中国,到我们中国来,结果呢?那么多打进中国来的人,最后还是都站不住。"

赫鲁晓夫听这段话时面部表情十分复杂。

赫鲁晓夫 7 月 31 日到北京访问,8 月 3 日回莫斯科。毛泽东虽然到机场为赫鲁晓夫送行,但是没有与之同车,也没有搞什么仪式。赫鲁晓夫的这次访问,对以后中苏关系发展的影响是不小的。

赫鲁晓夫最后一次访华。在餐桌边,杜修贤抓拍到了毛泽东和赫鲁晓夫富有戏剧性的照片。其实,他们在谈判桌上的交锋要比餐桌上的精彩得多

1958 年以后,赫鲁晓夫在苏联的政治地位比较巩固了,而且苏联制造出了洲际导弹,中国这枚棋子在赫鲁晓夫的国际棋盘上已经不是那么重要了,因此,他就变本加厉地开始了与中国共产党和毛泽东的"摩擦"。

1959 年 10 月 1 日,赫鲁晓夫参加了中华人民共和国成立十周年的庆祝活动。他刚刚从美国访问回来,并和美国总统艾森豪威尔在其别墅戴维营进行了会谈。这也是赫鲁晓夫最后一次访华。

晚上,国庆招待会在人民大会堂举行。这次毛泽东还是将赫鲁晓夫安排在他身边就座,但是毛泽东的表情已经不像 5 年前那样热情、诚恳,他时不时地沉下脸,但整个宴席上他还是保持着大国领导人的风度,时而给赫鲁晓夫夹菜,时而嘲笑赫鲁晓夫一番,时而又严肃地提醒赫鲁晓夫几句……餐桌旁毛泽东的表情在戏剧性地变化着,杜修贤在一边仔细地抓拍了不少他和赫鲁晓夫边举杯边斗智的精彩镜头。

其实,他们在会谈桌上的交锋要比餐桌上的精彩得多。

会谈一开始,赫鲁晓夫就把"戴维营会议"当作资本,板着面孔教训中共领导人:"不要用武力试验资本主义的稳固性。在我同艾森豪威尔交谈时,得到这样的印象:许多资本主义国家的领导人越来越以现实主义态度考虑现实,想缓和国际局势,重新建立国际关系。"

毛泽东吸了口烟,嘴角掠过一丝笑意,"你只带回这些东西?"

赫鲁晓夫面有窘色,"当然,他们是帝国主义,是靠侵略和掠夺……我想起一件事,希望你们考虑释放两个被俘美国飞行员!"

当时这两位美国飞行员是由于驾驶高空侦察机,侵犯我国领空被击落而被俘的。

毛泽东见赫鲁晓夫竟公然为美国当说客,把手一摆,果断地答道:"不行,这个事儿不能商量!"

这一次,毛泽东的态度十分明确,又一次没给赫鲁晓夫面子。

赫鲁晓夫见没有余地,突然把话题一转,用抱怨的口气对毛泽东说:"西藏问题你们不慎重,不该让达赖喇嘛跑掉么!"

毛泽东张开两臂说:"那么大的边境线,我们怎么能看住他呢?"

赫鲁晓夫接着说:"你们也不该和印度闹么,尼赫鲁这个人还是反帝的,在资产阶级领导人中算进步的。你们应该团结尼赫鲁。

在餐桌边,面对赫鲁晓夫,毛泽东嬉笑怒骂,表情丰富(杜修贤 摄)

你们为了那块不毛之地跟尼赫鲁冲突,这是很不值得的。"

陈毅激动地站了起来,反驳道:"我们对民族主义者的政策,是既团结又斗争,而不是采取迁就的态度。"

赫鲁晓夫巧言辩解说:"西藏与印度毗邻,西藏本身不能对印度构成任何威胁,你们却为西藏与印度冲突,难道这是明智的吗?"

陈毅一下抓住了对方的失误,反问道:"你这是什么意思? 是不是让我们放弃西藏的领土主权?"

赫鲁晓夫发现自己说走了嘴,知道陈毅不好对付,转向周恩来说:"你是世界著名的大外交家,怎么会不理解团结尼赫鲁的意义呢?"

周恩来面上严肃平静,却字字具有千钧之力,"赫鲁晓夫同志,你完全文不对题。达赖叛逃,印度入侵,这明明是对中国的进犯,能讲团结吗?"

赫鲁晓夫眼珠一转,又找到了反攻的借口,"你们炮击金门就没有和我们打招呼,这符合兄弟国家相处的原则吗?"

陈毅反击道:"炮击金门是我们内部的事情,那是中国领土! 中印边境事件,明明是印度侵略,你却偏袒! 对炮击金门你耿耿于怀,你难道是替蒋介石和美帝国主义指责我们吗?"

赫鲁晓夫被驳得哑口无言,向毛泽东双手一摊,抱怨道:"你看,你们一帮人对付我们几个人,这种谈判公平么?"

一直在一旁沉默的毛泽东,觉得自己该说话了。他微微一笑道:"我听了半天了,你给我们扣了好些帽子,没有看住达赖,没有团结尼赫鲁,不该对金门打炮,还说我们'左'。那么我也送你一顶帽子,就是右倾机会主义!"

赫鲁晓夫无话可说,会谈不欢而散。

面对苏联大国沙文主义的压力,毛泽东不亢不卑,当仁不让,又一次维护了国家的领土完整和主权独立的尊严。

10月1日,新中国建国十周年大典在天安门广场举行。赫鲁晓夫站在毛泽东身旁观看盛大阅兵式,苦思冥想对付毛泽东的办法,他想让中国人尝尝不听话的滋味。

在天安门城楼休息时,赫鲁晓夫采取突然袭击的办法对毛泽东说:"关于生产原子弹的事,我们是不是把专家撤回去?"

毛泽东从容地答道:"我们可以自己试试,这对我们也是个锻炼! 如果技术上能帮助一下更好,不能帮助那是你们考虑决定的事了。"

赫鲁晓夫悻悻地回国了。苏联政府在1960年6月20日单方

1958年8月23日,中国人民解放军开始炮打金门(历史照片)

1964 年 10 月 16 日下午 3 时,中国第一颗
原子弹爆炸成功。图为爆炸时的火球和随
即升起的蘑菇烟云(历史照片)

1964 年 10 月 16 日,周恩来在北京人民大
会堂宣布我国第一颗原子弹爆炸成功(杜修
贤 摄)

周恩来宣布我国第一颗原子弹爆炸成功的
话音刚落,全场爆发出巨大的欢呼声,好似
巨浪在大厅里轰鸣(杜修贤 摄)

撕毁了协定,撤走了在中国的全部专家,甚至连一张纸片都不留下,还讥讽地说:"离开外界的帮助,中国 20 年也搞不出原子弹,就守着这堆废铜烂铁吧!"

毛泽东得知这一消息,尽管心情有些沉重,但全身的热血在沸腾,他铿锵有力地对在场的人员说:"不要怕,没什么了不起!我们还是要下决心搞尖端技术。赫鲁晓夫不给我们支持,很好,如果给了,这个账是很难算的。"

毛泽东再次发出号召:"自己动手,从头做起来,准备用 8 年时间,拿出自己的原子弹!"1962 年 11 月 3 日,他又在第二机械工业部提出的争取在 1964 年,最迟在 1965 年上半年,爆炸我国第一颗原子弹"两年计划"的报告上批示:"要大力协同做好这件工作。"

1964 年 10 月 16 日下午 3 时,在死一般寂静的罗布泊上空,突然出现一道强光。紧接着,一团巨大的火球腾空而起,伴随着山呼海啸般的轰鸣。雪白的烟雾在空中翻卷,地面上涌起的尘柱不断蹿高,烟雾和尘柱连在一起,形成一朵蘑菇云状,冉冉升起……

中国第一颗原子弹爆炸成功!实现了毛泽东的中国要拥有自己的原子弹的夙愿。

说来也巧,就在中国西部上空出现蘑菇云的时候,赫鲁晓夫在苏联共产党的会议上,交出了一份"辞职申请书"。对于这份"辞职申请书",国外舆论哗然,有的说是赫鲁晓夫在政治局委员的压力下做出的,也有的说是赫鲁晓夫自愿做出的。但不管怎样,事实是赫鲁晓夫下台了。

为此,毛泽东曾风趣地说:"中国原子弹爆炸,应该给赫鲁晓夫发一个一吨重的大勋章。"

第四章

三面红旗

图红志墙 毛泽东 106

定名人民大会堂

毛泽东眉毛轻轻一挑，说："那就叫人民大会堂。"

1956年，建国初期，百废待兴。但在全国人民的共同努力下，我国提前完成了第一个五年计划，工农业生产呈现出越来越好的形势。人民的生活水平有了极大提高的同时，人民的精神面貌也发生了喜人的变化，在全国人民的心目中，中国共产党的威信越来越高。

转眼到了1958年，越来越多的人积极呼吁，希望把首都北京建设得更好一些。

9月5日，时任北京市委书记处书记、副市长的万里主持召开了北京市政府会议。会上，他传达了中央关于筹备庆祝建国十周年活动的通知。同时，他代表北京市政府提出，要在建国十周年到来之前，建好人民大会堂、革命博物馆、历史博物馆、国家大剧院、军事博物馆、科技馆、艺术展览馆、民族文化宫、农业展览馆，再加上原有的工业展览馆(即北京展览馆)，就形成了当时的北京十大建筑。但最终确定的十大项目是：人民大会堂、中国革命历史博物馆、中国人民革命军事博物馆、全国农业展览馆、北京火车站、北京工人体育场、民族文化宫、北京民族饭店、北京迎宾馆、北京华侨大厦，这些建筑作为国庆十周年的献礼项目，相继于1959年9月竣工落成。

经过一年的奋战，到了1959年8月下旬，大会堂室内室外工程陆续完工。

在大会堂建设期间，周恩来、刘少奇、陈毅等中央领导人皆来到工地视察。

9月9日凌晨2时30分，在万里等人的陪同下，毛泽东来到大会堂工地视察。

在走到大礼堂的二层挑台上时，毛泽东突然问道："这个挑台还安全吗？"

紧接着，毛泽东又来到了宴会厅，还在宴会

1959年，毛泽东视察北京新火车站，彭真等陪同(侯波 摄)

20世纪60年代的人民大会堂

厅的主席台上站了一会儿。然后,他走进北京厅,坐下后大致询问了一些情况,如有多少人参加了这个大会堂的建设工作,在这样短的时间内是如何顺利完成这项工程的,等等。

对于毛泽东提出的问题,万里等人逐一做了回答:全国有3万多人直接参加了大会堂的建设工作,当然,这中间并没有包括各工厂为建设工程加工备料的那些工作人员。

毛泽东对于他们的回答非常满意,并对工程建设者给予了较高评价:"这些同志不为名,不为利,却这样努力工作,应该给他们立一个纪念碑。

1958年,毛泽东和周恩来、朱德、彭真、李富春、薄一波等审查天安门广场建筑沙盘(侯波 摄)

但是参与建设的人数太多,碑上也写不下这样多的名字。我们应该提倡这种不为名、不为利的共产主义精神。"

看毛泽东的心情不错,万里就乘时提出:"这座建筑到现在还没有命名。过去周总理曾提过,需要请主席命名。"

毛泽东问:"这座建筑,你们现在怎么称呼呢?"

万里答:"我们一般叫'大会堂'或'人民大会堂'。"

毛泽东眉毛轻轻一挑,说:"那就叫人民大会堂嘛!"

从那时起,这一宏伟建筑就有了自己正式的名字。

人民大会堂建好后,毛泽东有时也把会见客人的地点定在人民大会堂。他经常在人民大会堂的湖南厅会见外宾。他身边的工作人员都习惯把湖南厅称为118厅。

118,是房间序号。118厅内还分为4个厅,对外使用的是2号厅。

毛泽东经常在1号厅办公和休息。

118厅的1号厅只有20多平方米。不大的空间里,除设有供毛泽东办公用的写字台外,还有一个小书架和一套沙发。在厅的西头,还设有一间小小的盥洗室。厅的东头安有一张中型木板床,毛泽东工作之余,就在这张木板床上看书、小憩。

三面红旗的由来

一系列的虚假指标仿佛是在向科学挑战

中国共产党第八次全国代表大会（简称"中共八大"）后，即
1957 年 11 月，毛泽东生平第二次也是最后一次出国，到莫斯科参
加十月革命胜利四十周年的庆祝活动。

这时，苏联刚刚成功发射了世界上第一颗人造卫星，并提出
要在短时间内赶上和超过美国的经济发展水平。在当时东西方冷
战的局面下，苏联的建设成就对所有社会主义国家都是一个鼓
舞。社会主义国家的人们相信，社会主义完全可以更有效地集中
人力和财力，加速推进经济发展。

正是这次访苏，让毛泽东对国内的经济发展有了新的想法。

当时，为了改变中国贫穷落后的面貌，摆在新中国领导人面
前的一个突出任务，是探索一条能够更快更好地建设社会主义的
道路。

蓦然回首，建国初期的几年里，中华人民共和国在中国共产
党的带领下，通过大规模、全方位的经济建设，特别是国民经济第
一个五年计划的建设，把全社会的资源都调动起来，开始走上一
条富强之路。

**毛泽东和妇女代表们在一起（洪
克　　摄）**

1958年，毛泽东在十三陵水库参加
劳动（侯波　摄）

　　1956年底，由于提前完成了"三大改造"，中国从新民主主义
社会跨入了社会主义社会。

　　毛泽东对1956年以来周恩来、陈云等及时纠正经济建设中急
躁冒进倾向进行了错误的批判，就此揭开了"大跃进"的序幕。

　　随后，1957年11月13日《人民日报》发表社论《发动全民，讨
论四十条纲要，掀起农业生产的新高潮》，把批判反冒进公
布于世。毛泽东对此文中采用"跃进"一词代替"冒进"的提法颇为
赞赏。

　　半年之后，毛泽东在重看这篇社论后，于1958年5月26日给
政治局、书记处各同志，省、市、自治区党委第一书记，参加政治局
扩大会议的其他同志的信中写道："重看1957年11月13日《人民

日报》社论，觉得有味，主题明确，气度从容，分析正确，任务清楚。以'跃进'一词代替'冒进'一词从此篇起。两词是对立的。自从'跃进'这个口号提出以后，反冒进论者闭口无言了，'冒进'可反（'冒进'即'左倾'机会主义的代名词），当然可以振振有词。跃进呢？那就不同，不好反了。要反那就立刻把自己抛到一个很不光彩的地位上去了。此文发表时，我们一些人在莫斯科，是国内同志主持的，其功不在禹下。如果要颁发博士头衔的话，我建议第一号博士赠与发明这个伟大口号（即'跃进'）的那一位（或者几位）科学家。"

在国外，朝鲜战场上，中朝两国军队打退了西方阵营中最强大的美国军队，极大地鼓舞了全体中国人民的信心和斗志。

在外交上，由于赢得了万隆会议的胜利，更多的国家抛弃了台湾政权转而承认新中国。

所有这一切太顺利了。尤其对于一个不足十岁的新政府来说，似乎是太顺了。中国共产党人用实践打消了"共产党只能打天下，不能坐天下"的疑虑。

随着一个个指标的迅速变化，生产在高速发展。这使党内许多同志格外兴奋，他们似乎看到国家实现了工业化，农村用上了收割机，实现共产主义社会指日可待，不再是遥远的将来。在毛泽东眼中，中国工业化，是10年、20年的问题。"欲速则不达，必须稳步前进"的话也不再可爱了。

毛泽东视察工厂并观看"大字报"
（钱嗣杰　摄）

思想上的急于求成，必然导致实际上的急躁冒进。从1955年底制定全国农业发展纲要开始，在全国范围内就出现了各地区、各部门争相提高计划指标、贪多求快、急躁冒进的现象

1958年5月召开的中共八大二次会议，确立了"鼓足干劲，力争上游，多快好省地建设社会主义"的总路线。由于建设经验不足，更由于毛泽东和中央及地方不少领导人急于求成，夸大主观努力的作用，一场工农业生产的"大跃进"运动就这样被轻率地发动起来了。

在这场运动中主要抓住了两个指标作为突破口，一个是钢产量，另一个是粮食产量。

1958年8月，中共中央政治局扩大会议定下了当年钢产量指标要比上一年翻一番，达到1 070万吨。而当时1月至7月全国累

1958 年，毛泽东视察钢铁厂（历史照片）

1958 年 3 月，毛泽东在重庆钢铁公司的大平炉车间第四号炉前仔细观察工人们的劳动（历史照片）

计产钢 380 万吨，同全年计划相比，还差约 700 万吨。离指标有很大的差距，靠什么来完成呢？

毛泽东引用唐朝诗人李商隐的诗句"夕阳无限好，只是近黄昏"来表达此时的境况。他感到计划有完不成的危险，决定大搞群众运动，实行书记挂帅，全党、全民办钢铁。

从这一年 9 月开始，一场全民炼钢的运动在中国各地展开。小高炉、土法炼钢和群众运动，成为快速提高钢铁产量的主要方式。到这一年年底，全国参与大炼钢铁的人数达到九千多万，修建了土高炉一百多万座，企业、机关、学校和农村都成了炼钢炼铁的战场。

无数的小高炉、土高炉像蚂蚁啃大山似的把群众辛苦挖来的矿石一点点地蚕食。

铁矿石，告急！

没有铁矿石怎么办？砸废铁，捡废铁，也只是杯水车薪。只有提倡"爱国"，让大家把家中的一些铁物拿出来化为铁水。定指标，每户都得交，不交就不"爱国"。

在农村，出现了收铁队，他们挨家挨户找铁锅。有的甚至强行去抢，把好的铁物砸坏炼成生铁。更有许多铁质的文物也遭到了破坏，"古人"和今人一样感受到了"大跃进"运动的威力。

一些采用机械设备的大中型钢铁企业，也向广大职工强调要破除迷信，解放思想，力争创造出奇迹般的增产速度。

1958 年的最后一天，北京石景山钢铁厂转炉车间最后一炉钢水终于出炉了。与此同时，1 070 万吨钢的指标超额完成了……

据当时的报道，1958 年的钢产量指标不仅提前完成，而且达到了 1 108 万吨。这其中，合格的钢只有 800 万吨。而在 1 369 万吨生铁中，合格率微乎其微。

让我们再来看看粮食产量的"大跃进"。

"吃了吗？"这是在中国流行最广泛、最持久的一句话，无论男女老幼、何时何地，中国人见面打招呼的第一句话非它莫属。它透着一种亲切，透着一种关爱……我们已无从考证此话缘起

1958 年，毛泽东在安徽视察工厂时，同钢厂
工人亲切交谈（侯波　摄）

何时。没有谁比中国人更关心肚子问题,"民以食为天",或许是中国人饿怕了。

"大跃进"的发动,首先是从农业开始的。

1957年召开的中国共产党第八届中央委员会第三次全体会议(扩大)揭开了发动农业"大跃进"的序幕。这次全会通过了《1956年到1967年全国农业发展纲要(修正草案)》。

1958年初召开的南宁会议上,毛泽东一是严厉批评"反冒进",二是提出提前实现农业发展纲要四十条。

会后,在《工作方法六十条(草案)》中,要求"在三年内大部分地区的面貌基本改观"。

"大跃进"中,关于钢铁的不切实际的高指标,也影响着农业

1958年,毛泽东在武汉钢铁厂
(侯波 摄)

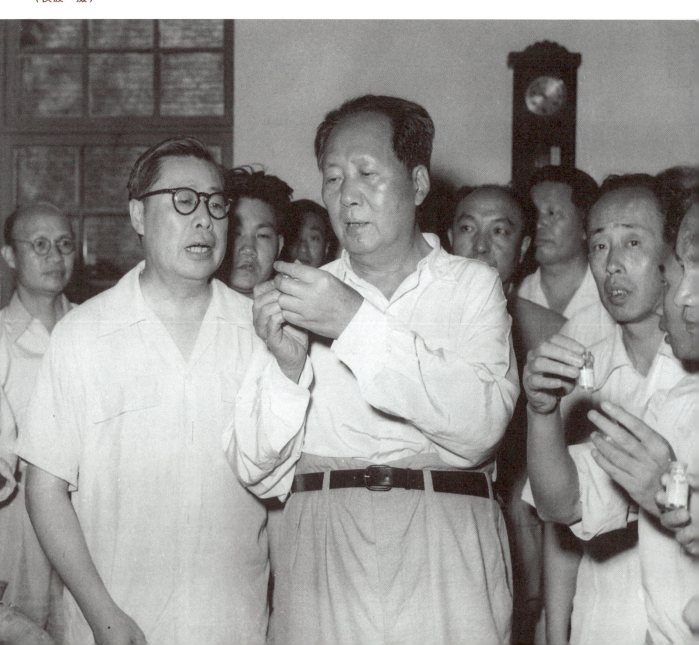

产量指标的制定。急于求成的要求，靠大辩论开路的刮风式的领导方法，终于引发了各级干部的浮夸风。

浮夸风是1958年农业"大跃进"的显著特征。假造的粮食高产"卫星"一时放遍全国。

1958年1月3日，汕头报出了晚稻亩产达3 000斤的消息。

2月23日，贵州金沙县报出晚稻亩产达3 025斤的纪录。

入夏以后，各地形势便陡然高涨起来。

6月8日，河南省遂平县卫星农业社5亩小麦亩产达2 105斤的消息上报。

6月9日，湖北襄阳，大面积的小麦亩产达1 500~2 000斤。

…………

6月26日，江西省贵溪县报出了早稻亩产2 340斤的消息。

很快，记录一次又一次地被刷新。

7月22日，福建省闽侯县早稻亩产7 275斤。

8月1日，湖北省孝感县早稻亩产15 000斤。

…………

这一系列虚假的指标仿佛是在向科学挑战！

"人民公社"在中国大地上横空出世

当人们沉浸在"大跃进"的喜悦中时，目光自然投向了"理想世界"。大家更急切地想把"天国"拉到"人间"，实现"有衣同穿，有饭同吃，无处不平等，无处不饱暖"的"大同梦"。

1958年3月，中共中央在成都召开会议，通过了《关于把小型的农业合作社适当地合并大社的意见》。农村随即开始了小社并大社的工作。

1958年，毛泽东视察武汉钢铁厂一号高炉（侯波　摄）

毛泽东视察工厂时与工人们亲切交谈(侯波 摄)

　　7月1日,《红旗》杂志发表了陈伯达的文章《全新的社会,全新的人》。文章指出:"把一个合作社变成为一个既有农业合作又有工业合作的基层组织单位,实际上是农业和工业相结合的人民公社。"

　　从此,"人民公社"这个名称在中国大地上横空出世。

　　伴随着人民公社"一大二公"的特点,为解放妇女劳动力,更好地实行免费供应粮食的政策,公共食堂很快就被发明创造出来,并被认为是"共产主义因素"。

　　7月,全国开始出现了公共食堂。

　　毛泽东、刘少奇等党和国家的主要领导人,很快就表示对公共食堂的支持和赞扬。为了培植"共产主义因素",曾经发明过"全民大办钢铁"的上海市委书记柯庆施,又提出了"吃饭不要钱"的口号,并很快在全国推行起来。各个生产大队都以生产队为单位组织公共食堂,全国共办了数百万个公共食堂。有的地方甚至提出"放开肚皮吃饭"的口号,报纸上也出现了吃饭竞赛撑死人的消息。到了1958年年底,全国共建立了三百四十多万个农村公共食堂。

毛泽东视察工厂(侯波 摄)

基石已经奠定，材料已经准备。

"共产风"一起，"一平二调"成为时代旋律。社员的房子、炊具、桌椅、板凳在"大潮"中被无偿征用。社员饲养的家畜、家禽，集中起来无偿归食堂饲养，社员的自留地也不能幸免。

河北省邢台县孟家村社员"自动"拿出大锅、水缸等用具550多件，有45户社员把2 700斤粗粮和副食品"送"给食堂。

河南省修武县共没收社员自留地2万多亩、开荒地7 000多亩，调大牲畜570头，猪15 977头，羊19 700只。

"吃饭不要钱"，在公共食堂运动中实行了粮食供给制，同吃"大锅饭"。在这里"粮食供给食堂化，肚子再大也不怕"。不管劳动力好坏，一样吃饱喝足，"有福同享"。人们"放开肚子吃饱饭"，开"流水席"，来了就吃。

10月，食品紧张问题已经初露端倪。当时人们为了接近饭桶而争先恐后，而米饭永远也不够吃。

人们既买不到蔬菜，也买不到鱼和肉，这些东西只有持诊断证

毛泽东在视察途中与农民交谈
（侯波　摄）

第**3**组

1958 年 2 月，毛泽东在工厂视察（侯波 摄）

毛泽东在视察途中下车接见工作人员（侯波 摄）

明的病人才被准许购买。

人民公社化运动热潮，进一步助长了本来就很激烈的农业"大跃进"的狂潮。不断攀升的产量又使人们误认为生产力水平已经达到了相当高的程度，人们越来越急于改变生产关系。

8月22日，河北省徐水县委在上级的启发和帮助下草拟了《关于加速社会主义建设向共产主义迈进的规划草案》，提出：1959年基本完成社会主义建设，并开始向共产主义过渡，到1963年即进入伟大的共产主义社会。9月15日，徐水县成立了"徐水县人民总公社"，后改称"徐水县人民公社"。公社实行县社合一，经济上由县一级统一核算。9月20日，徐水县委发布了《中共徐水县委关于人民公社实行供给制的试点草案》。从9月份起，干部、工人、职工取消薪金，农民（社员）取消按劳取酬。干部改发津贴，县级每月8元，科局级每月5元，一般干部每月3元，平民百姓每月2元。同时，公社对全县人员实行"十五包"，即吃饭、穿衣、住房、鞋、袜、毛巾、肥皂、灯油、火柴、烤火费、洗澡、理发、看电影、医疗、丧葬这些费用全部由公社统一包下来。

当时的山东范县跑得更快。10月28日，范县县委第一书记在全县共产主义积极分子大会上宣布，范县两年即过渡到共产主义。这位书记把共产主义社会描绘成"新乐园"："人人进入新乐园，吃喝穿用不要钱；鸡鸭鱼肉味道鲜，顿顿可吃四个盘；天天可以吃水果，各样衣服穿不完；人人都说天堂好，天堂不如新乐园。"

对徐水县的这种做法，毛泽东产生了疑虑，他特意找来徐水县委第一书记张国忠汇报工作。

在听取汇报的过程中，毛泽东就发现，实行供给制以后，按人口分配，家里人口多的就多分，家里人口少的就少分。毛泽东一听到这个情况，就问："这样好吗？一样的贡献，可人口多的就多得，人口少的就少得，会不会使那个劳动者的积极性受到伤害？"这个问题是毛泽东第一个提出来的。

毛泽东很想了解农村的真实情况。11月，在第一次郑州会议期间，他在专列上召集一些基层领导谈话。这时，一些狂热的做法

1958年，毛泽东在天津郊区农村视察（侯波 摄）

还在蔓延,有人兴奋地告诉毛泽东,山东范县也准备向共产主义过渡,并要废除商品和货币。

毛泽东严厉地指出,废除商品生产,对农产品实行调拨,实际上就是剥削农民。商品生产,不仅不能消灭,还要大力发展。

以第一次郑州会议为契机,中共中央开始纠正已经觉察到的以高指标、瞎指挥、浮夸风和"共产风"为标志的"左"倾错误。

农家女一个大喷嚏,喷得毛泽东满脸唾沫星子

就在全国掀起"大跃进"、大刮"共产风"的时候,毛泽东一方面为"大跃进"中人民群众焕发出来的冲天干劲所鼓舞,另一方面也冷静地听取各方面的意见,提出头脑要热又要冷,光热不冷会出乱子。他为了能够更多地了解来自基层的情况,又登上了被工作人员称为"流动中南海"的专列。

1958 年秋天的一个下午, 毛泽东的专列停在了湖北孝感站外。 毛泽东邀请当地的干部和农民代表上车座谈。

农民代表晏桃香是个农村小姑娘,正在闹感冒打喷嚏,大家怕她把病传染给毛泽东,不让她进去。毛泽东知道后即说:"怕什么,少奇肝炎多年也没有传染给我。进来,小姑娘,请坐。"

晏桃香刚坐下,就打了一个大喷嚏,喷得毛泽东满脸唾沫星

1958 年 3 月,毛泽东在四川灌县新城乡莲花社苕菜田里摘苕菜(侯波 摄)

毛泽东在视察途中的列车上（侯波 摄）

子。在座的人都紧张起来,小姑娘也脸有惧色。毛泽东满面笑容地说:"不要紧,我是60多岁的老头子,不怕死,人家说身经百战,我也是身经百战不死,你的一个喷嚏能打死我吗?你比美帝国主义厉害吗?比日本侵略者厉害吗?比蒋委员长厉害吗?"毛泽东的一席话,使气氛松弛了许多。

"你为什么感冒?"毛泽东问晏桃香。

"报告主席——"

"不要报告。大家平起平坐,随便谈心。"毛泽东打断小姑娘的话说。

1958年1月,毛泽东在浙江省农业科学研究所观看双轮双铧犁的使用(侯波 摄)

晏桃香说:"昨晚我通宵开夜车锄棉梗,天亮才通知我开座谈会。一直打喷嚏,来这儿之前我先吃了药的。"

毛泽东又问:"你们开夜车点灯吗?"

晏桃香答:"300瓦电灯,20盏汽灯。"

"你赞成开夜车吗?"毛泽东问。

"说实话,不赞成,但上面要我们开夜车,我是妇联主任,不能不开。我认为开夜车划不来,花钱很多,费力很大,第二天还打不起精神,大家都不愿意。"晏桃香回答说。

毛泽东又问:"你认为你所在的生产队粮食产量能达到指标么?"

"差十万八千里。"晏桃香回答得很大胆。

毛泽东又问:"那么你想如何办呢?"

晏桃香很恳切地说:"希望上面实事求是。"

晏桃香的话引起了参加座谈会的人的共鸣,有人鼓掌。有人也汇报说,事实上老百姓有的已经开始饿饭了。

毛泽东听着听着,眼泪禁不住流了下来,但他没有擦脸,并且说:"不要同不让她进来的人讲打喷嚏的事。对'皇帝'脸上打喷嚏,那还了得啊!我毛泽东是久经考验的人嘛。"

百花齐放畅想曲

"百花齐放,百家争鸣",给知识界带来了春天的气息

从 1956 年元旦开始,《人民日报》的排版方式由原来的竖排文字改成了横排。从此,在中国,传统的文字排版方式发生了变化。也正是从这些点滴的变化中, 中国的老百姓感受到了一个特别年月的特别意义。

当 1956 年的新年钟声敲响之际,党的知识分子政策也开始发生变化。这个春天在中国知识分子的记忆中,有一种特别的生机,人们把这段时间称作"知识分子的春天"。

1 月间,中共中央专门召开了关于知识分子问题的会议。周恩来代表中央作《关于知识分子问题的报告》,第一次明确宣布,知识分子中的"绝大部分已经是工人阶级的一部分"。他说:"正确地估计和使用知识分子,已经成为党和国家极其重要的任务,必须充分地信任他们,改善他们的政治和生活待遇。我们的社会主义建设,

1957 年 7 月,毛泽东在上海与各界知名人士座谈(历史照片)

比以前任何时代都更需要发展科学和文化。"

毛泽东则用一贯幽默的方式在会上说:"现在我们革什么命?革技术的命,革没有文化、愚昧无知的命,所以叫技术革命、文化革命。这些革命,没有知识分子不行,不能单靠我们这些大老粗。"

1956 年 1 月 25 日,在讨论"12 年农业发展纲要草案"的第六次最高国务会议上,中共中央特意邀请了一些著名的科学家参加。

会上,中国科学院力学研究所所长钱学森、中国科学院昆虫研究所所长陈世骧、北京农业大学校长孙晓村,以及细菌学专家魏曦、水生生物专家秉志做了发言。

对专家们的发言,开始时,毛泽东边听边记。后来,他放下了笔。再后来,他干脆离开了座位,走到时任西北农学院院长辛树帜的面前,仔细倾听。直到会后,他们依然谈兴未尽,对未来的畅想已经超越了会议的主题。

毛泽东在会上说:"我国人民应该有一个远大的规划,要在几十年内,努力改变我国在经济和科学文化上的落后状况,迅速达到世界上的先进水平。"

五天之后,周恩来在中国人民政治协商会议第二届全国委员会第二次全体会议上,明确提出了号召。这次会议还提出,着手研究制定"1956 年到 1967 年的科学技术发展远景规划"。

正是从这年春节开始,普通话被逐步推广开来。

正月过后的头一件大事,是国家科学规划委员会的成立。这个委员会的主要任务是编制《1956—1967 年科学技术发展远景规划》,由当时的国务院总理周恩来,副总理陈毅、李富春、聂荣臻等人主持。600 多名专家参加了这部重要文献的编写。

在第一个五年计划期间,新中国在工业建设上所取得的成就,超过了旧中国的一百年。然而,随着社会主义时期的到来,如何避免苏联体制已经暴露出来的弊端,开始成为人们必须思考的一个历史课题。

1955 年底,毛泽东就提醒人们要"以苏为鉴"。10 月,中国共产党第七届中央委员会第六次全体会议决定,在 1956 年召开中共八大。这次大会将要解决的,就是如何建设中国式的社会主义的问题。

随后,为了起草中共八大的政治报告,刘少奇用了 3 个月的时间分别找各部委了解情况。

知道了这个情况后,毛泽东很受触动,于是他对薄一波说:"一波,你能不能也替我组织一下?我也想听一

毛泽东和科学家钱学森在宴会上
(吕厚民 摄)

毛泽东和文艺工作者在一起
(吕厚民 摄)

百花齐放
推陈出新

毛泽东

1951 年，毛泽东为中国戏曲研究院题词——百花齐放，推陈出新听来自下面的声音。"

就这样薄一波专门为毛泽东组织了 34 个部门的汇报会。

1956 年 4 月，毛泽东在听了各部委的汇报后，提出 "百花齐放，百家争鸣"的发展科学、繁荣文化艺术的指导 方针

从 1956 年 2 月开始，毛泽东不间断地听了一个半月的汇报，一边听一边做指示。毛泽东说自己每天都是 "床上地下，地下床上"，非常辛苦。

也是在这年的春天，中共中央提出了"百花齐放，百家争鸣"的发展科学、繁荣文化艺术的指导方针，即"双百"方针。

这是毛泽东在 1956 年 4 月正式提出来的。如何繁荣科学文化，同样是探索社会主义建设道路的一个重要课题。在这之前的一段时间里，科学研究被打上了意识形态的烙印。来自欧美的自然科学流派，一律被贴上了资产阶级的标签，而来自苏联的理论则被视为金科玉律。

1955 年，毛泽东参观中国美术馆（吕厚民　摄）

1956年8月，在青岛，一个让谈家桢教授和他的同行们等待多时的会议召开了。这是根据毛泽东的意见，按照中宣部的建议，遗传学界召开的一次自由争鸣的会议。在毛泽东的"双百"方针的影响下，会议气氛很好。会上，谈家桢把几年来压抑在心里不敢说的话通通都倒了出来。会后，谈家桢开怀畅饮，结果喝醉了。这很难得，他酒量很好的。这次喝酒醉了，他真的是因为很兴奋。

毛泽东也密切关注着文化界的动向。为了进一步推进"双百"方针的实施，1957年2月，他在颐年堂专门召开了一次会议。会议午休的时候，他和当时的《文艺报》主编张光年谈起了一首引起争论的讽刺诗《草木篇》。

毛泽东提到，这个《草木篇》他刚看。张光年马上说："我看这篇作品不太好，我们《文艺报》准备组织文章来批评它。"

毛泽东就开导张光年："你也不要全盘否定嘛，他总还有两段写得比较好的，比如这两段不是写得很好吗？ 如果你要评论这篇文章，你就先说这两段，你说他这两段写得还好，然后再说哪些不好，哪些很不好，你再批评他。这样的文章，读者看了心服。"

毛泽东接见张恨水时，因为张恨水和冰心谈恋爱不成，毛泽东说"恨水不结冰"，大家都笑了（左起：沈雁冰、毛泽东、杜鹏程、吴祖光、张恨水）（侯波　摄）

1959 年 10 月 1 日，毛泽东在天安门城楼上
（钱嗣杰　摄）

两次登临庐山

毛泽东一上庐山

　　1959 年 7 月 1 日，为赴中共中央政治局扩大会议，66 岁的毛泽东首次登临庐山。此时，这个苍翠欲滴、傲然雄峙的巨大山体，第一次真实地展现在他的眼前。沉寂已久的庐山大礼堂开始迎接新的主人。

　　毛泽东第一次走进"美庐"，曾幽默地喊了一声"委员长，我来了"。沿着蒋介石曾经走过的登山公路，始终处于激烈思考之中的毛泽东，目睹此景，按捺不住飞扬的思绪，写下了豪迈的《七律·登庐山》：

> 一山飞峙大江边，
> 跃上葱茏四百旋。
> 冷眼向洋看世界，

1959 年 7 月 14 日，彭德怀写信给毛泽东，对 1958 年以来产生的左倾错误及其经验教训提出了一些中肯的意见。16 日，毛泽东在信上加上"彭德怀同志的意见书"字样，并批示"印发各同志参考"

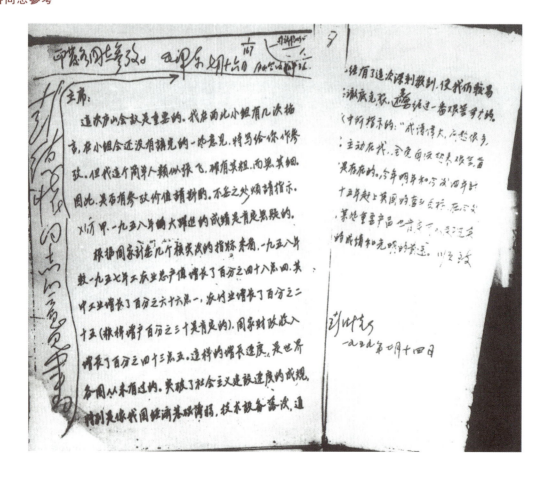

　　热风吹雨洒江天。
　　云横九派浮黄鹤,
　　浪下三吴起白烟。
　　陶令不知何处去,
　　桃花源里可耕田?

　　7 月 2 日,毛泽东终于步入庐山的大礼堂,主持中共中央政治
局扩大会议。毛泽东意在总结经验教训,纠正"左"倾错误。会议期
间,彭德怀于 7 月 14 日写给毛泽东的那封后来被证明是正确意见

的信,当时被误解成向党进攻,并且是反对毛泽东本人的右倾机会主义的纲领,遂认定彭德怀的行为是有组织、有预谋的反党活动。毛泽东决定在中共中央政治局扩大会议之后,于 8 月 2 日立即召开中国共产党第八届中央委员会第八次全体会议(简称"中共八届八中全会"),并亲自主持会议。

会议议题为:一、对彭德怀及其同伙黄克诚、张闻天、周小舟进行批判;二、讨论 1959 年经济计划指标调整问题。

毛泽东亲自主持开幕式并讲了话。他的乡音还是那么浓重,手势还是那么有力,与往常不同的是,话中多了几分尖锐,少了几分幽默。

"现在有一种分裂的倾向,已经有显著的迹象了。我们反了 9 个月的'左'倾,现在基本上不是这一方面的问题了,现在庐山会议不是反'左'的问题,而是反'右'的问题了。因为右倾机会主义在向着党、向着党的领导机关猖狂进攻,向着人民的事业、向着 6 亿人民的轰轰烈烈的社会主义事业进攻。"

毛泽东的讲话无疑为整个会议定了调。

就在这天,会议印发了毛泽东给张闻天的信。这封信言辞激烈,有很多讽刺、挖苦的话。毛泽东在信中指责张闻天"陷入那个军

1959 年,毛泽东在庐山会议上讲话
(侯波 摄)

身在庐山的毛泽东（吕厚民　摄）

事俱乐部去了"，并责问："……我认为你是旧病复发，你的老而又老的疟疾原虫远未去掉，现在又发寒热症了……你把马克思主义的要言妙道通通忘记了，于是乎跑进了军事俱乐部，真是文武合璧，相得益彰。现在有什么办法呢？愿借你同志之箸，为你同志筹之，两个字，曰'痛改'。"

此后，张闻天便只有做检讨的份儿了。

8月3日至10日，全会有分有合，集中揭发批判彭德怀、黄克诚、张闻天、周小舟。

会议期间除了批判这四个人，还发下彭德怀的"意见书"和他刚做过的检讨，并勒令彭德怀、黄克诚、张闻天、周小舟交代他们在庐山上、在庐山下、在庐山以外的其他地方进行的谈话，要他们讲清是什么内容、何人在场、想达到什么目的。除了当时的，还罗列出彭德怀在党内历次路线斗争中的错误，予以猛烈的抨击，并将一些早已解决或早已澄清的问题又扯了出来，老账、新账一起算。

彭德怀在沉默。

柯庆施率先发言："彭德怀在他的'意见书'中所讲的'小资产阶级狂热性'，是含沙射影攻击毛主席。'小资产阶级狂热性'的提法是路线性质的问题。这就是说，路线错了要换领导才能改正，这就是说，他要毛主席、刘主席下台，由他和他的同伙上台！

"彭德怀在他的检讨中说'因为这些右倾观点不仅我个人有，在党内还有一部分同志也有'，是企图上推下卸，逃避罪责，将责任推给下面的同志。他说'另外有一些人，则表现认识模糊'，是妄图鱼目混珠，蒙混过关，舍帅保卒！"

康生紧接话茬儿发言："本来么，他的整个检讨是避重就轻，能滑就滑过去……"

未等康生往下说，彭德怀忍不住回敬了一句："康老，你比我滑得还快，你前两天不也高喊反'左'吗?！"

康生咽了口气，一脸的尴尬相。但他没有止住话题，而是扶了扶眼镜，提高嗓门接着说："你早就同党、同毛主席不是一条心了。你标榜自己是猛张飞式的人物，有勇无谋，心直口快，这是假象，是伪装的，是骗人的。你的真相是魏延式的人物，后脑勺儿上长着反骨，一有风吹草动，你就掉转枪口，向党、向毛主席开火。你满身是旧军阀习气，你参加革命，是入股来了。你是不折不扣的野心家。"

彭德怀气得脸色煞白，浑身颤抖，说不出话来。

陈伯达抬手扶了一下眼镜，眼镜后面的两个小灰点儿很快亮了起来，嘴里发出极浓重的福建方言："大量的事实足以说明，彭德怀反党、反毛主席的野心已久，他反对唱《东方红》，反对喊'万岁'，反对在'大跃进'中进行大兵团作战，反对工地上红旗招展，在群众中造成很坏的影响！"

彭德怀抢着反驳一句："陈伯达，你倒是说说，我哪儿来这么多'反对、反对'呀？"

这时林彪开腔了："老彭，你不要堵人家的嘴么！没有毛主席就没有中国革命的胜利，这一点恐怕包括他也是要承认的。中国只有毛主席是大英雄，谁也不要想当大英雄！"

柯庆施把嗓音提高到最大分贝："我看他彭德怀就是想争当中国的大英雄。头几年他充当'高饶反党联盟'的重要成员，他感到不过瘾，实现不了个人的野心，这一次不就是要招兵买马，另立山头，他好坐山为王吗？这就证明他是野心家、阴谋家、伪君子，他完全是有准备、有计划、有目的的，他的'军事俱乐部'就是一个铁证！"

彭德怀气急了，咬响了牙齿，"柯庆施，我什么时间成立了'军事俱乐部'？那是毛主席的比喻,你懂吗?!"

接着他再次申明他"充当'高饶反党联盟'的重要成员"的事实真相:"1952 年我从朝鲜回来在北京医院治病,巧遇饶漱石也在那里治眼病,虽有接触,但谈不上什么阴谋。关于与高岗的交往,我直言不讳地说自己有三点错误:一、当了高岗的义务宣传员。抗美援朝期间,高岗在东北主持工作,对朝鲜前线给了很大支援,还亲自去过朝鲜两次。我对他有好感,便在一些场合讲过高岗的好话。二、在和高岗谈话时,议论过一些领导同志的缺点和错误,被高岗利用。三、对高岗的问题逐渐有察觉,产生了疑问,但没有及时向党中央报告。因为当时(1953 年 12 月)正在召开军队高级干部会议。我想等会议结束时再反映,可是会议还未结束,高岗的问题便暴露了。邓小平同志找我谈话,我才感到差点上了当。之后,我积极地揭露高饶的反党事实,并就上述错误做了检讨⋯⋯"

没等彭德怀讲完,陈伯达、康生等人就截断他的话,说他"不老实,要翻案,想蒙骗过关"⋯⋯

1958 年 5 月,中国共产党第八次全国代表大会第二次会议上,彭德怀等同毛泽东交谈(侯波 摄)

毛泽东在庐山仙人洞
（侯波　摄）

朱德被这毫无根据的追逼激怒了，用力击响了桌子，"如果彭德怀同志有错误，当然可以批评他！但绝不许无中生有，制造事端，随意给他扣各种大帽子！"

言辞铮铮，掷地有声，战友深情，寓于其中。陈伯达、康生、柯庆施愣住了，在这位德高望重的开国元勋面前，他们岂敢过于放肆？

就在这时，毛泽东亲临大会。会场立即安静下来，所有的目光都投向他，所有的心脏都紧缩着，接着响起雷鸣般的掌声。

掌声过后，毛泽东挥了挥手，"该谁发言了？继续谈嘛，谈嘛。"

朱德咳嗽了一声，接着以缓和的口气说："好吧，我继续说。彭德怀同志的检讨我认为是中肯的。说起来我对他也是很有意见，写信的时候也不和我们打个招呼，单枪匹马地干，能不犯自由主义的错误吗？过去打仗总是研究了再研究、讨论了再讨论，才能打胜

国防部长彭德怀在天安门城楼上讲话（侯波　摄）

毛泽东登上庐山仙人洞（侯波　摄）

仗,很少吃败仗嘛。现在倒好,搞得你很狼狈,我们也不好收场。这样一来,谁还相信我们曾经在一个饭锅里吃过饭哟?!"

毛泽东越来越坐不住了,不禁语带讥讽:"我说有些同志头脑不太好用了,谈问题婆婆妈妈的,颠三倒四,分不清主次,隔靴搔痒,抓不住实质喽!"

8月16日,中共八届八中全会举行最后一次大会,毛泽东继续从理论高度批判彭德怀:"党内的右倾机会主义分子,从来不是无产阶级革命家,只不过是混到无产阶级队伍里来的小资产阶级的民主派。他们从来不是马克思列宁主义者,只不过是党的同路人。革命是历史的见证人,革命的群众运动是大海怒涛,一切妖魔鬼怪都被冲走了。社会上各种人物的嘴脸,被区别得清清楚楚,党内也是同样……"

毛泽东讲话之后,全会通过了《关于以彭德怀同志为首的反党集团的错误的决议》《关于撤销黄克诚同志中央书记处书记的决定》和《为保卫党的总路线、反对右倾机会主义而斗争的决议》等文件。

需要说明的是,《关于以彭德怀同志为首的反党集团的错误的决议》当时并没有公布,直到"文化大革命"高潮时的1967年8月16日,才在《人民日报》上摘要发表。在此之前,普通老百姓对在庐山究竟发生了什么事情只是做种种猜测,但有一点大家可以肯定:彭德怀、黄克诚、张闻天、周小舟犯了错误。因为中央撤销了彭德怀的国防部长职务、黄克诚的中央书记处书记职务、张闻天的外交部第一副部长职务、周小舟的湖南省委第一书记职务。当时的《人民日报》《红旗》杂志告诉人们:"右倾机会主义已经成为当前党内的主要危险。""保卫以毛泽东同志为首的党中央,保卫党的总路线、'大跃进'、人民公社三面红旗,打退右倾机会主义的猖狂进攻,已经成为全党全军全国人民当前的主要战斗任务。"随之而来的便是政治运动波及全国,一大批干部、党员、群众被扣上了"右倾机会主义分子"的帽子,受到批判和处理。

从此,人们把"庐山"与"彭德怀"联系在了一起,人们不敢也不愿再提及庐山。庐山太神秘了!庐山太玄奥了!

从此,彭德怀退出了党中央领导核心,在政治舞台上消失了。他向毛泽东做了三条保证:

一、永远不当反革命。

二、决不自杀。

三、要自食其力。

看到彭德怀的三条保证,毛泽东在庐山时的一切担忧和疑虑都化作浮云飘走了。

庐山会议,不仅对彭德怀、黄克诚、张闻天、周小舟等人进行了空前激烈的批判斗争,而且使彭德怀等一批表达了正确意见的人受到了极不公正的对待。"文化大革命"中,彭德怀在受尽折磨后含冤去世。周小舟在"文化大革命"开始后的1966年12月26日自杀。历史为人们留下了沉重的叹息和思考。

毛泽东当年还做了这样的批语:"庐山出现的这一场斗争,是一场阶级斗争,是过去十年社会主义革命过程中资产阶级与无产阶级两大对抗阶级生死斗争的继续。在中国,在我党,这一类斗争,看来还得斗下去,至少还要斗二十年,可能要斗半个世纪,总之要到阶级完全灭亡,斗争才会止息……"

20年后,邓小平回忆这段历史时说:"接着就是困难时期。"在政治上,党内从中央到基层的民主生活遭到了严重损害,个人崇拜恶性发展,使"少数人或个人独断专横的

1959 年，毛泽东在庐山含鄱口（吕
厚民　摄）

现象十分严重"起来；在经济上，打断了第一次郑州会议以来纠正
"左"倾错误的进程，使"左"倾错误得以延续下去，进而导致了三
年经济困难。

毛泽东二上庐山

1961 年夏，毛泽东第二次上庐山，在同一个会场里，主持召开
了党的中央工作会议，讨论与国计民生生死攸关的工业、粮食、财
贸及教育等问题。根据周恩来、李富春早先提出的"调整、巩固、充
实、提高"的方针，讨论、制定了由邓小平主持修改定稿的《国营工
业企业工作条例（草案）》（简称《工业七十条》）和《教育部直属高
等学校暂行工作条例（草案）》（简称《高教六十条》）。会上强调，今
后三年的工作"必须以调整为中心"。由于执行了较为正确的方

毛泽东在庐山住处的书房阅览图书
（吕厚民　摄）

针，国民经济得以克服"左"的倾向，缓慢地恢复。但是，在政治上对彭德怀等人所做的错误结论仍未得到纠正。

此次毛泽东下榻"芦林一号"。面对庐山之秀丽不尽感受，他又作一诗《七绝·为李进同志所摄庐山仙人洞照》：

> 暮色苍茫看劲松，
> 乱云飞渡仍从容。
> 天生一个仙人洞，
> 无限风光在险峰。

年近古稀的毛泽东，面对国内"三年自然灾害"的严峻形势和国际强大的政治经济压力，把感情都隐于这山中，隐喻在这诗中。

不过，此时的毛泽东，已抛弃了不少"快马加鞭实现理想社会"的主观构想，多了几分面对困难与挫折的反思。美好的风光是在历经坎坷与险阻之后才能得以观赏的，这与毛泽东主张的"前途是光明的，道路是曲折的"社会发展观是相照应的。作为诗人，毛泽东似乎更愿意用暗喻的办法来表白自己的心绪。

庐山会议旧址（历史照片）

第五章

天灾人祸

承　诺

看到餐桌上放着一碗红烧肉，毛泽东劈头就问："这肉是哪里来的？"

　　1959 年庐山会议后，中央的工作主题从纠"左"变成了反对所谓的"右倾机会主义"。九个月的纠"左"被打断，"大跃进"的失误延续了更长的时间，而"大跃进"的弊病也明显暴露。再加上自然灾害的侵袭，以及中苏关系恶化后苏联催逼贷款，中国进入了经济极度困难的时期。

　　1959 年 9 月 30 日，中华人民共和国即将迎来建国十周年。在中南海丰泽园内，毛泽东吃过两次安眠药后仍然不能入睡。他起来了，坐在沙发里，一杯接一杯地喝茶，一支接一支地抽烟。桌上，堆满了文件和电报，饥荒已经笼罩全国。安徽、山东、河南等地发来饿死人的绝密电，这些内容只有政治局常委和政治局委员才能看到。下午，毛泽东等中方领导人在钓鱼台同来访的赫鲁晓夫等苏联领导人开始会谈，结果不欢而散。第二天国庆游行时，赫鲁晓夫在天安门城楼上通知毛泽东，中止帮助中国搞原子弹的协定。

　　为了战胜困难，毛泽东决定亲自下去调查研究，摸清情况，运

1960 年，毛泽东在天津和群众一起欢度国际劳动节（钱嗣杰　摄）

1960年2月,毛泽东等领导人出席中央军委会议。左起:聂荣臻、林彪、贺龙、周恩来、罗瑞卿、彭真、毛泽东、邓小平(侯波 摄)

筹对策。

10月下旬,毛泽东的专列驶离北京。列车驶入山东境内,土地干旱龟裂,一片白花花的盐碱地透过车窗映入毛泽东的眼帘。进入安徽后,土地更荒凉,几乎看不到像样的庄稼,大田里只有一杆杆褪了色的红旗,在风雨中摇曳。列车到达合肥正是晚上,整座城市都沉浸在黑漆漆的夜色中,不见灯光,不闻笑语,原来长江水流枯竭,也不能发电了。毛泽东凝视黑沉沉的城市,心事重重,一支接着一支地吸烟,喃喃自语:"天灾人祸啊!有人趁火打劫,想逼我们屈服。"

毛泽东一生和农村、农民、农业结下了不解之缘。他生在农村,早年革命搞农民运动,建立农村革命根据地,实行农村包围城市的战略,武装夺取政权。革命胜利后,在领导中国的经济建设中,他提出要正确处理农业、轻工业、重工业的关系,把农业放在首位。他经常讲:"中国是一个农业大国,农业上不去,社会主义的优越性就无从谈起,今天说好,明天说好,老百姓就是吃不饱,这不行呀。空的理论、空着肚子,我们就会愧对几万万民众啊!"他时刻把农村的发展、农民的冷暖挂在心上。在他看来,不了解中国的农村,不懂得中国的农民,就办不好中国的事情。

一路上毛泽东沉默不语,思绪万千。

31日，毛泽东来到了杭州。

毛泽东一到刘庄，全国各地的文件、电报接踵而来，在办公桌上堆得厚厚的。毛泽东神情凝重地阅批着各地报来的材料。山东的电报说，全省灾情严重，有的地区粮食颗粒不收；安徽的材料反映，去年的产量报多了，现在存粮很少，老百姓将粮食掺着杂草吃；河南的电报说，有的地区树皮、树叶都被吃光了，许多人全身浮肿，出现了饿死人的现象……毛泽东的心在颤抖，眼泪顺着脸颊流下来。工作人员都扭过脸去，偷偷地擦眼泪。毛泽东看看大家，哽咽着说："全国不少地方遭了灾，许多老百姓在挨饿，我们是不是不吃肉、不喝茶了？ 我们带个头好吗？"说完，他用期盼的目光看着大家。

卫士们你看着我，我看着你，不知如何回答。他们跟随毛泽东多年，太熟悉毛泽东的生活习惯了。毛泽东没吃过任何滋补品，如果说吃过，那就是红烧肉。他喜欢吃红烧肉，尤其喜欢吃五花肥肉。毛泽东茶瘾也很大，对西湖龙井更是情有独钟。他喜欢喝浓茶，还时常津津有味地把茶叶也吃掉。毛泽东的工作量大得惊人，睡眠也没有规律，如果把一周吃两次红烧肉和喝茶的习惯改变了，那怎么能行？

毛泽东见大家面有难色，又进一步解释："人家逼债，我们少吃一点肉，争取三年内把债还清。"卫士们收住眼泪，目光不约而同地集中在毛泽东的脸上，从这张脸上大家看到了信心和力量。接着，毛泽东又严肃地说："我们中国人是有志气的，谁也休想让我们低头弯腰。"

建国以来，毛泽东曾多次到杭州，这次在杭州住的时间较长。几天过后，毛泽东明显瘦了。卫士和服务人员看在眼里，疼在心上。他们想出了一个主意，把自己饲养的一头猪杀了，做了一锅红烧肉。开饭时，毛泽东还没走进餐厅，就闻到了香喷喷的红烧肉味，嘴里不停地念叨着："好香哟！ 好香哟！"

毛泽东看到餐桌上放着一碗红烧肉，劈头就问："这肉是哪里来的？"卫士们互相交换了眼神，没有回答。毛泽东严厉的目光在每个人的脸上移动着，气氛一下子紧张起来。

"主席，这是我们警卫班的同志自己饲养的，你吃点吧。"卫士

在第二届全国人民代表大会第二次会议主席台上的毛泽东、刘少奇、宋庆龄、董必武、周恩来、陈云、林彪、邓小平（侯波 摄）

恳切地说。

毛泽东心里热乎乎的,态度缓和下来:"可不能破了我们定的规矩嘛。拿回去吧。"

"就这么一小碗,你就吃了吧!"卫士眼眶里闪着泪花,再次请求。

"不吃,拿回去。"毛泽东态度很坚决。

"主席,这猪可是咱们自己饲养的,不是买来的,就一小碗,尝尝吧。"

毛泽东和卫士们你来我往地争执着。毛泽东望着这些真诚可爱的小战士,慈祥地笑了。他意味深长地说:"到全国人民都吃上猪肉的时候,再吃吧。"

回到北京以后,毛泽东讲:我们的出路有两条,即自力更生和艰苦奋斗。当时,全国城市人口每天的粮、油等食品都是严格按控制的标准供应的,几乎人人都吃不饱。毛泽东对身边的工作人员说:"全国人民都在定量,我也应该定量,是不是肉不吃了?你们愿意不愿意和我一起带这个头啊?"

毛泽东历来是交代了的事情就照办。在经历了杭州不吃肉、不喝茶的事情之后,大家都明白了,爽快地回答:"愿意!"

毛泽东听后高兴地宣布:"那好。我们就实行三不:不吃肉,不吃蛋,吃粮不超定量!"

冬日里的毛泽东(吕厚民　摄)

1960 年是最困难的一年,饥饿风在中国大地上蔓延。人们寻找一切可以吞食的东西,用来维持生命。这一年毛泽东 7 个月没吃一口肉,有时工作一天只吃一盘马齿苋或炒菠菜。由于营养不良,缺少蛋白质,毛泽东和很多群众、干部一样得了浮肿病,脚背和小腿肌肉一时都失去了弹性。

气势恢宏的"七千人大会"

敢于正视困难和问题的中国共产党，召开了建国以来规模最大的一次工作会议

1961 年，调查研究的成果十分显著，国内的经济情况也开始好转。这一切，充分说明毛泽东提出的搞一个调查年的决策是十分正确的。同时，也使各级领导在调查中真正掌握了第一手材料，了解了不少真实的情况，看到了群众的实际困难。

由于调查研究的深入，1961 年也是中共中央制定文件最多，政策上改变最大的一年。

这年年底，中共中央决定，召开一次中央工作会议，从整体上

1962 年 1 月 27 日，毛泽东、周恩来、刘少奇、朱德、陈云、邓小平在中共中央扩大的工作会议上（杜修贤　摄）

进一步总结"大跃进"以来的经验教训,统一全党的认识。为了保证会议精神得以正确传达贯彻,毛泽东接受了建议,决定将中央工作会议的规模一直扩大到县级。

敢于正视困难和问题的中国共产党人,在 1962 年 1 月 11 日,如期召开了七千多人参加的中共中央扩大的工作会议(俗称"七千人大会")。来自全国各地的干部共 7 113 人走进人民大会堂。这是建国以来,中央召开的规模最大的一次工作会议,其代表的广泛性是前所未有的。这说明,党中央和毛泽东本人对这次会议寄予了很大的期望。

这次会议有两个"高潮"。第一个高潮,从 1 月 11 日开幕到 29 日上午, 主要是围绕刘少奇代表中央做的书面报告进行分组讨论和提出修改意见。"书面报告"第一稿写出来之后,还没有经过政治局讨论,毛泽东即提议直接印发,和大家见面。毛泽东认为:参加会

议的有各方面人员，多数接近实际和基层，能够从各个角度提出意见来，能更好地集思广益。

分组讨论于 1 月 12 日开始。

代表们畅所欲言，下级批评上级，上级反复检讨，共同总结工作的经验教训。会议自始至终洋溢着和谐民主的气氛。

最初，议题集中于"反对分散主义，加强集中统一"上。

随着对"书面报告"讨论的深入，关于"三面红旗"的指导思想、经验教训，以及如何认识 1959 年庐山会议对党内政治生活的影响等问题，便成为议论的焦点。这些议论，暴露了相当程度的认识分歧。

1 月的北京，正值朔风呼啸、滴水成冰的时节。然而，人民大会堂内，各代表团住地却热气腾腾。人们高声谈论，畅抒己见，甚至面对面地展开争论。几年之中，人们曾登临高峰，也历经挫折，要说的

1962 年 1 月 27 日，毛泽东、周恩来、刘少奇、朱德、陈云、邓小平在中共中央扩大的工作会议上（杜修贤　摄）

毛泽东向与会代表挥手致意
（杜修贤　摄）

话和要辨明的问题自然很多很多。

刘少奇的口头报告在代表心中引起共鸣，它深刻、透彻，可是林彪却在会上弹出了弦外之音

　　"书面报告"起草委员会经过 8 天修改，于 1 月 22 日拿出第二稿。24 日，毛泽东看过后，找刘少奇、邓小平谈话，表示"赞成这个方向"。25 日，在中南海怀仁堂，刘少奇主持召开了中共中央政治局扩大会议，讨论"书面报告"第二稿。大家表示基本上赞成这个稿

毛泽东主持"七千人大会"（杜修贤　摄）

子,同意提交大会。

27 日,毛泽东主持召开全体大会,把印好的"书面报告"第二稿发给与会者。"书面报告"共分三个部分,第一部分是"关于目前形势和任务",第二部分是"关于集中统一",第三部分是"关于党的问题"。刘少奇在会上没有照本宣读,而是在大家阅读、讨论"书面报告"的基础上,从国际形势、国内形势、集中统一和党的作风四个方面做了一些更具体更深入的解释、说明、补充。

刘少奇的讲话用时超过两个小时。毛泽东在其中做了若干插话。整个报告更接近实际,提到了一些重要看法。这些看法是:

1.对当前经济困难的估计。讲话指出:实事求是地说,我们在经济方面,是有相当大的困难的。我们应该承认这一点。当前的困难表现在,人民吃的粮食不够,副食品不够,肉、油等东西不够;穿的也不够,布太少了;用的也不那么够。就是说,人民的吃、穿、用都不足。为什么不足?这是因为 1959 年、1960 年、1961 年这三年,我们的农业不是增产,而是减产了。减产的数量不是很小,而是相当大。工业生产在 1961 年也减产了,据统计,减产了 40%,或者还

会议中的毛泽东（杜修贤　摄）

多一点儿。1962年的工业生产也难于上升。这就是说,去年和今年的工业生产都是减产的。……这种形势,对于许多同志来说,是出乎意料的。两三年前,我们原来认为,在农业和工业方面,这几年都会有大跃进。……可是,现在,不仅没有进,反而退了许多,出现了一个大的马鞍形。这种情况是不是应该承认呢?我想,要实事求是,应该承认事实就是这样。

2.产生困难的原因。讲话指出:这种困难的形势是怎样出现的呢?为什么没有增产,吃、穿、用没有增加,而且减少了呢?……原因不外乎两条:一条是天灾。连续三年的自然灾害,使我们的农业和工业减产了。还有一条,就是从1958年以来,我们工作中的缺点和错误。这两个原因,哪一个是主要的呢?到底天灾是主要原因呢?还是工作中的缺点、错误是主要原因呢?各个地方的情况不一样。应该根据各个地方的具体情况,实事求是地向群众加以说明。有些地方的农业和工业减产,主要原因是天灾……有些地方,减产的主要原因不是天灾,而是工作中的缺点和错误。

3.成绩与缺点的比重。讲话指出:总的说来,从1958年以来,我们的成绩还是主要的,是第一位的。缺点和错误是次要的,是第二位的……总的讲,是不是可以三七开,七分成绩,三分缺点和错误。过去我们经常把缺点、错误和成绩,比之于一个指头和九个指头的关系,现在恐怕不能到处这样套。有些地区还可以这样讲。(在此处,毛泽东插话说:这种地区也不少。)在那些地区,虽然也有缺点和错误,可能只是一个指头,而成绩是九个指头。可是,全国总体来讲,缺点和成绩的关系,就不能说是一个指头和九个指头的关

1962年4月9日,(左起)周恩来、宋庆龄、毛泽东、刘少奇、董必武、朱德在中南海出席最高国务会议(杜修贤 摄)

系,恐怕是三个指头和七个指头的关系。还有些地区,缺点和错误不止是三个指头……我到湖南的一个地方,农民说是三分天灾、七分人祸,你不承认,人家就不服。全国有一部分地区可以说缺点和错误是主要的,成绩不是主要的。

4.关于人民公社。刘少奇实事求是地说:我和农民谈过话,农民对于初级社很高兴,谈起来眉飞色舞。可是谈到高级社就不那么高兴……不办公社是不是更好一点儿? 当时不办,也许可能好一点儿。问题是已经办起来了,还是应该逐步把它办好。……现在,人民公社只能搞这么多优点,再多的优点现在搞不成。刘少奇又强调:人民公社是有前途的。我们说,人民公社是建设社会主义的旗帜,将来向共产主义过渡,也许采取这种组织形式。

5.关于所犯错误的性质。刘少奇重申了"书面报告"的说法:不是路线性质的错误,而是在执行总路线中的问题,就是说,我们在执行总路线的过程中,在某些时候,发生了片面性,比如只注意"多快",对于"好省"注意不够,或者没有注意……多快好省本来是对的,但我们没有全部照着做,没有做好。

刘少奇的口头报告在绝大多数与会者的心中引起了共鸣,其中触动大家最深的是口头报告中关于成绩与缺点比重的提法。在这样范围内公开上述说法,确是几年来最富于勇气和彻底性的一次。

毛泽东讲了"霸王别姬"的故事,又做了自我批评,有人感动得当场落下泪来

毛泽东决心召开这次大规模会议,就是要请各地干部到北京"出气"。他需要与会同志充分进行批评,讲出心里话,然后统一思想,为未来工作打开局面。这样就形成了会议的"第二个高潮"。

会议原安排 1 月 30 日或 31 日结束,31 日晚大家即可离京回各地过春节。由于起草大会报告和讨论报告,大会一直开到 29 日上午才结束。可是,到 29 日下午,许多人反映话还没有说完,还憋着一肚子气。有的组还反映会上还有人压制民主,不让讲话。毛泽东和政治局常委同志商量,决定让大家把要讲的话都讲出来,把"气"出完。于是提议延长会期,让大家在北京过一个革命化的春节。

毛泽东说:"为什么一定要回到你们家里过春节才算舒服? 为什么我们在北京七千人一道过一个春节不好? 我主张集体在北京过一个春节。有这么几天,我相信能够解决上下通气的问题。有一个省的办法是:白天'出气',晚上看戏,两干一稀,大家满意。我建议让人家'出气'。不'出气',统一不起来。没有民主,就不可能有正确的集中。因为'气'都没有出嘛! 积极性怎么能调动起来? 到中央开会,还不敢讲话,回到地方就更不敢讲话。我们常委几个同志商量了一下,希望解决'出气'问题,有什么'气'出什么'气',有多少'气'出多少'气',不管是正确之'气',还是错误之'气',都不记账,不打击,不报复。"

毛泽东讲话后,当晚各大组召开会议,迅速部署如何开好"出气会"。1 月 30 日上午,各省召开动员会,号召大家打消顾虑,趁热打铁,把"气"出完,重点是对省委的工作提出批评。晚上,毛泽东又在各省委书记会上对如何开好"出气会"做了指示。

毛泽东偕刘少奇、周恩来、邓小平等中央领导人亲临大会做重要讲话。他步态轻松,面含微笑。瞬时,整个会堂中响起暴风雨般的掌声。

毛泽东讲话了,他从这次会议的开法讲起。一如他往昔的风格,在谈笑自若、纵论古

今中阐发自己的思想。

毛泽东说:"在这次会议开始的时候,刘少奇同志和别的几位同志,准备了一个报告稿子。这个稿子,还没有经过中央政治局讨论,我就向他们建议,不要先开中央政治局会议讨论了,立即发给参加大会的同志们,请大家评论,提意见。同志们,……你们当中的多数人是比较接近下层的,你们应当比我们中央常委、中央政治局和书记处的同志更加了解情况和问题。……报告稿子发给你们了,果然议论纷纷……这样,就能更充分地发扬民主,集中各方面的智慧,对各种不同的看法有所比较,会也开得活跃一些。""不采用先来一篇报告,然后进行讨论,大家举手赞成的方法,而是采用现在的方法,对总结 12 年来,特别是总结最近 4 年的工作经验,是适宜的。这就是民主集中制的方法,群众路线的方法。"

接着,他引入了讲话的主题。他说:"我们有些同志已经是老革命了,但对马克思、列宁所说的民主集中制,还不理解,怕群众讲话,怕群众批评。有了错误,自己不讲,又怕群众讲,越怕,就越有鬼。"他强调:"不论党内党外,都要有充分的民主生活,就是说,都要认真实行民主集中制。要真正把问题敞开,让群众讲话,哪怕是骂自己的话,也要让人家讲。骂的结果,无非是自己倒台,降到下级机关去工作……一个人为什么只能上升不能下降呢?……我认为这种下降和调动,不论正确与否,都是有益处的,可以锻炼革命意志,可以调查和研究许多新鲜情况,增加有益的知识,我自己就有这一方面的经验。"他接着说:"没有民主,不可能有正确的集中……什么叫集中? 首先是要集中正确的意见。在集中正确意见的基础上,叫作统一认识,统一政府,统一指挥,统一行动……如果大家对问题还不了解,有意见还没有发表,有气还没有出,你这个集中统一怎么建立得起来呢?……我们这次会议的主要议题,不是要反对分散主义,加强集中统一吗? 如果离开了充分发扬民主,这种集中,这种统一,是真的还是假的? 是实的还是虚的? 是正确的还是错误的? 当然是假的、空的、错误的。"

在讲到党委机关如何实行民主集中制,特别是在领导班子内部实行集体领导,反对书记一人独断时,毛泽东讲了"霸王别姬"的故事。他说:"项羽称作霸王,不爱听别人的不同意见;而刘邦却'豁达大度''从谏如流'。结果刘邦胜利了,项羽失败了,这不是偶然的。我们现在有一些第一书记,连封建时代的刘邦都不如,倒有点儿像项羽。这些同志不改,最后要垮台的,总难免有一天要'别姬'就是了。"

"别姬"的典故在这里虽是一句笑谈,但却体现了毛泽东深刻的用意。1958 年以来,各地独断专行,完全丢掉民主作风的事例很多。而这造成了干群之间极大的隔阂,也给整个工作带来了严重损害。讲到这里,毛泽东仍觉意犹未尽,于是现身说法,向与会的干部们做了自我批评。

毛泽东说:"我们的集中制,是建立在民主基础上的集中制。各级党委是执行集中领导的机关。但是,党委的领导,是集体领导,不是第一书记个人独断。第一书记同其他书记和委员之间的关系是少数服从多数。拿中央常委和政治局来说,常常有这样的事情,我讲的话,不管是对还是不对的,只要大家不赞成,我就得服从他们的意见,因为他们是多数。听说现在有许多省委、地委、县委,有这样的情况:一切事情,第一书记一个人说了就算数。这是很错误的。

"去年 6 月 12 号,在中央北京工作会议的最后一天,我讲了自己的缺点和错误。我说,请同志们传达到各省、市、地方去。事后知道,许多地方没有传达。似乎我的错误是可

1962 年，毛泽东在"七千人大会"上（杜修贤　摄）

1960 年，毛泽东等领导在中央的一次会议上，左起：陈毅、彭真、邓小平、陈云、朱德、刘少奇、毛泽东、周恩来、林彪（侯波 摄）

以隐瞒，而且应当隐瞒的。同志们，不能隐瞒。凡是中央犯的错误，直接的归我负责，间接的我也有份儿。因为我是中央主席。我不是要别人推卸责任，其他一些同志也有责任。但是第一个负责的应当是我。我们的省委书记、地委书记、县委书记直到区委书记和企业党委书记，既然做了第一书记，对于工作中的缺点、错误，就要担起责任。不负责任，怕负责任，不许人讲话，老虎屁股摸不得，凡是采取这种态度的人，十个就有十个要失败。"

毛泽东强调，在我们国家，如果不充分发扬人民民主和党内民主，不充分实行无产阶级的民主制……就不可能有高度的集中。而没有高度的集中，就不可能建立社会主义经济。我们的国家，如果不建立社会主义经济，那会是一种什么状况呢？就会变成实际上是资产阶级的国家，无产阶级专政就会转化为资产阶级专政，而且会是反动的、法西斯式的专政。这是一个十分值得警惕的问题。

毛泽东这些言简意赅、深刻感人的话，使在座的干部们受到了深深的触动。听到毛泽东做自我批评，有的人甚至当场落下泪来。

然而，毛泽东此时更需要向全党同志阐明的，是在大的挫折之后如何看待中国社会主义建设的发展道路，以及在更一般的意义上观察事物运动的规律——成绩与错误、前进与停顿、挫折与成功之间的辩证道理。因此，接下来毛泽东讲了一段极为著名的话。

"人对客观世界的认识，由必然王国到自由王国的飞跃，要有一个过程。必须从实践出发，从没有经验到有经验，从有较少的经验到有较多的经验，从建设社会主义这个未被认识的必然王国，到逐步地克服了盲目性，认识了客观规律，从而获得自由，在认识上出现了一个飞跃，到达了自由王国。"

他又说："自由是被认识了的必然，只有在认识必然的基础上，人们才有自由的活动。这是自由和必然的辩证法。所谓必然，就是客观存在的规律性。在没有认识它以前，我们的行动总是不自觉的，带着盲目性的。"

毛泽东的讲话，赢得了全场极其热烈的掌声。显然，这掌声是由衷的、发自内心的。在人们的思想处于一种矛盾的状态，行动亦进退踌躇时，最需要的是给他们一种强大的精神力量，指出光明的前途。并且，这种说理是生动的，贴近现实的，具有令人折服的魅力。

"七千人大会"整整开了27天。会议为日后全面调整国民经济铺平了道路。它是自6年前中共八大以来，中国共产党在探索社会主义道路的过程中，又一次具有特殊意义的会议。

会议快要结束时，毛泽东特意把他的《卜算子·咏梅》印发给了全体代表。

风雨送春归，
飞雪迎春到。
已是悬崖百丈冰，
犹有花枝俏。

俏也不争春，
只把春来报。
待到山花烂漫时，
她在丛中笑。

卜算子

咏梅

一九六一年十二月　毛泽东

（读陆游咏梅词，反其意
而用之。）词

风雨送春归，

飞雪迎春到。

已是悬崖百丈冰，

犹有花枝俏。

俏也不争春，

只把春来报。

待到山花烂漫时，

她在丛中笑。

卜算子·咏梅

一九六二年十二月
毛泽东
（读陆游咏梅词，反其意而用之。）

风雨送春归，
飞雪迎春到。
已是悬岩百丈冰，
犹有花枝俏。

俏也不争春，
只把春来报。
待到山花烂漫时，
她在丛中笑。

（注：正式发表时有修改）

第六章

经济复苏

黄河情怀

　　毛泽东有一个惊人的设想,他要骑马考察黄河!这一年夏季,为了这个理想,毛泽东不在海里搏击,而是在北戴河海岸线上骑马踏浪

　　1964年7月下旬,新华社记者钱嗣杰跟随毛泽东第一次外出,地点是北戴河。毛泽东基本每年夏天都要到北戴河住几天:一是开会,二是办公,三是会客,最后就是到大海里游泳。

　　第一次跟随毛泽东外出,钱嗣杰就遇到了一件挺稀罕的事,一向都是在大海里畅游的毛泽东,这次休闲项目里多了一项骑马运动。

　　毛泽东骑的是一匹白马,个头儿不太大。他在转战陕北时骑的也是一匹白马。骑在马上的毛泽东,或许又想起了指挥千军万马的烽火岁月,又想起了骑着白马走向新生共和国的转战征途。

　　为了确保毛泽东骑马的安全, 他的坐骑是专门从骑兵部队选调来的,就连骑兵部队的骑兵们,也进驻到北戴河中央管理局的防

毛泽东在视察途中(历史照片)

区,训练警卫员们学会骑马。

整个夏天,毛泽东的运动就是两项——游泳与骑马。

为什么毛泽东要在北戴河骑马呢?钱嗣杰无法知道。"不该说的不说,不该听的不听,不该看的不看"是每个在中央首长身边的工作人员必须遵守的,是一条铁的纪律,谁也不能违反。

直到后来,经过一些报纸杂志解密,人们才知道毛泽东骑马的缘由。

原来,毛泽东渴望骑马考察黄河。

毛泽东与所有华夏子孙一样,对孕育中华文明、诞生中国文化的母亲河——黄河怀有一种特殊的深挚情感。其名作《沁园春·雪》中的"大河上下,顿失滔滔",描绘的就是气势磅礴的黄河雪意。1935年红军长征到达陕北后,他曾两次东渡黄河。一次是1936年2月底,他率领红军东征,兵分两路渡过黄河转战山西,击败阎锡山的军队完成东征使命后,5月又挥师西渡黄河回到陕北;再就是1948年3月,他在陕西吴堡县川口渡过黄河,对国民党开始战略大反攻,吹响了解放全中国的进军号角。

他第一次渡黄河时,正是黄河的凌汛期,河面上漂浮着许多磨盘大的冰块儿,不时发出相互冲撞的破裂巨响。毛泽东坐在木船上,望着船工们头上包着白羊肚的毛巾,赤膊袒胸,喊着悠远浑厚的号子,无比感慨。他从眼前的景象,看到了中华民族的民族精神。

毛泽东望着象征民族精神的母亲河,突然心情激荡起来,他问警卫员:"你们谁游过黄河?"

大家这下来了劲头,七嘴八舌,有的说给彭德怀送信时游过,有的说发大水时游过,也有的说枯水季节游过。

毛泽东眼睛里跳跃着快活的火花,"那太好了!来,我们不用坐船,游过去吧!"

这下警卫员可吓坏了,自己的信口开河惹出祸了。大家赶紧说:"河里还有这么多冰块,游泳太危险,绝对不能游!"可是毛泽东还是跃跃欲试,不肯罢休。这时满脸刻着风霜的船老大出来阻拦,严肃地讲:"这时黄河水正在融冰期,河里流的水都是上游下来的雪水,十分寒冷,人一下去,几分钟就会冻僵,当地人谁也不敢这个时候下水,下去必死无疑。主席要游泳就等到夏季再来游吧。"

毛泽东这才没有坚持下水。他曾对此深沉地说过这样的话:"我们可以藐视一切,但是不能藐视黄河。藐视黄河,就是藐视我们这个民族……"

当年,毛泽东在延安同斯诺谈话时,就已将自己内心的希望做过表白——希望将来能够骑马沿着黄河流域考察。

以后数十年,毛泽东无论多忙,肩头的担子有多重,这个愿望一直顽强地萦绕在他的心怀。

新中国成立后,1952年10月25日至11月1日,毛泽东第一次出京,视察的地方就是黄河。他用了一个星期,对山东、河南两省黄河决口泛滥最多、危害最大的河段进行了现场视察。

当站在济南历史上决口频繁、灾害严重的乐口险工处时,毛泽东远眺滚滚的黄河水,问:"这里黄河底比济南城内地面高多少?"有人回答:"6至7米。"这让毛泽东深感担忧。他反复交代,要把大堤、大坝修牢,万万不要出事。毛泽东还嘱咐:"雨季大水,要发动群众上堤防守,必要时军队要上去坚决死守,保证人民的生命财产安全。"跟随其身后的许世友,立刻以一个军人受命的姿态,声音洪亮地回答:"服从命令,坚决完成任务!"

正在南巡的专列（钱嗣杰　摄）

一天，毛泽东在山东看到堤外有十多万亩的大片盐碱地，在场的群众也七嘴八舌地说："春天一片霜，秋天明光光；豆子不结荚，地瓜不爬秧。"

种不成庄稼，当地群众的生活怎么办？毛泽东的眉头结成了疙瘩。

考察黄河的时间越长，毛泽东越对黄河两岸民众的安危、生产的收成感到担忧与焦虑。

毛泽东在河南黄河柳园口看到水面比开封城还要高出三四米，感慨地说："这就是悬河啊！李白说'黄河之水天上来'，我真想骑着毛驴儿到天上去，从黄河的源头一直走到黄河的入海口，我要看看黄河究竟是怎么一回事。"

"人定胜天"是毛泽东提出的最响亮的口号之一。一生对中国革命和建设以及大江、大河的治理说过无数次气吞山河话语的毛泽东，面对最为桀骜不驯的黄河，表现出了少有的敬畏和谨慎。他没有留下"根治"之类的豪言，只是殷殷地嘱咐有关领导："一定要把黄河的事情办好！"

为了把黄河的事情办好，毛泽东与黄河的话题几乎每年都有，

毛泽东远眺黄河（侯波 摄）

而且想骑马考察黄河的愿望越来越强烈。

骑马考察黄河！一般人看似寻常，可对于每天要面对党政军千头万绪的工作、处理国内外重大事务的毛泽东来说，无疑是个不小的奢望。

然而，毛泽东绝对不会轻言放弃，为达目的，不惜余力。他一趟一趟地亲临黄河，倾听黄河的咆哮，倾听两岸民众的心声，倾听治理黄河的汇报。

1953年2月，仅与第一次视察相距4个月，毛泽东又来到黄河边。他在乘坐的专列上，就三门峡水库建设的时间、库区移民、黄河中上游的水土保持以及南水北调等问题与大家进行探讨。毛泽东在了解有关情况后，高兴地说："治黄问题过去不能解决，只有现在才能解决。"在汇报过程中，当地领导希望毛泽东就三门峡工程建设问题表个态，可是他仍然谨慎地表示回去再研究。

1954年冬，毛泽东在南巡返京途经郑州时，在郑州火车站的专列上，第三次专门听取了关于治理黄河工作的汇报，并着重谈了水土保持和治理规划问题。

1955年6月，毛泽东在河南省委会客室第四次专门听取了治理黄河工作的汇报，这次他关心的热点是关于黄河治理规划的实施问题。

1958年8月7日，毛泽东视察郑州兰封东坝头。这次，毛泽东又动了横渡黄河的念头。虽然在夏季，气候条件允许了，但保卫人员却不允许。此时毛泽东已身为国家元首，一举一动必须在安全范围之中才可行。在办公厅领导与保卫人员的再三劝阻下，毛泽东只好作罢，但是游黄河的想法他始终没有放弃，而且总难释怀。

1959年4月5日，在上海召开的中国共产党第八届中央委员会第七次全体会议上，毛泽东说："如有可能，我就游黄河、游长江。从黄河口子沿河而上，搞一班人，地质学家、生物学家、文学家，只准骑马，不准坐卡车，更不准坐火车，一天走六十里，骑马三十里，走路三十里，骑骑走走，一路往昆仑山去。然后到猪八戒去过的那个通天河，从长江上游，沿江而下，从金沙江到崇明岛。根据国内国际的形势，我还可以带个电台。比如，从黄河入海口走到郑州，走了一个半月，要开会了我就开会，开了会我又从郑州出发，搞它四五年就可以完成任务。我很想学明朝的徐霞客。"

当年9月，他在山东泺口险段视察黄河，对当时的山东省委第一书记说："全国的大江大河我都游过了，就是还没有游过黄河。我明年夏季到济南来横渡黄河。"他还意味深长地感慨："人说不到黄河心不死，我是到了黄河也不死心啊！"

到了1960年，没有横渡黄河的毛泽东，开始有了新的想法，那就是骑马，而且他认为这是非常迫切的愿望，也是非常可行的方案。这年，毛泽东的专列再次路过济南，他对上车看他的省、军领导说："我就是想骑马沿着两条河走，一条黄河，一条长江。如果你们赞成，帮我准备一匹马。"

1961年3月23日，毛泽东在广州说："在下一次会议或者什么时候，我要做点儿典型调查，才能交账。我很想恢复骑马的制度，不坐火车，不坐汽车，想跑两条江。从黄河的河口，沿河而上，到它的发源地，然后跨过山去，到扬子江的发源地，顺流而下。不要多少时间，有三年就可以横过去，顶多五年。"

8月在庐山时，毛泽东曾和身边的卫士闲谈，感慨地说：

"我有三大志愿：一是要下放去搞一年工业，搞一年农业，搞半年商业，这样可使我多搞调查研究，了解情况，我不当官僚主义，对全国官员也是个推动。

"二是要骑马到黄河、长江两岸进行实地考察。我对地质方面缺少知识，要请一位地

1957 年，毛泽东在飞机上办公
（侯波　摄）

毛泽东视察黄河（历史照片）

质学家，还要请一位历史学家和文学家一起去。

　　"三是最后写一部书，把我的一生写进去，把我的缺点、错误统统写进去，让全世界人民去评论我究竟是好人，还是坏人。"

　　这三个愿望中，就有沿黄河实地考察，可见毛泽东的黄河情结之深，早已深入灵魂。1962 年，他的一个秘书高智被调往陕西，他对高智说："你先打个前站，我随后骑马就去。"

　　1963 年的金秋时节，毛泽东望着晴朗的天空，心里突然有了一种久违的轻松。这个时候共和国基本走上了平稳发展的道路，自然灾害已基本渡过，"大跃进"的问题经庐山会议也初步得以平息，经济建设正处于调整发展状态。虽然与苏联的争论如火如荼,闹得不可开交,但新中国已在国际舞台上充分彰显了中国政府独立自主、自力更生、不屈服于任何外来势力的决心。作为国家最高领导人的毛泽东,和普通人一样,内心总有一块属于自己的精神领域,而且这个精神领域在少年时代就曾经被滋养过、耕作过并得到了收获——那就是通晓中国各朝代的历史,寻找一条中国之路,并且周游名山大川,结交天下志士墨客。毛泽东是这样说的,也是这样做的。他早期的许多文章就是用"双脚"走出来的。

毛泽东这次非常认真地告诉身边的汪东兴,他要到黄河源头去开始他的考察。

汪东兴说服不了他,只能马上去落实。

毛泽东以他独有的固执,并且绝对不让步的态度,获得了骑马巡视黄河的启动。

翌年元旦刚过,中国人民解放军总政保卫部就急忙通知内蒙古军区保卫部,由保卫部副部长带队先行考察黄河。很快一支精干的小分队组成了。分队成员中只有队长心里知情,因为他要向伟大领袖提供黄河沿途的一切细节。除此之外,谁也不知道毛泽东考察黄河的缘由。

小分队于2月出发,先在内蒙古考察。内蒙古沿黄河共有18个旗县。他们不仅要考察沿黄河地区的地形、文物、史志、风土、人情,还要调查社情、道路、人员成分、政治环境,可谓包罗万象,详细之至。

考察之路,历尽艰辛。终于,在夏天到来之前,这些资料被报送到了中南海。

与此同时,骑兵部队精心挑选了马匹和好骑师,准备到北京陪毛泽东骑马;又专门从骑兵部队抽调武艺、胆略、骑术都十分精良的战士,组建了骑兵警卫部队,一边等待中南海的指示,一边严格训练。

这个计划已确定下来,准备大约在1965年春正式启动毛泽东骑马考察黄河计划。

但是,8月5日,突发"北部湾事件",美国入侵越南。6日的早晨,毛泽东遗憾地对汪东兴说:"要打仗了,我的行动得重新考虑。黄河这次是去不成了。"

1965年在等待中悄然过去。

1966年,阶级斗争问题、领导权问题、修正主义问题、专政问题已占据了毛泽东的全部身心,考察黄河已经没有了位置。

1972年,毛泽东大病一场,身体刚好一点儿,他就又说:"看来,我去黄河还是有希望的。"他对黄河的向往之梦依然没有破灭。

一个渴望实现人类最高理想的伟人,却无法实现一个并不算太大的心愿。毛泽东没有在黄河游过泳,也终究没能实现骑马考察黄河的夙愿。

与刘少奇结"梁子"

毛泽东为"反修防修"问题，决定在全国城乡发动一场普遍的社会主义教育运动，即"四清"运动。随着运动的推进，毛泽东与刘少奇的矛盾日益激化

中国共产党第八届中央委员会第十次全体会议重提阶级斗争以后，毛泽东从"反修防修"的战略出发，决定在全国城乡发动一场普遍的社会主义教育运动，也就是后来大家所说的"四清"运动。包括农村的"四清"：清账目、清仓库、清财物、清工分；城市的"五反"：反贪污盗窃、反投机倒把、反铺张浪费、反分散主义、反官僚主义。开始，"四清"运动基本限在经济领域，后期则上升到清政治、清

1964 年 10 月 5 日，毛泽东、刘少奇、宋庆龄与少数民族代表合影留念（杜修贤　摄）

毛泽东与刘少奇在全国人民代表大会第三届会议开幕式主席台上（历史照片）

刘少奇与王光美（历史照片）

经济、清组织、清思想。

当时，干部中的官僚主义作风和脱离群众的倾向日益严重，尤其是三年困难时期，腐败丛生，愈演愈烈；加之国际上内忧外患，中共与苏共论战激烈，唇枪舌剑，各不相让，局势十分紧张。如果说毛泽东为避免苏联式的"和平演变"在中国发生，试图通过阶级斗争来达到"反修防修"的目的，那么"四清"运动则是毛泽东阶级斗争理论指导下的一种具体形式。

毛泽东提出"阶级斗争"这一课题，众人举手赞同，大声喊好。因为这个浅显的道理关系党和国家变不变"颜色"的重大命题。

运动开始时，毛泽东和刘少奇的步调基本一致，一样的目标，一样的态度，一样的感情基础；运动中期，呼应烘托相当默契，彼此非常满意；但到后期，潜在的矛盾浮出水面，而且激起了千层巨浪。

这场社会主义教育运动的指导思想是"以阶级斗争为纲"，运动越往后，"左"倾色彩就越浓，关于其性质、目的和方法，两人各有各的思路，越走相距越远……

　　到了 1963 年 11 月，刘少奇的夫人王光美开始在河北抚宁县卢王庄公社桃园大队蹲点搞"四清运动"，使得毛泽东与刘少奇的关系出现了明显的变化，也为以后矛盾爆发埋下了祸根。善于无风也起浪的江青借题发挥，说王光美开了夫人参政的先例，她为自己的政治登场找到了一个实实在在的借口。

　　其实，从刘少奇之子刘源写的回忆录中可以看出，王光美下去蹲点也是勉为其难。

　　　　1963 年 10 月，中南海里刘少奇所在的党支部，对他进行了一次批评，大家担心王光美下乡后刘少奇的健康。因为刘少奇有失眠症，服安眠药才能入睡。如果夜间无人照料，药劲儿来得猛，极易摔倒。党支部反对王光美下去，严肃地要求他接受。刘少奇认真地表示"同意支部意见，但工作任务又必须完

20 世纪 50 年代，毛泽东与刘少奇（历史照片）

成"。怎么办呢?他想出了主意:在地板上打地铺,以解众忧。一直到1968年病危,刘少奇睡了五年地铺。

王光美第一次下乡,历时五个月。离京前她问刘少奇应该注意什么。刘少奇只简单地讲了句:"不要有框框,一切从实际出发,有什么问题解决什么问题。"王光美每月回来一次,都向毛泽东汇报,毛泽东不止一次提示:"根子在上边。"她并不理解这话的含义。王光美说,她是真心实意接受"以阶级斗争为纲"这个指导思想的,但也仅限于对多吃多占、贪污浪费的干部经济退赔从严要求,或对基层干部工作的难处不够体谅。至于如何挖上边的根子,就非她所知了。

1964年7月5日,王光美向河北省委工作会议汇报,《桃园经验》报告。报告的用语十分尖锐,甚至严肃地指斥,桃园党支部"基本上不是共产党","是一个两面政权"。但是,直到工作组完成任务撤出,没有开过一次斗争会斗过谁,更没有打过人,也没有抓捕一人,只撤了原支部书记的职,仍以人民内部矛盾对待。其他犯错误的干部,检讨退赔后,取得了群众谅解,都恢复了工作。证明桃园的运动,并没有上升到对敌斗争的高度,确实是一场教育。

20世纪60年代,毛泽东与刘少奇
(杜修贤 摄)

　　从这段文字可以看出，刘少奇十分看重基层第一手调查材料的真实性。为了掌握基层真实情况，他不惜自己多病的身体睡在家里的地板上，也要让妻子替他完成搞调查的任务。这种求真、求实的态度的确让人动容。

　　从这里也能看出，王光美毕竟不在中央高层，无法理解毛泽东的心思。她的《桃园经验》肯定不会符合毛泽东"根子在上边"的要求，所以，越到后面毛泽东就越不满意，大家也就越加地感到左右为难，无所适从。鉴于上面所说，整个运动是以阶级斗争为纲，"左"倾方法、过激语言在王光美的《桃园经验》中十分明显，不仅伤害了一些基层干部的感情，也使得各级负责人的神经变得相当敏感。

　　起初，毛泽东很欣赏《桃园经验》，还将这份总结批转全国，以示推广。于是这个《桃园经验》也成为了刘少奇开展"社会主义教育运动"的思路，实际上成了他"抓点带面"指导运动的蓝本，他在各种场合大力推广，要求全国学习《桃园经验》。

　　1964 年夏天，刘少奇与夫人王光美去了 14 个省市巡回演讲《桃园经验》。在中国共产党内部，陪夫人巡回做报告，刘少奇是第

1959 年 9 月，毛泽东、刘少奇、周恩来陪同外宾检阅三军仪仗队（杜修贤　摄）

1962年1月27日，毛泽东与刘少奇在中共中央扩大的工作会议上（历史照片）

一人。毛泽东从没这样做过，最多是在"文化大革命"前，出席观看过几个由江青指导的"革命现代京剧"。周恩来更不会坐镇现场，让邓颖超做报告了。

记得有一次，刘少奇在大热天将许多高级干部集中到人民大会堂讲话。虽然桌上有扩音器，但刘少奇并未坐下来，而是背着双手，在台上走来走去地讲，讲了一通干部"蹲点"的必要性、重要性后，便要求大家向王光美学习，"王光美下去了，不是就发现了许多新问题吗？她还写出东西来了，总结了许多新经验，很有意思。我看大家还是下去吧，赶快下去吧！"说到这儿，刘少奇看了一眼身边的周恩来，然后又对大家说："谁要是不下去，就把他赶下去！"更严重的是他还说了一些"犯忌"的话，如"不蹲点不能做中央委员""开调查会过时了""基层干部不会在会上讲真话"等等。"开调查会"是毛泽东在革命年代常用的一种工作方法，党内干部都知道。如今，刘少奇却直言毛泽东的这套"过时了"，尽管他讲这些话不一定有针对毛泽东的意思，但极容易造成误会，也容易被大家误以为是"贬低毛主席"。王力回忆那段历史时曾提到，当刘少奇在1964年8月初的北京干部大会上说了那些"犯忌"的话之后，江青跑到毛泽东面前哭诉告状："斯大林死后赫鲁晓夫才作秘密报告，现在你还没

20 世纪 60 年代,毛泽东和刘少奇站在人民大会堂门前,向离去
的外国贵宾挥手致意(杜修贤　摄)

死,人家就做公开报告了。"

无疑,江青的这番话对毛泽东是有很大触动的。

刘少奇如此"号令天下"也让很多高层干部非常不满。特别是军队方面,意见最大,认为刘少奇在树立自己和夫人的威望,而不是树立毛泽东的威望。

1964 年 8 月 5 日,中央书记处在北戴河召开会议,决定由刘少奇负责《关于农村社会主义教育运动中一些具体政策的规定(草案)》(简称《后十条》)的修改,同时成立"四清"和"五反"指挥部。刘少奇在这次会议上主持起草了《关于农村社会主义教育运动中一些具体政策的规定(修正草案)》(简称《后十条修正草案》)。《后十条修正草案》是对《后十条》的修正。

这次,毛泽东与刘少奇在"四清"问题上依然没有达成共识,争论分歧很严重,但毛泽东还是同意刘少奇担任"四清"和"五反"指挥部的总指挥。当然,这并不说明毛泽东内心里是同意刘少奇的所作所为的。

这年夏天,钱嗣杰第一次跟随毛泽东来到被海内外人士称为

毛泽东在北戴河与大家兴冲冲地奔向海滩(侯波 摄)

毛泽东和胡志明在北戴河（侯波　摄）

毛泽东、刘少奇、周恩来在人
民大会堂前送别外宾（杜修
贤 摄）

中国"夏都"的北戴河。

　　每年七八月份，中央领导人基本都是带着全家老小一起去北
戴河。大人们开会，家属和孩子们就在海边玩耍、交际。

　　一般炎暑的日子，江青也来北戴河，只是不和毛泽东住在一
起。她的住所在中浴场一号平房。她喜欢在那里和工作人员打扑
克，下午游泳，傍晚散步。她的泳姿不规范，不属于国标式。有一
回，她在海边见到王光美游泳，时而侧泳，时而仰泳，时而蛙泳，动
作十分娴熟而自如。从那以后，江青游泳的兴趣顿减，把更多的时
间消磨在打扑克牌上。

　　因为毛泽东与江青的作息时间不一样，他们很少一起出现在
海滩，钱嗣杰的镜头里几乎没有他们夫妇在一起的镜头。越
往后，他们在一起的镜头就越少，常常是毛泽东到了，江青走了；
江青到了，毛泽东走了，两人几乎形同陌路。即使两人在一个镜头
里，也是在公众场合。"文化大革命"期间，两人从生活夫妻走向了
政治夫妻。

　　钱嗣杰带着照相机，经常跟在毛泽东身后，有时跟着他一起骑
马，有时则跟着他一起在海边游泳。更多的时间，毛泽东喜欢一个
人坐在海边，静静地望着远方天海一线。钱嗣杰那时就感到：毛泽

浪淘沙　北戴河

大雨落幽燕，白浪滔天，秦皇岛外打鱼船。一片汪洋都不见，知向谁边？

往事越千年，魏武挥鞭，东临碣石有遗篇。萧瑟秋风今又是，换了人间。

浪淘沙·北戴河

大雨落幽燕，
白浪滔天，
秦皇岛外打鱼船。
一片汪洋都不见，
知向谁边？

往事越千年，
魏武挥鞭，
东临碣石有遗篇。
萧瑟秋风今又是，
换了人间。

在勤政殿接见外宾后的毛泽东和刘少奇（侯波　摄）

东有时很孤独，甚至是寂寞的。

　　不过，毛泽东也有高兴的时候，那就是和女儿们一起在海边游泳。但这样的时刻对于毛泽东来说，实在是太少太少。

　　相比之下，刘少奇一家给人的感觉是其乐融融的，刘少奇温文尔雅，他的孩子们极有修养与礼貌，一见大人便会鞠躬问候。刘少奇与王光美虽然年纪相差不小，但两人看上去十分和谐。他们全家下海游泳时，排成一排，大人一头儿一个，拉着三个不大的孩子一起往大海走，让人感觉这个家庭恩爱有加，很有协作意识，更像一个知识分子的家庭。

　　如果用老百姓的眼光看待王光美的桃园蹲点，就觉得她是出力又不讨好，既照顾不了丈夫，又没有找准毛泽东的思路，得罪了基层乃至上层的一些干部，最后还打翻了江青的醋坛子……

1964年，夏季的炎热在进进退退的潮汐前淡去，可是，"四清运动"的温度却在避暑胜地被炙烤得越来越高。

此时的刘少奇已经无法号准毛泽东的"脉搏"，他越是想顺着毛泽东的思路，就越是走岔方向。他甚至在毛泽东提出的阶级斗争问题上，做了更为激越的演绎和实践。在《后十条修正草案》和《桃园经验》的指导影响下，从1964年秋铺开的农村社会主义教育运动急转直下，"左"的倾向更为明显和突出。各个试点县都集中了上万人的工作队，完全撇开农村基层干部，在许多地方进行错误的"夺权"，使不少农村基层干部受到不应有的打击……城市

1964年10月1日，毛泽东在天安门城楼上向群众挥手致意，庆祝中华人民共和国成立十五周年（杜修贤 摄）

1964 年，毛泽东、刘少奇、周恩来、陈毅在人民大会堂接见外宾（杜修贤 摄）

休息中的毛泽东（钱嗣杰　摄）

"社教"和"工交"领域的"五反"运动也严重偏"左"。

这年刘少奇"挂帅"领导"四清"运动，一声号令，150万干部下乡蹲点。刘少奇威望之高，动员能力之大，都使毛泽东产生了微妙的感觉。

第三届全国人民代表大会第一次会议中关于"四清"运动的争执

原子弹爆炸的热浪未平，"四清"运动如火如荼之际，1964年12月21日至1965年1月4日，在人民大会堂召开了第三届全国人民代表大会第一次会议（简称"全国人大三届一次会议"）。

大会开幕那天，3 000多名代表走进神圣的殿堂，以自己的参与表达全国人民的心声。

早几天，中共中央政治局在北京召开中央工作会议，时间是1964年12月15日至1965年1月14日。

这次中央工作会议前后竟然开了一个月，戏剧般地被分为两个阶段。前半段会议由刘少奇主持，主要是讨论农村社会主义教育运动问题。根据汇报情况，与"四清"中提出的问题，会议制定了《农村社会主义教育运动中目前提出的一些问题》。这份文件共有17条，故简称《十七条》。会议后半段，毛泽东将散会人员召了回来继续开会。毛泽东亲自主持，重新制定《农村社会主义教育运动中目前提出的一些问题》。文件标题与刘少奇指定的那个一字不差，但内容却有23条，简称《二十三条》。打开文件，人们不难发现，这不是简单地增加了6条，而是基本针对刘少奇的《十七条》制定的《二十三条》，很多内容都是针锋相对、彻底推翻重来的。

先说刘少奇主持的前半段会议。

对于刘少奇来说，他抓了"四清"的工作，又蹲了点，他觉得自己是有发言权的，他对"四清"运动中的问题提出了自己的见解。

毛泽东在杭州（钱嗣杰 摄）

当时到 1964 年底，全国已有一百万以上的干部参加了"四清"运动。但是，人们普遍反映"四清"运动搞不下去，对此提出了种种意见和看法。在听取汇报后，与会者就开始讨论"四清"运动的性质问题，并纷纷发表了各自的意见与看法。

刘少奇根据大家的意见与看法，认为还是"四清"和"四不清"的矛盾，既在党内，也在党外；既有敌我矛盾，又有人民内部矛盾，

笑容可掬的毛泽东（杜修贤　摄）

并且是相互交叉着的。

　　而刘少奇这些有关"四清"和"四不清"的矛盾分析，毛泽东之
前根本就不同意，并把它们视为原则分歧、两条路线的斗争。因为
毛泽东在"四清"运动中没有得到主导权，全国的"四清"运动基本
是按照刘少奇的路子进行的。这在毛泽东看来，他似乎被架空了。
中央工作会议开幕前，邓小平对毛泽东说："这会不重要，您老人家
不用参加了。"他的本意是，这样的会议应该是主持一线工作的刘
少奇的事情。

　　这句说者无意的话，却让毛泽东很介意，反而激起了他的逆反
情绪，他坚持要参加。如果到此为止也就作罢，偏偏刘少奇又加了
一句："参加可以，但不要发言了。"

**刘少奇、王光美视察农村（历史
照片）**

一个不让参加，一个让参加却不让说话。

毛泽东反问："我为什么不参加？为什么不能说话？"

刘少奇、邓小平看毛泽东真的生气了，也不敢不让他参加会议。

1964 年 12 月 15 日，第一天的中央工作会议毛泽东是参加了，但毛泽东与刘少奇话分两头，各说各的，这让很多不知情的大区和省部级领导们一时思路跟不上趟儿，满腹疑惑，不得其解。

28 日下午会议，毛泽东与刘少奇依然是相互插话，随意打断，各不相让。

刘少奇在谈"四清"的主要矛盾既在党内，也在党外，既有敌我矛盾,又有人民内部矛盾,并且是相互交叉着的。

　　毛泽东也不相让,说"四清"的主要矛盾还是社会主义和资本主义的矛盾,它概括了问题的性质,重点是整党内那些走资本主义道路的当权派。刘少奇马上接口:"我个人认为是'四清''四不清'的矛盾。"

　　这次会议上,主要是毛泽东讲话,刘少奇讲得很少。1965 年 1 月 3 日,毛泽东又在政治局常委扩大会议上不点名地批评了刘少奇在指导"四清"运动中的一些做法。

　　会议期间,朱德、贺龙等人找过刘少奇,希望他顾全大局,要谨慎,要尊重毛泽东。会议结束后,刘少奇主动找毛泽东谈话,作了自我批评。

七千人大会上的毛泽东与
刘少奇(杜修贤　摄)

亲自点将过生日

1964 年岁末，毛泽东第一次破天荒要求在自己生日这天请客

1964 年岁末，出乎人们的意料，毛泽东第一次破天荒地要在生日这天请客。

那一年，原子弹爆炸的热浪未平；12 月，又在人民大会堂召开了全国人大三届一次会议。谁也没有想到，毛泽东给这次生日宴会赋予了新的内容。人们再次目瞪口呆。

汪东兴和江青在人民大会堂操办了这次寿宴，中共中央办公厅也为毛泽东的生日做了一番安排，准备请一些会议代表出席这一天的生日宴会。

刘少奇、周恩来、邓小平和各大区的书记应邀出席，还有一些参加中共中央工作会议的同志也应邀参加。一间不大的房子里，"品"字形地摆了三张桌子，陶铸夫妇、李富春及胡耀邦提前来到宴会现场。

不一会儿，毛泽东走了进来，他环视了一下四座，说："东兴同志讲，罗长子（罗瑞卿）和陶铸让我请客，好嘛，今天我就来请。李敏要同我来，我说你不下乡，你没有资格来。李讷好，李讷下去搞

1964 年 12 月 26 日，毛泽东在人民大会堂接见第三届全国人民代表大会代表、著名科学家钱学森、陈永贵（杜修贤　摄）

1964 年 12 月 26 日，毛泽东与董家耕、邢燕子等第三届全国人民代表大会代表在亲切交谈（杜修贤　摄）

'四清'了。"

突然，毛泽东扭头对坐在身旁的李富春说："你们什么事情都不向我讲，你们搞独立王国！"看毛泽东不像是在开玩笑，室内的气氛顿时紧张了起来。大家相信，搞"独立王国"，毛泽东虽然是面对着李富春说的，但绝不是批评李富春一个人。

幸好这时江青进来，打断了毛泽东的话语。她的身后跟着几位特殊的客人——中国的导弹之父钱学森、知识青年上山下乡的带头人邢燕子、江苏劳模董加耕和山西昔阳县大寨大队党支部书记陈永贵四位正在参加第三届全国人民代表大会的代表。

这几位身份特殊的代表，平生第一次走进了中南海。这一天，陈永贵在黑棉袄外面套了一件家里最好的黑布对襟夹衣，头上裹着白毛巾。邢燕子、董加耕也是一身农民装扮，他们都显得有些紧张、不安和激动。

的确，陈永贵见到毛泽东的时候，因为一时紧张竟说不出话来，两只手紧紧握着毛泽东的手。毛泽东笑道："你是农业专家噢！"

1964 年 12 月 26 日,毛泽东七十一岁寿辰,在北京和陈永贵、邢燕子等劳动模范共餐(杜修贤 摄)

陈永贵听不懂毛泽东的湖南话, 只是一个劲儿地连连点头,咧着嘴使劲儿笑。周恩来在一旁笑着翻译道:"主席说你是农业专家。"陈永贵听了立刻摇起头来:"不,不,我不是农业专家,不是农业专家。"

毛泽东请他的客人们落座,抽烟,吃糖。他问起陈永贵的年龄,陈永贵答道:"五十啦!"毛泽东笑道:"五十而知天命哟!"不知是听不懂湖南口音,还是不明白孔夫子这句话的意思,陈永贵没有否认他"知天命"。

毛泽东坐在上方的一桌,在这张桌子上就座的还有董加耕、钱学森、陈永贵、邢燕子、陶铸夫妇、罗瑞卿、谢富治和汪东兴,而江青、刘少奇、胡耀邦、李富春及各大区书记则分坐另外两桌。

生日宴席上有葡萄酒和茅台酒。毛泽东喝下三杯"茅台",大声称赞了钱学森:"钱学森不要稿费,私事不坐公车,很好!"毛泽东侃侃而谈时,众人都神情紧张地听着。毛泽东似乎觉察到了拘谨的气氛,就让大家吃菜。他问旁边的陈永贵:"湖南菜,辣啊,习惯吗?"陈永贵赶紧频频点头。

吃饭过程中，毛泽东一边喝酒，一边说话。这晚他话说得格外多，很多话是"话中有话"。整个宴席丝毫没有祝寿的气氛，人们个个都紧张而困惑。餐桌边除了毛泽东一个人的说话声和人们动碗碟的声响外，听不到一点儿喜庆热烈的声音。

毛泽东一连串的话中有话，像陈永贵这些从基层上来的人是被蒙在鼓里的，他们也不可能想象敬爱的毛主席还会有不顺心的事情。但是在座的还有其他领导人，他们都知道毛泽东这些莫名其妙的讲话缘起何故。

仅就过程而言，这似乎只是一次普通的生日宴会；然而，它蕴含的政治意义却是深远的。一年多后，即1966年的夏天，一场史无前例的"无产阶级文化大革命"爆发了……

毛泽东过完71岁生日后，又发生了两件让他无法忍受的事情，这对于他不满的情绪无疑是火上浇油。

毛泽东生日的前几天，在第三届全国人民代表大会召开之前，中共中央召开了工作会议。当时，中央早在中共八大后明确决定：主席退居二线，党内一线工作由少奇同志主持。所以，中共中央工作会议的大部分准备工作都是刘少奇做的。会议期间，刘少奇要陶铸跟李雪峰讲，由李雪峰出面召集会议，请王光美宣讲《桃园经验》，与会者大多去听了。江青则在会场屏风后面走来走去，一脸的不屑。看得出来，她对此很不自在，也不满意。

原定中共中央工作会议在12月28日印发《十七条》后，就准

1965年1月8日，毛泽东和第三届全国人民代表大会代表、科学家彭加木亲切交谈（杜修贤　摄）

备结束。而这次结束前的会议竟然没有通知毛泽东参加。当天会后，江青请陶铸夫妇在人民大会堂小礼堂看《红灯记》。开演前，他们在休息室见到了毛泽东。毛泽东问陶铸："你们的会开完了吗？"当毛泽东知道会议开完了，脸色顿时沉了下来，火气很大地说："我还没参加呢就散会啦？有人就是往我的头上拉屎！我虽退到二线，还是可以讲讲话的么！"

毛泽东又问陶铸："你们开会的人是不是都已经走了？"

陶铸不得不告诉毛泽东："有的已经走了。"

毛泽东毫不犹豫，斩钉截铁地命令道："告诉他们，走了的赶快回来！"

1964 年 12 月，毛泽东与出席第三届全国人民代表大会的赛福鼎·艾则孜亲切握手（杜修贤　摄）

1964 年 12 月，第三届全国人民代表大会期间，毛泽东接见辽宁省人大代表、劳动模范尉凤英（杜修贤 摄）

　　观看《红灯记》时，江青悄声对陶铸说："有人反对京剧改革，我就是要搞京剧改革！"又是一个"有人"！但这又是指谁呢？陶铸夫妇不敢插言，但心里颤颤的，舞台上表演的什么，全都不记得，满心思都是这个"有人"的困惑。

　　三天后，即 12 月 31 日，中共中央办公厅通知各地停止下发、自行销毁《十七条》。

　　第二天正逢 1965 年元旦，刘少奇和王光美照例出席了中共中央办公厅举办的迎新晚会，但他们心情沉重，仅是来应酬一下，已没有心情像往常一样结伴下场跳舞了。

　　毛泽东与刘少奇闹到如此地步，人人焦急。安子文请出开国元勋们从中调解。陶铸、安子文也到刘少奇的住处给他提意见。此时

1964 年 9 月，毛泽东与《红灯记》剧
组人员合影（钱嗣杰　摄）

刘少奇也感觉到问题的严重性。他顾全大局,主动向朱德、贺龙、陈毅、林彪等征求意见,并召开了党的生活会,征求和听取批评意见。

中共中央政治局开会时,刘少奇真诚地向毛泽东做了检讨,说:"我对主席不够尊重。"

毛泽东对此不以为然,回敬说:"这不是尊重不尊重的问题,而是马克思主义同修正主义的问题。在原则问题上,我是从来不让步的。"

的确,毛泽东在心里已经将他与刘少奇之间的分歧定了性,那已不是一般的分歧,而是原则性的分歧。

元旦一过,参加中共中央工作会议的成员们,又都被毛泽东召了回来。他要主持后阶段的中共中央政治局常委扩大会议。

1965年1月3日,是毛泽东主持会议的第一天,正好也是全国人大三届一次会议选举国家主席与领导人的日子。这一次,刘少奇继续当选为中华人民共和国主席。

连任国家主席的刘少奇不等代表们掌声结束,就赶忙去参加毛泽东主持的中共中央政治局常委扩大会议。

1月5日,扩大会议继续召开。

当讲到矛盾的性质问题时,毛泽东说:"七届二中全会提出,国内主要矛盾是资产阶级同无产阶级、资本主义同社会主义的矛盾。那个时候还没有修正主义。八大一次会议、二次会议都是这样说的。杭州会议制定十条(即《前十条》),一直都是搞社会主义,整个运动是搞社会主义教育。怎么来了个'四清'与'四不清'的矛盾,敌我矛盾与人民内部矛盾的交叉?什么内外交叉?哪有那么多交叉?这是一种形式,性质是反社会主义,重点是整党内走资本主义道路的当权派。"

1965年元旦之后的中共中央工作会议,主要内容是修改《十七条》,这项工作由邓小平、彭真、陈伯达负责。经过一个星期的讨论、修改,原来的《十七条》变成了《二十三条》,文件仍定名为《农村社会主义教育运动中目前提出的一些问题》。当然,这份文件不但条文有了增加,更重要的是内容有了很大的变化。

文件去掉了原来刘少奇主持制定的《农村社会主义教育运动中目前提出的一些问题》里的"扎根串联"的刘式语言,代之以"在整个运动中,省、地、县级党委和工作队,必须逐步做到,依靠群众大多数,依靠干部大多数(包括放了包袱的干部),实行群众、干部、工作队'三结合'"等规定,提出运动的性质是社会主义同资本主义的矛盾,运动的重点是"整党内走资本主义道路当权派"。

这一新观点,不幸地成为"文化大革命"中的主流观点。

任何事物都有一个发展的过程。毛泽东与刘少奇的矛盾,也是一个由小到大、由少到多"滚雪球"似的发展过程。正如古人所说:"冰冻三尺非一日之寒。"或许到了此刻,毛泽东才真正横下心——不管是谁,绝不做任何让步。他坚持自己所理解的社会主义,反对他所认为的资本主义复辟。

毛泽东认为他和刘少奇的分歧,是关系到党将来改变不改变"颜色"、中国走不走社会主义道路的重大问题,仅仅"四清"已经不能承载这个重大问题的解决。他转而酝酿与发动新的运动,这就是后来的"无产阶级文化大革命"。

刘少奇在毛泽东连续的"进攻"下,虽多次做过自我批评和检讨,但都没有改变毛泽东对他的看法,他最终没有争取到毛泽东的原谅。

李宗仁归来

1965年7月,在最炎热的夏天,李宗仁踏上了回国的旅途。他一下飞机,首先向毛泽东的塑像鞠躬。毛泽东在人民大会堂与这位前中华民国代总统会面,彼此一谈就是4个小时

1964年10月,中国原子弹的一声巨响极大地震撼了世界。

这声震撼世界的巨响,也使居住在美国的前中华民国代总统李宗仁兴奋不已。

1948年,中国共产党领导人民解放军取得了辽沈战役、淮海战役的胜利后,又力克天津,和平解放北平,取得了人民解放战争的决定性胜利。国民党的军队被打得落花流水,丢城失地,难以支撑。李宗仁这位被蒋家王朝请出来临时"顶天"的代总统不得不逃亡美国,开始了寄人篱下的流亡生涯。

但李宗仁终究是中国人,虽然远离故土,却一直关心着生他养他的祖国,关心着台湾海峡两岸的动向。中国第一颗原子弹爆炸后,他在美国《先驱论坛报》发表了一封公开信,劝告美国政府不要再沿着错误的政策走下去,应该仿效戴高乐的法国政府,迅速调整对华政策。

李宗仁这一政治上的变化,很快就引起周恩来的密切关注。

1965年3月,李宗仁给住在香港的老秘书程思远写信,表示愿意参加祖国的社会主义革命和建设,不愿在美国碌碌无为地虚

1965年7月20日,李宗仁从海外归来,乘专机到达北京(杜修贤 摄)

度残年。程思远立刻把李宗仁的愿望汇报给了周恩来,周恩来觉得时机已经成熟,立即果断地做出决定:李宗仁先生多年的夙愿可以如愿以偿了!

1965 年 7 月 18 日清晨,一架波音 707 客机迎着火红的旭日,进入祖国南部边境的苍山云海中。七十多岁的李宗仁一直伏在舷窗前向外俯瞰。崇山峻岭,绵延不绝;滔滔江河,川流不息。这就是故土,他激动的情绪难以抑制……

为隆重迎接李宗仁归国,周恩来与陈毅乘坐专机亲自前往李宗仁抵达祖国的第一站——上海虹桥机场迎接。

他们一到上海,便守候在上海东湖宾馆客房里的电话机旁。周恩来直接指挥空军和有关部门,密切注意这架巴航波音 707 客机的飞行动态,并且随时准备为保证李宗仁一行和客机的安全采取必要的措施。当上海黄浦江上映出一缕朝霞时,电话里终于传来消息:"李先生一行所乘的客机,已经安全进入我国领空。"周恩来、陈毅二人听罢,脸上露出了轻松的笑容,他们放下心来,分别回房间去小睡了一觉。

11 时,李宗仁与夫人郭德洁,安全抵达上海虹桥机场。

走出机舱的李宗仁,一眼便看到周恩来微笑着站在候机室门前,亲切和蔼地注视着他。他连忙快步上前,伸出双手紧紧抱住了周恩来。

周恩来也非常激动,他紧拥着李宗仁,呼唤道:"你回来了,我们欢迎你!"

李宗仁激动得难以自禁,连声说:"我回来了,回来了。总理你好,总理你好啊!"

和周恩来一起迎接李宗仁的除了陈毅,还有全国政协副主席叶剑英、上海市委第一书记陈丕显和上海市长曹荻秋等领导,他们都满面笑容地纷纷走上前来和李宗仁握手。

当晚,周恩来在上海文化俱乐部设宴招待李宗仁夫妇。

入席前,陈毅对李宗仁说:"第一次国共合作,国民革命军出师北伐,当时北伐军一共有八个军长。现在先生回来,我们就有四个军长在祖国大陆了。"这四个军长是北伐军第四军军长李济深、第六军军长程潜、第七军军长李宗仁和第八军军长唐生智。

席间,有几位解放军三军首长过来向李宗仁敬酒。周恩来在一边风趣地说:"你们从前是打过仗的啊!现在你回来了,大家欢迎你。"

李宗仁添酒回敬,一饮而尽。

7 月 20 日上午,周恩来为在北京更隆重地迎接李宗仁回国,先行乘专机飞回北京,提前 20 分钟到达北京机场。

上午 11 时,李宗仁一行乘坐专机,由上海飞抵北京。

海外飘零十多载,一朝归来泪满巾。李宗仁走出机舱,一眼看到首都北京湛蓝的天空,看到机场上彩旗猎猎、人群攒动的热烈欢迎场面,竟一时无语凝咽,热泪盈眶。

前来欢迎他的政府和各界领导人规格之高、方面之广实属空前。

李宗仁走下飞机,迎面却看见了一尊毛泽东塑像。他先是一愣,但很快明白过来,这意味着毛泽东也在迎接他回国。他首先对着毛泽东的塑像鞠了一躬。

这个场面让大家十分感动,欢迎的掌声与欢呼声一浪高过一浪。

原来,摆放毛泽东塑像是周恩来的主意。

周恩来认为,李宗仁回国是震惊中外的一件大事。对于曾经的中华民国代总统,应该用什么样的方式来迎接?周恩来明确指示,欢迎仪式就在机场的毛泽东塑像下举行。可是机场跑道上是没有毛泽东塑像的。最后大家想办法,将机场上一尊闲置的毛泽东塑像抬到了欢迎现场,于是出现了前面所说的感人一幕。

李宗仁鞠躬后，来到欢迎的人群中。他没想到，在这里会见到那么多熟悉的老部下和旧日好友……王昆仑、朱蕴山、卢汉、刘仲容、邵力子、刘斐、屈武，以及他的旧部杜聿明、宋希濂、范汉杰、廖耀湘等都亲赴机场迎接他的归来。

往日深情厚谊，今日阔别重逢，李宗仁激动得不知道说什么才好。他不停地紧握着一双又一双温暖的手，惊呼着老朋友的名字，传达着久别重逢的惊喜与激动。

最引人注目的是，当他来到"末代皇帝"溥仪面前时，周恩来特别向他做了介绍。溥仪很有礼貌地说："欢迎你回到我们伟大祖国的怀抱。"李宗仁紧紧地握着溥仪的手，说："我多年的梦想终于实现了！"

这真是难得的历史性的镜头："末代皇帝"同"末代总统"握了手。

周恩来看着溥仪，对李宗仁说："溥仪先生新生了。你看他五十多岁了，不像吧？"

当时在旁边目睹这个场面，曾担任过李宗仁秘书的程思远，每逢谈起此情此景，总是感慨万端地说："纵观上下几千年，纵横五大洲，历史上有哪一个国家、哪一个政权能够这样？不但把一位末代皇帝保存下来，改造成了新人，而且末代的总统也万里来归。这只有中国共产党创立的新中国才能做到！"

李宗仁夫妇返回北京之后没有多久，毛泽东便要在人民大会堂亲自接见他们。

毛泽东会见重要客人往往是临时安排，即刻通知，即刻会见。突如其来的会见通知，使李宗仁惊喜不已，格外兴奋，他甚至还感到有一种神秘的色彩。

7月27日中午，李宗仁与夫人在中南海见到了神交已久的毛泽东。

他们刚刚坐定，毛泽东就以浓重的湖南乡音幽默地喊着李宗仁的号："嘛！嘛！德邻先生，你这一次归国，是误上贼船了。台湾当局口口声声，叫我们作'匪'，还叫祖国大陆作'匪区'，你不是误上贼船是什么呢？"

大家忍不住哈哈大笑。

不等李宗仁回答，程思远忙替李宗仁答道："我们搭上的是一艘慈航，已登彼岸。"

毛泽东说："跑到海外的，凡是愿意回来的，我们都欢迎。他们回来，我们都以礼相待。"

李宗仁在谈话中深以台湾问题久悬不决为虑，对此，毛泽东说："德邻先生，不要急，台湾总有一天会回到祖国来的，这是不可逆转的历史潮流。"

这次会见，毛泽东给李宗仁留下了深刻印象，更增添了他对毛泽东的景仰之意和感激之情。

下午3时，李宗仁来到全国政协礼堂三楼，他要在这里举行盛大的中外记者招待会。

招待会上，李宗仁深情地讲述了回国后的观感，并发表了对当前时局的看法："1949年1月，美国驻华大使司徒雷登曾派人对我说，蒋介石挟军队逃往台湾，台湾地位尚未确定，因此对蒋介石很不满。1955年，美国共和党派人找我，要我出山，取蒋介石而代之。我告诫台湾当局要小心，以免步南朝鲜李承晚后尘。我与蒋先生共事几十年，意见相左，但并无仇恨，如果蒋先生愿意和平解决台湾问题，我宗仁赴汤蹈火在所不辞。蒋先生目前处境尴尬，望国民党同仁好自为之，望台湾同仁和海外各方人士认清民族大义和大势所趋，不要一误再误，毅然奋起，率相来归，为祖国最后统一做出贡献！"

回国不久，一个特殊的日子临近了，李宗仁非常有心，他记住了这个日子。他找来身边的工作人员商量："12月26日是毛主席的寿辰，请你替我准备一份寿礼，送给毛主席，你考虑一下买什么东西，花多少钱没什么关系。"

1965年7月20日，周恩来接见李宗仁和其夫人郭德洁（杜修贤 摄）

　　工作人员笑着告诉他："中共中央有规定，不搞个人祝寿，不以个人的名义命名街道，毛主席是不会接受寿礼的。"

　　李宗仁觉得还是不妥，又说："那么这样好了，我就在26号这天晚上设便宴，请几个人吃饭，就算为毛主席祝寿好了。"到了那天，李宗仁真的准备了一桌饭菜，找来几个比较至好的朋友到他家吃饭，算是为毛泽东祝贺生日。

　　李宗仁归国不久，就爆发了"文化大革命"。这场狂风恶浪，加上红卫兵小将们的造反行动，也给李宗仁造成了不小的麻烦。

　　当时，日夜操劳的周恩来没有忘记像李宗仁这样的统一战线中的党外民主人士。为了保护他们，周恩来于1966年8月30日夜间草拟了一份应予保护的干部名单，里面包括宋庆龄、郭沫若、章士钊、何香凝、邵力子、张治中等人，其中也包括李宗仁。

　　后来在天安门城楼上，周恩来遇到了李宗仁。周恩来赶紧问："红卫兵找你的麻烦了没有？"李宗仁笑着摆手："总理，没有，没有。谢谢总理。"他望着周恩来明显清瘦的面庞、疲惫的神情，倒是替周恩来担心起来："总理，你千万要保重！"

　　就这样，在周恩来的保护下，李公馆始终平静无事，李宗仁也从来没有讲过"后悔"二字。

1968 年 9 月 30 日，李宗仁应邀出席了庆祝国庆十九周年的人民大会堂国宴。他在宴会厅待了两个小时，回家以后，体力不支，次日又因病住院。关于此事，周恩来曾对程思远说："当时发给李先生两张请柬，一是出席宴会，一是上天安门。我的意思是要他不参加国宴而上天安门城楼亮一下相，即回家休息。但这一决定没有能够贯彻下去，以致出事。"

后来，中共中央又请出中医国手为其诊治，但李宗仁的身体太差，已经虚不受补，成效甚微。

在病危中，李宗仁对陪伴在病床边的第三任夫人胡友松说："我的日子不会再有多久了。我能够回来死在自己的国家里，这了却我一件最大的心愿。"他气喘吁吁，说话很困难，停了一会儿又说："回来以后，本想在台湾问题上，做点工作——我的那些想法，曾对你讲过，还没来得及向周总理提出，现在什么都来不及了。台湾总是要统一的，可惜我是看不见了。这是我没有了却的一桩心事。那些书，送给广西图书馆。书画送给政府。那几瓶酒想着送给毛主席、周总理吧！"

1965 年 7 月 31 日，刘少奇、董必武、邓小平等接见李宗仁夫妇（杜修贤 摄）

1965 年 7 月 27 日，毛泽东会见归
国的李宗仁夫妇（钱嗣杰　摄）

1965 年 10 月 5 日，宋庆龄接见了
从国外归来的李宗仁和夫人郭德
洁，以及李宗仁的秘书程思远和夫
人石泓。图为宋庆龄接见李宗仁（杜
修贤　摄）

　　李宗仁在病榻弥留之际，口授了一封信给毛泽东和周恩来，表
示感谢之意。他在信中写道："我在 1965 年毅然从海外回到祖国，
所走的这一条路是走对了的。在这个伟大的时代，我深深地感到能
成为中国人民的一分子而无比的光荣。在我快要离开人世的最后
一刻，我还深以留在台湾和海外的国民党人和一切爱国的知
识分子的前途为念。他们目前只有一条路，就是同我一样回到祖
国怀抱……"

　　1969 年 2 月 1 日，周恩来亲自参加了在北京八宝山革命公墓
礼堂举行的李宗仁遗体告别仪式。他在仪式上对李宗仁的逝世表
示了深切的哀悼，对李宗仁人生的最后一封书信表示十分称赞，他
说："李宗仁先生临终前写的这封信，是一个'历史文件'。"

第七章

神都有事

江青的政治崛起

毛泽东写下了一首七绝。从此,江青从幕后走到了台前。1964 年夏天,全国现代京剧观摩会上,江青为"登台亮相"预演,"江记"现代京剧赢得了毛泽东的一票

1924 年,杨开慧和儿子毛岸英、毛岸青在长沙合影(历史照片)

我失骄杨君失柳,
杨柳轻飏直上重霄九。
问讯吴刚何所有,
吴刚捧出桂花酒。

寂寞嫦娥舒广袖,
万里长空且为忠魂舞。
忽报人间曾伏虎,
泪飞顿作倾盆雨。

这首《蝶恋花·答李淑一》原名《蝶恋花·游仙》,是毛泽东于 1957 年 5 月答复杨开慧好友李淑一的一首著名词作。李淑一的丈夫柳直荀也是毛泽东的战友,于 1932 年在湖北洪湖战役中牺牲。这首词不仅饱含了毛泽东失去妻子的悲切,也表达了毛泽东失去战友的哀悼。这是毛泽东写下的众多诗词作品中极为动情感人的一首。

"我失骄杨",这充满深情的词句,触动了江青那根敏感的神经。解放后,江青被安排在中共中央宣传部担任文艺处副处长与文化部电影局顾问。这些都是富有弹性的副职,她不必天天去上班,甚至可以不管事,挂一个虚衔而已。1956年,中共中央政治局常委开会,正式任命陈伯达、胡乔木、叶子龙、田家英、江青为毛泽东的秘书(人称"五大秘书"),陈伯达、胡乔木为政治秘书,叶子龙为机要秘书,田家英为日常秘书,江青为生活秘书。

毛泽东的生活秘书,享受副部长待遇。这也是江青担任的最高职务,更是一项来自中共中央政治局的正式任命。再加上中共中央宣传部文艺处副处长、文化部电影局顾问这些头衔,江青有了正式的职务,顺理成章地成了"首长"。

1959 年，毛泽东在长沙接见李淑一（侯波　摄）

1958年《蝶恋花·答李淑一》公开发表后，旋即被谱写和编排成歌曲、曲艺、朗诵、舞蹈等文艺作品。文艺作品的感染力很强大，传播速度很快，更多的中国人都知道了，这是毛泽东写的怀念故去妻子的词作。

杨开慧的名字传遍了大江南北……

江青为此很不好受。到1958年，她与毛泽东已经结婚生活了20年，但全国人民都在谈论杨开慧，那么又置她于何地呢？毕竟她才是毛泽东的现任夫人，凭什么毛泽东就不能为她写首诗，表白一下感情？毛泽东夫人毕竟只是一种身份，要想拥有荣誉与资历，还

1964年10月，毛泽东、周恩来、朱德等与《江姐》剧组人员合影（杜修贤　摄）

1964 年 7 月,毛泽东与《芦荡火种》
剧组人员合影（钱嗣杰 摄）

需要时间的磨砺与各方的认可,其中自己丈夫的认可最为重要。

　　毛泽东是性情中人,他写诗一定要有诗兴,要有触及情感的冲动。尽管江青一而再、再而三地希求毛泽东也为她写一首诗词,但毛泽东始终没有落笔。

　　1961 年,机会来了,江青拍了一张庐山仙人洞的照片,而且的确拍得不错。于是,她便请毛泽东题诗。富有诗情画意的风景照,撩动了诗人的雅兴。

　　于是,9 月 9 日,毛泽东写下了《七绝·为李进同志题所摄庐山仙人洞照》。

　　毛泽东题诗后,江青自然开心得不得了。她把毛泽东的笔迹与照片印在一起,并且在背面注明"摄影者江青"字样,赠送给日本等国政要。

　　一年后,即 1962 年 9 月 29 日,毛泽东、江青和苏加诺夫人的大幅照片出现在《人民日报》的头版位置上。这张照片的确让全中国人民十分惊异,因为自解放以来,毛泽东和江青合影的照片从未正式发表过。这是江青与毛泽东第一次在外事活动中公开亮相,而且刊登在报纸上。如果说江青涉足政坛亮相,应该是从这张照片开始的。

1964年7月，毛泽东接见《智取威虎山》剧组（钱嗣杰 摄）

1963年12月，人民文学出版社出版了《毛主席诗词》，《七绝·为李进同志题所摄庐山仙人洞照》被刊录其中。

1964年4月11日，"李进摄"《庐山仙人洞》照片，被刊登在《人民日报》的第七版。同日，《人民日报》还用了近半版的篇幅发表了郭沫若的文章——《"无限风光在险峰"——读毛主席〈七绝·为李进同志题所摄庐山仙人洞照〉》。郭沫若的这篇文章弥补了照片版面太靠后的"缺陷"，使第七版一跃成为众人聚焦的版面。

1966年以前，江青没有直接过问中国政治，那时她充其量不过是毛泽东的生活秘书。可是对于"第一夫人"江青来说，活动舞台太小了，只好看戏分散精力。作为她知心老朋友的康生，马上讨好地以"中央首长"的名义，专门点些鬼怪、荒诞剧目给江青看。

起初，江青这个传统京剧的爱好者，并不青睐和赞赏现代戏。但江青是一个有心计的聪明人，她通过看戏、琢磨戏，意识到欲登政治舞台，不如首先登上她所熟悉的文艺舞台。于是，她打着"毛主席学生"的旗号，开始接触、参与京剧现代戏，并且在改编现代戏上下了一番力气。

江青"病情"真正见好是在1964年初。因为这一年要举行一次京剧现代戏观摩大会演，她下令改编的三部现代戏也要参加会演，这可是一笔不小的政治资本。

1964 年 6 月 5 日至 7 月 31 日，京剧现代戏观摩演出大会在北京举行。周恩来亲自参加，齐燕铭主持开幕式，沈雁冰致开幕词，彭真致闭幕词，周扬做总结报告，陆定一做长篇讲话。可以说，主管宣传、文艺方面的头头脑脑都在会上亮了相。

京剧现代戏观摩演出大会盛况空前，29 个剧团、2000 多人参加，上演了《红灯记》《芦荡火种》《智取威虎山》《奇袭白虎团》《节振国》《红嫂》《红色娘子军》《草原英雄小姐妹》《黛诺》《六号门》《杜鹃山》《洪湖赤卫队》《红岩》《革命自有后来人》《朝阳沟》《李双双》《箭杆河边》等 35 个剧目。

观摩的高潮是 7 月 17 日和 7 月 23 日两天，毛泽东同党和国家其他领导人观看了《智取威虎山》和《芦荡火种》。

毛泽东对《芦荡火种》提出了自己的看法："要突出武装斗争的作用，强调武装的革命消灭武装的反革命，戏的结尾要正面打进去。加强军民关系的戏，加强正面人物的音乐形象。"

言者无心，听者有意。

江青在一旁记住了毛泽东的这番话，她要借助毛泽东的声音，发挥她的"智慧光芒"，她决定将《芦荡火种》改名为《沙家浜》。这样一来，毛泽东关注的这部戏上就留下了她修改的痕迹。

有了毛泽东的意图和指示，《芦荡火种》剧组开始接受江青的"栽培"，按照"生活是创作的源泉"的经验，演员和创作员们不辞劳苦、浩浩荡荡、山动地摇般地开赴常熟体验生活。戏中郭建光的唱词中有一句"芦花白，稻谷黄，绿柳成行"，可是大家到当地一看，发现这三种植物、三种颜色和季节不符，芦花白的时候，稻谷还是绿色的。后来大家商量将唱词改为"芦花放，稻谷香，岸柳成行"，江青一听，感觉挺不错，就同意了。当然，这句唱词的改编，自然就被记到了江青的名下，成了江青呕心沥血改编"样板戏"的光荣事迹。

《沙家浜》有了江青的掺和，很快就名声大噪，成了全国文艺界学习的"样板"。

江青在大会演上公开露面，这是她通往权力高峰的一次预演。她以居高临下的姿态，以"旗手"的口吻，做了题为《谈京剧革命》的讲话。这是她自 1937 年 8 月下旬进入延安以来，在漫长的 27 年间，第一次在公众场合发表讲话。

这段时间，江青作为毛泽东的生活秘书兼文艺助手，又打着"毛主席学生"的旗号帮助改变文艺界对毛泽东的方针不理解和不忠诚的抵触情绪，实际也是利用这一身份在文艺界建立"以我为核心"的阵营。

江青清楚地看到，毛泽东的威望开始走向顶峰，人们不会再忽视毛泽东夫人，甚至觉得，江青的话在某种程度上就是毛泽东的思想。

1964 年 12 月 21 日至 1965 年 1 月 4 日，当全国人大三届一次会议在北京举行时，江青作为人大代表步入了人民大会堂。

江青，正式登台亮相，出现在中国的政治舞台上。

江青由"人微言轻"，逐渐到"语惊四座"，再到"一言九鼎"，她的政治欲望是一点一点膨胀起来的，也有一个发展的过程。

重上井冈山

1965 年 3 月 14 日，毛泽东
乘专列离开了北京。他选择在春
天离开北京，令大家有些意外

1965 年 3 月 14 日，毛泽东乘专列离
开了北京。

火车开动后，钱嗣杰来到毛泽东乘坐
的车厢。他见毛泽东穿着睡衣，嘴里叼着
烟，凝神望着窗外，于是悄悄在一旁为他
拍了几张照片。结果，随行的工作人员看
见后，争着要与毛泽东合影。钱嗣杰见毛
泽东的注意力放在思索上，就让他们一个
个悄悄凑上前去，站在毛泽东的身后，然
后由他赶紧按下快门。两天后，即 3 月 16
日，毛泽东抵达武汉。

那天晚上，毛泽东的专列悄悄地停靠
在武汉余家头一所战备物资仓库里。这所
仓库很大，当时叫一〇二仓库，里面铺有军
用铁轨。毛泽东的专列全部开进去，外面
一点儿都看不出来。湖北省委第一书记王
任重、省长张体学早已在此恭候。他们看
见毛泽东下车，大步迎了上去，说了声：
"主席好！"毛泽东笑着和他们握了握手，
没有几多寒暄。除王任重、张体学二人外，
没有其他人迎接，因为毛泽东不喜欢迎来
送往的那一套。

毛泽东一行轻车简从，毫无张扬，从东
湖路驶进湖北省委东湖客舍（今东湖宾
馆）大院，停驻在东湖边上的梅岭一号。毛
泽东一跨下车，迎面几张熟悉的脸孔，令
他十分愉快。那几年，毛泽东年年来武汉，

1965 年，毛泽东在武汉东湖湖畔漫步
（钱嗣杰 摄）

都习惯住在东湖客舍梅岭一号，梅岭一号的工作人员每次都像迎
接亲人一样迎接人民的领袖。看到大家，毛泽东高兴地伸出右手，
亲切地招呼："同志们好啊！"

"主席好！""主席好！"几个青年人纷纷握住毛泽东的大手，笑
得那么灿烂。王任重、张体学等湖北省委领导，向毛泽东做了汇报
后随即离开，对毛泽东既没有"接风酒宴"，也没搞联欢晚会。毛泽

1965 年 3 月，毛泽东在南下途中的列车上
（钱嗣杰　摄）

**1965 年春,毛泽东在武汉东湖(钱
嗣杰　摄)**

东一直反对地方搞迎送接风,他认为这是铺张浪费。因此,谁也不
敢多献一点儿"殷勤"。

钱嗣杰知道,武汉东湖是毛泽东的最爱。每回他都要在东湖边
住上一阵子。这一次也不例外,毛泽东一住就是一个半月,直到 4
月 29 日下午才离开。专列载着毛泽东驶向了湖南长沙,那里也是
毛泽东去得最多的地方。

毛泽东在长沙住了不到一个月,5 月中旬,他忽然提出了顺道
重上革命摇篮井冈山,亲自看看老区人民的愿望。

这个消息让大家颇感意外——毛主席真的要重上井冈山啦?

这一年毛泽东 72 岁,阔别井冈山 38 年。三十八载春秋,差不
多是他人生岁月的一半时光。

**毛泽东终于踏上了井冈山,这个革命起点的一草一
木都令他思绪万千,心潮激荡**

从 1927 年 10 月率领秋收起义部队到达井冈山,到 1929 年 2

满面笑容的毛泽东（钱嗣杰　摄）

月与朱德率红四方面军主力离开井冈山，转入江西、福建作战，毛泽东在井冈山只待了一年多，但他由此带领中国共产党的第一支军队走上了"工农武装割据"道路。

毛主席要上井冈山啦——1965年5月19日，江西省委并井冈山管理局接到了汪东兴打来的电话，通知他们准备22日接待毛泽东上山。这可是国字第一号接待任务，大家马上行动起来，尽快做好了宾馆附近的安全保卫和环境卫生工作。同时决定，暂不对外公开毛泽东秘密上山的消息。

5月21日上午，毛泽东离开湖南省委第九招待所三号楼，当

1965年，毛泽东在武汉东湖（钱嗣杰 摄）

1965 年 4 月，毛泽东在武汉东湖与随行工
作人员合影（钱嗣杰　摄）

毛泽东与贺子珍在延安合影（历史照片）

延安宝塔山

晚住在与江西交界的茶陵县。

第二天，车队进入了井冈山区域，第一站便是永新县。对于这个地名，毛泽东的内心比任何人都有感觉，这里是贺子珍的故乡。贺子珍是毛泽东走进武装革命生涯的第一个陪伴者，两个人相伴走过了中国革命历史上最为艰难的十年岁月。这位坚强且倔强的革命女性，在毛泽东心中留下了很深的印记。遗憾的是，个性刚强的他们都很倔强，最终分手，一段色彩斑斓的战地爱情最后以"断肠人在天涯"的结局落幕。

江西省委书记刘俊秀和副省长王卓超早已在永新迎候。毛泽东没有在永新住下，而是接着前往宁冈县茅坪。

车队在茅坪只是绕着谢氏公祠和八角楼缓缓地转了一圈，就接着穿越崇山峻岭，平稳且快速地驶向黄洋界山顶。

井冈山党委和管理局的领导，已赶在毛泽东到达之前驱车在黄洋界迎接。

虽然毛泽东已经72岁，但他的身体很好，步履矫健。工作人员为了毛泽东登山省劲，在北京就为他准备了一根竹拐杖。毛泽东下车与井冈山的领导同志握手后，工作人员赶紧将拐杖递给毛泽东，他就这样手持竹拐杖，大步走向山顶，站在高处，极目远眺。

过了很长时间，毛泽东才收回目光，转回身走到当年曾经烽烟弥漫的哨口。这处遗址经过36年的风风雨雨，依然保存得十分完好。那门令"黄洋界上炮声隆"的大炮也忠于职守，静静地矗立在哨口上。

毛泽东带着岁月的记忆与深情，用手轻轻地抚摸着大炮的炮身。他像看望一位久违的老战友，将内心的倾诉，都放在了手指间的移动上。安静的大炮与沉默的毛泽东一起感受着并没有走远的烽火岁月。

他又来到一座木制纪念碑前，碑南面是朱德题写的"黄洋界纪念碑"几个大字，北面则是印刷体毛泽东词作《西江月·井冈山》。湖南省委书记张平化仰视着碑文，充满激情地读了起来：

1965 年,毛泽东在井冈山茨坪(钱嗣杰　摄)

山下旌旗在望,
山头鼓角相闻。
敌军围困万千重,
我自岿然不动。

早已森严壁垒,
更加众志成城。
黄洋界上炮声隆,
报道敌军宵遁。

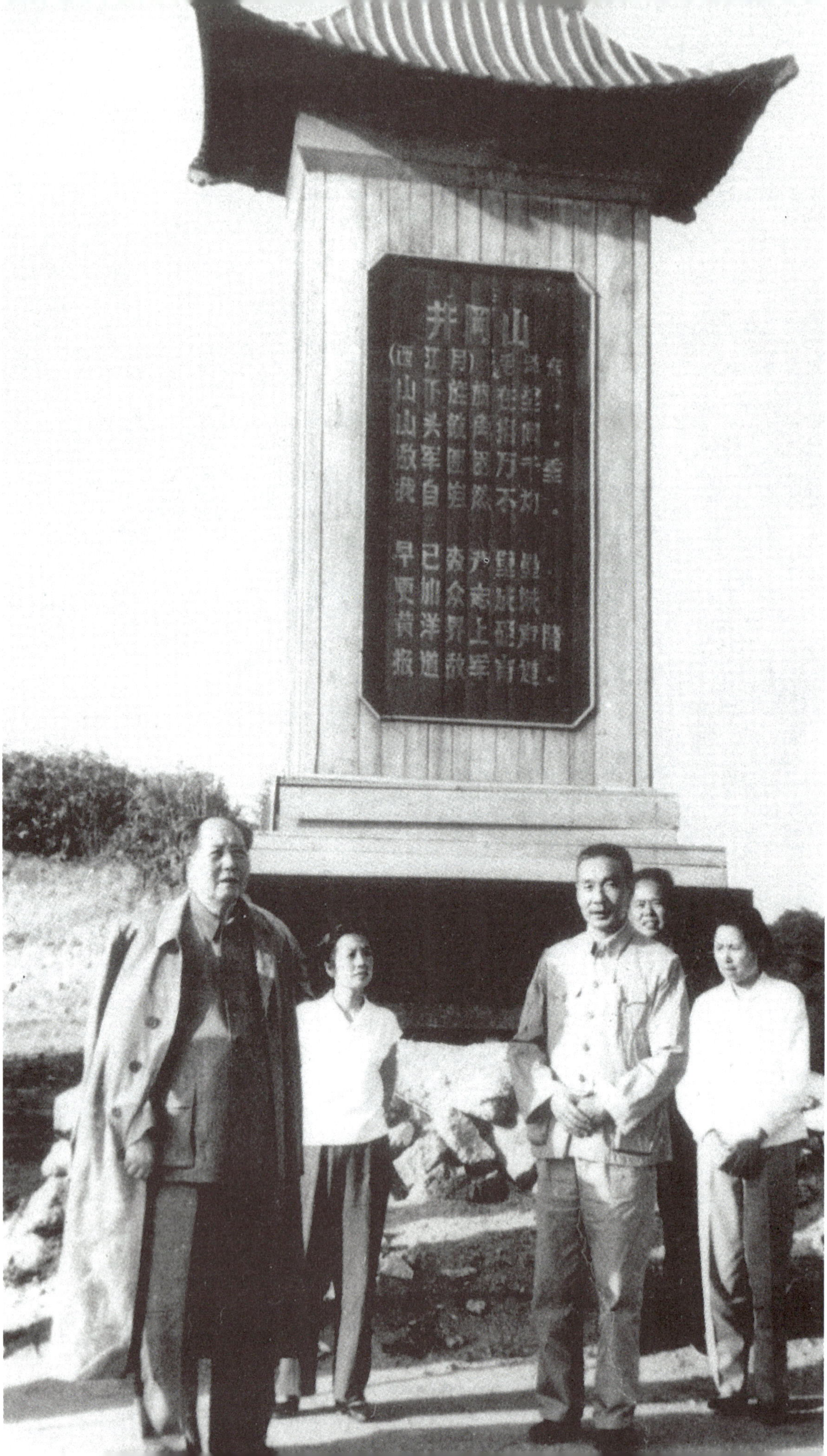

1965年5月22日，毛泽东登临井冈山黄洋界（钱嗣杰　摄）

　　昂扬的词章，更加让毛泽东心潮澎湃。他向大家谈及往事："1928 年 8 月 30 日，敌湘赣两军各一部，趁我军欲归未归之际攻击井冈山，我守军不足一营，凭险抵抗，将敌击溃，保存了这个根据地。这门大炮是南昌起义军带上井冈山的，至于黄洋界上的三发炮弹，人们都说前两发受潮，第三发没有受潮，所以'炮声隆'。其实第三发也受潮了，只是打前两发时，使炮筒加热，为打响第三发提供了条件。从这点说，前两发的功劳不能抹杀哟！这就是事物的辩证法。"

　　井冈山党委领导见毛泽东谈兴正浓，便将随身带着的黄洋界讲解词呈给他审阅。

　　毛泽东看到其中有段当年红军编的《空山计》唱词，禁不住笑了起来。

　　这段唱词勾起了毛泽东埋藏在记忆深处的一段回忆。

1965 年 5 月，毛泽东在井冈山上（钱嗣杰　摄）

那是 1928 年夏天，毛泽东率领三十一团（秋收起义部队与南昌起义部队会师后改称三十一团）在永新西乡塘边一带坚持游击斗争。一天，毛泽东带着贺子珍和 18 名红军战士来到塘边村搞调查。大家分散之后，只有贺子珍等几个人留下在毛泽东身边做警卫工作。突然，村外枪声骤起。一位赤卫队员急促地跑来报告，地主保安队打来了，领头的还大喊大叫："蒋介石悬赏五万大洋，抓住毛泽东有重赏！"面对穷凶极恶的敌人，贺子珍异常焦急，她紧握手枪，不断地催促毛泽东赶快离开这里。毛泽东却不慌不忙，神情自若地抽着烟。他环视四周后，对村干部下达命令："通知群众，马上撤出村子，都到山上去！"不一会儿，村里人去屋空，静得可怕。

敌人进村见状，也不敢轻举妄动，只是靠放空枪壮胆。

乡亲们按照毛泽东的安排，在山上搞得锣鼓喧天，冲杀声响成一片。立时，敌人惊恐万状，急喊："空城计，空城计，中了毛泽东的空城计，快跑啊！"毛泽东和乡亲们居高临下，目睹敌人一哄而散、弃甲逃命的狼狈相，不由得欢呼跳跃起来。

1965 年 5 月，毛泽东重上井冈山（钱嗣杰 摄）

1965年5月,在井冈山上的毛泽东
(钱嗣杰 摄)

　　塘边村的乡亲们,称赞毛泽东急中生智,料事如神,胜敌有方。
　　事后红军按照京剧的二六板新编了《空山计》唱词,将诸葛亮的"我正在城楼观山景,……"的唱词改为了"我站在黄洋界上观山景,……"毛泽东正好是一个京剧迷,而且偏爱《空城计》,非常喜欢节奏较快的二六板。很快,新编的《空山计》就在红军里传唱开来了。
　　毛泽东望着讲解词,情不自禁地哼出了声:"我站在黄洋界上观山景,忽听得山下人马乱纷纷,举目抬头来观看,原来是蒋贼发来的兵……"
　　大家被毛泽东的这一举动逗得直乐,真想不到:毛主席还会有板有眼地唱京剧。

毛泽东在井冈山上散步（钱嗣杰 摄）

毛泽东唱罢，意味深长地说："看来井冈山时期就开始了京剧改革啰，旧瓶装新酒，用革命斗争内容，便成了革命戏曲了。实践证明，只有广大群众听得懂，京剧才有生命力。"

毛泽东此时提到京剧改革，大家并没有想得太多，也没有意识到毛泽东内心最大的忧虑是什么，更不可能想象以后的"文革"岁月里"一花独放"，只剩下了"旧瓶装新酒"的革命现代京剧。

毛泽东上井冈山的第三天，一气呵成写下了《水调歌头·重上井冈山》

山区太阳下山早，天色渐暗，大家请毛泽东登车，准备前往茨坪。因为，他们一行当晚要在茨坪的井冈山宾馆住下。

终于，在太阳落山前，十多辆车组成的车队，依次下了黄洋界，

1965 年，毛泽东在去井冈山途中接见地方领导（钱嗣杰 摄）

安全护送毛泽东抵达茨坪,住进了井冈山宾馆 115 号房间,这一住就是 8 天。

宾馆为毛泽东准备了不少好菜, 但汪东兴一再叮嘱:"主席吃得很简单, 他不准铺张。"于是,每餐只是四小碟菜,外加一小碗汤。毛泽东吃的是家常便饭,尤其是辣椒、青菜不能少,他还喜欢吃泥鳅、小鲫鱼。敬老院有一位革命老人,知道他爱吃小竹笋,特地拔了一点儿送来。毛泽东吃得津津有味,高兴地说:"很久没有吃过小竹笋了。小竹笋味道好,我有这个菜就行了。"

井冈山宾馆所在的位置比较高,楼顶上能环视三平方公里的茨坪镇。有时,毛泽东就到宾馆楼上眺望四周,他看见镇子上有了高楼,有了笔直的马路,路旁绿树成荫。老百姓过去住的泥土墙屋也变成了砖瓦建筑,一排排整齐有序地排列在路边。他抑制不住内心的兴奋,对汪东兴说:"今天的井冈山与当年大不一样了。那时敌人前堵后追,我们靠两条腿拼着走,从文家市奔上井冈山,一千里路走了半个多月。此次我们坐汽车,两天就到了,还是机械化好啊!"

众所周知,毛泽东在炮火纷飞的征战岁月里写下了不少诗作,他经历的战争、动荡、困苦与坎坷都是灵感的源泉,更是他心灵活动的真实记录。

这一次,相隔了 38 年,毛泽东再次回顾逝去的革命岁月,"犹记当时烽火里,九死一生如昨"。他觉得往事并不如烟,当年的一幕一幕依然令他心潮难平。

毛泽东不由诗兴再起,"久有凌云志"——一首词就这么以铿锵有力的五个大字开了头⋯⋯

5 月 25 日,毛泽东上井冈山的第三天,一气呵成写下了《水调歌头·重上井冈山》。

词作写就不久,正巧汪东兴递送文件走进毛泽东房间。他看到毛泽东正在对初稿进行推敲,于是忍不住问道:"主席,这首词发不发表?"

毛泽东虽然诗兴甚浓,但回答:"再放一放。"他并不急于发表。

"决不能在我们的第三代和第四代身上看到井冈山革命精神的失落!"这是毛泽东内心深处真正的隐忧

毛泽东在井冈山上时,一次,深有感触地对身边人说:"我这次重上井冈山,真是弹指一挥间。千百万革命先烈,用鲜血换来的人民江山,会不会因为我们队伍里滋长特权思想而改变颜色呢? 我一想到建立红色政权牺牲了那么多的好青年、好同志,我就担心今天的政权。 你们看,苏联党内特权、官僚集团占据了国家要害部门,捞取大量政治、经济利益,一般党员和老百姓没有什么权利,你提意见,他们不听,还要打击迫害。我们国家也有这种危险啊! 官僚主义作风反过多次,仍然存在,甚至还很严重。你们比我知道得多,但报喜不报忧。做官有特权,有政治需要,有人情关系。县官不如现管,假话满天飞,这些很容易导致干部腐化、蜕化和变质,苏联就是教训。我很担心,高级干部出现修正主义,担心有没有制度管住他们,所以我强调井冈山革命精神不能丢,不能从我们的第三代和第四代身上丢掉。"

汪东兴当时就慷慨激昂地表态:"我们国家谁走资本主义道路, 全党全国都不会答应!"

毛泽东对大家的表态不以为然,他认为事情不是那么简单,"人家资本主义制度,发展了几百年,比社会主义制度成熟得多,但中国走资本主义道路走不通。中国的人口多、

1965 年 5 月 25 日，毛泽东和身边
工作人员在井冈山宾馆前合影（钱
嗣杰 摄）

民族多，封建社会历史长，地域发展不平衡，近代又被帝国主义弱
肉强食，搞得民不聊生，实际四分五裂。我们这样的条件搞资本主
义，只能是别人的附庸。帝国主义在能源、资金许多方面都有优
势，美国对西欧资本主义国家既合作又排挤，怎么可能让落后的中
国独立发展，后来居上？过去中国走资本主义道路走不通，今天走
资本主义道路，我看还是走不通。要走，我们就要牺牲劳动人民的
根本利益，这就违背了共产党的宗旨和井冈山的追求。国内的阶

级矛盾、民族矛盾都会激化,搞不好,还会被敌人所利用。四分五裂,危险得很啊!……"

那么如何"防修反修"呢?毛泽东深思熟虑后终于说出了他的"良方"——"我们要摸索出中国的社会主义道路,避免走资本主义道路,防止修正主义,要继承和发扬井冈山的一些好制度、好作风。"

说得多好啊!在座的人眼睛一亮,频频点头。

那么什么是井冈山的好制度、好作风呢?

有人回答:"艰苦奋斗。"

毛泽东对这个答案显然不满意,他叫大家从制度方面去想。汪东兴一拍前额,说:"支部建在连上。"

这个答案毛泽东满意了,但是在解释这个观点时,毛泽东强调了一个大家平时很少注意的方面——士兵委员会的作用。毛泽东认为,全国性的政治民主没有形成一种制度、一种有效的方式。现在掌权的中国共产党,在自觉接受群众监督、实行政治民主、保证我们党不脱离群众方面,比井冈山时的士兵委员会要差多了。

关于中共中央出了修正主义的问题,毛泽东是经过很长一段时间的酝酿才形成的。他认为这些人官做大了,政治思想开始变了,同修正主义越来越近了。为此,他多次讲中国出了修正主义的问题。另一方面,他正在寻找一个新的方法,力图解决中国出现修正主义的问题。

毛泽东重上井冈山,是他下定决心发动群众同他一道"反修防修"的一次思考之旅,更是一次探索的破题之旅。

就在毛泽东在井冈山宾馆115号房间大谈必须发扬井冈山革命精神的同一天,5月25日《人民日报》头版头条发表了《全国人大常委会决定取消解放军军衔制度》副题为"促进人民解放军更加革命化的重大措施"的文章。同时,在头版显著位置刊登了刘少奇5月22日签发的关于取消中国人民解放军军衔制度的中华人民共和国主席令。

"毛主席来了!"井冈山上的群众得知这一消息,蜂拥而至,把巴掌都拍红了也不住手

5月28日下午,毛泽东找汪东兴做出部署:"明天我们要下山了,做些准备,我要会见老红军、井冈山干部和群众,同他们合影。"于是,汪东兴与管理局的同志商量,做了如下安排:先接见老红军、老赤卫队员和党政军中层以上干部及宁冈县委成员,同他们合影留念;后接见工人、农民和居民,分几批照相。要求大家见到主席后,不要抢着去同主席握手,只恭立鼓掌。

5月29日下午,井冈山广播站反复播送着一条大会通知:"全山革命同志请注意!全山革命同志请注意!今天下午四点钟在茨坪宾馆门前召开广播大会,请相互转告。"就这样,人们从四面八方拥来。钱嗣杰背着两部相机来到宾馆餐厅前,发现餐厅门前已被数十名老赤卫队队员、暴动队队员、烈士遗孀里三层外三层地站满了。

还有两千多名干部、职工及农民也在茨坪镇的公路两旁等候着。

不一会儿,毛泽东健步走出宾馆,带着那人们熟悉的笑容。

"毛主席——来了!"所有的人在那一瞬间都愣住了。

毛主席真的来看大家了!人们反应过来后便使劲儿地鼓掌,个个把巴掌都拍红了也

不住手。

毛泽东来到大家面前，可是等待多时的老人们这个时候却觉得自己像是在做梦，一个个都激动得忘记了说话。毛泽东不紧不慢地走上前，依次握住了当年给过红军生死帮助的那一双双粗糙的手。

毛泽东来到革命烈士袁文才的发妻谢梅香跟前，还没等井冈山管理局局长介绍，他就一眼认出了故人。毛泽东紧握着谢梅香的手，唤了一声："袁嫂子……"

还是38年前在井冈山大仓村第一次见面的称呼啊！谢梅香的眼泪"哗"地流了出来。整整38年了，天翻地覆，毛委员成了党和国家的最高领袖，还是这样亲切地称呼她。谢梅香感动得只顾抹泪水，呆呆地仰望着毛泽东，很久才喊了一声："毛主席……你真的回来了？！"毛泽东轻轻地点了点头，嘱咐她保重身体。

毛泽东与大家握手之后，管理局的同志请毛泽东站在前排中央，井冈山各级领导站在两边，井冈山新老同志、烈士遗孀同他一起合影留念。

随后，毛泽东又在宾馆门前分别与四批干部、群众代表合影；然后，他又走向公路，挥手接见道路两旁的乡亲们……霎时间，"毛主席万岁！"的口号声此起彼伏，万山呼应。

人们簇拥着毛泽东一步步走近轿车。此时，毛泽东的心情也非常激动，对乡亲们难以割舍。他在沙石路上走得很慢，频频地向两旁的群众招呼。因为有警卫人员阻拦，大家在距离毛泽东十多米的地方停了下来。毛泽东走近汽车，他没有马上上车，而是微笑地站住了。他扭过头，再次向为他送行的井冈山人致意。大家见状，激情四溢，还是拼命地鼓掌，有的禁不住扯开嗓子高喊："再见了，敬爱的毛主席！"

毛泽东转过身，望了望脚下这片深情的土地，然后踏上汽车。他坐稳后，摇下车窗，就此离开。

轿车在人们依依不舍的目光中徐徐向前行驶，汽车转弯，最终从人们的视线里消失了。但是，许多人依旧不肯离去，他们跑向更高的地方，望着远方的公路，希望能再送毛泽东一程。

毛泽东结束了近三个月的"旅行"，带着他的思考，也带着他的诗作，回到了北京。

返京后，一次毛泽东在人民大会堂会见外宾，邓颖超正好也参加陪同。活动结束后，邓颖超告诉毛泽东："很久没有读到主席的新作品，很希望能读到主席的新作品。"

毛泽东回去后，觉得可以先将在井冈山上写的两首词给邓颖超看看，于是他写了一封信，一并附上了他修改后的《水调歌头·重上井冈山》与《念奴娇·鸟儿问答》。

水调歌头·重上井冈山

久有凌云志，
重上井冈山。
千里来寻故地，
旧貌变新颜。
到处莺歌燕舞，
更有潺潺流水，
高路入云端。

1965 年，井冈山群众热烈欢迎毛泽东回到
井冈山（钱嗣杰 摄）

过了黄洋界，
险处不须看。

风雷动，旌旗奋，
是人寰。
三十八年过去，
弹指一挥间。
可上九天揽月，
可下五洋捉鳖，
谈笑凯歌还。
世上无难事，
只要肯登攀。

念奴娇·鸟儿问答

鲲鹏展翅，
九万里，
翻动扶摇羊角。
背负青天朝下看，
都是人间城郭。
炮火连天，
弹痕遍地，
吓倒蓬间雀。
怎么得了，
哎呀我要飞跃。

借问君去何方？
雀儿答道：
有仙山琼阁。
不见前年秋月朗，
订了三家条约，
还有吃的，
土豆烧熟了，
再加牛肉。
不须放屁，
试看天地翻覆。

20 世纪 60 年代的毛泽东（杜修贤　摄）

在井冈山上小憩的毛泽东
（钱嗣杰 摄）

毛泽东的信是这样写的：

邓大姐：

　　自从你压迫我写诗以后，没有办法，只得从命，花了两夜未睡，写了两首词。改了几次，还未改好，现在送上请教。如有不妥，请予痛改为盼！

毛泽东
九月二十五日

　　今天重读这封不足六十字的"短信"，我们不仅可以从毛泽东对邓颖超"没有办法，只得从命"的潇洒幽默语气中感受到他们在战争年代结下的深厚友情，也可从中体味到毛泽东谦虚、亲和的人格魅力。

　　这两首词中的《水调歌头·重上井冈山》在被搁置 11 年后，于 1976 年元旦，被毛泽东批准发表。

　　毛泽东当年作的这两首词，所蕴含的已不是单纯的怀念往事和感慨岁月，而是包含了一种要迎接"山雨欲来风满楼"的政治气候的准备。他是带着"凌云志"重新来到故地的。而这个"凌云志"在他胸中已经酝酿多时，他一定要把这"凌云之志"付诸现实……

　　离开井冈山宾馆前，还有一个小小的插曲。

　　临别前，毛泽东的生活管理员提前与宾馆结算住宿、用膳账款。按以往规定，毛泽东的伙食标准，除按定量交全国粮票外，每天伙食费交两元五角，七天合计十七元五角。但是宾馆会计坚决不肯收，他说："三十八年前，毛委员在井冈山吃红米饭、南瓜汤，为穷人打天下，如今他老人家故地重游，是对我们井冈山人民的最大关怀。我们没有拿出好东西来招待毛主席，连酒都未喝一次，仅仅严格按你们的规定为

毛泽东在井冈山和服务人员合影
（钱嗣杰　摄）

他做点儿普通饭菜，才十几块钱，叫我们怎么忍心收下？"生活管理员解释道："你说得在理，但主席有严格的规定，这是纪律，我必须遵守。"会计还是摇头不肯收。管理员又解释道："毛主席最反对搞特殊化，认为'吃饭给钱，天经地义'。"他还举例说明，"前几年主席身边的个别工作人员随他外出巡视时，曾向一些地方无偿索取东西，后来我们院内整风，对这位工作人员进行了批评教育。主席知道这事后非常气愤，不顾这人在他身边工作多年，仍果断决定将其调离中南海，另行分配工作，随后主席从自己的稿费中拿出近两万元，派人到各地一一退赔并道歉，以挽回造成的不良影响。你说，我能不交清钱、粮票离开井冈山吗？"会计听了这番话，还能再说些什么呢？他随后开出了编号为00064843的发票。

取消军衔制

毛泽东上井冈山前做了一个重大决策，那就是取消军衔制。军人不分职务高低，由此统一着装。毛泽东是想在军队中率先取消等级制度

1965 年 5 月 31 日清晨 6 时，毛泽东的专列正点从江西省省会南昌发车，经向塘、鹰潭、上饶，一路呼啸着向杭州进发。专列相继停靠鹰潭、上饶加水，毛泽东在这两站都下了车。他在站台上背着两只手，缓缓地散步。此时，他的目光里带着一层忧虑。

1965 年，毛泽东在杭州和吴旭君等工作人员合影（钱嗣杰 摄）

毛泽东在杭州赏花（钱嗣杰　摄）

从井冈山归来的他,对国内外斗争形势和党内存在问题的严重性已有所估计,认为发生了愈来愈严重的"左"的偏差。他在思考是否可将反对修正主义和反对修正主义的一切基础作为国内工作的下一个目标。

6月1日,在深深的思虑中,毛泽东来到浙江省会杭州。和以前一样,他下榻在杭州西湖边一个叫作汪庄的宾馆。

这天,中国军队取消了实行十年之久的军衔制,无论官职大小,着装都改为统一式样,任何军衔、资历的标志都从军装上消失。

1965年,中国周边环境出现了日趋严重的局势,战争似乎一触即发。毛泽东不得不为此消耗极大的精力去认真应对。1965年2月,美国开始大规模轰炸与中国西南接壤的越南北方。3月8日,美国海军陆战队在越南南方的岘港登陆。

美国在越南采取扩大战争的步骤,大规模轰炸越南北方,并派遣大量美军直接参战,这样自然对中国南方的安全构成了严重的威胁;而此时与中国东北接壤的苏联,召开了莫斯科三月会议,使得中苏关系进一步恶化;中国西南方向的中印边界地区也出现一些不稳定的迹象。为了应付可能发生的战争危险,保证国家安全,毛泽东同其他领导人反复商议对策。4月14日,中共中央发出了经毛泽东审阅同意的《关于加强备战工作的指示》。

毛泽东在1965年的大部分时间里,谈得最多的,第一是"防修反修",第二就是备战备荒。4月28日和29日,贺龙、罗瑞卿、杨成武到武汉向毛泽东汇报备战计划。毛泽东在同他们谈话中指出:"战争仍有发生和不发生两种可能性,但我们必须做到有备无患。世界上的事情总是那样,你准备不好,敌人就来了;准备好了,敌人反而不敢来。现在蒋介石是想保住老本钱,什么反攻大陆都是假的。不仅蒋介石是机会主义,美国也是机会主义,它才不那么冒险哩! 第一次、第二次世界大战,它都是等人家打得差不多了才出兵。当然,我们要准备他们冒险。"

这次谈话,毛泽东对取消军衔制,改变人民解放军的帽徽、领章问题表达了明确的态度。毛泽东说:"我赞成走回头路,恢复到老红军的样子,只要一颗红星、一面红旗,其他的统统都吹了。过去搞什么将、校、尉那一套,我是不感兴趣的。"

看来,历史上我军简单明快的军装,在毛泽东的脑海里留下了深刻的印象与好感。

军队在着装上官兵一致的作风又回来了。就像井冈山时期那样,领导干部只是在军事指挥上有话语权,没有其他特权,亦官亦民,官兵一致,自觉接受类似"士兵委员会"组织的群众监督。

毛泽东既被崇高的理想所激励,又为党内军内某些现象所忧虑。

井冈山的革命精神,能不能够在全军全党重新焕发出"过去战争时期那股劲,那股革命热情,那股拼命精神"? 全党全军能不能团结一心,严阵以待帝国主义和修正主义对我党我国的挑战? 党内军内各级干部,特别是高级干部,今天地位不同了,能真心拥护取消军衔制,自觉放弃各种政治特权吗?

毛泽东到达杭州后,用了较多的时间了解取消军衔后各界的反应。结果正如他所期待的那样——老红军、老八路纷纷表示拥护,大报小报也是一概称赞此举英明。

毛泽东还在杭州召开了一系列的会议,几乎一两天就开一个会。

6月11日,毛泽东在杭州召集了有上海、安徽、福建、山东等省市的书记和南京军区司令员、政委参加的联席会议。过去毛泽东召开会议,一般区分得很清楚,要不都是地方大员参加，要不就专门召集军队领导开会，很少党政军混合一起开会。这次他特别邀请了南京军区司令员许世友和政委肖望东参加，一是想就此听听南京军区对军衔制取消后的反应，二是他觉得有必要向地方党政军吹吹风，让大家体味到中央出了修正主义。

　　6月16日，毛泽东在汪庄听取了余秋里等人关于编制第三个五年计划相关事宜的汇报，周恩来、彭真、李先念、陈毅、罗瑞卿等

1955年9月27日，毛泽东将一级八一勋章、一级独立自由勋章和一级解放勋章授予朱德（侯波　摄）

1959 年 10 月 1 日，毛泽东等国家领导人与授衔后的军队领导们合影。一排左起：谭政、罗瑞卿、罗荣桓、陈毅、彭真、林彪、朱德、董必武、刘少奇、毛泽东、宋庆龄、周恩来、贺龙、刘伯承、聂荣臻、徐向前、叶剑英、徐海东、肖劲光，二排左起：杨成武、王树声、周士第、李聚奎、甘泗淇、黄永胜、刘亚楼、陈锡联、张爱萍、傅钟、杨至成、陈士榘、周纯全、张宗逊、粟裕、肖华、李志民、陈伯钧、郭天民、许光达、朱良才，三排左起：肖向荣、贺炳炎、董其武、黄火星、王新亭、陈明仁、陶峙岳、杨勇、傅秋涛、刘震、王尚荣、王建安、苏振华、陈奇涵、李达、宋时轮、王宏坤、彭绍辉、杨得志，因故未能参加的有：彭德怀、黄克诚、张云逸、陈赓等（侯波　摄）

人参加了会议。

第三个五年计划是经济工作的一件大事，毛泽东对此很是上心。他对这个计划的某些指标非常敏感，和"大跃进"那几年相比，毛泽东理性了许多。

余秋里汇报说："1970 年粮食搞到 4 800 亿斤。"对计划中提出的粮食指标，毛泽东表示怀疑："粮食 4 800 亿斤能达到吗？订计划要留有余地。"和"大跃进"时期"人有多大胆，地有多大产"，动不动就是万斤高产田相比，毛泽东已经不再为粮食高产量的指标而热血澎湃了。三年自然灾害的教训在他脑海里打下了深深的烙印。

毛泽东告诉余秋里："工业布局不能太分散了。农轻重的次序要违反一下，吃、穿、用每年略有增加就好。钢的产量能达到 1 000 万吨就可以了。要根据客观可能办事，绝不能超过。按客观可能，还要留有余地。留有余地要大，不要太小。要留有余地在老百姓那里，对老百姓不能搞得太紧。这是个原则问题。总之，第一是老百姓，不能丧失民心；第二是打仗；第三是灾荒。计划要考虑这三个因素。"

毛泽东说着说着，将话题又转到了井冈山上。

1965 年,毛泽东在北京(钱嗣杰 摄)

20 世纪 60 年代初期，朱德、董必武、刘少奇、陈毅在首都机场迎候外宾（杜修贤　摄）

"订计划第一是老百姓，是我党我军的一贯宗旨。上个月我去了井冈山，井冈山精神说到底，第一还是老百姓，全心全意为人民服务，全心全意为老百姓办事，不是半心半意、假心假意。这是我党我军的宗旨，是井冈山精神的宗旨，也应该成为我们订一切计划的宗旨。"

因为毛泽东不满意一些计划指标，一直在批评大家，搞得与会人员都有些紧张。大家谁也不说话，气氛很压抑。

毛泽东可能感觉到了这一点，为了缓和气氛，他便转换话题，说了个题外话："1927 年冬在井冈山，我们没有吃的，吃点儿野菇子，明确规定不能采大的，要把大的留给群众。1961 年，我上庐山开中央工作会议，那里小菇子我很喜欢吃，厨师可能觉得稍微大一点儿的菇子有营养，给我换了换。我说，我还是吃小的。为什么？小菇子有特殊记忆嘛。"

大家不由得笑了，刚才挨毛泽东批评的紧张空气缓和了许多。但细心一想，毛泽东这个题外话，还是涉及国家制定经济计划如何关照民生的主题。

1953 年 12 月,毛泽东在杭州(侯波 摄)

1954 年，毛泽东在杭州（侯波　摄）

1954 年，毛泽东在江苏视察（侯波　摄）

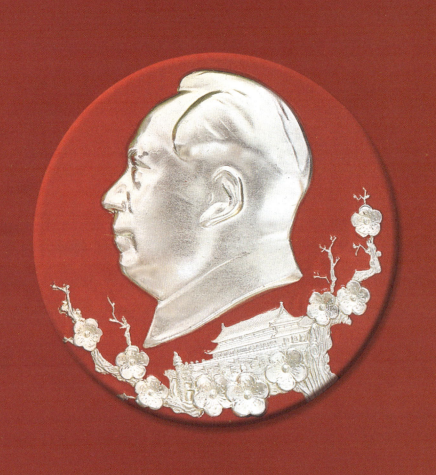

红军不怕远征难，
万水千山只等闲。
五岭逶迤腾细浪，
乌蒙磅礴走泥丸。
金沙水拍云崖暖，
大渡桥横铁索寒。
更喜岷山千里雪，
三军过后尽开颜。

毛泽东

红墙图志

撰文 / 顾保孜
摄影 / 杜修贤
　　　钱嗣杰
　　　侯　波
　　　徐肖冰

毛泽东

1949~1976 下

中国出版集团有限公司

世界图书出版公司
北京　广州　上海　西安

毛泽东在天安门城楼上（钱嗣杰　摄）

1968 年时的毛泽东（杜修贤　摄）

1965 年时的毛泽东（杜修贤 摄）

忆往昔峥嵘岁月稠。恰同学少年，风华正茂；书生意气，挥斥方遒。指点江山，激扬文字，粪土当年万户侯。曾记否，到中流击水，浪遏飞舟。

独立寒秋，湘江北去，橘子洲头。看万山红遍，层林尽染；漫江碧透，百舸争流。鹰击长空，鱼翔浅底，万类霜天竞自由。怅寥廓，问苍茫大地，谁主沉浮？携来百侣曾游，

1973 年 8 月，毛泽东参加中国共产党
第十次全国代表大会（杜修贤　摄）

第八章

"文革"浪涌

发动"文革"

1965 年 11 月 12 日,毛泽东乘专列再次离开北京。离京的前两天,上海《文汇报》丢了一枚重磅"炸弹"。此时他的思绪犹如奔驰的车轮,滚滚向前

进入 1965 年,江青的文艺活动更加活跃且频繁。除了在京剧改革上下力气外,她还有更重要的事情要做。因为前一年,在全国现代戏观摩会后,毛泽东也默认对新编历史剧《海瑞罢官》进行评论,这就等于给了江青一把"尚方宝剑"。江青兴奋地前往上海秘密组稿。她要继 1963 年 5 月《文汇报》刊载《驳"有鬼无害"论》之后,再在上海秘密策划第二篇"有分量的批评文章"。这次矛头依然对准历史剧,只是由针对"鬼"变为针对"人"。

江青到上海后,找到了时任上海市委书记的柯庆施。柯庆施知道江青想找"笔杆子"后,给她介绍了上海市委宣传部的张春桥。城府极深的张春桥没有直接允诺,而是向江青推荐了上海的一位"青年文艺评论家"——姚文元。从此,姚文元登上了更大的政治舞台。从 1965 年 8 月开始编写,到 11 月 10 日发表《评新编历史剧〈海瑞罢官〉》,他历时近 5 个月,中间 10 次易稿,可谓煞费苦心。

姚文元的文章发表的当天,彭真便得知发生在上海的异常动向,当即嘱令秘书以最快的速度设法弄到一张 11 月 10 日的《文汇报》——那时上海的《文汇报》还没有在北京发行航空版。

与此同时,江青也关注着中共北京市委的反应。

恰在这关键时刻,毛泽东又要"远足南巡"了,离开他认为"空气不好"的北京。这距离 10 月 12 日中共中央工作会议结束刚一个月。

这一次,专列将驶往正在酝酿"政治风云"、制造"重磅炸弹"的上海。

11 月 12 日,毛泽东乘专列离开北京,经天津南下。他在天津听取了河北省委负责人汇报当地工作情况。毛泽东一开始就问:"我最近有什么指示?"

他们回答:"备战,备荒,为人民。"

毛泽东一听,这个回答没有提到他最关心的"防止中央出修正主义问题",很不满意地说:"为人民讲了多少年了!"

毛泽东又问:"你们看,搞'四清'好,还是不搞'四清'好?"

大家并不了解他的想法,众口一词:"显然搞'四清'好。"

毛泽东无奈地摇头。

毛泽东离开天津后,沿着铁路线,先后到了济南、徐州、蚌埠与南京,于 11 月 17 日抵达上海。

毛泽东一路视察,像往常一样,沿途都找当地党政军负责人谈话。大家所谈的几乎还是集中在农业生产和粮食、备战和"三线建设"、领导方法、教育制度这些问题上。毛泽东自然很不满意。

因此,他觉得还需要把火烧得更旺,才能打开局面。

他得知北京各报没有转载姚文元的文章,就要上海人民出版社将这篇文章印成单行本,向全国发行。他把发表这篇文章看作"甩石头",用以打破他所不满的沉寂局面。这块"石头",成为发动"无产阶级文化大革命"的导火索。

1965 年的毛泽东（杜修贤　摄）

11月12日至26日，华东六省的党委机关报相继转载了这篇文章。

北京承受着巨大的政治压力，而且压力一天比一天大。正如江青后来所说："我们组织的文章在上海登了以后，北京居然可以十九天保持沉默不给登。后来主席生了气，说出小册子。小册子出来，北京也敢顶风不给发行。"

彭真知道毛泽东"生了气"，知道《解放军报》准备转载，不得不给《北京日报》领导去电话，指示转载。11月29日、30日，《北京日报》和《人民日报》才先后被迫转载这篇文章，但都分别加上了彭真和周恩来定稿的按语。

按语特别强调了毛泽东一贯倡导的"百家争鸣"的方针，提出："有不同意见应该展开讨论。对海瑞和《海瑞罢官》的评价，实际上牵涉到如何对待历史人物和历史剧的问题，我们的方针是：'既容许批评的自由，也容许反批评的自由；对于错误的意见，我们也采取说理的方法，实事求是，以理服人。'"两个按语的目的都很明确：对待《海瑞罢官》的问题属学术问题，应当贯彻"百家争鸣"的方针。

短短十几天，全国各地的主要报刊几乎无一遗漏地相继转载了此文。

一年多后，毛泽东在与阿尔巴尼亚外宾卡博和巴卢库谈话时讲道："这场斗争也准备了一个时期。前年11月，对一个历史学家吴晗，发表了一篇批判文章。这篇文章在北京写不行，不能组织班子，只好到上海找姚文元他们搞了一个班子，写出这篇文章。开头写，我也不知道，是江青他们搞的。先告诉我要批评。他们在北京组织不了，到上海去组织，我都不知道。文章写好了交给我看，说这篇文章只给你一个人看，周恩来、康生这些人也不能看，因为要给他们看，就得给刘少奇、邓小平、彭真、陆定一这些人看，而刘、邓这些人是反对发表这篇文章的……"

不久，中南海的刘少奇办公室收到一份无抬头、无署名，打印在一张白纸上的毛泽东在外地与几位负责人的谈话记录。这份文件是哪一个地方领导人通报给刘少奇的？近年披露此则消息的是刘少奇当年的机要秘书，但他未加以说明。据这份神秘的文件记载，毛泽东在谈到"四清"运动时说："王光美在河北省搞'四清'，河北省领导不了，华北局也领导不了，是他（指刘少奇）亲自领导的。他有他的长处，我有我的弱点。他有一股硬劲，我爱妥协。我说不行，他说行。……他是第一副主席，瞒不住他……"

毛泽东的这番话扑朔迷离、暗藏玄机，对刘少奇、王光美的不满是明白无误了。

转眼到了11月24日，毛泽东没有忘记一位美国友人的生日，她就是已经定居中国的美国著名记者安娜·路易斯·斯特朗。这位在延安时期就开始采访毛泽东等领导人的女记者，经过漫长岁月对新中国的访问与报道，深深地爱上了这个不是祖国却胜似祖国的国家，并与毛泽东、周恩来等人结下了一生的友谊。这一次，毛泽东特地邀请她来上海过生日，并同时邀请其他几位在华居住的外国友人，让他们也来上海为斯特朗贺寿。于是柯弗兰夫妇、爱泼斯坦夫妇、马海德夫妇等十多位外国朋友由北京飞来上海，一起接受毛泽东的接见，并共进斯特朗的生日午餐。当天晚上，周恩来还以总理的名义为斯特朗举行了盛大的生日宴会。

他们到达的时候，毛泽东和江青一起在门口迎接。这一举动让斯特朗多少有些吃惊。因为江青从在延安起一般是不会在这种场合出现的。

斯特朗当然不知道，中国的政治局势正在发生着重大的变化。毛泽东正在酝酿着发动一场史无前例的运动。江青的地位和作用也随之发生了很大的变化，她不仅频繁地抛头露面，而且将参政的触角越来越深地探进了政治高层，甚至探到了毛泽东的心灵深处。

　　一年后,斯特朗戴着"红卫兵"袖章走上天安门,毛泽东又在她手中捧着的《毛主席语录》上签名。这是他们最后一次见面。1970年,斯特朗85岁时告别了人间。

1966 年 10 月 1 日,毛泽东在天安门城楼上会见友人安娜·路易斯·斯特朗(钱嗣杰 摄)

"文革"第一个被打倒者

"文化大革命"前夕,林彪夫妇一唱一和,获得了毛泽东的信任。"上海紧急会议",罗瑞卿蒙冤,成为所谓"彭、罗、陆、杨"反党集团第一个接受组织上"外科手术"的挨刀者

1965 年 12 月 8 日至 15 日,毛泽东在上海主持召开了中共中央政治局常委扩大会议,后来被人称为"上海紧急会议"。为何用"紧急"来定语本次会议呢? 原来,是有人要"加害"林彪,而且"证据确凿"。毛泽东不能坐视不管,于是他从杭州再次来到上海,亲自主持了这次会议。

这个要"加害"林彪的人,正是长期紧贴毛泽东的罗瑞卿。此时,罗瑞卿担任着中共中央书记处书记、国务院副总理、中央军委秘书长、中国人民解放军总参谋长等重要职务。

国防部长状告总参谋长,这自然会让人产生"排挤倾轧"之嫌。古往今来多少例子都证明,一山难容二虎。可是,毛泽东并没有各打五十大板,而是先入为主,相信了林彪的告状。

解放后罗瑞卿担任了第一任公安部长,并长期负责毛泽东和中央领导同志的警卫工作。他的精明干练、对革命的忠诚也是大家公认的。1950 年毛泽东访问苏联,向苏联领导人介绍我国党、政、军负责人时,曾指着罗瑞卿说:"此人外号'罗长子',天塌下来他也顶得住!"可见毛泽东对罗瑞卿的亲昵与器重。1959 年,罗瑞卿在军队担任总参谋长,因林彪长期养病,军队一些日常工作皆由罗瑞卿主管。罗瑞卿秉性刚直倔强,直来直去,做事不注意方式方法,显得锋芒毕露,在有些事情上让林彪不愉快,他的锋芒也"刺伤"了其他一些同志。毛泽东在延安时曾送给罗瑞卿两句话——"水至清则无鱼, 人至察则无徒"。言下之意就是对罗瑞卿这个人"原则性过强"的批评和教导。1964 年罗瑞卿领导的全军大比武受到毛泽东的赞扬,因此令林彪十分嫉妒。林彪深感总参谋长对他这个国防部长构成了很大的威胁。

于是,老谋深算的林彪就利用一些同志对罗瑞卿的意见大做文章。

林彪这边对总参谋长磨刀霍霍,耿直的总参谋长却没有过多察觉。1965 年 11 月底,罗瑞卿在陪同毛泽东会见朗诺后告诉毛泽东,他准备去苏州看望林彪,并汇报工作。毛泽东一听很高兴,嘱咐罗瑞卿"去看看好,要他好好休养,要养得像'七千人大会'的时候一样,能够做三个钟头的报告"。

毛泽东的带话令林彪格外兴奋,他嗅出了不同的味道。

"七千人大会"期间,在大多数人都在"出气"批评我们党工作中的失误时,林彪却旗帜鲜明地支持了毛泽东。他肯定了"三面红旗"。他有一段很有名的话:"过去工作搞得好的时候,正是毛主席思想不受干扰的时候。凡是毛主席的思想不受尊重、受到干扰时,就会出毛病。几十年的历史就是这个历史。"毛泽东看了这篇讲话后说:"这是一篇很好、很有分量的文章,看了令人大为高兴。"

毛泽东希望林彪再像 1962 年那样站出来支持他。

林彪把握着"进攻"的时机。他通过空军司令吴法宪紧急调了一架飞机到苏州,派他

的夫人叶群带着海军一份诬告罗瑞卿反对突出政治的材料到杭州向毛泽东汇报，并嘱咐叶群躲开其他人，直接找毛泽东。

毛泽东估计叶群有要事相商，于是召见了叶群。这一召见就是六七个小时，充裕的时间与充分的准备，再加上三寸不烂之舌，叶群足以将罗瑞卿建国以来不突出政治、搞独立王国、逼迫林彪让贤让权、篡军反党等各种所谓的罪状数落个明明白白，清清楚楚。

据说毛泽东听得很仔细，问得也很仔细，但一直不表态。遗憾的是，最后毛泽东相信了叶群的话。因为几天后的12月2日，毛泽东在审阅兰州军区党委关于五十五师紧急备战中突出政治的情况报告时批示："那些不相信突出政治，对于突出政治表示阳奉阴违，而自己另外散布一套折中主义（即机会主义）的人们，大家应当有所警惕。"毛泽东这里所指的，主要就是罗瑞卿。

于是，紧接着就有了前文所述的毛泽东在上海主持召开了中共中央政治局常委扩大会议的一幕。

会议开始前，周恩来亲自宣布"不许记录""严格保密"等纪律。许多人开会前都不知道开会内容，刘少奇为此还专门跑去询问别人。

12月10日，中共中央通知刚到昆明的罗瑞卿到上海开会。毛泽东说："罗回来好嘛，全体参加会议的同志都去机场接他。"由此可见，毛泽东对罗瑞卿还是留有余地的。细心的周恩来和邓小平认为，这样做会使罗瑞卿感到突然，提议让时任上海市委书记的陈丕显和他的爱人以"东道主"的身份去机场接。毛泽东点头同意了。

陈丕显已经知道此会极不寻常，于是他请示邓小平，万一罗瑞卿问他开什么会，应该如何作答。邓小平让他先不必讲，就说总理和小平同志在住地等着，到那里去谈。

罗瑞卿每次来上海都住在锦江饭店，这一次却被安排在建国西路的一栋花园洋房里。快进城时，陈丕显向罗瑞卿解释："锦江饭店住满了，另外单独给你找了个地方。"直到下车，陈丕显才不得不告诉他："总理和小平同志在里面等着你。"

大家都知道罗瑞卿性子很刚烈，为避免他突然遇到如此大的打击做出激烈举动，在周恩来、邓小平与罗瑞卿谈话时，陈丕显还不时让服务员和保卫人员送些茶水、毛巾等以观察动静，预备好万一发生紧急情况，立即采取措施。

罗瑞卿是搞保卫工作的，他一住下，马上就明白自己已经失去自由。他非常生气，又感到莫名其妙。这次会议开得非常奇怪，被批判的主要人物却被隔离在会场之外。整个会议没有让罗瑞卿到场，全程搞的是"背靠背"方式。哪怕让他亲耳听听别人是如何"揭发"的，哪怕给他10分钟的"最后陈述"也好。

没有被批判对象，并不妨碍林彪夫妇对罗瑞卿的批判，而且他们更加肆无忌惮、信马由缰地为罗瑞卿捏造各种罪名。

会上印发了以下11份材料：

1965年11月30日林彪给毛泽东的信。

1965年10月25日雷英夫给林彪的信。

1965年10月25日雷英夫：《我对罗总长的几点具体意见》。

1965年6月张秀川：《罗总长对突出政治的错误看法》。

1965年11月27日李作鹏、王宏坤、张秀川给林彪的信。

1965年5月20日林彪办公室工作人员的揭发材料。

1965年10月15日张秀川给林彪的信。

1965年4月15日刘亚楼给罗瑞卿的信。

张秀川：《罗总长对主席思想的错误观点》。

雷英夫：《罗总长对待主席指示的几个问题》。

1965年12月6日雷英夫电话报告纪要。

仅这些揭发材料，就足以让罗瑞卿吃不了兜着走。同时，会议上还进行了深入的"揭发"和口诛笔伐。

"批罗"最积极的要数叶群，她在会上分3次做了约10小时的发言，绘声绘色地描述了罗瑞卿如何逼迫林彪退位，要林"不要挡路"，"一切交给罗负责"。叶群不仅在会上发言，还在会下串连，忙得不亦乐乎。

毛泽东只参加了第一天的会议，定了一个调子就不再参加了。其他会议议程就交给了林彪。从12月9日开始，会议就由林彪主持，会议的主要内容自然是批判罗瑞卿。这一批就是一个星期。会议最后一天，林彪宣布撤销罗瑞卿的职务(中共中央书记处书记、国务院副总理、国防部副部长、中国人民解放军总参谋长、中央军委秘书长)。所有的阴谋陷害、精心策划，要的就是这样的结果。

罗瑞卿倒了，林彪才能站得更稳。

12月的上海，阴冷而潮湿，作为"文化大革命"第一批靶心的"彭、罗、陆、杨"(彭真、罗瑞卿、陆定一、杨尚昆)四人，他们的生死密码已在"文化大革命"之初编写完毕，谁也难逃厄运⋯⋯

　　杨尚昆被撤职,罗瑞卿被批判,陆定一和彭真也坐上了火山口,政治生命岌岌可危。

　　这次会议实质上是林彪、江青互相勾结,在毛泽东同意下"扫外围"的一个步骤。罗瑞卿蒙难仅仅是个开始,随后而来的对老干部的折磨、迫害则变本加厉。

　　性格决定命运,或许这话说得不错。饱受屈辱的罗瑞卿铁下心要"宁为玉碎,不为瓦全"。几个月后,他在北京终于找到机会,从隔离审查的楼上一跃而下。他命大,阎王没有收他。人没死成,但下肢残废了。苦熬到"文化大革命"结束,为治疗残腿,1978年,罗瑞卿远走异国他乡寻医问药。可是,最终断腿还是要了他的命。在德国手术成功的次日凌晨,罗瑞卿便因心肌梗塞辞别人世。唯一感到安慰的是,他看到了林彪和"四人帮"完蛋的那一天,看到了中国迎来了黎明的曙光⋯⋯

与世隔绝的 11 天

　　1966 年 6 月 16 日,毛泽东的专列抵达湖南长沙。第二天下午,他乘坐汽车来到韶山的滴水洞,住了下来⋯⋯

　　就在北京"热闹"非凡、"火药味"渐浓之际,毛泽东却在远离北京的地方"周游"。

　　"文化大革命"初起时,1966 年 6 月 17 日至 28 日,毛泽东是在他的故乡——韶山度过的。

　　在大决断之前,毛泽东总会有一个深思熟虑的阶段,而且他喜欢到自己熟悉的地方去寻找灵感与力量。自从 1964 年 12 月毛泽东与刘少奇公开"对立"后,毛泽东便开始远离北京,四处"漂泊",所到之处,几乎都是留有他青春足迹的地方。这一次,他几乎是叶落寻根般地来到了生他养他的故土,在他从小就十分喜爱的韶山滴水洞度过了 11 天。

　　6 月 17 日下午,烈日炎炎,气温高达 35℃,四辆汽车紧紧连成一线,奔驰在长韶公路上。这是毛泽东的车队。

　　汽车进入滴水洞宾馆,在 1 号楼的大门前停下。毛泽东下了车,一股清风吹来,他深深地吸进了一口清新的空气,望望葱绿的群山,高兴地说:"这个洞子天生一半,人工一半,怕是花了不少钱哪! 既然修了,就要管理好,不要破坏了。"

　　在韶山西面有三座山峰,南面是龙头山,北面是黄峰山,西面是牛形山,滴水洞就被环抱其间。它占地约 5 平方千米,只有一条公路蜿蜒而至。滴水洞深幽清雅,三面树木林立,过去有一桥,桥下是一小溪,桥头边有一个山洞。即使遇到大旱,洞中仍滴水不断,回声悠扬,其韵如琴,"滴水洞"的名称就是由此而来。只因毛泽东由东而至,所以将它称作"西方山洞"。

　　毛泽东虽然回到了自己的家乡,喝着滴水洞龙口的泉水,品味着韶峰名茶,但却无法融会到家乡人群中。这一次毛泽东回故乡,是一次绝密的行程。警卫局在毛泽东与韶山人之间隔起了一道戒备森严的警戒线。

　　这次回韶山,与 1959 年那次重回故里的热闹场面不同。因有警卫局纪律,毛泽东已不能随心所欲地到处走走，即使他已看见不远处有几户老乡家，也几次想走过去，可在身边工作人员连劝带阻下终未如愿。毛泽东望着近在咫尺，却不得与之交流的乡亲们，重重地叹了一口气。他转过身，跟着大家一道往回走。

在这个安静的地方，毛泽东整整住了 11 天。他每天都要看许多从北京送来的文件资料，沉思应该怎样对待这场他在事前也没有料到的来势如此迅猛的"造反"浪潮，怎样迎接新的更大的风暴的到来。26 日，他在滴水洞会见湖南省委和湘潭地委、县委的负责人。接见结束时，他意味深长地说："以前我带你们长征；现在，我又要带你们'长征'了。"

毛泽东在滴水洞的日子是哪儿也没去、什么人也没见，每天大半的时间都在室内伏案工作。除了看书、批阅文件外，就是吸烟、思考问题。一直到下午 4 时左右，才从楼里走出来，走到韶山水库大坝边，站在那里远眺。

毛泽东与水有着极为深厚的感情。1959 年他第一次回韶山时，就在韶山水库畅游了 70 分钟。这一晃，时过 7 年，毛泽东又想在韶山水库里游一游，但天气一直很凉。好在老天帮忙，天气一天热似一天，大家最终决定：主席 6 月 21 日下午去游泳。

那天一早起床，大家就发现是一个难得的好天气，晴空万里，烈日当空。

下午 2 时左右，73 岁高龄的毛泽东，在湖南省委代理第一书记王延春、湖南省公安厅厅长李强、副厅长高文礼及几名水手的陪同下，来到了波光粼粼的韶山水库。他走进更衣棚，脱去睡衣，穿上一条洁白的游泳裤。护士递给他一小杯茅台酒，毛泽东一饮而

毛泽东在水库中游泳（钱嗣杰　摄）

毛泽东在视察的旅途中（侯波　摄）

尽。而后,他点燃一支中华牌香烟,边吸边走出更衣棚。下水后,他把头抬得高高的,香烟上一滴水珠也没沾上。他就这样在水中吸着烟仰泳游动,十分惬意。一直游到水库中央,正好那支烟吸完了。接着,他表演了"睡觉""坐凳子""立正""稍息"等动作。他幽默地打趣:"我休息了。"随后,就见他四肢伸直,一动不动,仰卧在水面上。

游泳队的警卫战士与毛泽东保持着一定的距离。大家也不时模仿毛泽东做着各种动作。这些年轻人,还真不如他游得那么自如,特别是睡在水面上的动作,他们几乎都做不来。而毛泽东还毫无倦意,兴致正浓。他看见有几个人到溢洪道的水里练习游泳动作,便也跟着他们到那里练侧泳,就又这么游了近 40 分钟。陪同人员送上香皂,毛泽东把全身擦得都是泡沫,一头钻下水洗了个干干净净,这才上了大坝,换好衣服,坐在水库边的藤椅上休息。钱嗣杰看见毛泽东刚洗过澡,头发都支棱着,样子很随意放松,就赶紧按动了快门。

6 月 28 日上午 9 时许,汽车的马达响了。毛泽东离开了滴水洞宾馆,和悄然而来一样,他同样是悄然而去。

毛泽东就这么轻轻地离开了故乡韶山,从此,再也没有回来。尽管他那么思恋故土,晚年还多次谈到希望重回韶山,但他没有料到,这一次的告别却成了与故土的永诀。韶山给他留下了几多思念,几多遐想。

毛泽东离开韶山,经长沙赴武汉。30 日,他给刘少奇、邓小平写了一封信(周恩来从 6 月 16 日到 7 月 1 日出访罗马尼亚、阿尔巴尼亚、巴基斯坦,不在北京),答复他们提出的在 7 月 1 日发表他 1962 年《在扩大的中央工作会议上的讲话》的要求。那篇讲话着重讲了党的民主集中制问题。毛泽东在信中表示:"来电早已收到。经过考虑,那篇讲演现在发表,不合时宜。在这次文化大革命过去之后,一定有许多新的经验可以对这篇讲演加以修改,那时再议是否发表不迟。"

此时,毛泽东要领导这场"革命"的决心已下。他的注意力已从 1962 年党的民主集中制问题,转移到"文化大革命"的任务方针、指导思想上。当时,他并不认为"文化大革命"的时间会拖延太久,曾经说过:"这样的运动,时间不能太长了,两三年足矣!"但他没有想到,这场革命会被林彪、陈伯达、康生和江青等野心家与阴谋家所利用,持续时间长达十年之久,给党和国家带来了严重的灾难。

面对席卷之势的"文化大革命"向全国推进,一向以诗人方式看待政治斗争的毛泽东,在此重要时刻,依然没有忘记以诗言志。1966 年 6 月,他写下了《七律·有所思》:

正是神都有事时,
又来南国踏芳枝。
青松怒向苍天发,
败叶纷随碧水驰。
一阵风雷惊世界,
满街红绿走旌旗。
凭阑静听潇潇雨,
故国人民有所思。

诗写后不久,毛泽东于 7 月 8 日在武汉给江青写下一封长信。信写毕,给正在武汉的

1966 年，毛泽东与工作人员在韶山滴水洞
合影（钱嗣杰　摄）

喜欢游泳的毛泽东，大江大河都是
他的"最爱"（侯波 摄）

周恩来、王任重看过。之后，由周恩来把信带到上海交给江青。毛泽东还委托周恩来到大连去，向林彪讲了信中的内容。

"天下大乱，达到天下大治。"这是他在信中，也是他在滴水洞期间就如何看待"乱"的问题反复思考后得出的重要结论。

1966年6月1日，广播北京大学聂元梓等人的大字报后，怎样对待已经出现、并且正在迅速蔓延的严重混乱现象，是必须首先做出回答的问题。毛泽东经过反复思考后认为，中国现在正处在坚持走社会主义道路还是走资本主义道路的重要关头，这是涉及党和国家前途命运的头等大事。其他任何事都不能同它相比。只有下最大的决心，花极大的力量，甚至以不惜打乱党和国家的正常秩序为代价，才能摧毁中国出现修正主义的社会基础，建立起一种新的社会秩序。不如此，不足以解决问题。因而，在他看来，"乱"是好事，而不是坏事。即便在"大乱"中会造成种种损失，但从全局来看，付出这样的代价也是值得的。他所说的"我的朋友的讲话"，指的是林彪在5月18日中共中央政治局扩大会议上的讲话。他所说的"为了打鬼"，是指为了"横扫牛鬼蛇神"、防止中国出现修正主义、不使中国"改变颜色"。因此，他不惜一生中第一次在重大问题上违心地同意别人。这个"别人"指的自然是林彪。他把这次"文化大革命"看作防止"反共的右派政变"的"一次认真的演习"。在毛泽东的心目中，"天下大乱"是"达到天下大治"的必经之路。"文化大革命"的"天下大乱"完全合乎社会发展规律的必然。

"炮打司令部——我的一张大字报"

毛泽东回到已经离别半年多的北京。他对北京地区开展"文化大革命"的状况极不满意,认为运动搞得冷冷清清,在校学生受到压制。此后不久,主持中央工作的刘少奇和邓小平被戴上了"资产阶级司令部"的帽子

离开武汉长江边的毛泽东,两天后,即 1966 年 7 月 18 日,抵达北京。这是他在外八个多月后再次回到中南海。这一次,他没有回到居住了十多年的丰泽园,而是在中南海游泳池边的一幢平房里住了下来。难道他真的那样喜欢游泳吗?也不完全是,因为丰泽园正在修缮,可是装修好后,毛泽东却不想再搬回去了。他在一个地方只要住习惯了就不想动,这是他的特点。从此毛泽东在"游泳池"一住就住到了去世。他身体不好不能游泳后,工作人员在游泳池上铺上了木板,这样游泳池成了一个大厅。

7 月 24 日上午,毛泽东召集中央"文革小组"成员谈话,点名批评刘少奇、邓小平,决定撤销工作组。他认为工作组"起坏作用,阻碍运动"。还是那种决定过无数重大事件的手势,还是那典型的湖南口音,"撤掉,统统撤掉!"

8 月 1 日,中国共产党第八届中央委员会第十一次全体会议(简称"中共八届十一中全会")在北京召开,刘少奇成为不点名的"资产阶级司令",他在党内的地位开始被林彪顶替,由第二位降到了第八位。此后,刘少奇一直处于被批判的境地。

随着中共八届十一中全会的召开,报纸上的火药味越来越浓重。

8 月上旬的一天,中南海大灶食堂外,贴出一张写着醒目黑字的红纸,标题写着"炮打司令部——我的一张大字报"。一看署名,所有人都吓了一跳,它的作者竟然是毛泽东!

炮打司令部——我的一张大字报

全国第一张马列主义的大字报和人民日报评论员的评论,写得何等好呵!请同志们重读一遍这张大字报和这个评论。可是在五十多天里,从中央到地方的某些领导同志,却反其道而行之,站在反动的资产阶级立场上,实行资产阶级专政,将无产阶级轰轰烈烈的文化大革命运动打下去,颠倒是非,混淆黑白,围剿革命派,压制不同意见,实行白色恐怖,自以为得意,长资产阶级的威风,灭无产阶级的志气,又何其毒也!联系到一九六二年的右倾和一九六四年形"左"而实右的错误倾向,岂不是可以发人深醒的吗?

毛泽东

一九六六年八月五日

《炮打司令部——我的一张大字报》不多的 205 个字,却不点名地批判了刘少奇,明确地提出党中央存在一个资产阶级司令部的观点。8 月 7 日,毛泽东的大字报已作为中共中央文件印发中共八届十一中全会与会者,同时附有聂元梓等七人的大字报。

那些日子,毛泽东住在游泳池异常忙碌,除了参加会议,就是找人谈话。他身边的工作人员虽然都不知道毛泽东为何如此紧张,却预感到一些大事即将发生。果然,在大字报贴出几天后,北京各大报纸在头版头条位置,用通栏套红的大字标题,全文刊登《中国共产党中央委员会关于无产阶级文化大革命的决定》。各界群众走上北京街头,敲锣打鼓庆祝。中南海西门外搭起了一个临时的报喜台,接受大家向党中央、毛泽东递交的报喜信。报喜台以五星红旗为幕布,正中挂着毛泽东彩色画像,上联是"中国共产党万岁",下联是"毛主席万岁",横批是"高举毛泽东思想伟大红旗,把无产阶级文化大革命进行到底"。中央办公厅组织人员轮流在报喜台值班,代表党中央接受群众的祝贺并维持秩序。那时府右街人山人海,声浪此起彼伏。中南海里都能听见墙外的革命口号和声讨批判的呼声,从早到晚,一刻不停。

8月10日晚上,中南海西门忽然声浪震天,仿佛爆炸一般,持续良久。原来,毛泽东晚饭后散步,顺着中南海边上的马路向南,经宝光门折向西,来到怀仁堂前。他发现西门外人声嘈杂,就向西走去,想看个究竟。他刚走到中南海西门口,恰逢一支报喜的队伍,大家意外地看见了领袖,立即拥了上来,将大门附近围了个水泄不通。毛泽东一时间无法回去,跟在他身边的只有秘书老王和护士长

中南海游泳池(杜修贤　摄)

吴旭君。他们面对这一突发事件，非常焦急，吓得满头是汗，不知如何是好。因为整条府右街人山人海，即使没有坏人，这样的拥挤也很可能惹出大祸。毛泽东在外面多待一分钟，就多一分不安全。这时警卫中队的几十名官兵接到命令，快步跑到中南海西门。大家排成人字形墙，插进人群，一个紧跟一个，费了九牛二虎之力，才挤到毛泽东跟前。而此时，毛泽东与群众握着手，交谈正欢。他望着赶来救急的官兵，却不肯离开。大家见状，只得退而求其次，扶他登上报喜的高台，与群众面对面。

毛泽东登上高台，非常动容。他向群众大声高呼："同志们好！你们要关心国家大事，要把无产阶级文化大革命进行到底！"

后面正在拥挤着没有看清领袖的人们，忽地发现"从天而降"的毛泽东，一时不知如何是好。短暂沉寂后，顿时掌声雷动，欢呼不尽。此时，后续部队已经赶来，在军队的保护下，毛泽东总算退回了中南海。

这次突发事件之后，现场被挤掉的鞋子、书包等物品足足能装好几箩筐。

8月12日，《人民日报》头版头条刊登了《在党中央关于无产阶级文化大革命的决定公布后毛主席会见首都革命群众》的文章。这次突发事件，其实是后来毛泽东八次接见红卫兵的前奏。

天下大乱

　　进入 1967 年夏季，毛泽东召集碰头会。他认为："文化大革命"的群众发动阶段已经过去，"一年开张；二年看眉目，定下基础；明年结束。"可在南下途中，他昔日所见的祥和景象无处寻觅，取而代之的是无休止的激烈派性斗争

　　1967 年的 7 月、8 月、9 月，是毛泽东南巡的日子。

　　这次南巡与以往有些不同。过去，毛泽东外出事先都要做一些准备，至少办公厅要为毛泽东外出做一个详细的日程安排，并事先与各地领导人打个招呼。可这回，毛泽东在没有意向的情况下，说走就走。这一突如其来、令大家毫无准备的行程，起因竟然是中央政治局碰头会上的一个情况汇报。

　　1967 年 7 月 13 日下午，毛泽东在人民大会堂 118 厅召集林彪、周恩来、中央文化革命小组碰头会成员、萧华、杨成武开会。他在会议一开始就对"文化大革命"运动做出了自己的安排：一年开张；二年看眉目，定下基础；明年结束。这就是"文化大革命"。当他提出要到湖北、湖南去看看时，立刻遭到大家的反对。特别是武汉，大家一听都直摇头。因为武汉从头一年的 12 月起，两派就开始武斗。进入 1967 年，在"一月夺权"风暴的影响下，武斗更是不断升级，不断变换花样，发生了多起伤人死人的流血冲突。到了 5 月，造反派有了中央文化革命小组的支持，开始搞起全市性的绝食斗争，形成了武斗据点。武汉大街成了军事设施密布、枪声不断的战场。

　　周恩来劝告毛泽东："武汉的武斗严重，主席去了怕是安全没有保障。"

　　武汉的情况，毛泽东已从各种汇报中得知了大概。但临危不惧是毛泽东的个性，他依然信心满满，"乱也没有什么大不了的事，天掉不下来。"武汉的乱局，更加

1967 年 5 月 31 日，周恩来给中央文化革命小组关于不许中断铁路、轮船交通的信

坚定了他要去华中地区看看的决心，而且说去就去。

　　此时，毛泽东有一种"不入虎穴，焉得虎子"的气概，更有一种
对旁人所谓"天下大乱"一探究竟的欲望。

　　即将跟随毛泽东南巡的杨成武，为确保毛泽东的安全，调动全
军陆、海、空，做了全方位、全天候的保卫工作，除了铁路上由前
驱、主车与后卫组成的专列运送外，空中还有四架"伊尔-18"飞
机、两架"子爵"飞机、两架"伊尔-14"飞机伴飞，另有四架"米-8"
战斗机以对应空中来袭的危险；东海舰队紧急调了一艘护卫舰，由
长江水路赶往武汉；除此之外，还准备了几艘海军快艇，集结在武
汉长江军用码头待命。

　　自从一年多前罗瑞卿被打倒，杨成武就来到毛泽东身边，成了
毛泽东的"大警卫"。

　　杨成武安排如此严密、如此"兴师动众"的安全保卫，不是没有
道理的。

　　进入1967年，"一月风暴"就在各地产生连锁反应，连续不断
的大夺权、派性武斗争端迭起，干线运输几近瘫痪。周恩来亲自坐
镇铁路指挥，将不断恶化的情况及时向毛泽东汇报，严肃指出，派

性斗争已给铁路运输造成严重威胁,提出了"必须对铁路实行全面军管"的意见。

3月19日,毛泽东在齐齐哈尔铁路局的一份情况报告上批示:"一切秩序混乱的铁路局,都应实行军事管制,迅速恢复正常秩序。"

遗憾的是,这一批示下达不久,与之相左的《中央军委命令》(简称《军委十条》)也下发了。

5月下旬,铁路交通秩序继续恶化,京广、津浦、陇海、浙赣几条干线频频告急,周恩来再次向毛泽东请示应对办法。毛泽东当即批准了周恩来"立即对铁路交通实施军管"的建议。5月31日,中共中央、国务院、中央军委、中央文化革命小组根据毛泽东的批示发出了《关于对铁道部实行军事管制的决定(试行草案)》。6月1日,毛泽东批准中共中央国务院、中央军委、中央文化革命小组发布了《关于坚决维护铁路交通运输革命秩序》的命令。军管实施后,铁路运输的混乱局面逐步得到控制。

事态稳定了一个多月,毛泽东就提出外出的要求,杨成武岂能轻松。杨成武的车厢与毛泽东的主车厢仅仅一门之隔,目的就是保证毛泽东24小时安全。

中央关于解决武汉的问题,已经有了四点指示作为基调。

这四点指示的大意是:一、武汉军区"支左"大方向错了;二、要为被打成反革命的造反派组织"工总"平反;三、"工总"等造反派是革命左派;四、"百万雄师"是保守组织。

周恩来心里明白,这个带有倾向性的解决意见,搞不好会带来更大的风波,从某种程度讲,毛泽东此行正在驶向矛盾旋涡的中心。

周恩来根据当时武汉的情况,决定派三军负责人随同前往。会后,周恩来又致电正在重庆的谢富治,让其赶到武汉"负责主席安全"。为保证毛泽东的安全万无一失,周恩来已无法放心仅靠电话来布置毛泽东的安全工作,他决心亲自前往武汉。毛泽东即将离京之前,周恩来提前飞往武汉,来到毛泽东即将入住的东湖客舍安排住处与警卫。

毛泽东出发事宜全部准备到位时已是半夜。7月14日凌晨,毛泽东的专列启动,由北京驶往武汉。

出发前,杨成武还遵照毛泽东的吩咐,带上了北京军区副司令员郑维山。

根据现存的杨成武、汪东兴、郑维山的谈话记录可知,毛泽东在路上同大家谈话时仍很乐观,精神也很饱满。他依然认为各省经过大武斗,形势便会好起来,阵线也就清楚了,暴露了敌人,锻炼了群众。

就这样,毛泽东带着"解决问题,也不会有什么大不了的问题"的想法,一路行程一路聊天。晚上9时许,专列抵达了武汉武昌车站。毛泽东这次来武汉,没有对外宣布,社会上并不知道。铁道部门获悉有中央领导将抵达武汉,站台上实行了戒严,一向熙熙攘攘的车站,变得十分安静。当毛泽东悄然下车时,首先映入眼帘的是"打倒陈再道!""陈再道不倒,中南不太平!"的大标语。

毛泽东不由得有些意外,神情一下子变得凝重起来……

他摇摇头,对杨成武说:"工人阶级内部没有根本的利害冲突。为什么不能联合起来?"杨成武点点头。至此,他已感觉到毛泽东南巡的主旨是要稳定,要控制局势。

陈再道时任武汉军区司令员兼湖北省军区司令员,曾是当年刘邓大军挺进大别山时主力之一的第二纵队司令员,性情耿直,办事果断。二月间,周恩来曾把他和武汉军区第二政治委员、党委书记钟汉华找去,要他们集中力量抓好三件事:一是抓革命、促生产,二是抓好按行业、按系统的革命大联合,三是抓好大、中学生的复课闹革命。3月17日,

1967 年 10 月 1 日，毛泽东在天安门城楼上
（钱嗣杰　摄）

毛泽东与工作人员在一起（钱嗣杰 摄）

武汉军区和公安机关根据"军委八条命令"，把武汉地区军内外的一批造反组织头头和骨干分子抓了起来。21日，武汉军区又发表通告，宣布解散工人总部及其所属组织，并且解放了一大批地方干部，成立省市的抓革命、促生产办公室。这些措施，虽然稳定了武汉地区的局势，使生产形势迅速得到好转，但也引起各造反组织的不满，同时引起了林彪、江青等的高度关注。

当时武汉军区处在被挤压的两派都不满意与中央文化革命小组指责的多重夹缝中，举步维艰。

正是此时，毛泽东抵达了武汉。

毛泽东到武汉后，住在东湖客舍的梅岭一号，先到的周恩来住在百花一号。原来，从成都被叫来汇报情况的谢富治和王力住在百花二号，陈再道和钟汉华也搬到东湖客舍住下。随周恩来和毛泽东先后到达武汉的三军领导，带来了三军作战部长和其他工作人员，为毛泽东的此次南巡架设了电台，建立了"前指"。

7月15日和16日这两天的上午，毛泽东在住地听取谢富治和王力汇报四川、云南、贵州等地"文化大革命"的情况，并研究武汉地区的问题。

　　大家谁也没有想到,谢富治和王力在见了毛泽东之后,不顾周恩来关于中央代表团暂时不要公开露面的指示,公开了他们的身份。这无疑给武汉的造反派打了一针强心剂。周恩来见事已至此,只好让他们公开打出中央代表团的旗号,并希望借此来遮蔽毛泽东就在武汉的事实。

　　7月16日,造反派举行大规模游行,反复播放《毛主席派人来》这一高亢激越的歌曲,欢迎谢富治、王力来解决武汉问题。

　　王力他们更是乐此不疲地接见造反派,并表示亲切慰问和支持。他们这样深一脚浅一脚地"做工作",毫无疑问会导致造反派与另一派的对立关系更加紧张。

　　毛泽东畅游长江一周年成为两派相互争斗的由头。7月16日那一天,两派组织都要到武昌江边游泳,横渡长江。而且,这一热爱伟大领袖的忠心活动,让陈再道和武汉军区无法阻止。陈再道一看,同一天两派都到武昌江边游泳,肯定会发生武斗,中央"6·26"电报对军区压力很大,再发生流血事件,他们说什么也不好向中央交代,更何况毛泽东已经亲临武汉,一定要确保武汉不能大乱。陈再道只能协调两派组织分开进行横渡长江活动。经过说服做工作,"百万雄师"组织同意提前一天在15日搞横渡长江的活动。可是造反派不服气,觉得自己受了压,决定乘"百万雄师"15日渡江之机,游行到汉口,给受压迫的造反派鼓鼓气,标语口号是"抬头望见北斗星,心中想念毛泽东""打倒陈再道""工总翻案,老保完蛋""造反派永立江城"。

　　7月18日晚,周恩来带领陈再道和钟汉华来到梅岭一号。毛泽东来到武汉已经四天,才第一次接见陈再道与钟汉华两位军区主官。这也是他后来觉得不妥的一点。

　　毛泽东了解到陈再道不承认犯了方向路线错误,并没有生气,他亲自接着做陈再道的思想工作:"方向路线错误怕什么? 现在他们一提就是方向路线错误,都是方向路线错误。要做好工作,慢慢来,不要着急,首先把部队的工作做好,把'百万雄师'的工作做好。"毛泽东很有信心地对陈再道、钟汉华说:"我要他们做工作, 做工作做到不仅打不倒你们,而且要做到拥护你们为止。"

　　毛泽东指的这个"他们"就是谢富治、王力、余立金三人。他们听从毛泽东指示,在武汉设立了一个接待站,专门做来访群众组织的思想工作。

　　陈再道当着毛泽东的面,只好口头承认自己犯了方向路线错误,并且答应支持造反派。周恩来终于松下了一口气。见事情已经基本理顺,他便连夜离开武汉飞返北京。

　　毛泽东与陈再道、钟汉华等的谈话,到晚上10时方才结束。他很客气地把陈再道等人送到走廊上。这时,刚好有几个当地的服务人员站在走廊里。毛泽东把他们招呼过来,一边要他们同陈再道、钟汉华一一握手,一边笑着对他们说:"再不能打倒你们的司令了吧! 我是不打倒他的。"

　　周恩来一离开武汉,有了毛泽东重托的王力等人,立刻觉得头上少了一道"紧箍咒",行动可以进一步放开。

　　他们来到武汉水利电力学院造反派总部,讲了一番带有倾向性的话,激发造反派的斗志。他们连夜出动广播车上街,播发王力讲话的录音和中央"四点指示"——武汉军区"支左"的大方向错了;要为"工总"平反,释放被抓的造反派;造反派是革命派、左派;"百万雄师"是保守组织。

　　第二天,造反派继续欢呼自己的胜利,更多的广播车上了街。

　　一石激起千层浪。19日武汉局势骤然恶化,被套上保守派大帽子的"百万雄师"群众，哪能咽得下这口气？在那个将政治生命看得比自己生命还要重要的年代，"保守派"这一结论等于宣判了自己的政治死刑。为了表示还击，他们开始声讨王力，要求王力从中央文革滚出去的大字报、大标语贴满了武汉街头。

同一天，陈再道、钟汉华在武汉军区党委常委会上念了检查，下午由谢富治、王力做工作，直到夜里 11 时多。

被打成保守派的群众组织与武汉军区一些指战员，经过一天多的酝酿、发酵，情绪一下子膨胀起来，很快就失去了控制……

毛泽东抵达武汉不久即遭遇"七二〇武斗事件"。很少乘坐飞机的毛泽东，不得不从空中紧急"撤"往上海。天下真的应该如此大乱吗？新的问题摆在了毛泽东面前

7 月 20 日，是毛泽东来到武汉的第六天。

凌晨零时 30 分，武昌公安局 14 个人突然冲进东湖客舍北门。这里靠近毛泽东下榻的梅岭院落。来者高喊："我们要谢富治、王力接见！"军区保卫科科长等闻讯，急忙赶到北门阻拦。对方拿出武昌区公安局军代表开出的介绍信，明确表示："今天晚上来了 14 个人；来，就是准备闯祸的。要是天明还不接见，就要来几千人！"

双方在距离大门 100 米处对峙不下。

事情的进展愈来愈混乱，军区领导也已无法控制局面了。

此时，所有工作人员的第一个反应就是保卫毛泽东。

天刚放亮，"百万雄师"便出动了数万人，上街举行示威游行。最前头的大卡车上还架起了机枪，卡车上坐的人也是全副武装……一时间，工厂停工，交通中断，街道堵塞，到处弥漫着"火药味"，武汉三镇成了一触即发的"火药桶"……

轰动全国的"七二〇事件"爆发了！

上午 7 时许，"百万雄师"的代表二百余人，来到东湖客舍谢富治与王力的住处。他们不由分说先冲进了谢富治和陈再道所在的房间，要王力出来和他们见面，回答他们的问题。陈再道耐着性子劝他们到客厅去谈。这时，王力就在隔壁房间，他见来者气势汹汹，躲在里面不敢同代表见面。

谢富治和陈再道与"百万雄师"的代表见面谈判，谈得不错，双方都放下了紧张情绪。谢富治代替王力表了态，答应下午去接见"百万雄师"的代表。王力在隔壁竖着耳朵倾听。他见会谈有进展，便出来同这些代表见面。双方正谈着下午接见的具体地点、方式等事宜，谁料话还没完，门外突然冲进一拨"百万雄师"的群众。他们不管三七二十一，叫着嚷着要将王力抓走，一开始误以为陈再道就是王力，上来就是一顿"枪托"。王力趁乱，急忙跑回屋内躲藏。跟随王力一道来鄂的北航红卫兵马上站出来，声称要保卫中央文化革命小组。于是双方再次发生冲突。前一拨人马看到后头来的群众如此激愤，原本平息下去的情绪再次被煽动起来。他们找出躲藏起来的王力，在一片争吵声中，将王力塞进车里，揪着他直奔武汉军区大院，那里还有更多的人在等着向王力讨个说法。

王力被抓走后，谢富治见大势不好，急忙跑到杨成武所在的百花一号。此前，杨成武已经获悉王力、谢富治没有经过毛泽东和周恩来的同意在外头随便讲话，预料到他们肯定要坏事。见神情紧张的谢富治一进门，他劈头道："你们捅了大乱子了！"

　　此时, 杨成武心里装的是毛泽东的安全。他不能允许危及毛泽东生命的事件发生, 他不愿担千古罪人的骂名。

　　杨成武与汪东兴等人立即进行了周密的安排, 决定毛泽东一行必须紧急从东湖客舍转移出去。他们很难预料, 群众在不明真相的情况下, 下一步会干出什么事情来。

　　毛泽东得知群众闯进东湖客舍抓走了王力, 并不觉得是什么了不得的事情。他穿着睡衣, 缓缓坐进汽车, 从容不迫地离开了东湖客舍。

　　车队在空十五军上甘岭特功八连的武装护送下, 一路风驰电掣。很快, 毛泽东就被护送上他的专列。一旦有事情, 专列可以马上开走。抵达专列后, 大家紧张的情绪才有所放松。

　　在北京, 早晨传来武汉冲击东湖宾馆的消息, 中央文化革命小组马上召开紧急会议: 林彪、陈伯达、康生、江青、张春桥、关锋、戚本禹、姚文元, 后来还有周恩来, 在人民大会堂商议武汉事态, 一致要求毛泽东立即转移。"转移"的书信是林彪起草的, 随后由叶群的秘书送戚本禹修改。戚本禹觉得"这是大事", 责任太大, 他又找到陈伯达、关锋一起修改。最后信的末尾, 签署的是江青的名字。

　　江青将信件交给邱会作, 同时下达了死命令: "你有脑袋在, 这封信就要在!"邱会作带着信到达汉口后, 却过不了江。直到下午他才在汉口机场支线的专列上将信件面交毛泽东。他告诉毛泽东: "外面形势不好, 林彪、江青为毛主席的安全担心, 请主席转移到别的地方去。"同时, 周恩来也来到了武汉。一到武汉, 周恩来马上布置毛泽东撤离的事宜, 命令海军在汉的军舰只有水兵上岸行动, 将

散步中的毛泽东和工作人员（钱嗣杰　摄）

1967 年，沉思中的毛泽东（钱嗣杰 摄）

驻扎孝感的空十五军调进武汉维持局势。

转移出来的毛泽东开始只是叫人通知陈再道找回王力，对自己是否离开武汉并没有拿定主意。当他接到邱会作带来的这封信后，态度马上发生了变化。他开始怀疑陈再道和"百万雄师"一道策动了一场"暴乱"。放下书信，毛泽东决定立刻离开武汉。

"准备飞机，我们离开武汉。"毛泽东的话有些生硬。

杨成武问："是准备专机，还是坐空军的飞机？"

"都准备。"

一切都按照毛泽东的要求办好了。21日凌晨2时，毛泽东坐着武汉空军的汽车，在中央警卫部队的护卫下，风驰电掣般地直奔机场。直到此时，毛泽东才告诉杨成武："坐空军的飞机。"

空军机场的气氛十分紧张。有十几个干部战士笔直地站在飞机前进行警戒。

杨成武走下汽车，直奔飞机，对他们说："马上把舷梯推过来。"

一个干部口气强硬地回答："没有武空司令员和政委的命令，谁也不准动这架飞机！"

杨成武急了，他大声道："我是代总长杨成武，给你们司令、政委的命令是我下达的！"

无奈，那些战士只对自己的司令和政委负责，他们也不认识代总长，杨成武怎么解释也没用，战士们根本不听他的。

毛泽东坐在车里，察觉到了眼前受阻的情况，干脆自己从汽车上下来，径直朝飞机走去。

杨成武对战士们喊道："你们看，是伟大领袖毛主席要坐这架飞机！"

战士们没有见过毛泽东，但毛泽东的模样无人不晓。此时得见毛泽东真颜，无不惊诧，如在梦中。很快，他们缓过神来，赶紧把舷梯推了过来。在众人的凝视中，毛泽东一步一步登上飞机。

刚刚上飞机，机长过来询问："往哪个方向飞？"

杨成武还没有来得及回答，就听毛泽东操着他那湖南口音说："先飞起来！"

飞机轰鸣着离开了大地，在武汉上空盘旋。

毛泽东透过舷窗，看了看脚下的武汉三镇，过了一会儿才说："往东飞，去上海。"

毛泽东说完这句话，闭上了眼睛，陷入了深深的思索。此时距离"七二〇事件"发生才一天一夜，但对于毛泽东来说，可能是"文化大革命"爆发以来"天下大乱"的浓缩。他没料到自己会以这样的方式仓促离开武汉，更不会知道，这是他有生之年最后一次乘坐飞机。

上午11时，毛泽东乘坐的飞机安全抵达上海。他走下飞机，高兴地对身边人说："坐飞机不是很快嘛！今后你们还让不让我坐呀？"看来，他对中央政治局限制自己乘坐飞机还是不满的。

离开乱哄哄的武汉，毛泽东的头脑逐渐冷静了下来。

他也对冲击东湖客舍的指向产生过怀疑，后来经调查排除了他的疑虑，对陈再道等人给予了政治保护。

冷静下来的毛泽东，他的反思是认真的，也是深刻的。一个多月后，毛泽东在批评王力的同时，也做了自我批评。他表示："在武汉，我同你们谈话时，当时王力的态度就很凶。我们有个错误，第一天到武汉就应找陈再道做工作。而王力却没有先做好部队的工作，然后再去做好两派的工作；没有好好进行调查研究，下车伊始就哇里哇啦地叫，这种人没有不犯错误的。"

第九章

病痛岁月

不设国家主席

1970 年春天，毛泽东提议筹备召开第四届全国人民代表大会。在是否设立"国家主席"之职的问题上，他与林彪的分歧凸现

1970 年开年，周恩来就召集了政治局会议。他根据毛泽东的提议，开始进行修改宪法和第四届全国人民代表大会（简称"四届人大"）的筹备工作。政治局会议成立了两个小组，一个是由周恩来、张春桥、黄永胜、谢富治、汪东兴组成的负责四届人大代表名额和选举事宜的工作小组，再一个是由康生、张春桥、吴法宪、李作鹏、纪登奎组成的负责修改宪法的工作小组。

毛泽东从 1969 年底外出到武汉、长沙等地视察，至今未归。但他是"人在曹营，心在汉"，注意力依然集中在北京，并以他的权威主宰着中央的决策。

中国共产党第九次全国代表大会（简称"中共九大"）以后，毛泽东认为"文化大革命"已进入"扫尾"阶段，政府工作和经济工作都应恢复正常秩序。"文化大革命"发动时期的一些做法，也需要进行必要的转变。

毛泽东此时提议召开四届人大，是他继召开中共九大之后采取的又一个大的动作，也是他"天下大乱"达到"天下大治"的政治

1969 年 4 月，毛泽东和身边的工作人员及警卫战士在一起（钱嗣杰 摄）

步骤之一。

这一年,毛泽东77岁。许多老年疾病开始显露在他身上,老年人的思维模式也开始"侵入"他的精神世界。

筹备召开四届人大,遇到的第一个问题是,如果按照我国宪法规定,国家要设国家主席一职,而当时的国家主席刘少奇已被"文化大革命"的狂风暴雨打翻在地,于1969年11月在河南开封含冤离世。

那么,即将召开的四届人大,是由毛泽东重新担任国家主席,还是由他人来担任国家主席?也许是对先前和刘少奇"两个主席"的不愉快往事挥之不去,毛泽东既没有重新担任这个角色的愿望,又不放心把这个职位交给其他人——包括他"钦定"的接班人林彪。此事令毛泽东颇为踌躇。

当然,这个问题没有难倒毛泽东。这位与众不同的杰出政治家,以他特有的方式,为历史留下了别样的一笔。

汪东兴飞抵北京,将毛泽东的意思带到了人民大会堂,带到了政治局委员面前。汪东兴如是传达:"要开四届人大、选举国家领导人、修改宪法,政治局要立即着手做准备工作。国家机构究竟设不设国家主席要考虑,要设国家主席由谁当好,现在看来要设主席只有林彪来当,但我的意见是不设为好。"

汪东兴传达完后不等大家讨论,便宣布散会。

如此简单的几句话,大家可能一下子回不过味儿来。"但我的意见是不设为好",这句至关重要也是最贴近毛泽东真实想法的话,没有引起政治局委员们的足够重视。

毛泽东委托汪东兴带回北京的意见,却让远在苏州休养的林彪看到了希望:毛泽东早在1956年,就提出不当国家主席,如今年岁更大了,难道还会重新担任此职?如果毛泽东不当国家主席,则非他林彪莫属了!

尽管在中共九大上,林彪成为唯一的党的副主席,他的接班人地位已被明文载入党章,不过,这个副主席之职还是填不满林彪的权欲。此外,一个更重要的原因是,毛泽东打算更换接班人的意图弄得林彪内心惶惶,让林彪对自己现有的第二把交椅没有安全感。

据说,毛泽东在与林彪的一次谈话中,先是说周恩来年龄大了,问他对周恩来的接班人有什么考虑,然后话锋一转,问林彪:"我年纪大了,你身体也不好,你以后准备把班交给谁?"见林彪不吭声,毛泽东又追问:"你看小张(注:张春桥)怎么样?"弄得林彪一时不知如何回答才好。好一会儿林彪才反应过来,通过回答怎样才能防止出修正主义的问题,转弯抹角地表示:"还是要靠黄永胜、吴法宪、李作鹏、邱会作这些从小就跟着主席干革命的人,要防止小资产阶级掌权。"

林彪此时觉得,只有通过设立国家主席,进而当上国家主席,才有可能进一步巩固和捍卫自己已经被载入党章的接班人地位。

3月9日,林彪让叶群对在京的黄永胜、吴法宪说:"林副主席赞成设国家主席。"

此话传进了毛泽东的耳朵里,但他没有理睬。

林彪只得自己出面,让秘书给毛泽东的秘书打电话:"林副主席建议,毛主席当国家主席。"

毛泽东答非所问,让秘书回电:"问候林彪同志好!"

什么意思?

林彪左思右想不得其解，一种不受信任、大权旁落的感觉油然而生。此时叶群给他提了一个醒："怕是这次又和九大一样，要试探一下你吧？"

中共九大开幕式上，曾发生过这样一幕：推选大会主席时，坐在主席台上的毛泽东，突然对着麦克风说："我推举林彪同志当主席。"

林彪就坐在他身边，一听此话，马上反应过来，站起来大声说："伟大领袖毛主席当主席。"

毛泽东摇摇头，又说："林彪同志当主席，我当副主席好不好？"

林彪也连连摇头说："不好，不好，毛主席当主席，大家同意请举手。"

全场代表被毛泽东和林彪的一番"谦让"调动起来，兴高采烈地一致举起手来拥护毛泽东担任大会主席团主席。

这一次是不是试探呢？

但是接下来的日子证明这一次不是试探。

3月16日，中共中央政治局就修改宪法中的一些重大问题写出《关于修改宪法问题的请示》，送呈毛泽东。毛泽东阅批了这一报告。

3月17日至20日，中共中央在北京召开工作会议，讨论召开四届人大的问题。

4月初，毛泽东在审阅"两报一刊"编辑部文章时，写下一段意味深长的批语："关于我的话，删掉了几段，都是些无用的，引起别人反感的东西。不要写这类话，我曾讲过一百次，可是没有人听，不知是何道理，请中央各同志研究一下。"

毛泽东所指"无用"和"引起别人反感"的东西，几乎是林彪提出来"颂扬"毛泽东的原话。

毛泽东在武汉东湖（钱嗣杰 摄）

周恩来批示，将毛泽东的批件先在中央政治局范围内传阅。林彪当然很快就看到了。

林彪很是谙熟"善用兵者隐其形"的用兵之道，懂得在政治上如何掩蔽自己，既要撇清自身与设立国家主席的关系，又要试探毛泽东的真实想法。毛泽东这个带有很大指向性的批示，并没打乱林彪的阵脚，他依然按照既定步骤"进军"——这一回他要来一次反试探。

因为他断定,毛泽东既然早在 1959 年时便辞去国家主席之职,绝不会在 1970 年 77 岁时重任国家主席。他这个时候拼命推举毛泽东担任国家主席,就意味着推荐自己担任这一职务。

毛泽东一而再、再而三提议不设"国家主席",林彪仍一意孤行,敬请毛泽东"兼任"此职。

4 月 11 日夜里 11 时 30 分,在苏州的林彪突然让秘书给中共中央政治局挂电话。电话的记录全文如下:

> 一、关于这次"人大"国家主席的问题,林彪同志仍然建议由毛主席兼任。这样做对党内、党外、国内、国外人民的心理状态适合。否则,不适合人民的心理状态。
>
> 二、关于副主席问题,林彪同志认为可设可不设,可多设可少设,关系都不大。
>
> 三、林彪同志认为,他自己不宜担任副主席的职务。

林彪的这三条意见,第一条是假话,第三条是真话,第二条是无所谓的话。他确实是不愿意担任国家副主席。

就在接到林彪电话的翌日,中共中央政治局向毛泽东递交请示报告。毛泽东对此做了批示:

> 我不能再作此事,此议不妥。

算上上次汪东兴带回的大体意见,这次应该是毛泽东第二次否定关于设国家主席的意见。如果上次有些含糊其词,那么这一次应该是毫不含糊的。

可是,毛泽东没有想到,林彪的这一提议随即得到了包括周恩来在内的在京政治局大多数成员的赞成,而支持他本人的则寥寥无几。毛泽东越发不安,因为这种情况的出现,不仅反映了林彪此举具有很大的蒙蔽性,同时也表明林彪在政治上羽翼渐丰,具有了呼风唤雨的能量。

恰在此时,国际风云四起,美国入侵越南的战火不断扩大,大有蔓延印度支那的态势。

4 月 27 日,毛泽东一回北京就召开政治局会议。在这次政治局会议上,毛泽东再次重申他不当国家主席,也不设国家主席的意见。他还引用了历史上三国时期"劝进"的典故,来敲打林彪及其党羽,"孙权劝曹操当皇帝,曹操说,孙权是要把他放在炉火上烤。我劝你们不要把我当曹操,你们也不要做孙权。"

毛泽东谈笑风生,而他的笑声饱含着尖刻的讽喻。

这是他第三次表示不设国家主席的意见。

不仅如此,他还特意做了周恩来的工作,几次和周恩来单独谈话,坦明自己的态度。他认为说服了周恩来,就能带动其他人。

周恩来马上明白,原来自己也忽略了"但我的意见是不设为好"这句话的深意。

"不设"——这才是毛泽东最根本、最真实的思想和意图。

最后,毛泽东干脆挑明,建议在修改宪法时直接删去原宪法的第二章第二节,让新的宪法中没有设国家主席的章节。

毛泽东与专列工作人员合影（钱嗣杰　摄）

对于林彪的内心，毛泽东看得一清二楚。特别是近几年，林彪利用自己接班人的地位，在党内、军中拉帮结派，积极扩充势力，非但基本上掌握了军队，就连军委办事组成员几乎也是战争年代他四野麾下的人马。武有黄永胜、吴法宪、李作鹏、邱会作，打开他们的履历表就不难发现，"四大金刚"都是跟随林彪南征北战，一路冲杀过来的生死至交；文有党内著名的理论家陈伯达，理论上使林彪得到鼎力相助。而林彪同妻子兼秘书的叶群更像开了一个夫妻店，叶群总是喜欢放大林彪的愿望和要求，如果林彪放个屁，她马上能演绎成"急性肠炎"。林彪并不是一个喜欢出头露面的人，而叶群却能掌握好林彪必须出面的时刻。叶群和林彪的心腹们更是亲密无间、周旋尽至。因为有了叶群这个"润滑油"，林彪团伙越发显得紧密团结，他们铸成攻守同盟，里外抱成一团……毛泽东不能坐视不管！

恰好这时，江青团伙开始对林彪的权势膨胀表示出明显的不满。特别是张春桥，每次讨论修改宪法，都和陈伯达吵得不可开交。而张春桥又被大家认为是真正能体会毛泽东思想的人。

应该说，毛泽东的种种举措在某种程度上刺激了林彪，让他明显感到毛泽东对自己不再感冒，而且是很不感冒了。

如果说，以前高调提出让毛泽东"兼任"国家主席还有由衷的成分，那么从毛泽东第三次表明不设国家主席之后，林彪再次提议毛泽东"兼任"国家主席就是放的烟幕弹，言不由衷的背后是为捍卫他的接班人地位而在政治上展开的保卫战。

最后一次登庐山

林彪出人意料地在中国共产党第九届中央委员会第二次全体会议上突然发难，但他打出的旗号依然是树立毛泽东的权威,结果蒙蔽了一大批不明真相的中央委员

1970 年 8 月 23 日,中国共产党第九届中央委员会第二次全体会议(简称"中共九届二中全会")在江西庐山人民剧院开幕了。

开会那天，周恩来交代杜修贤等随行的摄影记者:"等会儿开会时,你们要注意多拍摄西面的会场。"杜修贤一时没有明白其中的意思,只是点头答应。待到大会开始,当他把镜头举向会场的西面，才恍然大悟——在会场的西面，坐着的都是老帅和老中央委员。直到会议结束,他更是大彻大悟——会场西面大多是同意毛泽东不设国家主席的委员。

1966 年,极"左"的理论不断深化和发展,导致了"文化大革命"这一场空前规模的、"触及灵魂"的政治运动。"文化大革命"迅速在中华大地上,如燎原之火熊熊燃烧起来,形成了一场史无前例的内乱。

1970 年运动高峰期间,中国共产党中央委员会决定,中共九届二中全会在庐山召开。这是毛泽东在世时,第三次把中央重要会议放在了庐山,也是最后一次放在了庐山。1970 年 8 月,毛泽东第三次"跃上葱茏"到了庐山,再次走进了这个会场,主持召开中共九届二中全会。

中国共产党第九届中央委员会第二次全体会议小组讨论会场(杜修贤　摄)

与前两次上山不同,这次警卫工作的气氛明显紧张。会前毛泽东与林彪就设不设立国家主席有过几次较量。对林彪,毛泽东已有所疏远和警惕。党内的剑拔弩张远远超过了人们的心理承受能力,庐山无辜地成为政治家们忌讳的地方。

8月22日,中共九届二中全会召开的前一天,中央政治局常委举行了预备会议。这次会上,毛泽东再次表示不设国家主席、不当国家主席。他说:"设国家主席,那是个形式,我提议修改宪法就是考虑到不要国家主席。如果你们愿意要国家主席,你们要好了,反正我不做这个主席。"

也许毛泽东已预感到林彪将在会上有大文章出台,最后他告诫大家:"要把这次会议开成一个团结的、胜利的会,不要开成分裂的、失败的会。"他让林彪、陈伯达等不要再提什么"设国家主席",甚至没有安排林彪在开幕式上发言。

在毛泽东主持的中共九届二中全会开幕式上,林彪全然不顾毛泽东事先的警告,抢先发言,大谈"天才论"和坚持要设国家主席。

杜修贤的镜头最能说明主席台上五位政治局常委的不同心态:林彪正在喋喋不休地发言;毛泽东的右手两指夹着卷烟,不耐烦地侧过脸,对副统帅露出了不屑一顾的神态;周恩来的表情则极为严肃;康生表情木然;只有陈伯达心里明白,脸上表露出几分狡黠的神情。

林彪的发言,无疑是对其同伙的动员令,军权在握的几员大将立即响应拥护。

8月24日,陈伯达在华北组的发言投合了林彪的口味。听秘书读过反应华北组讨论情况的简报后,一向不爱言笑的林彪高兴地笑了起来,说:"听了那么多简报,数这份有分量,讲到了实质问题。比较起来,陈伯达讲得更好些。"

会议没有按毛泽东预先的希望开成一个团结的会。陈伯达充当先锋,挑起争论,矛头直指江青、张春桥等人。两个集团的斗争趋于公开化。

"主席,不得了哇!他们要揪人。"江青气急败坏,带着张春桥、姚文元向毛泽东绘声绘色地反映大会的情况。会上出现的这种背着毛泽东的、明显有统一布置的"揪人"行动,令毛泽东感到事态严重。这次的对手是远远超过彭德怀了。如果说1959年庐山会议的"军事俱乐部"纯系子虚乌有,那么林彪军事集团却是虎视眈眈、随时可以起事的威慑力量。毛泽东不能不提防军权大握的林彪。

25日下午,毛泽东主持召开了中央政治局常委扩大会议。

他要开始反击了!

毛泽东、林彪、周恩来、陈伯达、康生"五巨头"又重新聚集在一起。笑容从毛泽东的脸上消失,预示着会议的气氛是沉重的。"文化大革命"把毛泽东推拥到至高无上的地位,他的指示具有不可挑战的权威。根据毛泽东的意见,会议决定立即停止讨论林彪在开幕式上的讲话;收回华北组第二号简报,责令陈伯达等人作出检查。

毛泽东的目光射向陈伯达,十分严厉地说:"你们继续这样,我就下山,让你们闹。设国家主席的问题不要再提了。谁坚持设,谁就去当,反正我不当!"

毛泽东的话,使陈伯达丢魂丧胆,让林彪极为难堪。大约为了给林彪留点儿面子,毛泽东对林彪说:"我劝你也不要当国家主席,谁坚持设,谁就去当!"

他的话音里除了威严还透出一种凄楚。这种话是他从未说过的。1959年批判彭德怀的那种高屋建瓴,那种嬉笑怒骂的潇洒,已经从他身上消失了。

8月31日,毛泽东写了《我的一点意见》,严厉批评陈伯达"采取突然袭击,煽风点

1970 年 9 月,毛泽东在中国共产党第九届中央委员会第二次全体会议上(杜修贤　摄)

火,唯恐天下不乱,大有炸平庐山,停止地球转动之势",要大家"决不能跟陈伯达的谣言和诡辩混在一起","不要上号称懂得马克思主义,而实际上根本不懂马克思那样一些人的当"。接着,中央宣布对陈伯达进行审查,给林彪一伙以迎头一击,使会议走上了正确轨道。

毛泽东会见叶剑英,交给他一项特殊使命

"正是江南好风景,落花时节又逢君。"落难的元帅们仍然身为中央委员,此时,从四面八方会集在著名的庐山,参加中共九届二中全会。相见却不能交谈,大家只能相视一笑,千言万语尽在其中。这以后中共九届二中全会发生的事情,是元帅们始料不及的。

叶剑英是从湖南"流放地"来到庐山的。他在湖南快一年了,异地他乡的孤独清冷生活,比在北京还多了一种关山阻隔的遥远感。叶剑英此时和老百姓一样过着清淡的日子,然而他却没有平民百姓的那份自由和轻松。

叶剑英在落难之际,所咀嚼的平淡是无法想象的。这颗心在寂寞中熬得好苦、好痛、好累,也熬磨得越加成熟和坚强。

叶剑英和其他元帅各自参加自己所疏散地区小组的学习。一向沉稳的叶剑英,在这次会议上也没有多语。这种"不合唱"态度赢得了毛泽东的赞赏。

一天晚上,夜已经深了。周恩来打来电话问叶剑英的秘书:"叶帅睡了吗?"

秘书回答:"睡了。"

"吃安眠药了吗?"

"没有。"

"那好,你马上叫醒叶帅,汽车马上就到,主席要见他。"

不一会儿,汽车就到了叶剑英下榻的楼前。正是庐山云起的时辰,满山漆黑如墨,浓雾弥漫,雪亮的车灯被云雾吞没得只剩下暗黄的光团,几步以外就什么也看不见了。路一边是陡峭山壁,另一边则是万丈悬崖。为了叶剑英的安全,两名警卫员打着手电筒,一边一个在汽车前面开道。大家几乎是一步一步"牵"着汽车走到了毛泽东的住地。

周恩来已经等候在那里了。

这天晚上,毛泽东和叶剑英谈了许多,明确表达了他要批判陈伯达的意思,希望叶剑英他们能支持他。毋庸置疑,元帅何时何地都是统帅的左膀右臂。

9月1日,毛泽东公开了他写的《我的一点意见》,跟随林

1970 年 8 月,聂荣臻(左)、朱德(中)、叶剑英(右)在庐山(杜修贤 摄)

1971 年,陈毅(右)与聂荣臻(左)合影(历史照片)

彪亦步亦趋的陈伯达终于自食其果，落得身败名裂的下场。但明眼
人一看就知道，陈伯达是为林彪而"牺牲"的，毛泽东也是为警告林
彪而让陈伯达"牺牲"的。

　　庐山会议结束后，叶剑英以为自己还要回湖南，没想到周恩
来留住了他，要他散会后先不要走，和他一同回北京，有重要使命。
叶剑英在庐山又一次和毛泽东会谈，接受了一项特殊使命——作
为陈伯达专案小组组长、周恩来的特别顾问，代表周恩来和中央去
福建、广东调查陈伯达的历史问题。这是叶剑英自"二月逆流"以来
第一次有了明确的身份，也为他复出迈出了重要的一步。依照周恩
来原来的意见，是由叶剑英担任专案组组长，但是他考虑到叶剑英
没有正式出来工作，出现什么问题不好担当，所以让叶剑英担任特
别顾问，而用自己的肩膀替叶剑英担当一部分责任。这样一来，叶
剑英可以放手工作，而没有后顾之忧。

　　在广东调查陈伯达的工作阻力重重，林彪的党羽已经知道来
者不善。但是，不管多大的困难，叶剑英都不畏惧、不气馁，终于完
成了使命，在 1971 年的春季带领专案组的几位同志回到北京。

　　周恩来对完成任务的叶剑英说："这段时间就参观参观北
京，看看北京的变化，再提提建设性的意见，你是北京市第一任
市长嘛！"

　　叶剑英这位老市长又开始了他对北京的调查工作。

和林彪的关系日显紧张

酝酿很久的中央批陈整风汇报会终于开幕，但围绕主体事件的主角人物——林彪却不出面，周恩来只好唱独角戏

周恩来会见美国乒乓球队的第二天，即 1971 年 4 月 15 日，中央批陈整风汇报会在人民大会堂拉开帷幕……

周恩来以他的老到和干练，主持召开了这次极为敏感，也令人惴惴不安的会议。

参加中央批陈整风汇报会的有中央、地方和部队的共 99 位负责人。在第一次全体会议上，周恩来在讲话中回顾了自中共九届二中全会以来开展批陈整风运动的过程，说明黄永胜、吴法宪、叶群、李作鹏、邱会作五人几次失掉自我教育的机会，在毛泽东的一再督促下才做出检讨。针对军委办事组一直批陈不力的问题，他主动承担了责任，希望在庐山会议上犯有错误的同志能够联系实际，搞好自我教育。"我们这个会议的目的，是'惩前毖后，治病救人'，从团结的愿望出发，进行批评和自我批评，在新的基础上达到新的团结。"会上，黄永胜、吴法宪做了检讨发言。

毛泽东与林彪之间的分歧加重了周恩来协调工作的难度。

周恩来在会上点名，在会下还要减压。他托人带话给林彪的几员大将，说毛泽东的"很好"和"可以了"的意思都是一样的。他的目的是缓解吴法宪和叶群两人对毛泽东要他们重写书面检讨的紧张情绪。实际上，黄永胜等人在庐山会议后，已成惊弓之鸟，吴法宪甚至闹着要跳楼自杀。

为了避免扩大矛盾、引起更大混乱，周恩来尽量协调各方矛盾，但参加会议的大多数委员却不买账。他们基本不知道中央高层曲折的内幕，自然不能理解周恩来的一番用心。会议进行到 20 日，有人站出来揭发吴法宪在庐山会议上私下串连的情况，这无疑是在波澜涌动的激流中又投入一块巨石，激起的浪花和涟漪马上引起了与会者的关注和兴趣。

如果追查，事情必然要闹大，难免还会涉及林彪。

正在北戴河 96 号别墅坚持硬顶不去北京的林彪听到这个消息，也坐不住了，当天就动身赶回北京坐镇，近距离指挥作战，以便稳住几员大将的阵脚。

林彪终于被逼回北京，周恩来的眉头舒展不少。他马上派人送去批陈整风会议的有关材料，并通过叶群转达他希望林彪能够出席会议，讲几句话的愿望。

结果，林彪还是一口回绝了。

周恩来只好一人支撑局面。4 月 29 日，他在中央批陈整风汇报会上，代表中央做了总结讲话。这个"颇不易写"的讲话提纲，基本上是按照毛泽东所定下的调子起草的，不过他还是尽可能地把话说得缓和一些，不让林彪手下的几员大将压力过大，只在一两处点了军委办事组的黄永胜等五人的名，指出他们在政治上犯了方向路线错误，在组织上犯了宗派主义错误，站到反"九大"的陈伯达路线上去了。但错误的性质还是人民内部问题，希望他们认真改正错误，实践自己的申明。

周恩来的讲话声一落，意味着批陈整风运动告一段落。

然而，一场更大的政坛风暴即将到来……

1971 年的五一国际劳动节，林彪毫不掩饰对毛泽东的不满情绪，在天安门城楼上将两人的紧张关系公之于众

4 月 29 日，人民大会堂的批陈整风算是告一段落，紧接着两天后就是 1971 年的五一国际劳动节。按照惯例，"五一"和"十一"，党和国家领导人都要登上天安门城楼与民同庆。

这年的"五一"也不例外，晚上将举行盛大的广场焰火晚会。

杜修贤到天安门城楼时，工作人员已开始布置城楼的座席。座席排列是按照职位大小严格划分的，平台正中放了一张圆桌，围了几把椅子，两边又有几张圆桌。正中的那张不用说就是毛泽东和林彪坐的，是张主桌。政治局常委、在京的政治局委员坐两边的桌子。中央各部门的领导站在桌子的后面。

这时警卫局的人也来到城楼，见着杜修贤就说："今儿晚上毛主席、林副主席都要来看焰火。就你一个摄影记者到前台。"

1970 年之后，一般毛泽东出场，其他摄影记者就不能随便靠前，这已是一条不成文的规矩。

中央领导人陆陆续续来到城楼上，他们先在大殿的休息室里休息。不一会儿，毛泽东和林彪也到了。此时的毛泽东已经不像号召"全国学习解放军"时那样率先身着绿军装，而是换上了灰色的中山装制服。他的步子仍然平稳，充满自信地走进大殿的休息室，微笑着面对起立相迎的中央领导人，偶尔向他愿意招呼的同志点点头，随后径直走到屏风后面坐下来休息。西哈努克亲王和夫人以双手合十的常用礼节向毛泽东问好，坐在毛泽东身边同其谈话。

去年"十一"，全国各大报纸上就发了一张毛泽东和美国友人斯诺在城楼上的合影。似乎毛泽东更愿意和外国人在一起。

城楼上，溴钨灯发出耀眼的亮光。焰火晚会就要开始了，毛泽东率先走向城楼的平台。他坐在中间圆桌的东首，紧挨着的是西哈努克亲王，董必武坐在西哈努克亲王的右侧……

毛泽东略略地抬了抬头，朝对面的林彪瞥了一眼，又侧过脸和西哈努克亲王谈话，仿佛根本就没看见什么。

5 月的天，林彪披着一件军呢大衣，皱着眉，一脸枯寂的样子。

了解林彪底细的人都知道，林彪战争年代负伤曾经用吗啡止痛，结果上了瘾，后来不用就不行。果然这天晚上，林彪也因身体原因不想去天安门城楼，是周恩来打电话再三请他出席晚上的活动，他才不得不来。他带着一副萎靡不振的模样，出现在人们的视线里，冷僻地落座后一句话没说。他和近在咫尺的毛泽东没有握手，没有说话，甚至没有看一眼，只是一味地耷拉着焦黄的脸……而拍摄一般要等正副统帅交谈时才开始。

摄影记者还在对着毛泽东的方向调试镜头。不知怎的，杜修贤被眼前的瞬间吸引住了，鬼使神差地立在董必武的侧面，拍了一张主桌的全景。再看看，人物表情特别是林彪的表情没有进入状态，他便放下相机，没有再拍，转到别处找镜头了。

禀性温厚的董必武探过头去，关切地问林彪："身体不大好？"

林彪拉着脸，稍向董必武倾下头，既不看毛泽东也不看董必武，而是望着桌面回答：

"不好。"

不过,虽然他没正眼看谁,但他在用眼睛的余光观察着周围的一切。毛泽东那边稍有动作,他的身体也会相应令人不易察觉地震动一下,他是随时准备响应毛泽东的。可是,毛泽东的一切举措似乎都与他无关,没有丝毫同他谈话打招呼的意思,其至始终不肯对他正眼望一下。

林彪的浓眉毛颤动过几次,阴郁黯淡的双眼忽然闪了一下亮,透出一股锐气和火气。就在董必武也被吸引到毛泽东那边的谈话中,只剩林彪自己落落寡合的刹那,林彪蓦地站起、转身,旁若无人地扬长而去。

当杜修贤再慢慢地踱到毛泽东桌边准备拍摄时……啊!他僵住了,林彪不在了!

杜修贤看到,坐在旁边圆桌前的周恩来也在左右环顾寻找林彪。

领导人中最着急的是周恩来,他频频望着旁边桌的那个空座位,喉结上下滚动着,想说什么,又没有说出来。他只是将警卫员叫到跟前,耳语了几句,警卫员便飞快地跑向城楼大厅……

"嘭——哗——"第一束礼花腾空而起。

毛泽东和大家将目光投向天幕……

警卫员一溜儿小跑到周恩来跟前,一阵耳语。周恩来的浓眉疙

1971 年 5 月 1 日晚,林彪不辞而别,周恩来忧心忡忡看着那张空椅子(杜修贤 摄)

瘩打得更紧,神色非同寻常严峻。杜修贤一见,心里暗叫不好,连忙跑去问警卫员:"林副主席哪儿去了?"

"早就回家了!"

杜修贤倒吸了一口冷气,"他为什么先走?为什么不跟主席和总理讲一声?"

毛泽东对林彪的不辞而别表现出毫无介意的大度。

"身体不好,先回去了。"西哈努克亲王向董必武询问,一听这个回答,也就释然了。

这是对林彪突然离去的最好解释。否则人们无法理解林彪的奇怪之举。

杜修贤不由得看看手里的相机:这里面装着毛泽东和林彪今晚唯一同桌的照片,或许能填补这个令人惊诧的空位,从而挽救今天晚上这离奇事件给老百姓"意识空间"带来的不良影响。

礼花仍在不断"蹭蹭"地往天上蹿,漆黑的天幕犹如坚硬无比的钢板,一撞上去,礼花就粉身碎骨,飞散着自己多姿多彩的肢体。

夜色多么华丽!

毛泽东忘情地瞅着一个又一个轰然炸开的巨大"花朵"……

周恩来却显得烦躁不安,不时地望望那空着的位置……

焰火晚会即将结束,毛泽东慢慢走下城楼。

突然,人群一阵涌动,哦——陈老总大大咧咧地走进人们的视线。

久违了,大家好不亲切,都关切地询问他手术后的恢复情况。陈毅笑哈哈地一一做了回答。

毛泽东看着战友,凝神细望,咧开了嘴。他握住了陈毅的手。

"身体怎么样啊?"毛泽东一向言简意赅,这次却问了两句意思相同的重复话,"恢复得好吧?"

陈毅身患肠癌,术后不久,很有些"廉颇老矣,尚能饭否"的慷慨悲壮之感。他用力拍拍自己厚实的胸脯,"恢复得很好,主席!"

"少个零件不要紧。"毛泽东与陈毅谈话,总能保持轻松的气氛,"剩的零件不要出问题就好。"

"坏的零件取掉,好的零件一切正常。"陈毅对疾病的态度可说是彻底的唯物主义,看不到丝毫的情绪低落。

毛泽东望着老战友,由衷地笑了。

周恩来则双手抱臂站在一旁,一言不发,欣赏似的望着这对老诗友风趣地一问一答,脸上露出沉思的神色……

这张那个夜晚唯一的同桌合影,象征着毛泽东与林彪"正副统帅"时代的结束。

从此以后,毛泽东再也没能和人民群众共同欢庆快乐的节日。

从此以后,毛泽东再也没有登上天安门城楼。

林彪最后一次会见外宾,却无法坚持到结束,一人痛苦地枯坐在人民大会堂西北角的椅子上

林彪从城楼上不辞而别后,有一个多月没有公开露面。

他再度出现在杜修贤的镜头里已是 1971 年的 6 月 3 日。这时已渐渐进入夏季,罗马尼亚的客人来到中国。

这次接见罗马尼亚的客人，是在人民大会堂的 118 厅。

毛泽东、林彪、周恩来、康生抵达 118 厅不久，罗马尼亚的客人也到了。杜修贤忙着拍摄宾主握手的镜头，待宾主落座后，又赶快拍摄会谈的场景。见会谈已进入正常轨道，他就退到门外的大厅里，等待结束时再进去拍摄。

来到大厅时，他简直不敢相信自己的眼睛：林彪坐在大厅西北角的一把椅子上，而不是旁边的沙发上。

正是夏天，大家光着头还热得直冒汗，林彪却萎缩成一团，帽檐压得低低的，最叫人惊骇的是他那张没有一丝血色的脸。

其实，林彪此时正遭受着吗啡瘾的折磨，谁也救不了他。

杜修贤看看表，估计会谈时间差不多了，赶紧回到 118 厅。毛泽东旁边的沙发空着，和"五一"晚上的情景几乎如出一辙。而毛泽东则泰然处之，正兴致勃勃地舞动着手臂，同客人热烈地交谈。

房间里不断传来他朗朗的笑声。

周恩来平静地微笑着，时不时插上一两句话。

康生话不多，镜片后面的目光很深，不容易看清……

会谈结束了，林彪也没有进来送客人。

等毛泽东他们都走了，杜修贤收拾完摄影箱，才离开 118 厅。到大厅里他看了一眼西北角，林彪居然还坐在那里。他没有停留，快步走了出去。

晚上，杜修贤将白天拍摄的照片送到人民大会堂，周恩来正在那里宴请罗马尼亚客人。周恩来站着匆匆看了一遍照片，十分果断地选了三张照片发稿，却扣下了自己单独会见外宾的照片。

这三张照片依次为：

第一张，毛泽东和林彪会见客人。

第二张，林彪单独会见客人。

第三张，康生和周恩来会见客人。

后来杜修贤听说，六月份罗马尼亚共产党总书记齐奥塞斯库来华访问时，毛泽东指定林彪陪同接见。林彪开始推托身体不适，不去。毛泽东为此很不高兴，执意要林彪一定出席，可林彪仍不想理会。后来叶群急了，下跪哭求，陈说利害，林彪才勉强答应。

会见时，宾主刚寒暄完，林彪就退了出来。于是发生了他一人枯坐在外面大厅角落里的那一幕。

林彪想借江青见到毛泽东，江青想借林彪拍照片。结果江青的照片拍了，但林彪还是未能如愿

转眼到了 1971 年 7 月 1 日中国共产党的生日，这一年正好是建党五十周年，按常理一定会隆重庆贺一番。

但出乎意料的是，"七一"那天，毛泽东和林彪都未公开露面。

党的生日，"正副统帅"都不露面，各大报纸非常发愁，老百姓这一关就说不过去啊。幸好搞报纸的人都极有想象力，弄出一套"鱼目混珠"的办法："七一"那天，报纸的头版头条用了一张以前的照片,林彪手摇"红宝书",紧跟在挥手的毛泽东身后。这个形象是当时的"标准形象",见报后,还真是可以充数呢!到了中国人民解放军的建军节,"正副统帅"不露面肯定是不行的。报纸又如法炮制。这次发照片,新闻界已是心惊肉跳,生怕露出马脚。没有想到江青这时插了进来,帮了新闻界一个大忙——《人民画报》和《解放军画报》七、八期合刊扉页,亮出一幅林彪学《毛泽东选集》的大照片,下方作者署名:峻岭。

人们第一次清楚地看见林彪不戴帽子,亮出半秃前顶,孜孜不倦地学习《毛泽东选集》的形象。无疑,林彪"无限忠于"的形象得到了进一步的强化和巩固。

同时,"峻岭"这个名字也引起人们的极大兴趣。能近距离接触林彪的,一定不是一般人!大家议论的热点渐渐聚集在对林彪和作者关系的研究与探询上。

峻岭就是江青!

从1966年4月的《林彪同志委托江青同志召开的部队文艺工作座谈会纪要》到1971年7月江青拍摄林彪学习《毛泽东选集》的照片,五年间,林彪与江青之间有过合作也有过争斗,有过利用也有过帮助。这次合作,注定是他们的最后一次。

需要指出的是,个性倔强的林彪尽管在表面上摆出一副顽抗到底的架势,但他的内心却像挂着的钟摆一样,始终左右摇荡,一边做好了破釜沉舟的准备,一边又很想同毛泽东好好谈谈,解开彼此之间的心结。

为此,叶群曾出面打电话给毛泽东,提出林彪想与他谈一谈,但是毛泽东却迟迟不做答复。林彪夫妇想来想去,认为江青是一个可以利用的跳板。林彪不得不放下架子求助江青,为其安排会面事宜。

正好《解放军画报》向江青约稿,恰在此时叶群打来电话,说林彪要来看望她。

江青喜出望外,决定八一建军节这张照片就拍林彪!

为了讨好江青,林彪只好配合。

这张相照了两次。江青说她在钓鱼台已经布置好了,让林彪去。因为走得急,林彪脸都没刮。到了钓鱼台,他现借了江青秘书的刮脸刀修了一下面。

江青将照片拍了,但林彪却没有得到毛泽东同意接见的意向。

林彪在连吃闭门羹后,终于放弃努力。他知道,毛泽东已无意与自己修好,自己在政治上已经没有了退路,前途凶多吉少,不得不面对日益临近的最后摊牌。

南巡路上

毛泽东决定前往南方巡视,向党内军内吹风打招呼,以解决林彪的问题。此举,坚定了林彪一伙彻底摊牌的决心

进入 8 月份,林彪一伙的活动更加频繁紧张。8 月 5 日,叶群从北戴河回京。6 日晚上,邱会作与叶群密谈。8 日下午,黄永胜与叶群密谈了近三个小时。当晚,吴法宪、邱会作又与叶群谈到深夜。

冥冥之中,毛泽东感觉到林彪一伙要有动作,从 7 月开始,他就频繁地请各大军区司令员、政委,一些省、市、自治区党政负责人来北京,向他们吹风、打招呼。毛泽东在与一些军队和地方领导人的谈话中,多次提到林彪,点林彪的名,并表明:"庐山这件事还没有完……"

8 月 14 日,毛泽东决定离开北京,到南方各省巡视一番。

毛泽东的南巡行动让林彪一伙更加紧张慌乱,在《"571 工程"纪要》的基础上,他们又制订了"鱼死网破"的暗杀计划,极力寻找机会,准备乘毛泽东外出时下毒手。

8 月 16 日,毛泽东到达武汉。在这里,他先后与湖北和河南等地的党、政、军负责人进行了 5 次谈话。他着重谈了陈伯达、黄永胜、吴法宪、叶群、李作鹏、邱会作等人在庐山会议上的表现。

《"571 工程"纪要》影印件

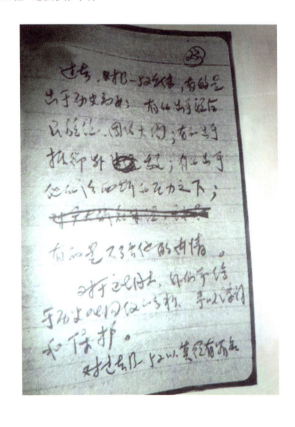
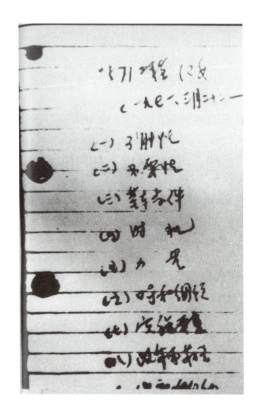

对于一些历史上属于林彪山头或是和黄永胜有渊源的大军区,毛泽东有意做了分化瓦解的工作,力图把他们争取过来。他曾当众敲打当时的广州军区司令员丁盛和政委刘兴元:"你们同黄永胜关系那么深,黄永胜倒了,那怎么得了呀?"毛泽东还指挥他们唱《三大纪律八项注意》,要求他们步调一致,一切行动听指挥。

毛泽东这一手果然十分厉害。第一,在政治上先声夺人,起了警告防范的作用,避免了各地党、政、军人员因不明就里而跟着林彪走。第二,有效地挖了林彪阵营的墙脚,打乱了他们的部署,导致其原有打算完全落空。这一点,随着后来事态的发展可以很清楚地看出来。第三,毛泽东此举还震慑住了党内、军内林彪的势力,令他们不敢轻举妄动,乃至倒戈,转而向毛泽东反映林彪的问题。

毛泽东到达江西南昌后,一件事情引起了他的高度警觉,从而使他越加肯定林彪一伙要搞政变的猜想。他对林彪由思想上的防范变为了行动上的防范,与林彪之间也由分歧变为了敌对。

这一转变,缘于毛泽东在南昌地区看到了林彪指挥建造的一个巨大的地下军事指挥工程。从这个地下指挥所发出的指令,可以覆盖全中国,调动三军人马。

林彪与他的"四大金刚"(历史照片)

当时的江西省委负责人说,这件事是中央下达的任务,江西搞了很多年才完成的。可毛泽东十分纳闷,因为他根本就不知道这个工程的存在。这只可能是林彪打着中央的旗号下达的任务。

林彪为何要这样做?为何要建这么秘密的工程?如果出于备战需要,完全可以报告中央;如果怕泄密,那也应该让自己知道。这个地下工程,很可能就是林彪实行南北割据的一个很有实效的指挥机关。

毛泽东参观完工程后,没有在南昌久住,就匆匆奔向浙江杭州。

9月3日,毛泽东从南昌到达杭州,接见了当地有关人员。与吴法宪关系亲密的陈励耘前来看望。毛泽东得知陈励耘掌握着杭州的警备大权时,对他表现出异常的厌恶,当面问道:"你同吴法宪的关系如何?吴法宪在庐山找了几个人,有你陈励耘,有上海的王维国,还有海军的什么人。你们都干了些什么?!"

毛泽东一番厉言,使得陈励耘惊恐万分,狼狈不堪。

在此之前,林彪实际上还心存侥幸,宁愿相信毛泽东找不到什么正当理由向他开刀,因而一直按兵未动,避居北戴河静观动向。毛泽东动身南巡后,林彪虽知此举来者不善,但还是故作姿态,专门打电话给周恩来,表示在毛泽东回京前一定通知他,他想在北京迎接毛泽东。林彪这样做,与其说是他还渴求同毛泽东缓和关系,不如说是他想打听毛泽东的动向,以便及早做打算。

毛泽东南巡活动的言行更加令林彪一伙惶惶不可终日。

9月5日晚,吴法宪连续给在北戴河的叶群打电话。

9月6日早上6时许,时任中共中央军委委员、湖北省委第二书记的刘丰向从北京专程陪外宾来武汉的李作鹏密报毛泽东在武汉的谈话内容,李作鹏听后心急火燎。他看出来,毛泽东这次上纲比在庐山会议时更高,矛头明显是对着林彪的。一种不祥的预感催促他当天就返回北京,把密报分别告诉了黄永胜和邱会作。当晚,黄永胜又用保密电话机,将这一情报通知了叶群。

周宇驰则亲自驾驶直升飞机到北戴河,将广州部队负责人整理的毛泽东在长沙接见有关人员的谈话内容交给了叶群和林立果。

林彪反复思考,觉得不得不与毛泽东彻底摊牌了。于是,他从获悉毛泽东南巡谈话的内容时起就下决心乘毛泽东南巡之机下毒手。从9月6日到10日,在这短短的5天里,林彪完成了一个从战功显赫的元帅向叛党叛国罪人的蜕变。

林立果开始指挥他的"联合舰队",积极筹划武装政变的阴谋。

其实,就在林立果主持策划谋杀的同时,林彪、叶群便在着手准备南逃了。他们不断散布林彪要"动一动""利用坐飞机运动运动""准备去大连""国庆前回北京"等言论。9月7日,他们还以为女儿林立衡订婚为由,把林立衡接到北戴河,以便全家一起行动。

与此同时,谙熟兵法的毛泽东,对林彪最终摊牌的可能,也开始进行防范。他对自己的行踪滴水不漏,还故布疑阵,把他的专列调来调去,有意对外界制造国庆节前夕才准备返回北京的假象。9月8日午夜,还在杭州接待处吃夜餐的毛泽东,突然命令将停在杭州笕桥机场附近的专列立即转移。9月10日下午4时许,毛泽东乘专列离开杭州。

近晚,专列驶进上海,停在虹桥机场附近的吴家花园处。毛泽东没有下车,就住在车上。11日上午,毛泽东在火车上接见了从南京赶来的许世友,却没有准许王维国上车。事后,王维国长叹一声,一下子瘫倒在停车场休息室的沙发上。可见,毛泽东对王维国等人已高度防范了。中午,毛泽东叫许世友等人下车去吃午饭时,又把王维国叫上了车。这种时叫时不叫的行为,令王维国不知所措。下午,毛泽东突然下了命令,列车离开上海,向北京方向全速前进。

他的这一行动,完全出乎林彪一伙的意料。

后来的事实证明,毛泽东布下的这一迷阵,对林立果一伙谋杀行动的流产起到了决定作用。

毛泽东的专列安全驶过硕放桥,经过蚌埠、济南、天津时,都一路匆匆。

9月12日下午,列车停在丰台站,毛泽东借停车的机会,把北京部队和北京市负责人找来,在车上谈了两个多小时话。他谈到了林彪,谈到了林彪一伙,但是并没有把林彪推至完全敌对的席位上。

黄昏时分,毛泽东乘坐的列车驶进北京站,宣告了毛泽东南巡两个月的胜利结束,同时也宣告了林彪集团"武装政变"阴谋的彻底破产。

毛泽东在巡视途中与工作人员合影（钱嗣杰　摄）

来自林彪女儿林立衡的报告，引起周恩来的警觉。周恩来的一个电话彻底打乱了林家父子政变的步伐

毛泽东突然中断在外地的巡视，赶回北京。叶群、林立果母子二人得知消息，顿时乱了方寸，张皇失措，不知如何是好。在这生死关头，他们只好据实禀告林彪，一切由他最后定夺。

林彪沉默了一会儿之后，决定立刻转移到广州。这是毛泽东南巡讲话后，林彪和叶群、林立果商量出来的一条退路，并为此做了各种准备。林彪之所以选择南飞广州，是因为广州军区是当年四野的老班底，黄永胜又经营多年，而且地理位置机动，远离北京，背靠香港，在政治上可进可退。

9月12日上午，林立果和在北戴河的林彪通了电话，南逃计划便在北京和北戴河两地同时具体安排着。

在北京的林立果，先与周宇驰商定了南逃方案。下午4时30分，周宇驰到西郊机场的秘密据点向胡萍交底说："毛主席最近找了很多负责同志谈了话，首长看这形势不好，决定13日离开北戴河去广州。"他还具体布置胡萍安排8架南逃广州的飞机。下午5时左右，按照周宇驰的指示，胡萍派256号"三叉戟"送林立果去山海关，以便将飞机留给林彪、叶群使用。

离开北京前，林立果把周宇驰、于新野、江腾蛟、王飞、李伟信等亲信召集到空军学院的小楼里。此时的林立果已失去了以往的"骄横"态度。他一面收拾行装，一面对大家说："情况紧张，我立即转移。由周宇驰跟你们谈谈。"

林立果走后，周宇驰对大家说："毛主席回来以后，就要开三中全会，就要动手了。林副主席决定，立即转移去广州，要军委办事组黄、吴、李、邱明天到广州。要保证他们安全地上飞机……到那里以后，首长召开师以上干部紧急会议，宣布另立中央，进行割据，形成南北朝形势……"

江腾蛟最后宣布：明天（9月13日）上午8时，首长从北戴河起飞，直飞佛山沙堤机场。而周宇驰、王飞、于新野三人一早就到北京的西郊机场，先将一部分人和他们的家属带走，飞往广州，黄（永胜）、吴（法宪）、李（作鹏）、邱（会作）随后一同直飞广州。

江腾蛟负责警卫工作，保证他们安全起飞。

晚上，胡萍又将其余要用的飞机，配备了机组人员名单，假借训练名义，申请了假航和起飞时间，还以"首长打靶"为名，到警卫营取出了30支五九式手枪、2 000发子弹，2支冲锋枪、200发冲锋枪子弹备用。

他们还手脚不停地捆装党和国家的大量机密文件、胶卷、录音带及外币，为他们即将成立的"中央"做准备。

就在周宇驰带领一伙人在北京马不停蹄地准备南逃的时候，林立果已登上256号"三叉戟"，准备离开北京飞往北戴河了。当飞机在西郊机场起飞后升到空中时，林立果狠狠地说了一句话："北京啊，暂时分别了，看来可能要割据一段时间了。"

然而，这一反叛计划还没有付诸实施，就胎死腹中。原因是林彪的阵营内部出了"叛徒"。泄露事机的不是别人，正是林彪的女儿林立衡。在林家，林立衡素来受到父亲的钟爱，却一直在精神上受到母亲的虐待。为此，她曾一度怀疑自己不是叶群亲生的。在林立衡看来,父亲和毛泽东两人之间,本来只是有些误会,事情闹到这一步,在很大程度上是母亲从中坏事。

9月12日,也就是毛泽东突然赶回北京之际,林立衡发现叶群情绪反常,整日坐立不安,不断进出林彪的房间,关起门来密谈。更令她疑窦丛生的是,叶群一面四处放风说准备到大连去,一面又匆匆忙忙地强行为她举行订婚仪式,在这背后显然大有文章。等到林立果当晚从北京匆匆赶回北戴河后,林立衡又通过林彪身边的勤务员,窃听到叶群、林立果试图劝说林彪出走的只言片语,并且了解到林立果已从北京调来一架"三叉戟"专机。她认为情况紧急,叶群、林立果准备"劫持"林彪出走,必须当晚通过中央警卫团向中央做汇报。

这一晚,人民大会堂的福建厅灯火通明,周恩来正在召集政治局的委员们讨论四届人大的《政府工作报告》草稿。晚10时许,有人进来和周恩来耳语了几句。周恩来警觉地直立起身子,似乎很吃惊。他立即宣布会议暂时中断。

顿时,与会的首长们轻轻骚动起来,用不解的眼光相互询问——看来事情发生得很紧急,也很严重,不然总理的神情不会这般紧张。

当时江青也在会场,她没有像平时那样大惊小怪,而是站起来早早离开了会场。

原来周恩来接到了林立衡关于叶群、林立果准备"劫持"林彪出逃的报告。对此,他有些半信半疑。第一,据他所知,林彪这两天有动身去大连的打算,为此他还特意传话,让林彪好好休息,在国庆节前返回北京。第二,他对叶群和林立衡母女之间的紧张关系早有耳闻,会不会是林立衡试图以此整治深陷政治旋涡中的母亲?第三,林立衡的报告未免让人觉得有些危言耸听,一个兵权在握、堂堂的副统帅,怎么可能被自己的老婆和儿子"劫持"呢?

周恩来尽管疑虑重重,但还是非常谨慎,万一判断有错,后果将不堪设想。他丝毫不敢马虎,随即放下正召开的会议,紧急处理此事。

周恩来离开福建厅,往东大厅走去,那里是他经常办公的地方。一进东大厅,他就根据林立衡提供的线索,开始着手追查林彪座机的下落。很快,他便发现在北戴河的山海关机场,果然停候着一架"三叉戟"专机。他马上打电话给空军司令员吴法宪,吴法宪竟然回答:他也不知情。

周恩来马上意识到其中确有问题。为防不测,他随即以"安全"为由,下令这架据称是夜航试飞的专机马上返回北京,不准带任何人回来!

命令发出后,周恩来得到的反馈是:飞机发动机的油泵出了故障,无法立即返航。

北戴河的林彪、叶群也接到胡萍密报的周恩来追查256号专机的情报。为了掩盖他们的行径,晚上11时22分,叶群故作镇定地给周恩来打电话说:"林副主席想动一动。"周恩来便问:"是空中动,还是地上动?"叶群答道:"空中动。"当周恩来问"你那里是否有飞机?"时,叶群说:"没有。"

这样,林彪、叶群的马脚直接暴露在周恩来面前了。

周恩来由此断定——肯定有鬼!

周恩来立即给管山海关机场的海军负责人李作鹏打电话说:"停在山海关机场的256号专机不要动。要动的话,必须有我、黄永胜、吴法宪和你四个人一起下命令才能飞行。"但是,李作鹏将周恩来的指示下传到山海关机场时,把"四个人一起下命令"改为"四个首长其中一个首长指示放飞才放飞","谁来指示要报告我,要负责任",为林彪利用山海关机场逃窜开了绿灯。

晚上 11 时 40 分,已近午夜,人民大会堂东大厅外的走廊里仍然像白天一样人来人往穿梭不停。一会儿叶剑英快步走来,闪身进了东大厅。接着,中央办公厅警卫处副处长杨德中也来了。

叶群和周恩来通话后,也知道大事不好。林彪当机立断,决定将"南逃"改为"北叛",立即飞往苏联。顿时北戴河 96 号别墅里乱作一团。叶群在走廊里不住地喊:"电影别演了!快调车!快调车!越快越好!越快越好!"接着,她把警卫秘书叫到盥洗室,告诉他:"快点吧!什么东西都不能带了,有人要来抓首长,再不走就走不了了。"

由于时间十分紧迫,他们竟然来不及带上林立衡与林立果的"妃子"张宁。林立衡与张宁也因为故意装睡叫不醒,而躲过一劫。

96 号别墅值勤的警卫战士将林彪一伙的举动报告给了警卫大队队部。警卫大队的干部几乎全部出动,站到附近的马路上。只见林彪等人乘坐的高级防弹红旗轿车开着前灯,高速驶来。警卫干部扬手示意停车。叶群在车里大吼:"8341 部队对首长不忠,冲!"司机加大油门,按着喇叭,疾驶而过。

当时林彪的警卫秘书也被裹挟着坐在这辆汽车里,他已经意识到此行凶多吉少,当汽车冲过警卫大队防线后,一直在做激烈思想斗争的警卫秘书不再犹豫了,突然喊了声:"停车!"司机没有准备,猛地把车停下,警卫秘书乘势跳下车。车里的警卫人员立刻向警卫秘书连开了两枪。警卫秘书边跑边拔枪还击,在汽车尾部的防弹玻璃上留下了明显的弹痕。

林彪乘坐的汽车,以每小时 100 千米的速度向前疾驶。它超越了几分钟前奉命去机场阻拦飞机起飞的警卫部队的卡车,超越了警卫部队派去机场报信的吉普车,开进了山海关机场……

13 日零时 20 分,林彪的汽车接近 256 号飞机而飞机尚未发动时,机场负责人三次打电话给李作鹏,问他:"飞机强行起飞怎么办?"李作鹏只说"可直接报告请示总理",却不下令采取任何阻止起飞的紧急措施。

零时 22 分,林彪的汽车开到了 256 号飞机前,一辆油罐车正在给飞机加油。林彪一伙没等汽车停稳,便慌忙跳下车来。叶群、林立果、刘沛丰拿着手枪乱喊乱叫:"快!快!快!……飞机快起动!飞机快起动!"他们边喊边跑到飞机驾驶舱门底下,未等架上客机梯子,便顺着驾驶舱的小梯一个紧跟一个往上爬。他们来不及等待副驾驶员、领航员和通讯报务员登机,也来不及等待关闭机舱门,就要飞机急促起动,强行滑出。

由于机场奉命关闭了夜航灯,飞机又不敢开滑灯,在滑行时,飞机右翼撞坏了停在滑行道旁的加油车罐口盖,机翼上的绿色玻璃灯罩和有机玻璃也被撞碎了。

零时 32 分,山海关机场一片漆黑,256 号"三叉戟"在没有通信保障的情况下,带着巨大气流,强行滑出跑道,载着副统帅夫妇和他们"超天才"的儿子林立果,朝着黑暗的夜空腾空而去。

就在 256 号专机起飞的一瞬间,北京接到了北戴河警卫部队的报告:"林彪坐飞机跑了。"

几乎同时,周恩来也接到空军司令部调度指挥室的报告:"林彪的飞机向北飞去!"

周恩来立即命令:关闭全国机场,所有飞机停飞,开动全部雷达监视天空。

在雷达的监视下,周恩来不停地了解着 256 号飞机的飞行方位和飞行角度。

这时,黄永胜神色慌张地走了进来,一动不动地站在周恩来旁边。周恩来没有叫他坐下, 仍然对着电话焦急地询问:"在什么位置?喂……现在究竟在什么方位?什么方向?怎么会没有呢?赶快寻找!"

周恩来又对调度人员说:"那就请你向256号飞机发出呼叫,希望他们飞回来,不论在北京东郊机场或西郊机场降落,我周恩来都到机场去接。"

得到的反应仍然是沉默。

256号飞机是因为通讯不畅听不见呢,还是故意采取了沉默的对策,现在不得而知。不过,为了做些假象,扰人视听,飞机耍了个花招,改变航向,往西向内蒙古西部飞去。但到了内蒙古西部上空,又突然往北直飞。

1971年9月13日凌晨1时50分,飞机飞出中国国境,进入蒙古国上空。

午夜1时左右,毛泽东也来到人民大会堂,住进了118房间。

卫士长走到周恩来身边,轻声说:"总理,主席来了。"周恩来一听,连忙放下电话,起身往门外走去。

从东大厅到毛泽东住的118房间, 要经过大舞台的后面,周恩来才走到大舞台北面20米远, 就看见毛泽东穿着睡衣朝这个方向走来。身边的工作人员一见周恩来和毛泽东走到一起,停下来握上了手,都自觉地向后撤了几步,让他们两人单独谈话。他们低声谈了一会儿,周恩来提高嗓门说:"主席,放心。你去休息吧。"毛泽东挥挥手,就转身往回走。

事后有人讲,毛泽东那次表示:"天要下雨,娘要嫁人,由他去吧。"也有人讲,毛泽东还说:"林彪还是党的副主席嘛,打下来,怎么向全国人民交代?"

1971年9月13日凌晨,林彪叛逃的飞机坠落在蒙古温都尔汗地区(沈庆沂　摄)

陈毅追悼会上的感言

　　1972 年的新年是寒冷的，严冬侵袭着中南海。曾经郁郁葱葱的苍翠草木在寒风中迅速地枯黄、凋谢、飘零

　　"自信人生二百年，会当水击三千里"的毛泽东，也无法背离日趋衰老的自然规律。他的精神受到林彪叛逃的极大刺激，身体健康状况日渐下滑，各种病症开始显现。有时可能一点儿诱因就能导致大的疾病出现。

　　一年多前，也就是 1970 年庐山会议期间，毛泽东因游泳受了风寒，加之"批陈整风"并不顺利，林彪一伙攻守同盟，很难突破，心力交瘁的毛泽东觉得身体很不适。三步一喘，五步一咳，因为咳嗽剧烈、侧卧床榻，他常常一夜无眠到天明。到了 1971 年 11 月下旬，他的病情越来越重，持续高烧不退，医生怕转成肺炎，赶紧找来专家给他看病。专家们一致诊断他得了肺炎。在此之前他的身子骨一直很硬朗，几乎不生病，不要说肺坏了，就是头疼脑热也很少出现。毛泽东既不相信"病来如山倒"，也不相信"病去如抽丝"。他一听医生说自己得了肺炎，立刻就火了，不仅拒绝治病，也拒绝医生靠近。

　　毛泽东就这么一连发了两天高烧，也一连发了两天的脾气，导致病情持续恶化。

　　办公厅主任见毛泽东病情万分危急，赶紧把跟随毛泽东多年的保健大夫紧急召了过来。深知毛泽东脾气的保健大夫为毛泽东检查后，故意轻描淡写地对他说："看来仍旧是老毛病，慢性支气管炎急性发作，只要打打针就好了。"

　　毛泽东听了保健大夫的一番话，觉得这才符合他身体的真实情况，心病没了，神情也放松了，开始同意接受治疗。

　　针药跟上，毛泽东的病很快有了起色。

　　最终肺炎是治好了，但是这场重病已经累及毛泽东的心脏和肺腑。很长一段时间，他都十分虚弱，行动困难，走起路来双腿只能像两条木棍子似的拖动……毛泽东的体态高大，心血管循环负担非常重。而心血管疾病又是人类的"头号杀手"，如果这个潜伏的危险不被发现、不被排除，那么人的生命随时会被它夺走。

　　毛泽东带着一身疾病，迈入了 1972 年新年的门槛。此时的北京也进入了数九寒冬的时节。

　　失去健康的毛泽东，整日躺在床上看大字本线装书。可就在此时，他又发现自己的眼睛不仅老花程度加深，白内障也随之严重起来。"内忧外患"导致他的情绪越来越不好，曾在毛泽东身边工作的秘书张玉凤对此就深有体会。

　　曾经有记者问张玉凤："毛主席向你们发脾气吗？"

　　张玉凤毫不犹豫地回答："发！1970 年以后，主席身体患了多种疾病，有时情绪不好，渐渐地，我就觉得毛主席也和平常人一样，也有喜怒哀乐。不过，他始终像父亲一样对待我们工作人员，是位非常慈祥的老人。我们在他身边久了，他也熟悉了我们，就像对待家里人一样。有时遇到我们做错了事，或是他的情绪不好，就会发脾气。当时我也觉得委屈，觉得自己已经尽责尽力了，还是挨批评。现在看来，这不能怪主席。他操劳的是国家大事，加上国际风云不断地变幻，国内形势也不稳定，他心头有很重的压力。这些都是我们年轻人无法认识和体会的，所以就不能准确把握主席的内心活动。比如，主席正在看

文件，我见饭要凉了，就提醒主席说：'主席，饭菜要凉了，还是先吃饭吧。'主席一听，火了：'你没有见我在看文件吗？不吃！'不过，主席发脾气，从不往心里去，发完也就忘了，并不计较我们的过失。主席一辈子爱看书，他读书几乎达到手不释卷的程度。主席读书有个习惯，不爱坐着看，常常捧着书靠在床上看。他的眼睛老花，又有白内障，看不清字体，却又不肯戴老花镜，只好借助放大镜看书。放大镜是象牙做的框，很重，他竟能拿着看几个小时甚至更长时间的书。主席读书范围很广，历史、天文、地理、文学，几乎没有他不读的。"

　　依靠读书，舒缓内心的负累，或许是毛泽东的一种减压方式。习惯从历史中寻觅政治灵感的毛泽东，又从历代文人墨客的怀古诗中为林彪一伙反党篡权找到了相似的历史原型。

　　当时社会上流传一时的唐朝杜牧的"折戟沉沙"等诗作，都是

毛泽东与陈毅送别外宾（杜修贤　摄）

毛泽东读古书时挑选出来的。诸如"试玉要烧三日满,辨材须待七年期""周公恐惧流言日,王莽谦恭未篡时。向使当初身便死,一生真伪复谁知"一类诗句,说明历朝历代接班人的选取都非常之难,都真伪难辨,而且被选者要经过时间的检验。今天的共产党政权也是如此……毛泽东要让历史照进现实,借古人之口为今天的政治说话。

"调车,我要去参加陈毅同志的追悼会!"毛泽东穿着睡衣执意前往,令所有人措手不及

1972 年 1 月 7 日一大早,陈毅被癌症夺走了生命的噩耗传到了毛泽东耳中。不知是消息来得突然,还是早有思想准备,毛泽东很长时间竟面无表情,无言无语。但他内心多少有些安慰,在前一天中午,也就是陈毅去世前几个小时,毛泽东对前来商谈工作的周恩来和叶剑英说:"'二月逆流'经过时间的检验,根本没有这个事,今后不要再讲'二月逆流'了。请你们去向陈毅同志传达一下。"

据叶剑英报告说,他已经将这话带到了陈毅的枕边……

按照周恩来与几位老帅商议的意见,陈毅的治丧程序只比上将、副总参谋长的规格略高一点。参加追悼会的名单上有周恩来、叶剑英、张春桥、李先念、李德生、纪登奎、汪东兴、徐向前、聂荣

1963 年 10 月,陈毅与日本围棋代表团团长杉内稚男对弈(杜修贤　摄)

周恩来与陈毅(杜修贤 摄)

臻、李富春、郭沫若等人。叶剑英致悼词。周恩来特别注明:因天气
太冷,江青、宋庆龄可以不参加。一向怕冷的江青却传话:她能够
来。参加追悼会的人员确定了,可由于中央还没有对"二月逆流"正
式平反,悼词如何草拟,无人敢轻易表态。

　　悼词成稿后,周恩来亲自动笔修改。他煞费心思,字斟句酌地
补写了一段对陈毅一生功过的评价。他写道:陈毅的一生"努力为
人民服务,有功亦有过,但功大于过"。接下来采取对功实写而对
"过"虚写的方式,这样,既能避免刺激党内文革派,又彰显了陈毅
在历史上的功劳,在一定程度上达到了为他恢复名誉的目的。

　　周恩来将悼词改完,放下笔,仰天长叹,他多么希望陈毅知道
他的内疚和无奈! 如今老友归去,周恩来心痛之余,要通过陈毅的
治丧活动为朋友做出力所能及的补偿。

　　陈毅逝世后,301医院门口自发地聚集了许多从四面八方闻讯
赶来的干部和群众。他们站立在寒风中等候,久久不肯散去,坚持
要向陈毅的遗体告别。人们越聚越多,最终惊动了中央高层。

　　周恩来这时决定将陈毅的悼词送给毛泽东审阅,请他最后定

夺，并在附信中说："陈毅同志是国内国际有影响的人，我增改的一长句，对党内有需要。"

1月8日，毛泽东接到了周恩来送来的陈毅悼词。他一眼扫过，几乎没有思忖，大笔一挥，将周恩来精心补写的几段评价陈毅一生功过的文字悉数勾去，在稿纸一边批示道："基本可用""功过的评论，不宜在追悼会上作"。

当天毛泽东就圈发了有关召开陈毅追悼会的文件，包括陈毅追悼会的规格。

按照文件所定的规格：陈毅已不是党和国家领导人，陈毅的追悼会由中央军委出面组织。总政治部主任李德生主持追悼会，军委副主席叶剑英致悼词。政治局委员不一定出席，参加追悼会人数为500人，定于1月10日下午3时在八宝山烈士公墓举行。

但是接连两天，宋庆龄来电话，坚持要出席陈毅的追悼会；西哈努克亲王发来唁函，并提出参加陈毅追悼会的请求；许多民主人士也纷纷表示要前来悼念。

这一切令周恩来十分为难，他不知如何解释为好，只能用天气寒冷、场地狭小等理由反复劝阻他们前来。

1月10日中午饭后，按惯例毛泽东是要休息一会儿的。可是他裹着米色睡衣，在一侧堆满线装书的卧床上躺着，辗转不安。

工作人员发现他翻来覆去睡不着，就劝他休息一会儿。他说要起来到沙发上坐一坐。工作人员搀扶他走进书房。毛泽东坐下后，便随手抓起一本书，看了一会儿又放下，显得心事重重。

自从圈阅了陈毅追悼会的文件，他就一直这样意乱心烦，越加显得面色憔悴，腮边的胡须很长。

当时毛泽东手边没有日历，桌子上没放钟表，也没有任何人提醒他。在追悼会快要开始之前，他突然抬头询问工作人员："现在是什么时间？"当得知是一点半的时候，毛泽东拍打了一下沙发的扶手，"调车，我要去参加陈毅同志的追悼会！"说完，他便缓缓站起身来。这一切来得太突然了！工作人员愣住了。毛泽东没有多做解释，一个人颤巍巍地向门外走去。

大家反应过来后，立即通知调派汽车。

这时，毛泽东还穿着睡衣，下身是一条薄毛裤。工作人员急忙拿来他平时出门见客时穿的那套灰色"毛式服"要他换上，他却觉得耽误时间，"不要换了。"大家赶忙替他披上大衣，再给他穿制服裤子时，他还是拒绝了。

只穿着薄毛裤出门，这怎么行呢？然而毛泽东的脾气大家是很熟悉的，他决定要做的事谁都别想阻拦，他不想做的事，你再动员也无济于事。工作人员中有两位搀扶着毛泽东上车，另一位快速拨通了西花厅周恩来的电话。

周恩来得到这一消息后，立刻接上中央办公厅的电话，声音洪亮而有力地说："我是周恩来。请马上通知在京的政治局委员、候补委员，务必出席陈毅同志追悼会；通知宋庆龄副主席的秘书，通知人大、政协、国防委员会，凡是提出参加陈毅同志追悼会要求的，都能去参加。"

接着他又电话告知外交部："请转告西哈努克亲王，如果他愿意，请他出席陈毅外长追悼会，我们将有国家领导人出席。"

周恩来搁下电话，忘记了自己身上还穿着睡衣，一边让卫士长张树迎赶紧调车，一边匆匆往外走。他要赶在毛泽东之前到达八宝山。

在汽车抵达目的地之前，周恩来好不容易才将睡衣换了下来。而毛泽东则将睡衣穿进了追悼会场。

周恩来下车，三步并作两步，一进八宝山休息室，就激动地通知张茜："毛主席要来！"

神情黯淡的张茜听到这个突如其来的消息，泪水长流。

周恩来安慰道："张茜，你要镇静些啊！"

张茜强忍住抽泣询问："毛主席他老人家为什么要来啊？"

周恩来没有回答，但他明白，这是毛泽东对昔年战友的重新认可。

1972 年 1 月 10 日，毛泽东抱病参加陈毅追悼会。他对陈毅夫人张茜说："陈毅是个好同志！"（杜修贤 摄）

毛泽东将"中国第二号走资派"归于人民内部矛盾,这成为邓小平复出的重要"信号"

毛泽东一下车,就被人们簇拥着来到燃着电炉的休息室。他的悲切和疲倦显而易见地印在明显苍老、憔悴的脸上。

张茜看到毛泽东,令人心碎地惨然一笑,多时的委屈化为苦涩的泪花含在眼眶里,"主席,您怎么来了?"

毛泽东也忍不住凄然泪下。他握住张茜的手,格外缓慢、沉重地说:"我也来悼念陈毅同志嘛!陈毅同志是一个好人,是一个好同志。"

宽慰和喜悦如温暖的春风,从每个人心头吹过。张茜激动地挽住毛泽东的手臂,这肺腑之言虽然姗姗来迟,可它毕竟来了!

张茜尽力抑制悲痛,向毛泽东告白:"陈毅病危时,还想到主席的寿辰。12 月 26 日那天,他进食已经很困难,但是还吃了一点寿桃、寿面,祝你老人家健康长寿。"

毛泽东眼眶红了,他深知陈毅的至情至诚。他关切地问:"孩子们呢?叫他们进来嘛。"

陈毅的四个孩子进来后,毛泽东和他们一一握手,勉励他们要努力奋斗。他深情地对孩子们说:"陈毅同志是一个好人,是立了功劳的。"

"陈毅同志 26 岁的时候第一次见到主席,从那时起,在你老人家的指引和教导下,他才走上正确的革命道路,也正是这样,才有了我们这一家。"张茜表示了对毛泽东的由衷感激。

毛泽东回应:"陈毅同志为中国革命、世界革命做出了贡献,这已经做了结论了嘛。"

听到这些,张茜心潮起伏,喃喃地说:"陈毅不懂事,过去反对过主席。"

"陈毅同志和我有过几次争论,那个不要紧嘛,我们在几十年的相处中,一直合作得很好。陈毅同志是执行中央路线的,是能团结人的。"毛泽东再次表示了对战友的肯定。

谈话告一段落时,张茜真诚地请求:"主席,你坐一会儿就请回去吧!"

毛泽东微微摇头:"不,我也要参加追悼会,给我一个黑纱。"

张茜忍着泪水连忙说:"主席,那怎么敢当啊!"

有人进来报告:"西哈努克亲王和夫人来了。"毛泽东稍稍一怔,立刻转身朝门外望。

西哈努克亲王和陈毅相识了十多年,交往颇多,对陈毅的感情很深。陈毅去世后,他几次向周恩来提出要亲自来八宝山参加追悼会。周恩来没法答复他。当时连中央政治局委员都不让参加,又怎能同意一个外国领导人来呢?

毛泽东告诉西哈努克亲王:"今天向你通报一件事,我那位'亲密战友'林彪,去年 9 月 13 日,坐一架飞机要跑到苏联去,但在温都尔汗摔死了。林彪是反对我的,陈毅是支持我的。"

西哈努克亲王惊异地望着毛泽东。林彪出逃,中国还未向国外公开发布消息,西哈努克亲王是毛泽东亲自告知林彪死亡消息的第一个外国人。

"我就一个'亲密战友',还要暗害我,阴谋暴露后,他自己叛逃摔死了。难道你们在座的不是我的亲密战友吗?"毛泽东停了一会儿,又接着说,"陈毅跟我吵过架,但我们在几十年的相处中,一直合作得很好。他和另外一些人不一样,例如林彪,他要搞政变,搞阴谋投降苏联。"

毛泽东左顾右盼，竟没有发现几张熟悉的面孔。他怀旧了，开始想念那些和他一起走过近半个世纪岁月的老战友们。在接下来的谈话中，他不仅谈起了陈毅，还谈到了邓小平。他说："邓小平的性质是属于人民内部矛盾。"

毛泽东再次把"中国第二号走资派"归于人民内部矛盾，这是准备让邓小平出来工作发出的一个重要"信号"。

周恩来在一片低沉的哀乐声中，敏锐地捕捉到了这一点。他当场暗示陈毅的子女，要将毛泽东替老同志们说话的信息传出去，为尽早解放老干部先造一些舆论。

毛泽东抱着多病之躯亲自参加陈毅的追悼会，是对死者的一种悼念，也是对生者的一种安慰。

陈毅的追悼会由于毛泽东的突然出现，使得原定较低的规格一下子提了上来。才接到通知的宋庆龄和一批民主人士也纷纷赶来。八宝山礼堂并不宽敞，一下子搁不下这么多人，很多冒着寒风赶来的老干部，只能站立在追悼会场外为陈毅送行。尽管1月10日那天下午气温在零度以下，阴沉的天空还飘散着零星雪花，寒风刺骨，可是没有一人退场，没有一人抱怨。大家通过悼念陈毅，表达着内心的不平。今天，毛泽东来了，亲自为陈毅送行，人们的心灵得到了些许宽慰。

原准备致悼词的叶剑英，悄悄地将悼词稿塞进周恩来的手里。追悼会的规格提高了，致悼词的任务自然落到了周恩来的肩上。

这时，工作人员拿来了一块宽宽的黑纱戴在毛泽东的大衣袖子上，张茜搀扶着毛泽东，迈着沉重的步子，慢慢地向会场走去。

追悼会下午3时整准时开始。

哀乐声中，毛泽东和全体人员面对鲜红党旗覆盖下的陈毅的骨灰盒——一鞠躬，再鞠躬，三鞠躬！

不足六百字的悼词，周恩来竟读得两次哽咽失语……会场里的悲痛气氛更为浓烈，很多人发出了抽抽搭搭的哭泣声……

毛泽东站在队伍的最前面，高大的身躯略略前倾，他静静地听着，默默地望着，双唇不停地抿动，似乎有无尽的话要说……

追悼会结束后，毛泽东再次握住张茜的手，久久不肯松开。张茜搀扶着毛泽东，一直把他送到汽车前。毛泽东双腿明显无力，几次用力迈步都没有登上汽车，最后，在工作人员的搀扶下，他才勉强坐了进去。

张茜和所有到会人员没有想到，这是毛泽东一生中最后一次参加追悼会。

第二天，陈毅追悼会的照片和消息在全国各大报上刊出，立刻引起很大反响。毛泽东亲自前去追悼陈毅，陈述了一番评价，无疑给"文化大革命"中受到冲击的老干部们带来了巨大的希望。

陈毅去世，也为周恩来解放老干部提供了机会。周恩来尽量顺水推舟，扩大此事的影响。他在一些场合中反复说："毛主席参加陈毅同志追悼会，使我们这些老干部，使我们忠于主席的人，都很感动。"

从这以后，毛泽东先后在一批受到诬陷和打击的老干部与家属的来信上，分别做出批示：同意陈云回北京；指示对谭震林、罗瑞卿、谭政、杨成武、李一氓、苏振华、林枫、叶飞、吴冷西、舒同、郭化若、李卓然、何长工、白坚、李克如、贺诚、许涤新、范长江、江一真、李一夫、柴沫、林铁、陈丕显、刘景范等人或予以释放，或恢复工作，或按照人民内部矛盾性质酌情做出安排。他在杨成武女儿关于杨成武是受林彪等人陷害的来信上批示："此案处理可能有错，当时听了林彪一面之词。"他还特别批准了陈云、王稼祥要求进行经济和外事调查工作的来信，又专门指示周恩来，说谭震林"还是好同志，应当让他回来"。

1月下旬，周恩来在人民大会堂接见外地会议代表时，当着江青等人的面直言："在揭批'林彪集团'的过程中，一定不能混淆两类不同性质的矛盾。林彪这伙人就是要把邓小平搞成敌我矛盾，这是不符合主席意思的。"

此时，邓小平已在江西新建县的一幢破旧的小楼里度过了两年多的时间。

邓小平从1969年被"战备疏散"到江西，就顶着"中国第二号走资派"的头衔，很谨慎也很平静地潜居在民间。他与同时被打倒的"中国头号走资派"刘少奇不同，他可以通过汪东兴和毛泽东保持着一种间接的联系。这种状况也是按毛泽东的意图安排的。

毛泽东在1971年9月南巡途中，严厉批评林彪的同时，看似无意却有意地对在座的军区司令员们说："百万雄师过大江，当时有个前委，主要还是邓小平起作用的。"毛泽东的这些话通过间接渠道传到了邓小平的耳朵里，绵里藏针的性格，使他能够冷静观象、明辨是非。

1972年1月10日下午，毛泽东身穿睡衣突然来到八宝山，抱病参加了陈毅的追悼会，周恩来在追悼会上致悼词（杜修贤　摄）

　　邓小平这位年近七十岁的老人，除了去不远的一家机械厂做工，每天总要抽出一定的时间来锻炼身体。清晨或黄昏，他在院子里来回踱步，反思"文化大革命"中的失误，也思考困境中的出路。

　　久而久之，墙根下的荒草地被踩出了一条小路，后来人们称它为"小平小道"。

　　1971 年 11 月 5 日，邓小平在新建拖拉机厂全厂职工大会上默默地听完了"林彪事件"的传达后，再也抑制不住内心的感情，说了一句话："林彪不死，天理难容！"

　　他立即给毛泽东写了一封信，揭批林彪、陈伯达等人的罪行，同时也表示："我觉得自己身体还好，虽然已 68 岁了，还可以做一些技术性的工作，例如调查研究工作，还可以为党为人民做七八年的工作。"

　　这封信正是"林彪事件"后，处于内心痛苦中的毛泽东很愿意看到的。毛泽东交代汪东兴："他的事还要你来管。"并且把邓小平的来信批印中央政治局各委员。

　　然而，中央高层里跑了一个拿枪杆子的，还有一群耍笔杆子的，中国的政治舞台上，依然乌云重重。这封信并没有马上"开花结果"。

　　"小平小道"与中南海之间的路还很漫长……

中国共产党第十次全国代表大会

会前"插曲"

1973 年 8 月 2 日，毛泽东青年时代的好友、新民学会会员李振翩偕同夫人汤汉志从美国回大陆探亲。毛泽东在病中接见了故人。

多年未见，相会自然是嘘寒问暖，气氛很是融洽。李振翩是位医生，很关心毛泽东的健康。出于职业习惯，他劝说毛泽东尝试减少读书。此时的毛泽东已是"数病缠身"，尤其是眼睛的白内障已明显地影响了他的视力。

毛泽东回答："我现在横竖不看了。比如……这个还可以。"

他说的"比如"是身旁一本打开的大字草书法帖。言语间，毛泽东还是那么自信，"这样的字我就看得清。"

为了证明这一点，他开始亲自朗读："《琵琶行》，这是——"

没想到，仅仅开了个头，他就无法再念下去。

片刻的沉默。

李振翩的夫人汤汉志发现，尽管字体已经很大，毛泽东不一定就能看得清楚。她便试探着问了句："是不是戴眼镜好？"

毛泽东的反应果断干脆："不！"他坚信自己有能力读出字帖上的文字。

"我们到延安去看了。"李振翩见毛泽东看得很是吃力，有意把话岔开。汤汉志会意，连忙补充："他们说主席从前住在窑洞里，办公的地方点的是油灯，我们都看到了。"

毛泽东仍然没有搭腔，低头认真地辨识着，他非要认出来不可！

忽然，他终于发出了声："嗯，这是明朝人董其昌学怀素的几笔

1973 年 8 月 2 日，毛泽东在中南海书房会见美籍华人医生李振翩和夫人汤汉志（杜修贤　摄）

国共产党第十次全国代表大

草书。怀素，唐朝和尚，河南人……"经过痛苦的努力，他终于再次
证实了自己！

　　1973 年 8 月 5 日，火热的夏天里，毛泽东用已经有些枯涩的情
思，写下了平生最后一首诗作——《七律·读〈封建论〉呈郭老》：

> 劝君少骂秦始皇，
> 焚坑事业要商量。
> 祖龙魂死秦犹在，
> 孔学名高实秕糠。
> 百代都行秦政法，
> 十批不是好文章。
> 熟读唐人封建论，
> 莫从子厚返文王。

　　也就在同一天，毛泽东布置了《封建论》的注释任务。

毛泽东和周恩来在中国共产党第
十次全国代表大会主席台上（杜修
贤 摄）

**夏季即将过去的时候，北京迎来了提前召开的中国
共产党第十次全国代表大会。大会上，"文革"派与老干部
派实力相当。这个比例，令人惊喜。王洪文与华国锋，一跃
成为政治新星**

1973 年 8 月 24 日，中国共产党第十次全国代表大会（简称
"中共十大"）在北京人民大会堂召开了。

中共十大是因"林彪集团"的崩溃而被迫提前举行的。林彪死
后，有六位政治局委员被判定为反党集团的主要成员，更多的中
央委员被牵连进去，高层政治舞台上留下了许多空缺。如何填补
这些人留下的空缺，显然是众人关注的。

中共十大与中共九大相隔四年,这次会议的所有代表都期待着再次看见伟大领袖毛泽东。

从"林彪事件"之后,毛泽东整整两年没有跨入人民大会堂。大会开幕那天,他在工作人员的搀扶下,步履缓慢地登上了人民大会堂的主席台。他的身影刚一出现,全场的中央委员马上起立,拼命地鼓掌。这种热烈而感人的掌声,长时间在大会堂上空回荡。毛泽东不由得动情了,笑容漫上了面颊,他微笑着点头致意,在主席台中央属于他的位置上坐了下来……

毛泽东没有神采奕奕地出现在全体代表的眼前,他日渐苍老的身影令代表们吃惊,但谁也不会想到,这一次是人民大会堂最后一次迎接毛泽东的到来。此后,他再未踏进这座宏伟的殿堂。

待到掌声平息,毛泽东清了清嗓子,用那熟悉的湖南口音说了"会——议——开——始"四个字便戛然而止。这与此前他主持会议的风格是不同的。毛泽东话音落下,代表们敛声屏气,还仰望着主席台。显然,巴望许久的时刻,毛泽东只有这四个字,实在是太少了,大家还在期待毛泽东再讲几句。

只听毛泽东艰难地对着话筒又说了句:"请周恩来同志做政治报告。"

在周恩来与王洪文做报告时,毛泽东默然无语。

周恩来和王洪文的讲话用去了整整一个上午。主持会议的毛泽东简短地宣布:"报告完毕,今天就到此为止,散会!"

虽然宣布了散会,他自己却一动不动。

毛泽东的保健护士长吴旭君就散会时的情况,后来做了如下回忆:"宣布散会了,我看到主席两只手扶着椅子使劲儿往下压,他想让自己的身体能够支撑着站起来。于是我马上叫人过去搀扶他,并把椅子往后挪,好让他站稳。这时,台上台下长时间地鼓掌欢呼,持续了十分钟之久。我估计是总理发现主席的腿在颤抖,他让主席坐下,主席也就毫无顾忌地一下重重地坐到椅子上,一动也不动。而台下的代表仍一个劲儿地向毛主席欢呼。尽管总理打手势要大家赶快退场,代表们还是不肯离去。在这种情况下,毛主席只得向代表们说:'你们不走,我也不好走。'根据我的判断,再让主席站起来是很困难了,但这时又不能让代表们知道主席身体的真实情况。于是我建议总理当场宣布:毛主席目送各位代表退场。总理采纳了我的建议。"

正是在这样的情况下,周恩来宣布:"请各位代表先行退场,毛主席目送大家退场。"代表们这才依依不舍地离去。

直到全场人散尽,毛泽东才在工作人员的搀扶下,吃力地站起身,离开会场。

毛泽东不希望自己的老态展现在众人面前。下面几天的会议,他再没有参加。

8月28日,中共十大闭幕式上,周恩来宣布:"今天大会,毛主席请假,委托王洪文同志代表他投票。"

大会选出了195位中央委员和124位候补中央委员,邓小平、谭震林等被打倒过的老干部的名字赫然出现在中央委员的名单上。

新选出的中央委员们,接着召开中国共产党第十届中央委员会第一次全体会议,选举政治局委员、常委、主席和副主席。

人们注意到,头上缠着白色毛巾、一身黑色布袄的大寨当家人陈永贵也进入了政治局,成为党和国家的领导人。

说起来，陈永贵进政治局的过程似乎很简单。一张印有陈永贵名字的政治局委员候选人名单发了下来，由各小组讨论。在华北组的小组讨论会上，陈永贵见名单上印着自己的名字，便有些不安。

这时参加华北组讨论的周恩来说："关于永贵同志来中央，在过去几年就考虑过这个问题。大寨和昔阳在永贵同志领导下，始终坚持毛主席的革命路线，进行了长期的斗争，是经过考验的。"

华北组的中央委员们听了这番介绍，没说二话，众人一阵鼓掌，陈永贵就算通过了。

在中共十大上，38岁的王洪文出任党中央副主席，50岁出头的华国锋成为了中央政治局委员。这两人是在林彪叛逃身亡之后，被分别从上海和湖南调来的。党内最年轻的副主席是否能成为最后的接班人尚未有定论，不过江青一伙在党内却多了一个重要的政治砝码。

与王洪文同时调来的华国锋，在中共十大闭幕后也担任了公安部长的要职。

公安部长地位的重要性人所共知。从此，华国锋能够经常走近毛泽东，贴身保卫他老人家。在毛泽东身边站稳了脚跟，就在中央高层站稳了脚跟。

也是在这次大会上，周恩来宣布了一个消息："同志们，最近我们还要举行第四届全国人民代表大会。"

因"林彪事件"整整中断了两年的四届人大筹备工作，再次被提上了议事日程。然而，随后的四届人大筹备工作仍然是风雨交加，阻力重重。

1973年底，毛泽东接受了周恩来、叶剑英等人的建议，决定把邓小平请回政治局，并任命他为军事委员会委员。

12月15日，毛泽东在他的书房兼会客室召集政治局扩大会议，当众宣布了这一重大决定。

毛泽东指挥大家唱《三大纪律八项注意》，接着说："步调一致才能得胜利。林彪步调不一致，所以不能胜利。什么大舰队、小舰队。"他又着重向大家谈了邓小平，说："我们现在请了一位总参谋长。他呢，有些人怕他，他是办事比较果断。他一生大概是三七开。你们的老上司，我请回来了，政治局请回来了，不是我一个人请回来的。"

毛泽东吸了一口烟，对邓小平说："你呢，人家有点怕你，我送你两句话：柔中寓刚，绵里藏针。外面和气一点，内部是钢铁公司。过去的缺点，慢慢地改一改吧。不做工作，就不会犯错误。一做工作，总要犯错误的。不做工作本身也是一个错误。"

随后，周恩来亲自草拟了《中共中央关于邓小平任职决定的通知》。

此后，凡遇有重大国事和外事活动，周恩来都力争让邓小平一起参加。

邓小平在政治舞台上频频亮相，江青等人看在眼里，恨在心里。他们寻找各种机会压制和刁难邓小平。

1973年9月23日，毛泽东在接见外宾时说："我赞成秦始皇，不赞成孔夫子。"年底开始，一场批林批孔运动又在全国展开。江青一伙借机制造了一系列荒诞的事件，诸如白卷英雄上大学、批判晋剧《三上桃峰》、围剿湘剧《园丁之歌》、借小学生日记批所谓的"师道尊严"等等。

一个又一个事件，江青一伙的举措进一步恶化了当时的政治局势，中共十大以后刚刚恢复的四届人大筹备工作前后又被迫中断了近一年。

"项庄舞剑，意在沛公。"江青一伙借批判孔子之机生当下之事，实际上是把矛头指

目送代表们退场的毛泽东（杜修贤　摄）

邓小平主持工作后经常与毛泽东相见
（杜修贤　摄）

邓小平和夫人卓琳、秘书王瑞林在
江西（历史照片）

向了周恩来，指向了邓小平。

　　刚刚复出不久的邓小平顶着巨大的压力，在自己的岗位上艰难地工作着。

毛泽东和周恩来

忧伤地握手道别，毛泽东和周恩来最后一次一起面对镜头

在毛泽东和周恩来携手近半个世纪漫长的岁月里，没有人知道他们握过多少次手，也无法计算他们究竟握过多少次手！

然而，在杜修贤的镜头里却留着他们最后一次公开握手的瞬间。

1974 年，周恩来的病情已恶化，癌症转移，身体明显消瘦。为了不使党和国家的大权落入"四人帮"手中，他千方百计地解放以邓小平为代表的一大批被打倒的老干部，以填补自己之后在政治上出现的真空。同时，他拖着重病之躯，仍然夜以继日地忙碌着。

1974 年 5 月 29 日，周恩来陪同马来西亚总理拉扎克会见毛泽东，这是他最后一次走进毛泽东的书房。会见结束时，邓小平、乔冠华和毛泽东告别后就走出书房，杜修贤一看，周恩来还站在门旁……杜修贤没有参加他们的告别，只是默默地等待着。开始他还以为周恩来会和邓小平、乔冠华一道走，他想还是等他们都离去之后再走，就站在靠门边的墙根等候着……

毛泽东送客走到门边，和站在旁边的周恩来目光相遇，瞬间，一脸的微笑飞逝而去，立刻忧伤地垂下眼帘。这速变的表情令杜修贤惊诧不已，他的第一个反应就是端起照相机，镜头对准他们的身影……

镜头里，毛泽东忧伤地耷拉着眼皮，头稍稍地低着，苍老的脸上布满愁容和病容。花白稀疏的头发在脑顶闪出一片智慧的空间，整齐地向后披去。他迎着高悬的摄影灯，脸上的肌肉明显松弛，但很光洁。身上的浅灰色中山装平整合身，显得淡泊庄重。

已经十分消瘦的周恩来，用温和睿智的双目深情地正视着毛泽东。摄影光从他后侧射来，脑后和脊梁犹如披着一道光束，眉毛在逆光的面部依然黝黑浓密，充满着生气。曾洋溢乐观笑影的"酒窝"虽已被岁月的刀斧凿成两道深深的沟纹，却依然显露出执着的善意。但是，一丝伤感的凝重神色却在他的眉宇之间徘徊。一种不祥之云笼罩着毛泽东的书房。

周恩来一边看着携手近半个世纪的毛泽东，一边慢慢地伸出手，毛泽东也慢慢地把手伸了过去。两双操纵中国革命方向的巨手再次握在一起，组成了这神圣而又沉重的瞬间。当杜修贤鬼使神差地"咔嚓"一声按下快门时，他万万没有想到，这却是中华人民共和国第一位总理和中国共产党的最高领袖，最后一次对着摄影镜头握手道别。

后来，周恩来从医院飞去长沙，和毛泽东就四届人大的问题又会晤过一次，但没有带记者同往，也就再没有留下他们握手的照片。

杜修贤曾回忆说："在我拍摄他们握手的瞬间片刻，脑袋里却有着许多说不清的感觉，似乎总理一反寻常，立等门口和主席握手，有着不可言传的不祥之兆。平时总理在主席书房并不拘礼，常常会谈一结束起身就走，害得我们都'捉'不着他的镜头，可这次……"

无言的感觉使杜修贤紧紧地抓住了这无言的瞬间！

毛泽东可能已经知道周恩来即将离开西花厅住院治病，也知道周恩来得了绝症，没有医治的希望了。所以，当周恩来将手伸向他时，他深邃的目光里有着难以诉说的痛苦

1974 年 5 月 29 日，毛泽东与周恩来最后一次面对镜头握手告别（杜修贤　摄）

1952 年 8 月，毛泽东与周恩来在北京先农坛体育场观看解放军体育运动会（侯波　摄）

和空寂。

　　毛泽东和周恩来之间的关系，在一般人眼里，似乎没有什么个人感情色彩，办事说话都是一本正经，从不开玩笑。但实际上，这正说明他们之间有着深沉而且牢固的、常人无法理解的友情。

　　在"四人帮"最猖狂的时期，毛泽东一次又一次地支持周恩来工作。而周恩来以对革命的忠诚和罕见的牺牲精神，坚决捍卫毛泽东思想。在"文化大革命"中，他做了许多现在看来和"文化大革命"精神相违背的事情，正因为这样，才真正地维护了毛泽东的威望，将"文化大革命"造成的损失减到最低程度，从而使林彪、"四人帮"的倒行逆施受到控制和制约。

　　有人为周恩来鸣不平，说他受气、受挤、受委屈，应该撂挑子。如果那样，"文化大革命"绝不会是现在大家所看到的结局，而是更加悲惨、更加混乱、更加无法想象的结局。

　　6 月 1 日，也就是和毛泽东握手后的第三天，周恩来住进了305 医院，直到生命的最后一刻。

　　继周恩来住院离开中南海的西花厅之后，毛泽东也于 7 月 17

毛泽东与周恩来（吕厚民　摄）

日离开中南海的游泳池去了湖南长沙。两人好像是相约好了似的，前后脚地走出中南海。

这样，中南海里少了两位伟人——毛泽东和周恩来。

毛泽东与周恩来在丰泽园门前迎接客人（徐
肖冰　摄）

最后一次南巡

在政治局会议上，毛泽东将严厉的目光投向江青："不要设两个工厂，动不动就给人戴大帽子……"听到批评，坐在角落里的江青早已局促不安

1974 年 7 月 17 日夜幕降临，长安街华灯齐放，热闹了一天的长安街开始寂静下来，白天被盛夏热浪笼罩的城市，开始有了一丝凉意。这时，一队轿车从中南海新华门快速驶出，转弯向东，驶向北京站。

这是毛泽东生前最后一次外出巡视，此刻他已是 81 岁的高龄。也许他已感觉到自己的生命即将走向终点，也许他还想最后一次重温那叱咤风云的年代，所以这次在外驻足的时间最长。

就在这次外出前，他曾主持了一次中央政治局会议。在这次政治局会议上，他严厉地批评了江青一伙。

他在中央政治局会议上，用浓重、迟缓的湖南乡音警告江青："江青同志，你要注意呢！别人对你有意见，又不好当面对你讲，你也不知道。不要设两个工厂，一个叫钢铁工厂，一个叫帽子工厂，动不动就给人戴大帽子……"

1974 年 2 月，毛泽东在中南海书房
（杜修贤　摄）

1975 年，毛泽东与他的英语老师、外交部翻译章含之亲切握手交谈（杜修贤　摄）

　　这时的毛泽东两眼已开始模糊不清，但他仍将严厉的目光投向坐在会议厅一角的江青。这时，坐在角落里的江青已有些局促不安。

　　其实，从 1973 年底以来，毛泽东对江青的不满日甚，曾多次批评她。

　　1974 年 3 月，政治局开会讨论派谁去参加联合国大会第六届特别会议。会议根据毛泽东的提议，决定让邓小平去。结果江青坚决反对。

　　毛泽东得知这次开会的情况后，十分气愤，立即给江青写了一

封信：

江青：

邓小平同志出国是我的意见，你不要反对为好。小心谨慎，不要反对我的提议。

毛泽东

3 月 27 日

在这之前，毛泽东还将一封署名为"一个普通的共产党员"的批评江青的来信批给全体政治局委员传阅，毛泽东对来信做了如下批语：

印发政治局各同志。

有些意见是好的，要容许批评。

毛泽东

1973.11.25

那封信署名"一个普通的共产党员"，批评江青"民主作风差"，批评江青坚持"一切为样板戏让路"，并指出"江青是'文化大革命'的英勇旗手"的口号和提法是不恰当的。

此后，毛泽东又说江青"迫不及待"。

在这次会上，毛泽东还针对江青到处说"我代表毛主席"等，当众宣布："她并不代表我，她代表她自己。"

在会上，他还批评王洪文、张春桥、江青、姚文元等搞帮派活动，说："你们不要搞成四人小宗派呢！"毛泽东对江青一伙的批评，从根本上决定了他们日后覆灭的命运。

就在毛泽东这次南巡之前，周恩来因病情恶化住进了医院，国务院的工作越来越需要一个强有力的领导人来承担。毛泽东决定由邓小平来挑起这个大梁。

邓小平在抓国内经济工作过程中，与江青、王洪文、张春桥、姚文元的倒行逆施展开了激烈的斗争。这些斗争，有的是在毛泽东支持或同意下进行的。

那么这次离开中南海，江青等人会不会给邓小平制造新的麻烦？这个问题一直萦绕着毛泽东的思绪，但毛泽东相信邓小平的工作能力，相信他能处理好各种矛盾。

年年飘香的东湖桂树，迎来了历史巨人在这里的最后驻足

毛泽东此次外出，是经中央政治局反复研究后才同意的。此行的第一个落脚点是湖北省省会武汉市。

1974 年 7 月 18 日，用了一天的行程，毛泽东的专列到达武汉。

毛泽东十分喜欢武汉。据说建国后毛泽东到武汉 40 多次，而他每次来到武汉几乎都要"夜宿东湖，畅游长江"。仅他在武汉长江游泳，就有 18 次之多！

"我就是喜欢这个城市。"这是中华人民共和国缔造者的心里话。

湖北武汉，是毛泽东革命生涯中的重要一站。

1918 年夏，25 岁的毛泽东第一次来到武汉。第二年冬，他率湖南驱张（敬尧）赴京请愿团再临江城，并在这里同恽代英会晤。

1927 年，毛泽东来到武汉，在武昌主持中央农民运动讲习所期间，写就了《湖南农民

游泳中的毛泽东（钱嗣杰　摄）

毛泽东在武汉长江游泳后向游泳的群众
挥手致意（钱嗣杰　摄）

运动考察报告》，成为毛泽东思想最重要的光辉文献之一。

当年春天，蒋介石叛变革命，轰轰烈烈的大革命面临失败。在一个烟雨蒙蒙的日子里，青年毛泽东只身登临位于武昌江岸的黄鹤楼旧址，不由得心潮翻滚，思绪纷繁，挥笔写下《菩萨蛮·黄鹤楼》。其中有："黄鹤知何去？剩有游人处。把酒酹滔滔，心潮逐浪高！"

然而，让毛泽东意想不到的是，1953年春，他再到词中的黄鹤楼时，却出现了另一番景象。这是毛泽东自建国后首次来武汉。此时的毛泽东已是开天辟地、创造了一个新中国的几亿人民的领袖。

1956年夏天，毛泽东到武汉小住，畅游了长江，品尝了美味，兴致勃勃地挥笔写下了那首脍炙人口的《水调歌头·游泳》。

结果，武汉的武昌鱼，由于"才饮长江水，又食武昌鱼"这句话而名声大振。就是现在，到武汉的人也要一尝为快。

即便在"文化大革命"期间，毛泽东仍忘记不了武汉。1966年7月，他在这里提出了一个由"天下大乱"到"天下大治"的设想，试图开展一场全国性的"大演习"。随即，正值73岁高龄的毛泽东再次畅游长江。然而，第二年夏天来武汉的毛泽东，却不能左右"天下大乱"的局势，因所谓的"七二〇事件"而被迫离开武汉。

随后，他再到武汉时，对"文化大革命"运动给人民群众生活带来的影响十分关心。他曾问武汉军区司令员曾思玉：湖北乡村形势如何？曾思玉向毛泽东如实汇报了湖北的农业情况。

听完汇报后，毛泽东深情地说："人是要吃饭穿衣的。湖北是个好地方，是鱼米之乡。自古以来就有'湖广熟天下足'之说。中国的文字很有道理，'饭'字缺了食就剩下了'反'字，如果老百姓没饭吃，就要起来造反的。民以食为天嘛，农业是基础的基础，我们经济形势的好坏，是依农业形势的好坏而转移的。湖北这个地方产粮食和棉花，你们要抓紧不放，人民有饭吃，有衣穿，事情就好办了。告诉你们，做任何事情都要抓紧，抓而不紧，等于没有抓。"

在"文化大革命"期间，毛泽东不仅关心湖北的农业形势，而且关心湖北的水利建设，因为他知道，武汉一直是被长江水患所困扰的城市。

1969年11月间，曾思玉等人走进东湖客舍毛泽东的住处，此间，毛泽东正在武汉休养。正在读书的毛泽东见曾思玉等人进来，笑着问："你们有什么要紧的事谈呀？"

曾思玉回答："报告主席，是关于长江上兴建大型水电站的事情。我们拟了个方案，计划用10年时间，投资30亿元，在三峡三斗坪地区兴建高层大坝枢纽水电站，实现主席'高峡出平湖'的宏伟理想。"

原来，"更立西江石壁，截断巫山云雨，高峡出平湖"是毛泽东在1956年三次畅游长江之后以诗的形式表达出来的治理长江、开发长江、修建三峡水利枢纽的远大理想。

毛泽东微笑着说："你们真有雄心壮志呀！敢想敢干精神可嘉。'高峡出平湖'是我写诗说的。可是你们就不怕原子弹吗？大坝修起来了，战争打起来，万一被炸，那么多的水流下来，不但要淹掉宜昌，顺流而下，连武汉、九江、安庆、南京都要遭殃！"毛泽东说完大手一挥，果断地说："现在修三峡工程不妥，条件不具备，不能搞。"

毛泽东燃起一支烟，深深地吸了一口，缓慢地说："你们说投资30多亿，我看一上马就要50亿之多。就是不打仗，我们的国力和技术力量，也是难以办到的。"

后来，毛泽东听说他们还有第二方案，就是在西陵峡出口葛洲坝建低水头坝，利用

径流发电。

毛泽东在详细询问了各方面的情况后,果断地一挥手,"好,赞成兴建此坝!"

第二方案得到毛泽东的首肯之后,周恩来立即亲自主持召开了多次会议,进行研究和论证。周恩来说:"在中国第一江上兴建第一坝水电站,是为民造福的大好事!"

1974年以来,毛泽东愈来愈感觉看景物模糊难辨。因此,一直主张自己动手批阅文件、写各类文字稿的毛泽东,不得不改变多年来的工作习惯,由他人代读、代写。

对毛泽东所患眼病的治疗,党中央极为重视。先是周恩来直接抓毛泽东的医疗工作,周恩来住院后,又改由邓小平负责。

很快,一些著名眼科专家会集武昌。经反复检查分析,确诊毛泽东所患眼疾为"老年性白内障",并以右目为重,左目为轻,属最常见的一种。

在武汉,国庆节才过3天,毛泽东见时机已经成熟,决定提议由邓小平出任国务院第一副总理。

10月4日,他让机要秘书打电话给在北京的王洪文,传达他关于邓小平担任国务院第一副总理的提议。这个消息对江青一伙来说,不啻五雷轰顶,大难临头。

也正是从这一天起,"四人帮"开始秘密抗拒毛泽东的指示,进行了一系列"组阁"活动。

此时,毛泽东似乎也预感到了什么。如同中共九届二中全会前一样,他又提出了团结问题,并且中共中央在10月11日发出的通知中做了传达。但江青一伙夺权心切,怎肯善罢甘休。他们不顾毛泽东的指示,加紧进行阴谋活动,最后决定利用"风庆轮事件"发难。

"风庆轮"是一艘中国自行设计、制造,全部采用国产机器和设备的万吨级远洋货轮。

原来,为了尽快发展远洋运输事业,早在1964年,周恩来在得到毛泽东同意的情况下做出造船和买船并举的决定。1970年,周恩来又指示,力争在几年内结束主要依靠租用外国轮船的局面,要大力发展国内造船的能力。在国内造船一时不能适应需要时,适当买进一些船只,以便把远洋运输的主动权掌握在我们手中。对此,江青一伙攻击说:"从曾国藩、李鸿章、袁世凯、蒋介石,一直到刘少奇、林彪,奉行的都是'造船不如买船,买船不如租船'的洋奴哲学,推行了一条'卖国主义路线'。"他们采取指桑骂槐的卑劣手段,以批一个部门、一个单位,将矛头指向中央、国务院。他们宣称"部的背后有中央的人",想把周恩来等中央领导同志打成"当代的李鸿章"。

10月17日,江青等人在中共中央政治局会议上,继续借"风庆轮事件"发难,有预谋地围攻邓小平,影射周恩来。江青率先对邓小平搞突然袭击。她拿出关于"风庆轮"的传阅材料,逼迫邓小平表态:"你是支持呢,还是反对呢,还是站在中间立场呢?"在邓小平回答说"我已圈阅了,对这个材料还要调查一下"后,江青进一步当面质问邓小平对批判"洋奴哲学"是什么态度,是赞成还是反对。邓小平忍无可忍,严正地回击江青他们说:"这样政治局还能合作?你们这是强加于人,难道还一定要赞成你们的意见?"

在遭到邓小平的坚决抵制和回击后,江青一伙马上群起而攻之:"早就知道你要跳出来,今天你果然跳出来了。"结果会议无法正常进行,邓小平愤然离开会场。江青一伙这样做的用意很明显,就是要闹得邓小平不能工作,闹得邓小平当不成第一副总理。

就在江青掀起"风庆轮事件"的前一天,毛泽东离开休养了80多天的武汉,去了老家

毛泽东远眺长江中游泳的人群(钱嗣杰 摄)

1974年4月，周恩来抱病欢送以邓小平为团长的中国代表团出席联合国大会第六届特别会议（杜修贤 摄）

长沙，他并不知道这件事。

毛泽东这次离开武汉后，再也没有踏上这块令他情有独钟的土地。人们也许永远不会知晓，毛泽东最后一次离开武汉时的心境，但滚滚的长江流水、美丽的东湖，将永久铭记这位历史巨人在这里留下的足迹。

橘子洲头，万山红遍。八旬高龄的毛泽东重访故地，心中多少感慨，多少眷恋！但他最终却没能实现再返韶山的心愿。长沙决策，两位历史巨人在一起促膝长谈

离开武汉后，毛泽东的专列驶向下一个目的地——长沙。

长沙在中国革命历史上，可以说是个革命圣地。伟人毛泽东在湖南省立第一师范学校、湘江中的橘子洲、湘江西岸的岳麓书院、爱晚亭都留下了成长的足迹。

橘子洲上因多美橘，故以为名，是湘江的一个江心小岛。橘子洲是毛泽东早期从事革命工作的地方，他在湖南省立第一师范学校读书时，经常同蔡和森、张昆弟等学友到橘子洲搏浪击水，议论国事。1925年，毛泽东挥就的《沁园春·长沙》有："独立寒秋，湘江北去，橘子洲头……问苍茫大地，谁主沉浮？"这抒发了他的豪情壮志。 建国后，尽管日理万机，但他回湖南视察，仍7次到橘子洲附近的湘江水域游泳。

在古木参天、浓荫蔽日、山光水色的湘江西岸，有一片典雅、庄重的古建筑群，这就是为世人瞩目的中国"四大书院"之一——岳麓书院。 早年毕业于岳麓书院的著名学者杨昌济，在经受戊戌变法的失败后，出国留学，1913年学成归国，开始了他的爱国主义教育生涯。他先后在湖南省立第一师范学校和岳麓书院内的湖南省立高等师范学校任教，利用授课的机会介绍西方进步思想，鼓励学生投身社会革命。在他的门下涌现了一大批革命者，如毛泽东、蔡和森、张昆弟、邓中夏、李维汉、萧三、何叔衡等，为中国革命做出了杰出的贡献。

出岳麓书院后门，沿石径行 200 米，便是爱晚亭。青年时代的毛泽东，在湖南省立第一师范求学时，常与罗学瓒、张昆弟等人一起到岳麓书院，与蔡和森聚会于爱晚亭下，纵谈时局，探求真理。现在的爱晚亭匾，就是毛泽东亲笔手书制成。

可以说，在湘江两岸，在岳麓山周围，到处都留有毛泽东当年活动的"记忆"。

1974 年 10 月 13 日清晨，毛泽东的专列徐徐驶入长沙站。毛泽东走下火车，向在车站等候多时的湖南省党政领导同志招手致意，然后乘一辆黑色红旗牌小轿车直奔省委接待大院。

轿车缓缓驶进接待处大门，在九所坪中停下来。年事已高的毛泽东在工作人员的搀扶下，走下了轿车。三年没有回家乡了！工作

与邓小平、汪东兴及工作人员在毛泽东书房合影（杜修贤　摄）

人员见毛泽东的身体明显不如上次，面容消瘦，头发斑白、稀疏，显得苍老了许多，心头不禁一阵酸楚。

毛泽东在张耀祠等人的陪同下，向九所宾馆六号楼走去。

毛泽东来长沙后不到一周，便发生了"四人帮"策划的"长沙告状事件"。

原来，江青等人在10月17日中共中央政治局会议上，借"风庆轮事件"，有预谋地围攻邓小平，影射周恩来。当天晚上，江青、王洪文、张春桥、姚文元在江青的住地——钓鱼台十七号楼密谋策划。最后，江青一伙恶人先告状，决定派王洪文去长沙，向毛泽东告邓小平和周恩来的"状"。从表面上看，这只是告"御状"，而实际上这是"四人帮"为掌握四届人大"组阁"大权所蓄谋已久的一个重要步骤。

1974年10月18日，王洪文乘坐的专机在长沙机场降落。当晚，毛泽东接见了他。

在汇报四届人大筹备情况时，王洪文向毛泽东报告："总理现在虽然有病，住在医院，但还忙着找人谈话至深夜。几乎每天都有人去。经常去总理那里的有小平、剑英、先念等同志。"

毛泽东静静地听着。

王洪文继续说："他们这些人在这时来往得这样频繁，和四届

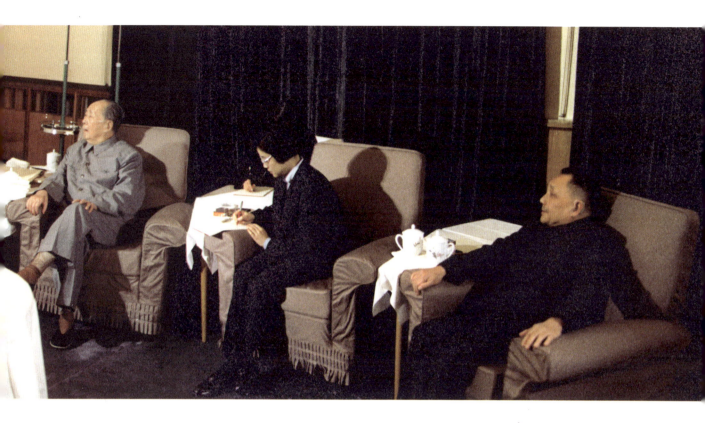

1974 年 10 月 20 日,邓小平陪同丹麦首相保罗·哈特林到长沙会见毛泽东。此后,毛泽东与邓小平交换了对"钢铁公司"的看法(杜修贤 摄)

人大的人事安排有关。"

王洪文见毛泽东默不作声,马上又补充道:"北京现在大有庐山会议的味道!"

王洪文的这句话是点睛之笔。如果毛泽东对他的报告重视并给予支持,把事情与 1970 年的庐山会议即中共九届二中全会联系起来,那么问题的性质就很明显了。

王洪文期待得到毛泽东的支持。但是,他的希望落空了。

毛泽东当即批评王洪文:"有意见当面谈,这么搞不好!要跟小平同志搞好团结。"并要他回京后多找周恩来、叶剑英谈谈,不要跟江青搞在一起,提醒他要注意江青。

王洪文碰了一鼻子灰,只得悻悻而回。

江青为了进一步达到目的,又两次召见即将随邓小平陪丹麦首相去长沙见毛泽东的外交部人员王海容、唐闻生,要她们诬告周恩来、邓小平。

但王海容、唐闻生并没有按照江青的要求去做,而是主动向毛泽东做了汇报。在听取了王海容、唐闻生的反映后,毛泽东十分恼火。他把这件事同两天前王洪文"告状"的举动联系在一起,愈感江青的所作所为非同一般。他告诉王海容、唐闻生二人:"'风庆轮'的问题本来是件小事,而且先念同志已在解决,可江青还这么闹,这么搞很不对头嘛!"他要二人回京后向周恩来、王洪文转达他的意见:"总理还是我们的总理,四届人大的筹备工作和人事安排,由周总理和王洪文主持,同各方面商量办理;开人大的时间,除了看准备情况外,还要视总理病情而定。"他还要求她们告诉王洪文、张春桥、姚文元三人,不要跟在江青后面批东西。

回来以后,王海容、唐闻生来到 305 医院,向周恩来转达了毛泽东的一系列指示。周恩来听罢倍觉欣慰。

11 月初,周恩来在病房伏案疾书,向在长沙的毛泽东汇报四届人大的各项准备工作情况,表示:"坚决拥护和执行主席提议的小平同志为第一副总理,还兼总参谋长的指示。"并告:"我的身体情况比 7 月 17 日见主席时好多了,只是弱了些,如果近期召开人大会,定能吃得消。最希望主席健康日好,这一过渡时期,只有主席健康,才能领导好。"

11 月 12 日,邓小平陪同外宾再赴长沙,去见毛泽东。当天下午,毛泽东向邓小平提及 10 月 17 日中共中央政治局会议上的"风波",对邓小平公开抵制江青一事十分赞赏,高声说道:"你开了一个'钢铁公司',好,我赞成你!"又说:"她(指江青)强加于人哪,我也是不高兴的!"

邓小平答道:"我实在忍不住了,不止一次了。我主要是感觉政治局生活不正常。后来我到她(指江青)那里去了一下,'钢铁公司'对'钢铁公司'。"毛泽东兴奋地点头,"这个好!"

谈话中,邓小平又表示:"最近关于我的工作的决定,主席已经讲了,不应再提什么意见了。但看来责任是太重了一点。"毛泽东笑道:"没办法呢,只好担起来喽!"

最后,毛泽东提出,由邓小平主持起草周恩来在四届人大所做的政府工作报告的草稿。考虑到周恩来身体的承受能力,他要求报告稿不便太长,三五千字即可。邓小平当即应诺下毛泽东的重托。

同日,对江青已极度不满的毛泽东,提笔在江青写来的一封继续要求"组阁"的信上批示:"不要多露面,不要批文件,不要由你组阁(当后台老板)。你积怨甚多,要团结多数。至嘱。""人贵有自知之明。又及。"

在短短一个月内,毛泽东已数次对"四人帮"进行批评,发出警告,但这些未能改变江青一伙的本性。在接到毛泽东的批评信后,江青又于 11 月 19 日复信毛泽东,名为"检讨",实为伸手要官。她写道:"我愧对主席的期望,因为我缺乏自知之明,自我欣赏,头脑昏昏,对客观现实不能唯物地正确对待,对自己也就不能恰当地一分为二地分析。"接下来,她揭去伪装,"自九大以后,我基本上是闲人,没有分配我什么工作,目前更甚。"

对此,毛泽东毫不让步,一针见血地批道:"你的职务就是研究国内外动态,这已经是大任务了。此事我对你说了多次,不要说没有工作。此嘱。"

1974 年 12 月 12 日,根据中央政治局的意见,周恩来、王洪文前往长沙向毛泽东汇报四届人大的准备情况。

12 月下旬,进入数九寒天,凛冽刺骨的寒风在华北平原上空呼啸着。叶剑英得知周恩来要去长沙的消息后,既喜又忧。喜的是,有周恩来亲自出马向毛泽东建议,击败江青"倒阁"的阴谋胜利在望。忧的是,周恩来的身体能承受得了吗?医生告诉他:"总理身体状况很不好,要乘飞机去长沙,怕……"医生话没有说完,叶剑英便果断地说道:"你们要采取一切措施,保证周总理的安全,这是政治任务。"

这次,王洪文来见毛泽东,除了与周恩来共同商量四届人大的人事安排外,还带来了

1975 年 1 月，盼望已久的第四届全国人民代表大会第一次会议在北京人民大会堂召开，朱德委员长致开幕词（杜修贤 摄）

江青关于全国人大的人事安排意见。原来江青几次碰了钉子后，开始采取"以退为进"的办法。虽然国务院第一副总理的位置她得不到，但国务院里有张春桥，多少还可以控制些局面。江青觉得唯独在全国人民代表大会常务委员会（简称"全国人大常委会"）里没有自己的人，决定利用王洪文去长沙的机会，再次派他向毛泽东做工作，达到把自己的人安排进人大常委会的目的。

在湖南省委九所宾馆六号楼会议室内，周恩来、王洪文与毛泽东会面。一见面，毛泽东便请周恩来坐到自己身边，关切地询问他的病情。周恩来一一做了回答。

谈话中，王洪文很快便把话题引到了江青的提议上，他向毛泽东说出了自己的意见和江青的建议。

然而，他再次受到毛泽东的严厉批评："不要搞'四人帮'！不要搞宗派，搞宗派是要摔跤的！"这是毛泽东第一次使用"四人帮"

邓小平与叶剑英投下庄严的一票
（杜修贤　摄）

这个提法。毛泽东还说："江青有野心。你们看有没有？我看是有。"
他告诫王洪文："我几次劝你，不要几个人搞在一起，你总是
听不进去！这一次，你既然来了，就多住几天，好好想一想，写个书
面检查。"

12 月 27 日，毛泽东、周恩来两位革命家在一起促膝长谈，对
四届人大的人事安排等问题做出最后决策，由此奠定了以周恩来、
邓小平为核心的新的国务院领导班子的基础。

1975 年 1 月初，毛泽东在长沙批准中共中央一号文件，任命
邓小平为中共中央军委副主席兼中国人民解放军总参谋长。之后，
周恩来在北京主持召开中国共产党第十届中央委员会第二次全体
会议（简称"中共十届二中全会"），根据毛泽东的意见，全会选举
邓小平为中共中央副主席、中央政治局常委。

1 月中旬，第四届全国人民代表大会第一次会议在北京隆重
举行。会议任命周恩来继续担任国务院总理，邓小平等 12 人为国

1975 年 1 月，周恩来在第四届全国人民代表大会第一次会议上做政府工作报告（杜修贤　摄）

务院副总理。至此,毛泽东、周恩来做出的"长沙决策"得以实现,江青一伙的"组阁"阴谋彻底破产。

就这样,在长沙岳麓山下"养病"的毛泽东,实际上一天也没有停止他作为卓越政治家的大脑思维。他不断遏制"四人帮"的阴谋活动,维护党和国家的安定团结,支持以周恩来、邓小平为代表的党的正确领导。

在长沙的日子里,毛泽东每天必不可少的运动,就是早、晚沿着门前的草坪散步。他总是边踱步,边吸烟,边沉思。有时思绪集中时,便止步不前,不发一言。这时,跟随在毛泽东身边的工作人员也远远站住脚,不再高声讲话,以免打断他的思路。

一次散步时,步履蹒跚的毛泽东,由于思考专注,脚下不慎绊了一下,老人家那高大的身躯晃动起来,眼看就要摔倒。幸好,身边有一排花架,他急忙伸手扶住,稳定了身子。被吓得脸色惨白的工作人员,疾步跑上来扶着他问:"主席,您……这是怎么了?"

"没什么。"毛泽东望着紧张失态的工作人员,故作轻松地拍了拍腿,"我这双腿……看来是不中用了哟!"说罢,他手扶花架,坐在了花坛的石阶上。

"我就在这里坐坐,没什么事。你们爱干什么就去干什么吧!"

毛泽东向围拢过来的工作人员挥了挥手。

当然,大家服从地散开了。但仍有两三个人在院子里"守候"着他老人家。毛泽东环顾一下周围,无可奈何地叹了口气——极不情愿他人代劳和保护自己,但毕竟这时他已无法抗拒自身所处处体现的自然法则。

"树犹如此,人何以堪!"望着眼前曾一次次伴随自己、旅居这里的桂树、樟木、枫林,毛泽东不由得从心底默诵出庾信《枯树赋》中的句子。

在长沙,毛泽东还曾驱车巡视长沙市容,以回忆、体味当年读书和开展革命斗争时的情景。酷爱游泳的毛泽东,固然已无法再下到湘江"中流击水",但却连续5次到市内湖南省游泳馆游泳,每次游30分钟,用故乡之水舒展筋骨。

2月初,毛泽东从来自北京医疗组的诊断报告中得知周恩来因劳累过度,病情继续恶化,每日便血不止的消息,内心极度伤感,他吃力地嘱告身边的工作人员:"去打个电话问问,总理现在的情况怎么样了?"

机要秘书按毛泽东的嘱咐,向中南海总理值班室打电话,询问周恩来的病情和饮食起居情况,并转达了在长沙的毛泽东的问候。

当毛泽东问候的电话记录被送到305医院周恩来的病榻前时,深解毛泽东心态和苦楚的周恩来不由得心潮涌起,感慨万千。他抱病起身,在病房致书毛泽东,详细汇报自己的病情。

周恩来的信成为毛泽东在长沙收到的最后一份重要文件。2月3日,毛泽东结束了他在长沙岳麓山下的休养,在向中共湖南省委负责人和九所宾馆工作人员一一道别后,乘上东进的专列,朝杭州方向驶去。

这是毛泽东最后一次告别他的故土。至于离长沙不远的故乡韶山,毛泽东在长沙期间本打算再去看看。为此,韶山管理局和滴水洞别墅都已做好接待的准备。

然而,毛泽东毕竟没有再回到韶山。他说:"我在长沙住了一百多天,你们已经很辛苦了。'客散主人安',我走了以后,你们好好过个春节吧!"一席话讲得周围的人不禁热泪盈眶。

应该说,毛泽东自己并没有认为这次来湖南是他生前最后一次返归故土。否则,从

登山途中歇一歇（侯波　摄）

常理上讲,他无论如何也要回韶山一趟。过去,毛泽东曾不止一次地表示,他将在故乡韶山"养老送终"。

一生眷恋乡土的毛泽东,最终也没能实现他再返故乡的心愿。

新中国成立后,毛泽东先后四十余次来到杭州,称杭州是他的"第二故乡"。他赞叹西湖的美景如此多娇,更赞赏西湖周围群山的峻秀。他在这群山上留下了难以统计的攀岩足迹

1975年2月6日,毛泽东抵达杭州。这是他此次"出巡"的最后一站。

毛泽东非常喜爱杭州,新中国成立后,他先后四十余次来到杭州,称杭州是他的"第二故乡"。在杭州期间,他主持起草了第一部《中华人民共和国宪法(草案)》和《全国农业发展纲要四十条》,写就了光辉著作《人的正确思想是从哪里来的?》,主持召开了许多重要会议,形成了许多重大战略决策。

一贯生活简朴的毛泽东,却有两项嗜好终身未改,一是抽烟,二是喝茶。毛泽东最爱喝西湖龙井茶。20世纪60年代初,他曾先后两次在西湖边的刘庄亲手采摘龙井茶。将采下的茶叶制成干茶后,用虎跑水沏上一杯,毛泽东边品尝边称赞道:"虎跑水泡龙井茶,真是天下一绝。"

毛泽东对雪,也有一种特殊的情感,从学生时代开始,他就喜欢雪。就是在寒风刺骨的大雪天,他也会像孩子一样,跑出屋外迎风搏雪。1953年12月27日,新中国成立之后毛泽东第一次到杭州,主持我国第一部宪法的起草工作。到达杭州后不久,西湖迎来了第一场瑞雪,雪花纷纷扬扬地飘下,地面很快铺上了一层薄薄的白毯。一看到下雪,毛泽东像孩子一样兴奋,立刻驱车来到苏堤观赏雪景。这时的苏堤,七步杨柳五步桃,全部穿上了银装。毛泽东一边散步观景,一边做着深呼吸,品味着空气中醉人的清香。

看到雪中西湖的美景,毛泽东如痴如醉。

如果说毛泽东赞叹西湖的美景如此多娇,那么他更赞赏西湖周围群山的峻秀。他在这群山上留下了难以统计的攀岩足迹。

在起草讨论《中华人民共和国宪法(草案)》繁忙的工作之余,毛泽东决定轻松一下。他喜爱爬山和游泳。一个星期天,他建议大家去爬玉皇山。周恩来那时身体非常好,活跃好动,性格开朗,立刻响应。刘少奇、朱德、陈云等其他领导同志也相继响应。

登山途中,翠竹参天,郁郁葱葱。粗壮的竹子,直径有碗口粗,一节一节挺拔向上。毛泽东大步拾级而上,来到山顶,俯视卦田,远眺宝塔,这大自然的风景真是令人陶醉,美不胜收。他观后精神特别振奋,情绪也很好,一路下山归来,又沿途赏景。

毛泽东后来又多次来杭州,几乎每次都要登山,他基本上登遍了杭州附近所有的名山。有一回,他登五云山。已经是下午4时多了,可他好像还没尽兴,继续往上攀登,然后一直登上南高峰。

站在南高峰顶上,毛泽东的额头已经冒出了汗珠。警卫人员见太阳快要下山了,便劝道:"主席,我们下山吧,今天已经超额完成任务了。"

"你看,那边还有地方比这里还高。"顺着毛泽东手指的方向,警卫人员看到了当时杭州的最高点——天竺山。看来,毛泽东这次还是意犹未尽。

1953年冬,毛泽东在浙江农村(侯波 摄)

毛泽东在杭州（侯波　摄）

"要攀就得攀到底,不能半途而废。"

毛泽东又要出发了,警卫人员连忙拉住他,"前面已经没路了,这样太危险了。"

"没有路好,我们要为杭州人民走出一条新路来!"

听了毛泽东的这句话,警卫人员只好陪着毛泽东继续向新的高峰攀登。攀到了最高峰后,毛泽东才像一个胜利者凯旋而归。毛泽东的勇往直前、不怕险阻,也给警卫人员上了生动一课。

毛泽东作为一位诗人,虽然没有留下称赞西湖秀美的诗篇,但却写了多首赞美杭州秀山的诗篇。如《五律·看山》《七绝·莫干山》和《七绝·五云山》等。其中,《七绝·五云山》(1955 年)这样写道:

> 五云山上五云飞,
> 远接群峰近拂堤。
> 若问杭州何处好,
> 此中听得野莺啼。

这次南巡,他又重提团结问题,说:"'无产阶级文化大革命',已经八年。现在,以安定为好。全党全军要团结。"

毛泽东第一次到杭州,住在北山街 84 号刘庄别墅。刘庄别墅在西湖的东南角上,背靠丁家山。这里临湖依山,幽静清新,是休假的绝好去处。刘庄的出名,不仅仅因为它的位置,更因其建筑所蕴含的文化气息。刘庄原叫"水竹居",最早的主人叫刘学询,是广东香山人,清光绪年间举人,后来中了进士。据说刘学询中举后,次年上京会试,归途经过杭州,被西湖山水所吸引,叹"故乡无此好山水"。于是在丁家山麓建造了一座颇具岭南风味的私家园林,取名"水竹居"。

1961 年 2 月,毛泽东又一次来到杭州。当时,正值国家三年困难时期。毛泽东来杭州时,有关部门已将他住的"一号楼"进行了翻修。其工程在今天看来并非过分,不过是依照原来建筑的式样做了部分修饰,换去了多年的朽木破瓦,新漆了门窗雕栏,并根据需要在主要厅室添置了一批新的家具设备,搞了较多的内装修,仅此而已。不料这些"举动"却遭到了毛泽东的严厉批评,并且对机要秘书叶子龙一挥手,"我们走,不住这里了!"说完,他大步跨出楼厅。

毛泽东离开刘庄后,便搬进了他在杭州的另一处住所——汪庄。这是一座极普通的宅院,位于西湖南岸,工作人员仍将这里称为"一号楼"。

我国三年自然灾害期间,毛泽东提出要"三年不吃猪肉,全国人民要勒紧裤带,共度难关"。即使在杭州,他仍不忘他的诺言。一次,汪庄的工作人员知道毛泽东喜欢吃红烧肉,便特意给他做了一份。毛泽东发火了:"老百姓都在啃野菜了,凭什么我就要特殊化。肉不吃了,你们到山上给我挖点野菜吧。"那段时间,毛泽东几乎每顿饭都是玉米、南瓜就着野菜熬过来的。尽管如此,他还是通宵达旦地工作,每天都到凌晨四五点才睡觉。

毛泽东这次到杭州,还是住在汪庄一号楼。从 1975 年 2 月 8 日起到 4 月 13 日止,他在这里共住了两个月零五天。

此时,毛泽东的身体情况并不比在武汉、长沙时要好多少,两腿还时常疼痛,脚也肿得厉害,行走更加不便。在这种情况下,再坚持长时间的阅读和工作,都将对身体恢复不利。为此，医生建议他应少看书、多活动，不便外出行走就在室内做一些活动。

毛泽东到杭州的第四天，恰是农历正月初一。为表达全体工作人员的心愿，担任毛泽东警卫的战士们特意赶制了一块大蛋糕，送给毛泽东祝贺春节。毛泽东高兴地接受了大家的礼物。这是毛泽东在他的"第二故乡"杭州过的最后一个春节。

到了杭州，除两腿时常疼痛、脚肿以外，毛泽东的白内障变得越来越严重了。一生靠眼睛读书写文章，靠眼睛洞察秋毫、高瞻远瞩的人，如今什么也看不见了，眼前的世界陷入一片朦胧的浑浊。这对一个生性敏锐、充满激情的领袖来说，该是多么的痛苦！

白内障手术有复明的可能，然而这个手术的对象不是一般人，所以手术前经过专家们反复研究病历，才确定了手术方案。主刀的医生是北京中医研究院广安门医院眼科的唐由之。

因为是春节期间，唐由之还在家里休假。警卫局的同志专门到唐由之的家里，请他做好准备，第二天将乘飞机出去执行任务。在飞机上，唐由之根据太阳的方向，断定飞机在往南飞。飞机即将降落时，他看到雷峰塔的旧址。作为杭州人的他，知道自己执行任务的地方是杭州，可是到杭州来做什么呢？

这时，飞机上有人对他们几位医学专家说，这次来是给毛泽东看病的，毛泽东第二天要接见大家。大家一听，简直惊呆了，顿时个个激动万分。

第二天，唐由之跟着汪东兴到了西湖畔的汪庄别墅，看见一位老人坐在沙发里，头发花白，眼睛没有什么神采，穿着一件旧浴衣，浴衣上打着补丁……他还在迷惑：难道这就是毛主席吗？外面不是一直说他老人家身体非常健康吗？

他不禁想起1974年底的几次专家会诊，那时他们看到的只是病历，根本不知道病人是谁。他当时断定，这个病人一定是个很不一般的人物。果然，他的判断没有错，这个病人就是毛泽东。

毛泽东当时已经行动不便了，但还是努力要从沙发里站起来迎接大家。那一天毛泽东正患感冒，唐由之忙抢步上前说："不敢当！不敢当！"毛泽东执意站起来与大家一一握手。毛泽东同张晓楼握手时，诙谐地说："看来你的楼盖不大了，永远是小楼！"大家都笑了，紧张的气氛一下子缓和了。于是专家们开始为毛泽东检查。

"我一直有一种预感，这回的任务要落在我头上了。"唐由之回忆说，"果然如此，一想起这次任务的重大，我一个星期都睡不踏实。"

唐由之发现毛泽东的房间里除了彩电，其他物品全是国货，连腕上的手表都是一块老"上海"牌。于是，他准备回到北京以后给毛泽东做手术的医疗器械也全用国货。

北京来的眼科专家走后，金日成将率朝鲜劳动党和政府代表团访华，毛泽东准备在杭州与金日成会见。然而，4月13日，原订计划突然变了，金日成不来杭州了，毛泽东要回北京见金日成。

晚上8时许，身着毛巾浴衣的毛泽东，在几个工作人员的搀扶下，缓缓走出汪庄一号楼。这时，楼厅内站着一些工作人员，目送毛泽东离去。见到老人家步履蹒跚、容颜衰老的病态，送别的人都泣不成声。毛泽东以疲惫无奈的目光，环顾了一遍周围的人，无力地点了点头，算是向众人告别。

外出视察的毛泽东(侯波 摄)

眼睛手术

唐由之以精湛的医术，使毛泽东重见光明。毛泽东吟诗相迎："岂有豪情似旧时，花开花落两由之。"毛泽东失声痛哭的一幕留给了唐由之难以磨灭的印象

1975 年的夏天到了，中央决定在北京组织一个眼科医学专家七人医疗小组，由唐由之负责，为毛泽东做手术。这个决定是由周恩来和邓小平做出的。为了此事，中央政治局开过许多次会议。周恩来还专门把唐由之叫到 305 医院的病榻前，详细地询问情况。

周恩来对毛泽东无微不至的关怀，令唐由之感受深切。他甚至要唐由之从上海专门带回一副最好的人体骨架，要亲自研究毛泽东的病情。

1975 年秋天，毛泽东在中南海与眼科医护人员合影（杜修贤　摄）

医疗小组的专家们把中南海毛泽东的书房腾出来辟为"阳光屋"手术室,进行消毒准备。唐由之提出要大家注意毛泽东的生活习惯、作息时间。准备时间为 10 天。

为期 10 天的术前准备期间,毛泽东一直没有明确表态同意接受手术治疗。

唐由之没有催促,而是与毛泽东慢慢拉近距离。

一次,毛泽东用餐时,唐由之悄悄进去察看。毛泽东耳音特别好,马上问谁来了。服务员告诉他是唐由之,毛泽东嘟囔着说:"吃饭也要看啊?"其实桌上的饭菜很简单:一段武昌鱼尾、白菜、菠菜、白切肉、一碟湖南人爱吃的辣椒酱。

唐由之第二次去看毛泽东吃饭,毛泽东就不反感了,还高兴地说:"唐由之又来了?快,坐下一起吃!"

10 天过得很快,手术临近了,但还是要根据毛泽东的作息来。毛泽东的作息很奇特,他从战争年代开始就不分昼夜,累了就睡,醒了就工作。

7 月 23 日,唐由之进去请示毛泽东,是否做好了手术的准备,毛泽东沉思不语。

过了一会儿,唐由之再次去问:"主席,您考虑好了没有?"

毛泽东反问他:"你都准备好了?"

唐由之回答:"准备好了。"

毛泽东还是不放心,再问:"是准备好了。没有缺点?"

唐由之想了想,决定实事求是地回答:"有,我给您冲泪道的时候,您的头在沙发上动了一下,我知道有一些疼,因为麻醉没有弄好。"

毛泽东哈哈一笑,一挥手说:"做!"

手术前,毛泽东叫秘书打开留声机,提出要聆听岳飞《满江红》的弹词。

他从居室走向隔壁的临时手术室时,这首弹词正好唱到高昂处,毛泽东用手有力地握紧搀扶他的工作人员的手,平静地走上了手术台,等待医生的手术。音乐声在手术室里回荡着,唐由之一边手术一边说:"我给您加盐水,可能盐水流到嘴里,有一点儿咸的,都是消过毒的,没有问题。"

毛泽东这时很配合,一声不吭,也不动。

其实,唐由之已经做完了难度最大的晶体剥离术。他将纱布放在毛泽东的眼睛上说:"主席,已经好了。"

毛泽东有些意外:"已经好了? 我还当没有开始做呢!"

唐由之搀扶毛泽东出来,看见周恩来、邓小平都在等候,就去向周恩来汇报。周恩来却说:"我都已经看见了,你不要汇报了。我看你很沉着,手也没有抖,都挺好。"

手术完成得很顺利,大家都非常高兴。

周恩来对唐由之叮嘱道:"成功了,太好了! 下一步一定要注意护理,不要有并发症。"

深夜 1 时多,毛泽东醒来,唐由之急忙来到他身边,他听到毛泽东在吟一首诗。

唐由之俯下身子,轻声问:"主席,您说什么,我听不懂,什么意思啊?"

毛泽东的两只眼睛都包着,他一句一句地念给唐由之听:"岂有豪情似旧时,花开花落两由之。何期泪洒江南雨,又为斯民哭健儿。"随后,将其盲书在纸上,字迹很是潦草。他还解释说:"这是鲁迅悼念杨杏佛的诗。"

毛泽东借用"花开花落两由之"的诗句,既表达了他对唐由之的好感,又抒发了自己晚年的凄楚情怀。

第二天,毛泽东的一只眼睛能看见东西了。那天,毛泽东别提多兴奋啦!他叫工作人员扶他出去,他要看看中南海的湖水,看看广阔的天空。

毛泽东重获光明的惊喜和孩童般的欢快,令全场的医务人员喜极而泣……

很快,毛泽东能够自己看文件看书了。他又捧起了他最爱阅读的古籍书本。

一次,唐由之就在一旁陪着毛泽东,突然,他被一阵呜咽声吓住了。他抬头一看,只见毛泽东捧着书,白发乱颤,老泪纵横,已是泣不成声。

唐由之赶紧起身劝止:"主席,您不能哭,千万不能哭。眼睛要坏的!"毛泽东哭了很久才稍趋平静。唐由之走到近前,发现毛泽东阅读的是一首《念奴娇·登多景楼》。这是南宋词人陈亮悲叹南北分离不能统一的词作。词的上半阕写道:

> 危楼还望,
> 叹此意,
> 今古几人曾会?
> 鬼设神施,
> 浑认作,
> 天限南疆北界。
> 一水横陈,
> 连岗三面,
> 做出争雄势。
> 六朝何事,
> 只成门户私计?

第二天,毛泽东把这首词的复印件送给了唐由之,并答应手书此词送与唐由之。

不久,唐由之又去探视毛泽东。因为此时毛泽东的左眼已经复明,故较之上次盲书《悼杨铨》的字迹,已显得规整许多。毛泽东还满足了医疗组医务人员的愿望,同他们一起合影。末了,他对唐由之说:"下次再请你来,为我做右眼的手术。"

可惜毛泽东没有等到那一天。一年以后,他与世长辞,再也不需要用眼读书了。

毛泽东是一个感情丰富的人,到了晚年,他时常感觉到孤独与寂寞。读书触景生情,颇易伤感,有的时候他还表现得非常脆弱。毛泽东阅读宋词失声痛哭的一幕,给唐由之留下了终生难忘的记忆。

"林彪事件"发生后,精神上的打击和极度的劳累,使毛泽东的身体骤然衰老

命运多舛的中国就像滔滔的黄河,走过了九曲十八弯,走进了令人难忘的1976年。这一年是中国农历的丙辰年,按照十二属相,辰属龙,故曰龙年,是中华民族的图腾年。

有句民谣说:"二月二,龙抬头。"这年年初,龙头还未抬,大祸就来临了!1月8日上午9时57分,人民总理周恩来离开了人世。

这一天,毛泽东几乎一夜未合眼,此时他正卧床,侧身看着文件。负责毛泽东身边工作的张耀祠,急匆匆地赶到游泳池毛泽东的卧室,将周恩来逝世的噩耗报告给了毛泽东。

1976 年 1 月 10 日，宋庆龄在北京医院向周恩来遗体告别（杜修贤　摄）

　　毛泽东听后许久一言未发，只是点点头表示知道了。对于周恩来的逝世，毛泽东显然早已料到了。在近几年的医生报告中，他早有所觉。长期的伤感，使他的眼泪枯竭了。此时，他已无法向这位患难与共的同志、战友表露自己内心的悲伤和痛苦。

　　中央将拟好的有关周恩来追悼会的规格，参加追悼会的政治局与党、政、军负责人的人数和悼词一并送毛泽东审阅。

　　中央考虑到毛泽东病重，便没有安排他参加有关周恩来逝世

1976 年 1 月 15 日，邓小平在周恩来的追悼会上致悼词（杜修贤　摄）

的一切活动。

据秘书张玉凤回忆："毛主席审阅这个报告时，我一直守候在侧。不知道为什么在我这个普通人的心里，一直存有一线希望，或许会有 4 年前参加陈毅同志追悼会那样的突然决定，也能去参加周总理的追悼会。一句憋在我心里许久的话，不由自主地脱口而出，冒昧地问主席：'去参加总理的追悼会吗？'一直处于伤感中的主席，这时，一只手举着还没有来得及放下的文件，另一只手拍拍略微跷起的腿，痛苦而又吃力地对我说：'我也走不动了。'"

毛泽东这时已站不起身，他不愿意让人们看见他举步维艰、离不开轮椅、不能讲话的那种晚年病态和痛苦的心境。

毛泽东没有参加周恩来的追悼会，也是令人可以理解的。

毛泽东拿起他一贯使用的那支红铅笔，在送审报告上写有"主席"二字的地方端端正正地画了一个圆圈。悼词千言，这个圆圈寄托了毛泽东对周恩来的深切哀思，这个圆圈表达了毛泽东对周恩来的深情厚谊。可是在人民的心目中，它确实是弱了，太弱了……这一笔怎么能表达得了对与自己风雨同舟几十年的战友的离别之情呢？人们当时多么希望毛泽东能在周恩来的追悼会上出现呀！

然而，若干年后，当人们从毛泽东身边的工作人员和卫士的回忆文章中得知他当时的身体状况时，不仅能理解他，也更深切地理解了他和周恩来之间情同手足的关系。

那天晚上，毛泽东看电视的时候，护士和陪伴他的人注意到，眼泪从他衰老的脸上滑下来。

周恩来逝世后，毛泽东的情绪非常不好，烦躁、不愿讲话，只是借助刚刚治好的一只眼睛不停地阅读。这时，他虽然能自己看书、看文件，但由于身体过于虚弱，两只手一直颤抖，已经没有举起文件的力量了。为了满足毛泽东那艰难的阅读需要，身边的工作人员都要帮他举着书或文件。看得出来，此时他似乎只能通过书本和文

1976 年 1 月 14 日晚，邓颖超手捧周恩来骨灰走出劳动人民文化宫（杜修贤　摄）

件摆脱一切痛苦。

1976年6月，毛泽东突患心肌梗塞，经及时抢救才得以脱险。7月6日，朱德逝世。此时此刻，毛泽东心中的悲凉之感愈发浓重。一次，秘书张玉凤给他读南北朝时著名文学家庾信的《枯树赋》。张玉凤接连读了两遍后，毛泽东用微弱的声音一字一顿地苦吟：

　　…………
　　此树婆娑，
　　生意尽矣！
　　至如白鹿贞松，
　　青牛文梓，
　　根柢盘魄，
　　山崖表里。
　　桂何事而销亡，

毛泽东在延安祝贺朱德六十寿辰
（徐肖冰　摄）

朱德同志六十大寿

人民的光荣

毛泽东

1946 年，毛泽东为朱德六十大寿题词——人民的
光荣

身着元帅服的朱德（侯波 摄）

桐何为而半死？
…………
昔年种柳，
依依汉南，
今看摇落，
凄怆江潭。
树犹如此，
人何以堪！

　　毛岸英逝世后，毛泽东曾吟此诗，抒发自己悲痛的思儿之情；
晚年，他又借庾信的作品抒发英雄暮年的悲凉情怀。

朱德追悼会现场（杜修贤　摄）

第十章

世纪葬礼

巨星陨落 1976

垂暮的毛泽东最终将忠厚老实的华国锋定为接班人,直到临终一刻都没有把大权交给"四人帮"。对此,他保持着高度的清醒

1976 年的春节,那个寒冷的冬夜,天空星光暗淡,中南海游泳池毛泽东住地外只有一排整齐的路灯闪着微弱的亮光。

毛泽东这里没有客人,也没有亲人,只有身边几个工作人员陪伴着度过了他生命中的最后一个春节。

年夜饭是秘书张玉凤一勺一勺喂的。此时的毛泽东不仅失去了"衣来伸手"之力,就连"饭来张口"的吞咽也变得十分艰难了。他在这天依然像往常一样,侧卧在病榻上吃了几口他喜欢的武昌鱼和 点儿米饭。这就是一代伟人的最后一顿年夜饭。

饭后,工作人员把他搀扶下床,送到客厅。他坐下后,头靠在沙发上,静静地休息。入夜,他隐隐听见远处的鞭炮声,想起了往年燃放鞭炮的情景。他看了看眼前日夜陪伴自己的几名工作人员,用低哑的声音对大家说:"放点爆竹吧。你们这些年轻人也该过过节。"

就这样,正在值班室的几名工作人员,准备好了几挂鞭炮,在

晚年的毛泽东(杜修贤 摄)

毛泽东与王海蓉、唐闻生（杜修贤 摄）

门外燃放了起来。

此刻的毛泽东听着爆竹声，瘦弱、松弛的脸上露出了一丝笑容。大家心里都明白，他的微笑是在宽慰他们这些陪伴他的工作人员。

这是毛泽东听到的最后一次爆竹声。这爆竹是为陪伴他的工作人员燃放的。

春节期间，中南海专门为毛泽东放映了电影《难忘的战斗》。据吴旭君回忆，当银幕上出现人民群众热烈欢迎解放军进城的镜头时，毛泽东禁不住老泪纵横，电影也因此被迫中断。

由于毛泽东长期侧卧在床上看书、批阅文件，工作人员特意为他配置了单腿的眼镜。后来毛泽东托着文件的力气也没有了，只好让工作人员帮他举着书和文件来阅读。因为长年累月地躺卧在床上办公、看书，特别是晚年多病，活动量急剧减少，毛泽东身上的肌肉多处出现萎缩，两条腿的膝关节不能伸直。如果没有人搀扶，毛泽东想自己站起来是相当困难的，走路就更不用说了。他不仅行动不便，说话也日渐费劲，只能从喉咙里发出一些含糊不清的词语。

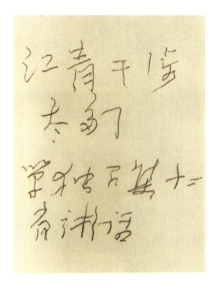

1976 年 3 月 2 日，江青私自召集 12 个省、自治区和直辖市负责人开会，诬陷攻击邓小平。3 月 10 日，毛泽东亲笔写下了对江青的批评

严重的肺心病，还令他常常处于严重的缺氧状态。

周恩来去世后，国内外舆论密切关注着一个重大话题，即由谁来接替中国总理的职务。这也成为重病中的毛泽东念叨的头等大事。

本来，早已主持国务院工作并排名第一副总理的邓小平，理应是最合适的人选，但是一年前毛泽东把"政治思想强""人才难得"的邓小平扶上了马，现在又因为"右倾翻案"而要他"下马"。"反击右倾翻案风"已持续两个月，使这种选择很难成为可能。

1975 年 12 月以来，根据毛泽东的意见，中央政治局继续开会，听取邓小平的检讨。在此期间，邓小平暂时留在原来的岗位，党中央和国务院的许多重要事务还是由邓小平具体负责。1976 年 1 月 12 日，他建议印发邓小平的两次书面检查，并指示将这件事"暂时限制在政治局范围"。15 日，邓小平出席周恩来追悼大会并致悼词，这也是毛泽东力排众议的结果。

1 月 20 日中央政治局会议后，邓小平致信毛泽东，再次提请"解除我担负的主持中央日常工作的责任"。邓小平十分清楚，在目前情况下，自己的处境日益困难，已无法再开展工作。第二天上午，毛泽东在听取毛远新关于中央政治局会议情况汇报时表示：邓小平还是人民内部问题，引导得好，可以不走到对抗方面去。

这种情况下，迫切需要确定一位国务院的主要负责人。对此关乎全局的问题，重病中的毛泽东保持着清醒的头脑，始终没有将大权交给"四人帮"。张玉凤记得："这些天，主席醒来，总是在扳手指头，考虑问题。还问我政治局同志的名字，我就报出当时政治局委员的名字。1 月中旬，毛远新来见主席。他问主席对总理的人选有什么考虑。主席考虑了一下说：要告诉王洪文、张春桥让一下。然后主席扳着手指数政治局同志的名字，最后说，还是华国锋比较好些。毛远新点头说是。就这样，主席提议'华任代总理，主持政治局工作'。毛主席还说：'就请华国锋带个头，他自认为是政治水平不高的人；小平专管外事。'"

可以看出，毛泽东选取华国锋当周恩来的接班人，是颇费苦心的。毛泽东知道：华国锋不是"四人帮"的人，与"四人帮"在本质上不一样。

1 月 28 日，毛泽东提议，由华国锋主持中央日常工作。

2 月 2 日，中央发出通知，宣布经毛主席提议，中央政治局一致通过，由华国锋任国务院代总理。

这个通知，对江青一伙是个沉重的打击。他们本来盘算，原第一副总理邓小平已经自身难保，总理的职位一定会落在张春桥的身上。

张春桥极其失落。他表面不动声色，但内心充满哀怨。

2 月 21 日至 29 日，几乎与四年前同一时间，尼克松夫妇再度访华。显然，这是他们精心选择的日子。此时，毛泽东的身体状况与四年前会见尼克松那时相比，已经相差很远了。他几乎不能再走路，稍一活动，全身就颤抖得厉害。

尽管如此，考虑到中美关系还很不坚实，台湾当局对他们的外交失败并不甘心，毛泽东还是坚持会见了这批美国客人。

尽管此时尼克松已不是总统，毛泽东仍按总统的"规格"会见了他。83 岁的毛泽东虽然看上去非常衰弱，但他的记忆力和思维却非常惊人，他不仅记得上次尼克松来华的细节小事，而且对美国国内和全球的局势做出了精辟的分析。

毛泽东强撑病体，与这位老友进行了长达 1 小时 40 分钟谈话。他完全沉浸在思想的碰撞中，脸颊上不时浮动着兴奋的光晕。

尼克松说的话毛泽东全能听懂，但当他希望得到回应时，却说不出话来。有时翻译听不懂他的意思，他就干脆抓起笔记本，在上面写出自己的观点。看到毛泽东的病状，尼克松感到十分难过。他认为：无论别人怎样看待毛泽东，谁也不能否认，他已经战斗到了最后一息。

毛泽东喜欢争论，同相互敌视了几十年的头号对手同室争论，他更是充满了兴致与激情。尼克松和他的随员们，都为毛泽东的魅力所倾倒，毛泽东的书房激荡着阵阵笑声。临近告别时，只见毛泽东颤巍巍地端起茶几上的青瓷茶杯，举了举，示意尼克松来碰一下。尼克松明白了毛泽东的意思后，立刻将自己身边的杯子

1976 年 2 月，毛泽东以水代酒，与美国前总统尼克松热烈碰杯（杜修贤　摄）

高高举起……

毛泽东风趣地说:"我们是几十年的隔海老冤家啦!不是冤家不聚头,不打不成交嘛!我们应该为冤家干一杯!我不会喝酒……"他耸耸肩,做出无可奈何的模样,"不过不要紧,中国有句老话'君子之交淡如水'。没有酒有水,以水代酒——干杯!"

最后,尼克松愉快地引用了毛泽东的词句"世上无难事,只要肯登攀"来展望未来的中美关系。他对毛泽东的敬重与崇拜是发自内心的。

在美国尼克松图书馆里,竖立着十尊与真人大小一样的世界政治人物雕像,他们是尼克松心中最为钦佩的政治家。其中排在第一位的是毛泽东的雕像……

会见尼克松后不久,毛泽东的身体状况直线下滑。

没有几天,吉林发生了极为罕见的陨石雨。陨石在离地面19千米左右的空中爆炸,3 000多块碎石散落在永吉县境内。其中最大的陨石重1 770千克,比美国1948年2月发现的"诺顿"陨石还要大,成为"世界陨石之最"。

孟锦云把这个消息读给毛泽东,毛泽东听着听着说:"小孟,就读到这里吧,不用再往下读了。"

孟锦云发现,毛泽东出现了一种少有的不安和激动。

毛泽东告诉孟锦云:"天摇地动,天上掉下大石头,就是要死人了。《三国演义》里的诸葛亮、赵云死的时候,都掉过石头折过旗杆……"

孟锦云问:"您真的信这个吗?"

毛泽东没有马上回答,沉思了一会儿,才喃喃道:"古人为甚要编造这个呢?"

吉林陨石雨中最大的一块陨石,净重1 770千克,是世界上迄今收集到的最大的石陨石。图为它的主体和部分碎块

关于"死"的话题,毛泽东一直泰然处之

进入老年后的毛泽东,多次对身边的工作人员讲:"人哪有长生不死的?古代帝王都想尽办法去找长生不老、长生不死之药,最后还是死了。在自然规律的生与死面前,皇帝与贫民都是平等的。不但没有长生不死,连长生不老也不可能。有生必有死,生、老、病、死,新陈代谢,这是辩证法的规律。人如果都不死,孔老夫子现在还活着,该有两千五百岁了吧?那世界该成个什么样子了呢?"

1975年10月1日,国庆二十六周年到来的那天上午,毛泽东没有看书,也没有睡觉,独自靠在床头上,静静地思索着。突然,他自言自语道:"这也许是我过的最后一个国庆节了,最后一个'十一'了。"他转向身边的工作人员,平静地问:"这可能是我的最后一个'十一'了吧?"工作人员急忙说:"怎么会呢?主席,您可别这么想。"毛泽东很是认真地说:"怎么不会呢?哪有不死的人呢?死

神面前，一律平等，毛泽东岂能例外？'万寿无疆'就是天大的唯心主义。"

1976 年 4 月 5 日，北京发生了震惊中外的天安门"四五运动"。百万群众抗议"四人帮"的倒行逆施，用鲜血和生命表达了对周恩来、邓小平的热爱和拥护。

"四五运动"令"四人帮"恨之入骨。他们操纵政治局，将其描绘成反革命事件，认定邓小平是"四五运动"的总后台，要毛远新把他们定的意见呈报毛泽东。毛泽东听罢毛远新的报告，感到忧虑，同意了他们对"四五运动"的定性。"四人帮"借此机会，动用武力对"四五运动"进行了镇压。

尽管如此，毛泽东并不想把邓小平一棍子打死。当时，"四人帮"和受到他们鼓动的一些政治局成员，通过毛远新向毛泽东提出了"开除邓小平的党籍"的意见。毛泽东经过慎重考虑，没有同意这样的提议。他决定，对邓小平保留党籍，以观后效。至于批判邓小平，毛泽东也认为属于思想上的批判问题，是党内矛盾，不能批得过分。

毛泽东知道事态的严重性，但仍旧保持着强大的意志力。他特意把叶剑英、汪东兴叫到自己的病床前，指示他们对邓小平要保护，不要使他落入"四人帮"手中。经过叶剑英、汪东兴的秘密安排，邓小平住进了东交民巷的一处宅院。不久，邓小平在那里生了

1976 年，毛泽东和华国锋在一起
（杜修贤 摄）

病。毛泽东听到汇报后，要求派最好的医生去给邓小平治疗。由于毛泽东的保护，邓小平度过了一段平静的生活。

4 月 30 日，华国锋陪同毛泽东会见新西兰总理罗伯特·马尔登后，向他汇报工作。言谈之间，毛泽东感到华国锋有些招架不住。他想给这位年轻人些许宽慰，可是苦于口齿不清，于是分别写下了三张纸条。它们分别是："慢慢来，不要招急。""你办事，我放心。""照过去方针办。"其中"你办事，我放心"后来被阐释为亲示接班人的"手谕"，"照过去方针办"则被"四人帮"篡改成"按既定方针办"，作为毛泽东的最后遗嘱宣传。

5 月 12 日，毛泽东在他的书房里会见了新加坡总理李光耀。

这次会见，使孟锦云与张玉凤非常紧张。本来，看到毛泽东精神尚可，她们才同他讲了要不要会见李光耀之事。毛泽东当即答应会见。

那天上午，理发员周福明给毛泽东理了个发，又刮了脸。会见前的一个小时，孟锦云从毛泽东专用的大衣柜里拿出了那套灰色的毛式中山服。

平日的毛泽东，经常躺在床上，穿着白布睡衣，头发不理，很有些不修边幅。大家为毛泽东换上中山装，把衣服拉得平平整整，觉得他精神了许多。

孟锦云十分感慨："您现在才像个主席了，平时，您哪儿像个主席呀？"

"我去接见外宾，就像演员登台，哪有不化妆的？"毛泽东开着玩笑说。

孟锦云、张玉凤一边一个搀着毛泽东走到客厅，李光耀由华国锋陪同走了进来。二人赶紧退到屏风背后，为的是不让镜头里留下工作人员搀扶的情景。没有想到，毛泽东与李光耀握完手，就扑通一下坐了下去！张玉凤、孟锦云在屏风后面看得很清楚，不约而同地"呀"了一声。毛泽东经常两腿发软，无法站立，这次突然坐下是实在无法支撑的结果。

毛泽东与李光耀的会见，只有一两分钟，宾主寒暄了几句，谈话便匆匆结束。

但是，这还不是毛泽东最后一次公开亮相。时隔仅半个月，毛泽东又会见了巴基斯坦总理布托。此时的毛泽东大部分时间依靠吸氧气维持呼吸。外宾来了，医护人员就将氧气瓶推到帷幕后面；外宾一走，医护人员又赶紧把氧气瓶推出来，再给毛泽东吸上。

1976年5月27日晚，笑容满面的布托由华国锋陪同，走进了毛泽东的书房。毛泽东已经无法离开氧气管子，外宾进来前两分钟工作人员才将插管拔掉，随即他的嘴唇开始发紫。由于毛泽东的状态极差，会谈仅用了10分钟。客人告辞，毛泽东已无法站立，只能将手远远地伸向布托，表示他的告别。布托快步上前紧紧握住毛泽东的手，祝福他早日康复。毛泽东面带微笑，点点头。他的表情显得和蔼真切，光洁的肤色在摄影灯的照射下格外清亮。

就在布托用双手紧紧与毛泽东相握的一刹那，快门快速开启，定格了这个历史的最后画面。

布托离开北京后，中国政府对外发布公告，宣布毛泽东今后不

1976年5月12日，毛泽东会见新加坡总理李光耀（杜修贤　摄）

再在外交场合露面。而他与布托的合影则是存世的最后一张公开的照片。

病危中的毛泽东尤其怀念家乡,思归故里。面临死亡的迫近,风烛残年的毛泽东坦言:"我和上帝有个约会。"

从 1971 年到 1976 年,毛泽东几度患重病,甚至几次病危。死亡,对他来说已经如影相随,时刻威胁着这位风烛残年的老人。

1976 年 6 月初,毛泽东的心脏病再度发作,经过全力抢救,才又缓和下来。这时他已完全不能自主进食,就是流食也难咽下去。医护人员为他下了鼻饲。毛泽东躺在床上动不了了,鼻子上同时插着氧气管和鼻饲管。但他仍然没有停止过工作。他的内勤兼卫士周福明回忆:"我时常看到在疾病的折磨下,主席是那样的痛苦。肺心病常常导致他严重缺氧,嘴唇发紫,浑身全是汗淋淋的,举书的手时间长了也抖个不停。"

自知时日不多的毛泽东,藏着的心事让他无法释怀。6 月中,他将华国锋、王洪文、张春桥、汪东兴等人召来,言谈中又一次提及自己一生中的"两件大事"。

"'人生七十古来稀',我 80 多了,人老总想后事。中国有句古话叫'盖棺定论',我虽未'盖棺'也快了,总可以定论吧!我一生干了两件事:一是与蒋介石斗了那么几十年,把他赶到那么几个海岛上去了;抗战八年,把日本人请回老家去了。对这些事持异议的人不多,只有那么几个人,在我耳边叽叽喳喳,无非是让我及早收回那几个海岛罢了。另一件事你们都知道,就是发动'文化大革命'。这事拥护的人不多,反对的人不少。这两件事没有完,这笔'遗产'得交给下一代。怎么交?和平交不成就动荡中交,搞不好就得'血雨腥风'了。你们怎么办?只有天知道。"

毛泽东的这番话,深刻反映出他临终前复杂的思绪。他非常看重自己发动的这场"文化大革命",也始终坚信自己初衷的合理性。

他曾对吴旭君这样说过:

"我多次提出主要问题,他们接受不了,阻力很大。我的话他们可以不听,这不是为我个人,是为将来这个国家、这个党,将来改不改变颜色、走不走社会主义道路的问题。我很担心,这个班交给谁我能放心。我现在还活着呢,他们就这样!要是按照他们的做法,我以及许多先烈们毕生付出的精力就付诸东流了。

"我没有私心,我想到中国的老百姓受苦受难,他们是想走社会主义道路的。所以我依靠群众,不能让他们再走回头路。

"建立新中国死了多少人?有谁认真想过?我是想过这个问题的。"

毛泽东病情恶化后,中共中央决定由北京医院、阜外心血管病医院、301 医院、305 医院等选派人员组成医疗小组,对他进行特别治疗,昼夜不停地监护着他。医疗小组的成员都是具有丰富经验的医务工作者。他们和毛泽东身边的工作人员一样,渴盼着毛泽东的病能够一天天地好起来。他们在毛泽东书房的床边架起医疗器械,通过监视器,一刻不停地进行观察,发现问题就及时进行抢救。华国锋等中央领导人每天轮流到现场值班坐镇,具体领导着医疗小组的工作,医护人员分成三班昼夜守候在毛泽东的身边。

带着病痛,毛泽东不停地看书,自己举不动书了,就让医护人员和工作人员帮着他举;看书时间长了,眼睛累了,就让医护人员和工作人员为他读。只要一息尚存,他就继续看书、学习,直到生命的终结。

　　毛泽东病危后,女儿李敏来看望过他一次。毛泽东仰卧在床,面无血色,气息微弱,但神志还比较清醒。他认出了女儿,禁不住流下泪水,他拉着女儿的手,断断续续地说:"娇娇你来……看我了……娇娇你怎么……不常来看我呀……"李敏听了这话,真想大哭一场,真想告诉爸爸不是她不想来,而是有人不让她来!她是冲破了江青的重重阻挠才得以见到父亲的。但她克制住了,没说。她什么话也说不出,只是把爸爸那双衰弱无力、有些发凉的大手捧起来,紧紧贴在自己胸前……

　　病危中的毛泽东尤其怀念家乡,思归故里。

　　7月,毛泽东的专机曾多次在北京至长沙的航线上来往试飞,准备护送病重的毛泽东返回韶山。这时的毛泽东已不能再坐专列长途旅行了。

　　8月,沉吟病榻的毛泽东,又几次提出要回韶山滴水洞休养。他的嘴里一直念叨着:"吊须洞,吊须洞(滴水洞,"滴水洞"用湘音读出来就是"吊须洞")。"为此,中央政治局反复讨论研究后,终于同意了毛泽东这个最后的请求。

　　9月8日,湖南省委第二书记张平化从长沙打电话给滴水洞宾馆负责人:"根据毛主席的愿望,中央决定安排毛主席于9月15日回韶山,计划在滴水洞住一段时间。请你们抓紧做好接待准备工作……"但是,就在当天夜里11时,滴水洞宾馆负责人又接到紧急通知:"接待毛主席的准备工作暂停……"

　　一生眷恋乡土的毛泽东最终也没能实现重返故乡的心愿。

7月28日,继吉林陨石雨之后,唐山又发生了7.8级的大地震。"天崩"不久,继而就是"地裂"

　　7月28日,河北省唐山地区发生了世界历史上罕见的大地震。

　　地震时,毛泽东已经服下安眠药,正在睡眠中。工作人员赶紧将他抬上担架,搬进了游泳池边上代号为"二〇二"的一处新住所。清晨,毛泽东醒来,才知道发生了地震,但他执意要求搬回游泳池的旧居。

　　华国锋只好亲自做他的工作:"等地震平稳下来,主席身体好些再回去。"毛泽东最后点头同意。可他自己也没有想到,伴随着唐山的余震,他永远离开了居住近十年的"游泳池"。

　　唐山地震当天上午,开滦唐山矿的同志驾驶矿山救护车,驻唐山空军驾驶飞机,分别前往中南海向党中央报告地震灾情。中央政治局听取了他们的汇报和其他方面的信息后,及时研究唐山抗震救灾方案,并进行了具体部署。华国锋以中共中央第一副主席、国务院总理的名义,给毛泽东写了一份关于组成中央慰问团,他和陈永贵分头带队,前去灾区第一线慰问的报告。

　　地震当天,党中央和国务院紧急调集解放军部队、医疗队和工程技术人员,日夜兼程,赶赴唐山灾区,抢险救灾。

　　地震的消息不断传来。强烈地震不仅将华北工业重镇唐山夷为平地,而且大半个中国均有震感,首都北京也遭严重波及。毛泽东在病中,仍然坚持亲自处理重要文件,中央对唐山地震的报告、请示、通报等文件都是他亲自圈阅后付诸实施的。

　　8月4日,华国锋率领中央慰问团赶赴唐山,与日前到达唐山的陈永贵率领的中央慰问团唐山分团一起,代表毛泽东和党中央看望唐山人民,传递毛泽东的慰问和

1976 年 8 月，华国锋在赴唐山地震灾区的飞机上察看地图（杜修贤　摄）

关怀之情。

中共中央起草《关于唐山丰南一带抗震救灾的通报》（中发〔1976〕13 号文件）后，送交毛泽东。8 月 18 日，毛泽东圈阅。这是毛泽东生前圈阅的最后一份中共中央文件。

毛泽东艰难地圈阅了这份文件。他的医疗组成员、神经病学和老年医学专家王新德这样回忆："送来的地震情况汇报，主席不顾个人病重，都要亲自过目。这场地震死亡 24 万多人，其他的损失难以估量。当秘书报告地震造成极其惨重的损失后，主席哭了——我第一次亲见主席号啕大哭。"

在一连串的打击之下，8 月 26 日，毛泽东的心脏病又一次发作。

病危中的毛泽东，向工作人员索要南宋洪迈撰写的《容斋随笔》。这是他生前要读的最后一本书。

9 月 2 日，毛泽东的病情恶化。

9 月 3 日，毛泽东病危。

9 月 5 日晚间，中央紧急通知正在大寨的江青，告其毛泽东病情，命其火速回京。

江青来到毛泽东身边，见床上的毛泽东身上汗水淋漓，顿时勃然大怒，责骂工作人员照顾不周。她主动要求给毛泽东擦身。工作人员急忙解释："主席现在的状况非常危险，不能轻易挪动，否则会导致严重后果。"江青不听劝阻，取来爽身粉给毛泽东翻身擦洗。没想到刚一挪动，毛泽东随即昏迷，医疗组成员急忙上前紧急抢救。

9 月 8 日，毛泽东进入弥留状态。即使大限将至，他仍以超人的毅力顽强地同死神抗争。

据徐涛、吴旭君统计，毛泽东在 9 月 8 日这天先后看文件、看书 11 次，共 2 小时 50 分钟。而他所做的这一切，是在身上插着静脉输液管、胸部安有心电图监护导线、鼻子里插着鼻饲管和氧气管的情况下，由别人用手托着书和文件完成的。

周福明后来回忆："那天主席一觉醒来，向守候在旁的医务人员说什么，医务人员半天都没有听出来，就马上跑到值班室找身边的工作人员。我闻讯赶到，主席从喉咙里发出微弱的声音，几乎听不清。我连忙从床边抓起纸和笔，把笔塞到主席手中。主席艰难地握着铅笔，在我举着的纸上费了很大的气力，半天才画了三个道，就再也写不动了。过了一会儿，他又用握着铅笔的手慢慢地抬起，非常吃力地在木床头上点了三下。我们立刻反应到，主席说的话是和三木有关。'主席，您是不是要看有关三木的消息。'我轻声地问。主席默默地点点头。"

三木就是三木武夫，当时日本自由民主党总裁、内阁总理大臣。日本正在进行大选，此时病势垂危的毛泽东依旧关切地注视着三木在日本大选中的情况。

也正是这一天，医务人员从医疗监视器上发现，毛泽东的心脏有些异常，现场开始处于极为紧张的状态。

入夜了，政治局委员们排着队，走到毛泽东的病榻前，同他做最后的诀别。

当时，毛泽东的意识尚清醒，只是发不出音来。他微睁的双目看到叶剑英从身边走过，突然明亮了起来。他努力挪动已经不听使唤的手臂，轻轻相招。可是，叶剑英只顾伤心，泪眼模糊，并未察觉。待叶剑英即将走出病房时，毛泽东再次吃力地以手示意，招呼他回来。一位工作人员见此情景，马上跑到休息室找到叶剑英说："首长，主席招呼您去！"

叶剑英立即回到毛泽东的卧榻前，"主席，我来了，您还有什么吩咐？"叶剑英全神贯注，低下头来，准备聆听毛泽东的最后叮咛。毛泽东睁大眼睛，注视着叶剑英，嘴唇轻轻地翕动，但嗓子里无论如何发不出声音。毛泽东用最大的力气，紧紧地握着叶剑英的手晃动了好一阵。毛泽东累了，闭上了眼睛，叶剑英才退出来。

也许，毛泽东在自己心脏停止跳动的前夕，已经清醒地预见到，在他离去后，党和国家将面临新的危机，因而对叶剑英要有所嘱托吧。

时针走进 9 月 9 日的凌晨。毛泽东的生命进入了倒计时。零时 4 分，他抽吸了两下，血压测不到；零时 6 分，自主呼吸完全消失；零时 10 分，心跳停止。

一生中流击水，在革命潮头的风口浪尖上搏击奋进的毛泽东，永远地安息了……

中央慰问团副团长陈永贵视察唐山震区简易手术室（杜修贤　摄）

国　葬

　　1976年9月9日,毛泽东逝世,举国哀悼。杜修贤拍毛泽东遗容,却显得那样
神秘

　　毛泽东去世,新中国第一代革命领袖的历史随之结束。

　　9月10日,毛泽东逝世的第二天,天空阴沉,这是秋季里少见的天气,就像中国人民沉痛悲伤的心情一般。

　　人民大会堂彻夜通明,人们紧张地布置着新中国历史上最高规格的灵堂。

　　杜修贤已经两天没有回家,也没有合眼,眼睛里布满了血丝,一支接一支地猛吸香烟。他看了一下表,已经是深夜11时多了。再有两个小时,毛泽东的遗体就要被运到这里,开始为期7天的吊唁活动。灵堂的布置工作已经进入最后的关键阶段,也就是最缜密的检查落实阶段。

　　杜修贤检查了一遍摄影灯光和摄影架,觉得差不多了,就瘫坐在大厅旁的沙发里,准备吸一支烟就回家睡一会儿。明天他还要来这里拍摄人们瞻仰遗容的场景。

　　这时,一位办公厅负责人走进大厅,不声不响地走近他。

　　"老杜,你跟我走。"

　　杜修贤一愣,想都没想,就起身迷迷糊糊地跟着往外走。

　　才走了几步,那位办公厅负责人掉过头看见杜修贤两手空空,就说:"哎,你的相机呢?"

　　"我没有带相机。"

　　"去,带上相机。"他不耐烦地说。

　　"我没有带机子呀!"

　　"你不会向其他记者借一部?"

　　"噢。……好!"杜修贤看到一种命令的眼神,脑袋清醒了许多,赶快向别的记者借了一部相机,又要了两个胶卷。

　　"才两个胶卷? 不够! 再去借点。"

　　这是去干什么? 要这么多胶卷? 杜修贤没敢多问,又跑去要了几个胶卷。

　　出了人民大会堂,他又叫杜修贤坐他的车,还让杜修贤带的车跟去。

　　杜修贤心里更加疑惑不解:做什么事情这样神秘?

　　在极度不安中,杜修贤看见汽车进了中南海的西门,心里才稍稍平静了一些,估计是照毛泽东最后的遗容。因为,一旦遗体被运到人民大会堂的灵堂,就要被放进无氧罩里,那时就无法再对遗体拍摄了。不然这时这么急切要他进"海"里干什么? 肯定是这码事! 不过干吗要搞得这么神秘? 怪吓人的! 杜修贤这样想着。

　　汽车没有驶进游泳池……而是拐入毛泽东在中南海里的另一处住宅,它和游泳池相邻。

　　杜修贤曾经回忆说:

　　　　一进门是个走廊,灯光很亮,里面静悄悄的,一个人影都没有。真是见鬼了!我心

里惊奇万分,好奇地想朝里望望。这时,带我来的负责人,站在走廊的一端,也不知他是从哪个房间里出来的,朝我招招手。我走过去后,他叫我进了一间不大的房子,里面只有沙发和茶几,四壁空空如也。

"你这里先等着,等会有事叫你。"

我只好按照他的指示,先在这间空寂的房子里坐了下来,不一会儿,一位年轻的服务员给我送了一杯热茶。

瞌睡渐渐袭来,迷蒙之中,我突然被一声门的碰撞响声惊醒,睁眼一看,走廊上依然空荡如初。奇怪,这声音从哪儿传出来的?我正疑惑是不是自己听错了,走廊上传来了脚步声,虽然这声音很轻很轻,但是我还是分辨出来是好几个人走动的脚步声。我从门缝里朝外瞧,心里暗暗吃了一惊!江青、姚文元、张春桥、王洪文……好一串的人,正从走廊顶端的一扇门里走出来。

他们有的手里拿着牙签,不时在牙缝里挑剔一阵,有的还打着饱嗝。我这时也觉得饥肠辘辘,也想去找那个能解决肚子"危机"的房间。可是我刚出门,就被姚文元一眼发现,连声喊住我。

"老杜老杜,啊呀,我们到处打电话找你,还以为找不着你呢?"

"我早就来了。"

"那太好了。有重要任务要你完成了。"

我一听任务,难耐的饥饿感一下子消失得无踪无影,马上想起那位负责人找我时的急切和神秘的表情。这任务一定很重要!我的神经顿时绷紧了。

"你先带老杜去,我们一会儿就来。"姚文元对另一个人说。

我连忙背上摄影箱跟在那个人的后面,从走廊向北走。在一间北面房间的门口,带我的人止住脚步,缩了缩脖子,似乎有点胆怯,朝里指指,对我说:"就里面,你自己进去吧,我就不陪你进去了。"

我应了一声,抬脚就往空无一人的房间里走。一进去,我的眼就直了,冷不丁浑身汗毛"唰"地立起来,脖子后升起一股冷风……毛主席活着……他就睡在我眼前的一张宽床上。

好半天我才从惊悸中镇静下来。仔细观察眼前曾经十分熟悉的形象,安详地睡在白色素洁的木床上。以前我的镜头里的他,谈话、走动、看书、吸烟和坐在沙发里沉闷的目光都是生动的,现在我是第一次看见他睡觉的模样。他双眼闭合,经过淡妆的脸庞,微微泛起红润的光泽,灰白的头颅枕着白色的枕头,白色的被单齐胸盖在他淡灰色的中山装上,显得非常恬静,栩栩如生。

以前常听人说,接触生前熟悉的人的遗体是不会感到恐惧和害怕的。难怪我一见到毛主席,脑子里就出现了错觉,以为毛主席还活着,只是刚刚睡着……我好奇地打量四周:这空无一人、没有一点儿生气的房子,大概就是抢救毛主席的临时病房。宽大的房间里除了一张毛主席睡的大床和几只木箱外,几乎没有其他东西。如果不是脚下彩色图案的地毯,还存有柔软温暖的生机,我无法想象,我是站在"红太阳"坠落的地方。毛主席永远地睡着了,不再需要生机和空气,永恒的宁静将伴随着他,连同他"睡"的这间房间,也被带进了无比的宁静之中。

我在宁静中,轻轻地对着毛主席的遗体,调好焦距,拍了一张半身的,又拍了一张全身的。快门的"喀嚓"声竟叫我担心,生怕吵醒主席,就像以前生怕打搅他难以安寝的睡眠似的。我为我能来拍毛主席的遗容而欣慰，这个任务的确是很重要的。毛主席的遗体和外界空气隔绝以后就不可能再拍照了。

我正拍着，身后传来推动门的响声。这时，我听见姚文元在门口关照门外的警卫员，要他们把门关好，不准其他人随便走进来。

"你就带了一个闪光灯？哼……又是一个平板光！"我一扭头，见江青不满地瞥了我一眼。

我没有说话，也没话可说。你说平板就平板吧！

我放下机子，才发现房间里已进来了好几个人。到这时，我还没有得到明确的指示，今天给我的重要任务，究竟是不是拍摄毛主席的遗容，还是其他什么内容。我看大家个个都是阴沉沉的脸色，几次话到嘴边，又咽回肚里，不敢贸然开口问。心想反正他们干什么我就拍什么。

我见他们围在一起，好像在商议怎么拍摄，就提着机子离开毛主席睡的大床边，贴北面的墙边站着，等他们商议定，叫我拍摄。

我还没有反应过来，突然看见几个人排成一队，一个接着一个低垂着头，绕着毛主席安睡的大床缓缓行走……我一时呆了，没能领会眼前这奇怪举止的要领，心里猜测他们是不是向毛主席的遗体做最后的告别？

我由记者见缝插针"抢"新闻的本能驱使，赶快做出反应，拿起机子跟着他们的身影拍摄。转一圈后，他们每个人都要在毛主席的床前默默致哀，这时我正好一个人一个人从容地拍摄。

蓦然，我心头掠过颤抖，取下机子，用惊恐的目光投向眼前的几个人。天！这里面没有叶剑英啊！他是中共中央副主席，他为什么没有来。这里是什么规格的告别仪式。

我不仅纳闷也很疑虑，开始为我自己的处境不安起来，这里似乎是个绝缘地带，不该留有其他人存在的地方。我举着镜头犹如越过"雷池"般恐惧和颤抖。多年形成的政治敏感不断提醒我，我知道了不该知道的事情，拍摄了不该拍摄的镜头。

猛然，我心里打了个寒噤，眼前的人影突然变成了一道"人墙"。几个人默默地手挽上了手，神色异常凝重，阴沉的目光聚集在永远看不见这个世界的毛主席身上……

我立即就想站在高处拍摄这个惊心动魄的全景，可是环屋一周，发现连个可以站脚的凳子也没有，就灵机一动，跃步跳上暖气片，另一只脚站在窗台上。这样挽手场景就全部清晰地落进了我的镜头里。

我打了个电话，叫车子到中南海的西门等我，然后快步离开了这栋陌生的住宅。

出了中南海的西门，我倏然闪过一个念头，去叶帅家看看。

到叶帅家已经是凌晨1点。叶帅的儿子告诉我，他的父亲到"西山"去了，今晚没有回来。我悻悻折回车头，往回走。可是心里的疑惑越来越重，"西山"宾馆就在北京的近郊，如果叫叶帅参加今晚的告别，也不过只需叫秘书打个电话就行了。可是他们却没有叫叶帅参加，这究竟为了什么？

11日上午9点，我又带着疲倦的身躯来到人民大会堂，拍摄人们吊唁毛主席的活动镜头。我有点心神不宁，怕江青他们提问起几个小时前拍摄的照片，他们吊唁的镜头一拍摄完，我就转开去，想法儿尽量离他们几个远一点儿。

照片奇迹般地被他们忘却了三天。我有了充分的时间调节和控制不安的情绪。直感告诉我，那张照片对我构成了新的威胁！

我将他们几个人挽手的照片和底片，做了特殊的秘密收藏——一个抄家也找不到的地方。我毕竟是在坎坷的政治环境里摔打滚爬往50岁上跑的人了，岁月积累的持重已远远多于片刻的惊慌。

14日，我日夜担心的电话，终于在人民大会堂里响了起来。第一个电话是江青的，这是她的特点，喜欢用电话追在为她办事的人后头，让人始终处于紧张之中。她叫我立即去钓鱼台，将照片给她审看。我刚放下手里的电话，第二个电话接踵而至。我一接竟也是找我的，不过这次不是江青的，而是姚文元的电话，内容和江青电话内容如出一辙。我惊诧万分，他们竟这么巧，不约而同打电话找我。幸好我将照片随身带了好几天了，就估计到他们会和我要照片的。我和同事们打了个招呼，准备去钓鱼台，没想到这时，有人在吊唁大厅旁的门里叫我。又是电话！见鬼！我嘀嘀咕咕去接电话。又是问照片，不过这个电话是从中南海里打来的。

我到钓鱼台十号楼，给江青送了一套那天晚上拍的照片。心里奇怪，江青这几天应该在毛主席的吊唁厅守灵，不知怎么又跑回了钓鱼台。

江青一身黑色服装，见我进来，一副爱理不理的样子。我也没有多说话，将照片交给她就走。

江青的信息反馈真快。过了一天，她就将选定的照片和有另外几个人圈阅同意的传阅批件送给我，叫我立即为每个人洗一套照片，送给大家作为纪念。我特意留神了一眼江青选定照片的建议后面，写着"退江青"的字样。

第二天，我按照江青的要求，将放大的照片分头送了出去，又将照片和有另外几个人圈阅手迹的批件退给了江青。

江青以前叫我冲洗照片，只是告诉我洗多少张，一般是不会将照片传阅批件交给我的。这次她也完全可以叫我放大照片，而根本不必给我看他们的传阅批件。

我无法理解她的举止。

毛泽东治丧期间，姚文元特别强调突出集体领导，而且特别注意维护江青的形象，千方百计在新闻照片上做文章

人们痛哭流涕，望着安详地睡在灵台上的毛泽东。

人民大会堂又一次沉浸在巨大的悲伤之中，象征着举国同悲的半垂国旗，把天安门广场点缀得更加悲凉。已临傍晚，幽蓝色的暮霭，像一道哀纱挽着北京西面的天幕。悲伤的人们执拗地在人民大会堂外的广场上，排着不见首尾的长队，希望能亲眼瞻仰毛泽东的遗容。

中央政治局的委员，每天轮流值班为毛泽东守灵，所以摄影记者们每天都要拍摄追悼场面的新闻照片。

姚文元在毛泽东追悼活动开始时，就郑重其事地指示杜修贤："拍摄新闻照片要突出集体领导。每天守灵的政治局常委要注意拍全拍好。"

杜修贤回忆道：

静躺在水晶棺中的毛泽东(杜修贤 摄)

1976年9月11日至17日,首都各界群众怀着悲痛的心情纷纷到人民大会堂吊唁毛泽东(杜修贤 摄)

等一天拍摄的照片全冲洗出来,往往已是万家灯火的时候。

姚文元这时一般都在自己的办公室里,一边看我送去的照片,一边和我谈照片存在的问题。突然,姚文元皱了眉,用遗憾的声调问我:"怎么这张上也没有江青守灵的镜头?"

"她今天没有来,我等了好久……没拍上。"后一句话我没有说出来——听说她在十七号楼打牌。

姚文元离开办公桌,双手反背,在宽大的办公室里沉默不语,来回踱步。

"主席吊唁期间,她应该在那里守灵啊!不过七八天的时间……唉!老杜,你能不能找一张第一天守灵的照片再发一遍?"他着急中带着几分无奈的苦恼问我。

"再发一遍？可能不合适吧，时间间隔得太短……"

"那怎么办呢？几天没有江青守灵的镜头，群众会有看法的。不过七八天的时间。"

我心想，重发一次更糟，群众的注意力一直就停在江青哗众取宠的劈头盖脸的黑纱上，照片根本就无法掩人耳目。姚文元对于照片的细节，已不是什么工作的权限要求，而是为了某种利益的需求，才对自身的使命表现出极度的负责，甚至达到挑剔的程度。在这种非常复杂和微妙，甚至还散发着危险的氛围里，最好的办法就是不要多话。

我按照姚文元的意思，将第一天发过的照片送给他审发。也不知姚文元是担心重发照片的严重后果，还是由着江青的性子自由"发展"去，最终他没有签发照片。

毛主席治丧期间，我们中央新闻组的全体记者，还为毛主席守灵一天。而江青还是毛主席的妻子，不过只守了一天的灵，就不再见她的人影，连全心全意护着她的姚文元都看不下去了，替她的形象着急万分。

不被人注意的细节，又被姚文元注意了。吊唁活动的第五天，我拍了一张政治局委员和前来吊唁的外国大使握手的照片。画面中的外国人背着身，七八个委员是正面纵队排列。为了能将他们每个人的脸都拍清楚，我特意跑到侧面拍摄，这样人的脸就拍全了。

可姚文元不满意，认为王洪文的表情拍得不好。他问我还有没有同样场景的照片，我立即明白了他的意思，他想两张照片重新剪辑，将王洪文好的镜头和这张里的王洪文重新更换。

一张照片，我们竟花费了四张底片重新拼接，才制成了让姚文元满意的照片。

我不愿再做这种亵渎新闻真实的拼接事情。干脆我每次

中央政治局成员轮流在北京接待各国朋友吊唁瞻仰毛泽东遗容（杜修贤　摄）

送审只带要发稿的照片，而且只带一张，让他没有更多的挑选余地。

姚文元十分精明，他发现我在骗他，就含而不露地笑着对我说："老杜，你是中南海里出了名的'快手'，主席吊唁大厅里你们还派了不少的摄影记者，照片应该越拍越多，怎么会越来越少了？ 老杜，你没贪污吧？"

我暗暗下了决心，办完主席的丧事，就立即走出红墙。

9月18日下午3点，毛泽东主席的追悼会在北京天安门广场举行。沉痛悲伤的哀乐从天安门广场漫涌，滚滚飘向广袤的天际。阴沉的天空下面是臂戴黑纱胸佩白花、悲痛不止的百万群众。他们默默地抽泣，为毛泽东主席的离去而沉痛哀悼。

悲壮的礼炮鸣响了三声，将新中国27年里，最高规格的空前葬礼推向了高潮。

在天安门城楼下面正中央架设的追悼会主席台上，党和国家领导人站立成一排，华国锋站在王洪文的右侧，他要在百万首都人民面前，用他浓郁的山西口音宣读悼词。

叶剑英立在华国锋的右侧，老帅此时的心里最为痛苦。短短大半年里，出生入死共同打江山的"老伙计们"说走都走了，一连走了三个，连领导人民打江山的毛泽东主席也走了。

张春桥"以不变应万变"的表情依然阴鸷古怪。他站在王洪文的左侧。他的左侧就是叫人看着别扭的江青，她裹了一身的黑色，据说这是"庇隆夫人"式的丧服，黑纱把她的脸遮小了一圈，极不协调地站在这排人里。

隆重的追悼会结束了，毛泽东的葬礼仪式结束了。新的政治纪元即将开始。多灾多难的中国人民——路在哪儿？

1976年9月12日，在京的中央领导人前往人民大会堂集体吊唁毛泽东（杜修贤　摄）

1976 年 9 月 17 日，中央领导人肃立在毛泽东的遗体旁，向他做最后的告别（杜修贤 摄）

江青的两次发难

1976 年 9 月 9 日凌晨 3 时，在北京的政治局委员、候补委员，纷纷赶到中南海游泳池二〇二房间的会客厅参加紧急会议，讨论毛泽东的治丧问题。

一项项议程，包括成立治丧委员会、起草并发表告人民书、群众吊唁、追悼大会等，被一一讨论通过。

会议就要结束时，中途退出、借口回去为毛泽东净身穿衣的江青，披头散发着奔了进来。

"要追查，一定要追查！"

江青冲着政治局委员挥动着拳头，声嘶力竭地喊道：

"主席昨天还好好的，怎么突然就死了？那张死亡报告是假的！这是有人搞阴谋，搞暗害，主席死得不明不白呀！这事一定要查清！"

全场愕然！

汪东兴"腾"地站起身，伸手一指：

"你，你讲这话有什么根据？"

江青毫不示弱，上前一步。

"我当然有证据，我刚才发现主席脸色发青，嘴唇发紫，胸前还有一块黑斑，不信你们可以去看，都去看嘛！"

汪东兴的脸"唰"地白了。他是中央办公厅主任、警卫团团长，一直负责毛泽东的医疗和保卫，政治局成员中只有他能随便出入"游泳池"，随时接近毛泽东，只有他最了解毛泽东的病情和治疗方案，也只有他在毛泽东病危时一直守候在身边。如果说死因不明或治疗有误，那么他负有不可推卸的责任，要承担不可饶恕的罪名。对于毛泽东，他是忠心耿耿、绝无二话的。早在 20 世纪 40 年代，汪东兴就从延安警备司令部调到了毛泽东身边，担任警卫员，洗衣扫地，端茶送饭，由于工作认真仔细、言行谨慎，深得毛泽东的喜爱和

1976 年 9 月 18 日，毛泽东追悼大会在天安门广场隆重举行（杜修贤 摄）

信任。不久,他就升为毛泽东的机要秘书,后来又兼任了中央警卫营营长。进了北京城,汪东兴仍然干一些誊抄批文、查找资料、保管文件的事,但他的政治地位和权力随着毛泽东的器重而逐渐显赫,先是担任中央警卫团团长,后又升任中央办公厅主任。在中共十大上,他一跃成为中央政治局委员。

可是,今天面对江青无中生有的诬陷,他却无法申辩。

十几双闪烁着期待、焦虑、迷惘、疑惑的眼睛盯着中共中央第一副主席华国锋。

华国锋双眉紧锁,缓缓起身,沉稳地说:

"我刚才仔细看过了,也问了医生同志,主席的死亡报告是准确的,你讲的那些情况和主席的死因没有关系。"

江青不依不饶。

"没有关系?那主席为什么脸上发青?嘴发紫?身上有血痕?"

华国锋提高声音:

"这是遗体的正常变化,这一点全部在场的医生都可以证明。如果真有甚差错,由我负责好了。"

江青仍不罢休,她昂起头,左右顾盼,将那令人生厌的目光,透过厚厚的眼镜片射向每个人。不过她换了个话题。

"我还有意见!我们要讨论一下运动问题,不要光顾治丧忽视

1976 年 10 月 1 日,在天安门城楼上召开首都工农兵学商群众代表国庆座谈会(杜修贤 摄)

了批邓。从前一段情况看,我认为中央对运动的领导很不认真,很不得力!"

"我死了以后,江青会闹事。"政治局委员们早就知道毛泽东的这句话。从内心说,大多数委员对江青是反感的。毛泽东在世时,大家只好都让她三分。

江青见大家沉默不语,又发狠话:"批邓反右,是关系到党和国家会不会变颜色的大事。半年多了,邓小平批而不倒,这不是很危险嘛!我这里掌握了很多材料哩!"她用手拍打着棕色手提包。

"这个运动不是你们亲自领导和掌握的吗?有什么材料,请公之于众!"叶剑英接了一句。

"哼!我看对邓小平不能太手软了!应该开除他的党籍,开除他的党籍!"江青的声调提高了八度。

"江青同志,请你冷静一点。要知道,我们党现在正处在最困难的时刻。当前最重要的,是紧密团结在党中央周围,克服困难,渡过难关!"叶剑英劝道。

"我同意叶副主席的意见。""我也同意!"许多人纷纷表态。张春桥、姚文元也只好随声附和。

江青制造的一场风波就此结束。

9月29日晚,中央政治局在人民大会堂开会。叶剑英、李先念、

汪东兴等政治局委员到会，华国锋主持会议。江青气鼓鼓地首先发难，劈头提出："毛主席逝世了，党中央的领导怎么办？"

王洪文、张春桥也迫不及待地帮腔，说什么"今后要加强集体领导，为了保证不偏离毛主席的革命路线，我们就在今晚研究讨论安排江青的工作问题"。

一时间空气异常沉闷，很显然，要求讨论安排江青的工作，实际上是要江青当党中央主席，这是绝对不可能的。此时"四人帮"错误地估计了形势。过去政治局开会，江青胡搅蛮缠、无理取闹，大家看在毛泽东的份儿上，还是不和她计较的。现在不一样了，毛泽东指定华国锋为第一副主席，主席的位置怎么排也排不到江青的头上。

王洪文、张春桥把江青"抬出来"，立即遭到叶剑英等许多同志的反对。

华国锋这时在会上念了毛远新写的一封信，信的大意是这样的："我是毛主席的联络员，是从辽宁来的，主席现在去世了，我没有事可做，是留在北京还是返回辽宁？我觉得返回辽宁好。"

华国锋念完信没有征求任何人意见，就说："我同意毛远新同志回辽宁。"

江青一听让毛远新回辽宁，马上傻眼了，她赶紧说："毛远新应该留下。"

其实，毛远新给华国锋写信，是江青一伙人事先策划好了的，是试探华国锋的态度。没想到华国锋顺水推舟，一下就把毛远新"推"回辽宁了。眼看他们的如意算盘就要落空，江青瞪着眼睛说："毛远新不能回辽宁，要留下来起草报告。他还要处理毛主席的后事……"

叶剑英在一边斩钉截铁地说："我同意国锋同志的意见，毛远新还是回辽宁，文件仍由中央办公厅负责保管。"

江青又开始闹腾起来，就毛远新的去留问题，与华国锋展开了拉锯战。江青甚至说她要与华国锋谈些"家务事"，别人不愿意听的可以不听。大家见江青这副无理纠缠的样子，感到极度厌烦，都陆续离开了。汪东兴留了下来。江青一直扯她的所谓"家务事"，马拉松式的会开到第二天早晨5时。华国锋耐着性子，耐心地听到最后。华国锋问江青讲完了没有，江青说讲完了，华国锋立刻宣布："散会！毛远新还是要回辽宁。"

进入 10 月，"四人帮"加快了篡权的步伐：王洪文要照标准照；《光明日报》发表《永远按毛主席的既定方针办》；张春桥叫嚣要召开中央全会，开除邓小平的党籍

不久，人们迎来了毛泽东去世后的第一个国庆节。由于毛泽东刚逝世等原因，政治局决定不举行游行、联欢等庆祝活动，只是召集一些工农兵代表在天安门城楼上开一个"首都工农兵学商群众代表国庆座谈会"，政治局的同志可分头到工厂和农村去看望工人、农民。

1976 年 10 月 1 日夜晚，天安门广场上空空荡荡，暗淡无光。这是新中国成立以来唯一一次没有任何活动的国庆节。在天安门城楼上召开的座谈会，气氛从一开始就显得很紧张。华国锋、叶剑英、王洪文等进来时，脸都拉得很长，其他参加会议的中央领导人，包括张春桥、江青、姚文元也都是这样。会议先由工农兵代表发言，他们主要讲了继承毛主席的遗志，把无产阶级专政下的革命进行到底。之后，应该是中央领导同志发言。这时其他人还没有讲话，华国锋就急着站起来发言，并且讲得很短。他一讲完，就宣

布散会。这样避免了江青他们在会议上再生事端。从当时会场的形势看，"四人帮"是准备了要发言的。

10月2日上午，王洪文突然通知杜修贤到钓鱼台为他拍摄标准像，还意味深长地说："开追悼会用。"在粉碎"四人帮"以后，王洪文的这一反常之举的幕后真相才大白于天下。"开追悼会用"道出了他不惜破釜沉舟篡党夺权的决心。

也就在同一天，华国锋面前摆着外交部送审的《中国代表团团长在联合国大会第三十一届会议上的发言稿》。他紧皱双眉，拿起笔，刷刷抹了几笔，并在一旁批注道：

"剑英、洪文、春桥同志：此件我已阅过，主要观点是准确的，只是文中引用毛主席的嘱咐，我查对了一下，与毛主席亲笔写的错了三个字。毛主席写的和我在政治局传达的都是'照过去方针办'；为了避免再错传下去，我把它删去了。建议将此事在政治局做一说明。"

原来，报告中多处引用了毛主席的临终嘱咐"按既定方针办"，而毛泽东给华国锋的指示其实是"照过去方针办"，故而有了华国锋这样的批示。"按既定方针办"，早在9月16日的《人民日报》社论中，已经用黑体字公开发表了，外交部的报告中，也是按照这个舆论导向引用的。

看了华国锋的批示，叶剑英、王洪文都表示同意。张春桥在默许的同时，却在一侧又加了一笔："国锋同志的批注建议不下达，免得引起不必要的纠纷。"

没有想到两天后，即10月4日，《光明日报》头版头条就发表了"梁效"的文章《永远按毛主席的既定方针办》。文中写道："篡改毛主席的既定方针，就是背叛马克思主义，背叛社会主义，背叛无产阶级专政下继续革命的伟大学说。""任何修正主义头子，胆敢篡改毛主席的既定方针，是决然没有好下场的……"

也是10月4日，在勤政殿召开的毛泽东医疗组总结会议上，张春桥和江青极力把会议往批邓小平问题上引。张春桥叫嚣要召开中央全会，开除邓小平的党籍。

中央政治局里的火药味越来越浓！

1976年10月4日，在中南海勤政殿召开中央会议（杜修贤　摄）

粉碎"四人帮"

叶剑英认为与"四人帮"做斗争,政治局多数同志的意见是一致的,但是要真正动手打倒"四人帮",还需要做两个人的工作

毛泽东去世之后,最高权力成为各方矛盾汇集的焦点。以华国锋为首的实力派,以叶剑英为代表的元老派,以江青为首的"上海帮",必定要融合吸取其中一股力量,才有可能取得最后的胜算。

对于"四人帮"一伙的夺权野心,特别是江青的丑恶表演,华国锋和其他中央领导人看得很清楚。他们心知肚明:毛泽东去世后,他们即会和"四人帮"进行一场殊死较量。

国家元老们开始"走动","串"起了门。陈云、邓颖超、徐向前、聂荣臻、王震等老一辈革命家们感到十分焦虑。他们虽然身处逆境,但仍通过各种渠道进行联络,互通消息,并分别找叶剑英交谈。

陈云,党内老资格的革命家,现在仅挂着个人大常委会副委员长的头衔。自毛泽东逝世以来,他终日思虑,几乎处于一种寝不安席、食不甘味的状态。他决定找叶剑英谈谈。

陈云来到叶剑英的住地,见面第一句话就说:"这个局势怎么办啦,得赶快想办法才行!"

两人走进客厅,商谈起具体的措施。眼前的局势俨如一场战争,现在可以说到了最后决战的关头。当前的问题是,如何用兵,如何遣将,如何指挥,如何克敌制胜。

除了陈云上西山找叶剑英深谈外,聂荣臻找叶剑英深谈,王震找叶剑英深谈,军队很多高级将领都找叶剑英深谈。

大家与叶剑英交谈的都是同一个话题——如何解决"四人帮"为非作歹、阴谋篡党夺权的问题。

叶剑英明白,同"四人帮"做斗争,政治局多数同志的意见是一致的。但是,要真正动手打倒"四人帮",还需要做工作。这中间,有两个人的工作非做不可。其中一个是毛泽东生前提议任命的中共中央第一副主席、国务院总理华国锋。由于他是第一副主席,自己不好越过他,去直接指挥这场斗争。第二个人就是当时的中央办公厅主任、中央警卫部队负责人汪东兴,如果要行动,中南海里必须有他的配合和支持。

叶剑英决定先找华国锋谈。

此时的叶剑英,在邓小平再次受到"批判"后,也被宣布"生病",停止主持军委日常工作。虽然在表面上叶剑英已被"闲置",但主持军委工作的陈锡联对叶剑英非常尊重,军队的实际大权仍由叶剑英有力地控制着。况且,叶剑英还是中共中央副主席、中央政治局常委、中央军事委员会副主席和国防部长,还参加政治局会议和政治局常委会议。毛泽东去世后,叶剑英所处的地位和发挥的作用,变得更加举足轻重。

叶剑英感到自己责无旁贷。他找华国锋谈话,单刀直入:"现在,他们不服气,迫不及待地要抢班夺权。主席不在了,你就要站出来,和他们斗!"

叶剑英推心置腹的谈话,打动着华国锋的心。华国锋知道,形势已万分急迫,必须要考虑了。"四人帮"两次大闹中央政治局会议,取而代之的野心暴露无遗。在与叶剑英谈

1976 年 9 月 1 日，华国锋和叶剑英在唐山、丰南地震抗震救灾先进单位和模范人物代表会议上（杜修贤　摄）

话时，华国锋没有马上表态。虽然，在内心已决定与"四人帮"进行斗争，但他毕竟刚刚上任不久，没有像叶剑英那样的政治经验和必胜的信心，他还要进行考虑。

不久，叶剑英又做通了汪东兴的工作。

9 月 11 日，华国锋找李先念谈话，明确表态说："看来，我们同他们之间的一场斗争，已经不可避免。"华国锋请李先念去叶剑英处，代他转告叶剑英，务必请他想个办法解决。

李先念对"四人帮"的种种倒行逆施早已强烈不满，但同他们硬顶时机又不成熟，他便称病住院，休息了数月。他表面上沉默冷峻，内心却万分忧虑地关注着时局，关注着党和国家的命运。现在，到了斗争的危急时刻，他冒着风险，来到叶剑英家中，将华国锋的意见转达给了叶剑英。

华国锋正式表了态，叶剑英需要通力考虑的是使用什么方式解决问题。合法的方式，怕是时间来不及了。如果用武力解决，会带来负面影响，也不可取。

明月高悬，夜空如洗。几位政治局的同志按约定的时间来到了叶剑英的住地，一起定夺粉碎"四人帮"的大计。

叶剑英、华国锋、汪东兴商议后，确定以坚决的方式进行"智取"。具体方案是：以讨论《毛泽东选集（第五卷）》为题，召开中央政治局常委会，吸收姚文元参加，会上即对王洪文、张春桥和姚文元三人采取行动，对江青另行处置。行动时间定于 10 月 6 日。

一场"你死我活"的战斗即将拉开大幕。

江青万万没有想到，10 月 6 日，一个普普通通的星期三，竟是她最后一个自由日

1976 年 10 月 6 日，星期三。

上午，江青打电话要杜修贤到毛泽东的住地游泳池。那是毛泽东曾经生活工作过的地方，也是杜修贤非常熟悉的地方。

此时，毛泽东已逝世近一个月了，人去楼空，杜修贤不尽伤感。

汽车的喇叭声打断了他的冥思。江青的"大红旗"来了。他急忙返回门厅里。

"老杜，你迟到了……"江青一进门就冲着他没头没脑地来了一句。先到一步的杜修贤还没明白过来，江青的下一句就告诉了他所谓"迟到"的含意，"我们在这里学'毛选'，已经学了好几天了，你今天才第一次来学。"

不久,毛泽东和江青身边的工作人员都陆续来了,不过他们已经学了几天,七八个人将小小的过厅坐得满满的。有人给杜修贤递了本《毛泽东选集》,杜修贤也照着他们翻到要学习的页码,一脸虔诚认真的样子。

"小李,你接着昨天的继续往下念。"江青指了指身边的工作人员说。"咦?学了好几天,连一篇都没有学完?"她翻开书自言自语地嘀咕。

大家的目光跟着朗读声,一行一行地在书页上移动。没读几行,江青一声高腔,惊得大家都抬起了头,朗读声戛然而止。"你们知道中央谁反对毛主席?"

大家面面相觑,谁也不敢搭她的话头。她见众人茫然的样子似乎很开心,拍了一下大腿,"万里。"

杜修贤下意识地摇摇头。江青脖子一直,朝他说道:"你不信?哼!告诉你们,谁反对主席我都知道。这种事休想瞒过我!"

她愤愤地望着大家,想得到赞同的共鸣。沉默许久,她似乎察觉这是在"对牛弹琴",白费力气,突然朝着小李呵斥:"念,往下念!谁叫你停的?念!"

颤抖的朗读声响了起来……

临到最后,江青叫小李停下来,她一个人大谈起中央的局势:"中央领导人的排列顺序,要按主席生前排列的排,谁也不能改动……谁要反对你们,不行!你们都是主席身边的人,反对你们就是反对主席……中央有人想整我,我不怕!"

终于,江青讲够了也讲累了,发泄欲和宣讲欲得到了满足。她愉快地宣布:"今天就学习到这里,和大家合影。明天继续学习。"

毛泽东逝世后的中南海书房。人去屋空,睹物思人(杜修贤 摄)

此时她的心里还装着明天和许多个明天⋯⋯

走出屋子，来到草坪前，一身藏青色的中山装和一顶蓝色男式便帽，给江青本来就不年轻的形象平添了几分阴阳怪气的色彩。其实江青有一头黝黑的短发，不戴帽子要精神得多。

江青理所当然地站在大家的中间。杜修贤的镜头里出现了戏剧性的变化：哪个镜头里有江青的身影，哪个镜头里的人物就异常严肃——双足立正，两臂僵直，肌肉紧绷，活像木偶荟萃。如果镜头里没有江青，大家的表情会活泼很多。

在游泳池拍摄完后，杜修贤正准备离开，江青兴致勃勃地叫住他："老杜，别走！我们一起去景山公园摘苹果，还要照一些照片。"话音刚落，她笑眯眯地坐进"大红旗"，"呼"地先走了。

工作人员坐着警卫局的面包车，跟着"大红旗"驶出了中南海。

汽车由景山公园后门，径直开到一片苹果园旁。此时，夕阳柔和的光线里揉进了淡淡的红色。果园看上去好像快要融化了似的，油亮翠绿的果树抵不住秋天的诱惑，披上了硕果累累的金装。

江青从汽车里出来，非常得意地告诉杜修贤："老杜，我们在这里劳动了好几次，特意留了几棵树今天摘，照些照片。老杜，今天看你的啦！"

在一棵硕大的苹果树前，江青小心翼翼地踩上一个事先已经准备好的架子。旁边的人七手八脚地将她扶定，又在她的手边挂了一个小竹篮，让她放置采摘的苹果。

摘苹果可以算是劳动也可以算是享受，一种心理和生理的双重享受——垂手而得的心理满足和悠然打发岁月的生理满足。

白皙的、保养极好的手，握住粗糙的褐色树干，本身就是对比；一身素装和灿烂红颜的苹果，这又是对比——杜修贤拍下了对比的瞬间和对比的深思。

江青从林子里出来，欢喜地给每人两个苹果，说是要慰劳大家。她不知道，这是她人生中最后的自由时光。

1976 年 10 月 6 日晚，怀仁堂再次见证中华人民共和国历史上生死攸关的转折点。短短二十多天，中国经历了由举国悲痛到举国欢庆的历程

粉碎"四人帮"的计划，经过将近一个月的酝酿之后逐步成熟，10 月 6 日下午进入到具体实施阶段。

第一个接到命令的是警卫局副局长邬吉成。

当时，邬吉成正在钓鱼台指挥工人们粉刷房间。7 月底的唐山大地震波及北京，许多房屋都受到破坏，警卫处在钓鱼台的房子的墙壁也被震出了横七竖八的裂缝。邬吉成正忙得一塌糊涂，电话响了。汪东兴的秘书通知他立即赶到中南海。他换了身衣服，反身入车赶到了汪东兴的住处。才跨进门，就见汪东兴"噌"地站了起来，用非常严肃的口气问他："晚上抓几个人⋯⋯你知道是谁吗？"

邬吉成心里咯噔一下子。解放前，他就在中央警卫团工作，也执行过人民大会堂抓捕林彪的"四大金刚"黄永胜、吴法宪、李作鹏、邱会作的秘密行动。今天，他从直觉判断，这"几个人"里面很可能有江青。他冲着严肃的汪东兴含糊地笑笑，不做回答。

"你负责外面。主要掌握四周安全，还有警卫秘书。将他们集中到五间房，宣布几条

1976 年 10 月，华国锋、叶剑英等在
天安门城楼上（杜修贤 摄）

纪律。"

邬吉成这时想到 10 月 2 日晚汪东兴找他谈的一席话，
现在看来是有意试探他的态度。那天，汪东兴莫名其妙地对他说：
"六个字错了三个字。联大报告上也是这么写的，还是华主席改了
过来。"

邬吉成哪里知道汪东兴的所指。汪东兴见他一脸茫然，估计在
钓鱼台办公，同时兼顾江青等人警卫工作的邬吉成没有卷进"四
人帮"的圈子，于是放心了许多。他又问："你知道王洪文有枪吗？平
时带不带在身上？"

"枪是有的，但手枪一般不随身带，有时出去带猎枪。"邬吉成
回答时很纳闷，现在他终于解开了这些谜团。

从汪东兴处出来，已经过了下午 6 时，邬吉成到食堂抓了两个
馒头，边吃边往怀仁堂去。他一下车就将驾驶员先打发走。这样的
绝密行动，知情的人越少越保险。

邬吉成一边吃着馒头，一边围着怀仁堂转着圈。怀仁堂东面有
一排平房，被大家称为"五间房"。开会时，警卫员和秘书经常在这

1976 年 10 月，华国锋、叶剑英、李先念等在庆祝粉碎"四人帮"大会上（杜修贤 摄）

里落脚、休息，等首长开完会出来。

天色渐渐暗了，四周非常寂静，没有风声，连一声鸟叫都听不到。寂静中，邬吉成居然听见了自己的心跳。他当时或许没有想到，这一天将被永远载入史册，历史将书写崭新的一页。

晚7时多，汪东兴从他的住处走到怀仁堂。他看见邬吉成，担心地问："有没有问题？"

"没问题！放心。"事到如今，邬吉成不能有别的回答。外面的警卫秘书，除了有一个是王洪文从上海带来的，其他人都是他的部下。他们会服从命令听指挥，这一点他有把握。

汪东兴进去不久，叶剑英的汽车驶进了西门，停在怀仁堂门口。邬吉成快步上前打开车门。叶剑英从车里出来，一把将他的手握住，久久没有松开。叶剑英蠕动了几次嘴唇，欲言又止。邬吉成明白自己的责任重大，同时也感到了无比的力量。

华国锋、汪东兴已经守候在大厅，三个人碰了面，以目示意。华国锋几步走上前，扶着叶剑英坐在沙发椅上，自己也随即坐下。

叶剑英示意汪东兴也坐过来。汪东兴指了指屏风，"我的位置在那里。"

邬吉成疾步进来，低声报告："张春桥的车子已进了中南海西门。"

参加会议的华国锋（杜修贤 摄）

中国共产党第十届中央委员会第三次全体会议主席台，左起：陈云、邓小平、华国锋、叶剑英、李先念、汪东兴（杜修贤 摄）

汪东兴命令道："按计划行动！"说罢，他闪身藏在屏风背后。

张春桥身后紧跟着警卫员"大熊"。第一行动小组的负责人迎了上去，恭敬地行了个礼："首长好。"

"国锋同志和叶帅都到了吗？"张春桥冷冷地问。

"到了，正在会议室等您。请随我来。"

"大熊"也想跟进去，却被两名卫兵挡住了。

"怎么回事？"张春桥问道。

"首长的随行人员都在外面大厅中休息。"

张春桥迟疑了一会儿，对"大熊"摆摆手。

"你就在这里等我吧。"

张春桥拐过两个弯，走廊的灯刹那间灭了，黑暗中冲出几个人把他紧紧扭住。张春桥惊恐地连声喊着：

"你们要干什么？ 干——"

话没说完，一只大手立刻捂住了他的嘴。随即，他被架到大厅。华国锋和叶剑英威严地坐在沙发上，汪东兴握着手枪站在屏风旁。张春桥顿时明白发生了什么事，脖子一梗，恶狠狠地问："你们凭什么抓我？"

华国锋站起身，手里拿着一张事先写好的"决定"大声念道："你伙同江青、王洪文反党反社会主义，犯下不可饶恕的罪行。中央决定对你进行隔离审查。中共中央，1976 年 10 月 6 日。"

华国锋念毕，行动人员立刻给张春桥戴上手铐，从后门押走。

接着来的是王洪文。当行动小组在走廊里把他扭住时，王洪文使出当年武斗的看家本领，一边拳打脚踢，一边大声叫道：

"我是来开会的，你们要干什么?！"

国宴上的华国锋（杜修贤　摄）

　　警卫人员把他押进大厅，华国锋又把"决定"念了一遍。还没念完，王洪文感到末日已到，大吼一声，挣开警卫人员，向叶剑英猛扑过去。警卫猛冲上去把他按倒，连揪带架地抬出了后门。

　　解决姚文元很顺利。由于担心再次发生意外，汪东兴请示华国锋和叶剑英，没有让姚文元进大厅，而是让人领他到东廊的休息室，由警卫团的一位副团长，宣读了中央的决定。姚文元没有争辩，也没有反抗，只说了声"走吧"，就随行动小组的几名卫士出了门。

　　与此同时，邬吉成按照原来的吩咐，将张春桥的警卫"大熊"叫到会堂旁边的"五间房"。不一会儿，王洪文、姚文元的警卫也都被召来。时间不长，有人过来对邬吉成耳语："里面都解决了。"

　　邬吉成不动声色地走进"五间房"，对大家宣布："你们的首长另有安排了。不要你们再管了。现在，你们将枪交出来……"话音没落，只见叶剑英的两个警卫秘书"唰"地站了起来，满脸紧张。邬吉成这才想起，刚才为了不打草惊蛇，将叶剑英的警卫也一同请进了"五间房"。他赶紧解释："小马、老纪，没有你们的事，

"四人帮"、林彪反革命集团十名主犯案庭审现场(钱嗣杰 摄)

你们快去照料首长。"

王洪文、张春桥、姚文元的警卫秘书没有任何疑问，立即交出了手枪。

怀仁堂的行动前后不到20分钟，没有放一枪一弹，就得以顺利解决。但是大家没有随便走动，都在等待江青和毛远新两个行动小组的消息。只有等解决了他们，大家才能离开中南海。

晚8时30分，中央办公厅副主任张耀祠和中央警卫局副局长武建华带着几名警卫前往毛远新的住处。

一进门，张耀祠便向毛远新宣布，根据中央的决定对他实行"保护审查"，并要他当场交出手枪。

警卫们一拥而上，收缴了毛远新的手枪，将其干净利落地押走了。

随后，张耀祠和武建华带着三名警卫前往江青的住处。毛泽东病重期间，江青就搬出了钓鱼台，住进了中南海201号。

江青正在沙发上闲坐，看见张耀祠走了进来，点点头表示打了招呼。由于工作关系，张耀祠常到江青这里来，很熟。

张耀祠在江青面前站定，神情庄重严肃。

"江青，"张耀祠一开口，江青立刻投来惊诧的目光，往常张耀祠总是称呼她"江青同志"，"我接到华国锋总理电话指示，党中央决定将你隔离审查，到另一个地方去，马上执行！""你要老实向党坦白交代你的罪行，要遵守纪律。你把文件柜的钥匙交出来。"

江青听罢，阴沉着脸，一言不发，双目怒视。过了一会儿，她慢慢站了起来，摘下腰间随身携带的文件柜钥匙，接着取出一个牛皮纸信封，用铅笔在上面工整地写下"华国锋同志亲启"七个字，然后将钥匙放入，用密封签把信封封好，交给了张耀祠。

江青被押上她平时乘坐的专用轿车，轿车仍由江青的司机驾驶。

晚8时许，清华大学党委副书记迟群的住所、北京市委书记谢静宜的住所、全国总工会筹备组组长金祖敏的住所，同时驶入了几辆警卫车。这些追随"四人帮"篡党夺权的得力干将们都没有来得及抵抗，就被送到了早已为他们安排好的地点。

午夜时分，一场殊死之战就这样宣告结束！

"四人帮"被一举粉碎的消息一经传出，百万群众又一次拥向天安门广场，欢欣鼓舞地迎接"第二次解放"。

从9月9日毛泽东逝世，到10月6日粉碎"四人帮"，短短的20多天，中国人民经历了"文化大革命"以来最悲与最喜的岁月。

大悲大喜中，持续了十年之久的"文化大革命"终于重重地落下了帷幕。千千万万颗伤痕累累的心重新燃起了希望。

中国，迎来了命运的大转折。

几年后，当"四人帮"再次出现在人们眼前时，他们的身份已经是特别法庭上的囚犯，听候公审的被告人。

第十一章

平凡生活

衣、食、行……

衣:我的标准,不露肉,不透风就行

在衣着上,毛泽东极为简朴,从不讲究。他常说:"我的标准,不露肉,不透风就行。"他还说过:"我节约一件衣服,前方战士就能多一发子弹。"

那还是 1937 年 1 月 10 日,毛泽东率中央机关离开保安去延安。13 日晚,毛泽东住在寺儿台老百姓的窑洞里。

毛泽东对刚烧好炕的警卫员贺清华说:"外面人多地方小,睡不下,今晚你就跟我一起睡吧!"贺清华不好意思。毛泽东笑着说:"这么大的人了还害羞?"一句话把贺清华逗笑了。

经过两天行军,确实太累了,贺清华一上炕就进入了梦乡。毛泽东脱下大衣,给他盖好,继续办公。突然,炕上着火了。毛泽东唤醒贺清华,同他一起把燃着的褥子扑灭。原来炕皮薄,下面烧的火太旺了。贺清华心里很难过,感到自己失职了。毛泽东连忙安慰说:"没有关系……补补就行了。"

这条烧了窟窿打着粗布补丁的褥子,伴随毛泽东入延安,转陕北,进北京,最后被珍藏在中国人民革命军事博物馆里。

抗日战争时期,从中央首长到每个炊事员,都是三年发一套棉衣,两年发一套单衣,每人每月五角零用钱。为了节约开支,大家的棉衣或单衣都是补了又补,到换装时都争着不领新的。

有一次,到了换装的时候,但是毛泽东就是不肯把身上穿的旧棉袄换新的。警卫员没办法,找到管理局,管理局想办法搞了几尺阴丹士林布,请被服厂做了件体面、暖和的新棉衣。警卫员知道,当面把新衣服交给毛泽东,他肯定不要。于是他趁毛泽东休息时,把新棉衣放进去,把旧棉衣取出来。他们原想把那件旧袄拆洗干净,可是没想到布都糟了,一拆便缝不起来了。

毛泽东在延安给八路军干部做报告
(吴印咸 摄)

1944 年，毛泽东在延安（历史照片）

　　毛泽东一觉醒来，发现棉衣被调换了，立即把警卫员叫来，问道："这是哪里来的？"

　　警卫员解释说是管理局做的。

　　毛泽东不高兴了，"为什么?我有棉衣穿嘛!"他指着新棉衣说："这件棉衣太好了，我不要。还是把我的破棉袄拿来吧。"

　　警卫员说："那件棉衣已经拆了，就是洗干净，也破得缝不起来。"

1939 年，毛泽东和延安杨家岭农民
亲切谈话（石少华　摄）

　　毛泽东无可奈何地笑了，"那么，你看怎么办？"

　　"主席，已经做好了，就穿它吧！"警卫员抓住这个机会，把自己的打算和盘托出。他满以为毛泽东一定会同意。可是，毛泽东却轻轻一摆手，说："这样吧，给我领件普通灰布棉袄，和你身上穿的一样。"

　　旧衣服愈穿愈破，但同时对它愈有感情，因为留有历史的记忆，毛泽东舍不得换下它。

　　在陕北杨家沟时，有一次，卫士李银桥拿着一件磨得薄如蝉翼，而有些部位又补丁摞补丁、厚如硬纸块的灰布军装给毛泽东看，并对他说："主席，你看看吧，再穿就该出洋相了。说不定你做报告，在台上一做手势，它就会碎成布片呢！"

　　毛泽东接过衣服，小心翼翼地放在腿上，像抚摸伤病员一样，轻轻地抚摸着旧军装，抚平上面的皱纹。他对李银桥说："它跟我参加过洛川会议呢！这样吧，用它补衣服。"

　　转战陕北期间，李银桥发现毛泽东只有一条毛巾，而且已经用得很旧，毛都被磨平了，就像块麻布片。可是，毛泽东好像没有看见似的，仍然用它擦脸、擦脚。李银桥很想给毛泽东领条新毛巾，可他知道，如果不经过毛泽东的同意，就擅自领东西，毛泽东准会批评他。可是，也不能让毛泽东将这条旧毛巾一直用下去啊。

一天，李银桥拐着弯儿对毛泽东说："主席，再领条新毛巾吧？这条旧的擦脚用。擦脚、擦脸应该分开嘛。"

毛泽东想了想，幽默地对李银桥说："分开就不平等了。现在每天行军打仗，脚比脸辛苦多了。我看不要分了，分开，脚会有意见。"

李银桥被逗笑了，说："那就新毛巾擦脚，旧毛巾擦脸。"

毛泽东摇了摇头，语重心长地说："账还不能这么算。我领一条新毛巾，好像不值多少钱；如果我们的干部、战士，每人节约一条毛巾，这笔钱就够打一个沙家店战役了。"

毛泽东的衣着俭朴，非亲眼所见是难以想象的。毛泽东有一件毛衣和一条毛裤，不知穿过多少年了，也不知被补过多少次了，转战陕北时就已经破得不成样子。1948年秋天，到了西柏坡后，大家看到毛泽东的毛衣、毛裤上都有好几个大窟窿，不少地

1938年5月，毛泽东在延安中国人民抗日军政大学做《论持久战》报告（吴印咸 摄）

1945 年，毛泽东在中国共产党第七次全国代表大会上致开幕词并做《论联合政府》政治报告（吴印咸　摄）

方都脱了线，实在不好再补了，就商量着想给他到石家庄去买身新的。

李讷的阿姨韩桂馨接过破毛衣，忍不住提出了建议："今年和去年的情况不一样了，去年陕北的条件困难，现在的条件好了，西柏坡离石家庄这么近，那里毛衣、毛线都有，如果买毛衣、毛裤怕不合身，你们买来毛线，我可以给主席织，保证天冷的时候让主席穿上。"

大家都同意韩桂馨的建议。可是李银桥知道，毛泽东有个不成文的规定，不经他本人同意，谁也不能花钱给他添置东西。李银桥想拉韩桂馨去给毛泽东做工作，就说："小韩，你去请示主席吧，因为你年龄最小，什么话你都可以讲。"

"这不是我的工作，也不是小李讷的事。如果是小李讷的事情，你们不去，我就敢去。这些都是你们的事，不应当由我去问主席。"韩桂馨的职责范围观念很强。

最后大家搞了一个折中方案，一致推荐李银桥和韩桂馨一起向毛泽东请示。

那天，毛泽东正在看资料。李银桥和韩桂馨便向毛泽东说明了大家的想法。

毛泽东听后，慢悠悠地说："我的衣服破了，补一补还可以穿。就是这样，我们从生活上来说，比前线也好多了。"

毛泽东又对韩桂馨说："小韩，你把李讷照顾好了，又为我们做了缝缝补补的工作，给你增加麻烦了，我非常感谢你。还是请你辛苦一点，把我的毛衣、毛裤织补一下，能穿就行了。"

韩桂馨不甘心地说："你的毛衣、毛裤实在太破了，就是能补上，穿上多么难看呀！"

毛泽东对她说："唉，穿在里面不讲什么好看难看，能穿就行了。外衣破了，补补还不是可以穿嘛！艰苦奋斗是我党我军的光荣传统呀！"

见毛泽东还是坚持自己的意见，李银桥知道再说什么也没用了，就向韩桂馨使了个眼色，暗示她不要再耽误毛泽东的时间了。于是，警卫人员想给毛泽东添置新毛衣的计划又告吹了。

1949年3月，毛泽东进了北平。一次，他要在香山双清别墅接待各民主党派负责人、各界代表和知名人士，其中有张澜。在见张澜前，他对李银桥说："张澜先生为了中国人民的解放事业做了不少贡献，在民主人士当中享有很高威望，我们要尊重老先生，你帮我找件好些的衣服换换。"

李银桥把毛泽东的全部家当都翻了个遍，翻来翻去，就是找不出一件不破或者没有补丁的衣服。他十分为难地对毛泽东说："主席，咱们真是穷秀才进京赶考了，一件好衣服都没有。现做衣服也来不及了，要不，去借一件？"

毛泽东回答说："补丁不要紧，整齐干净就行。张老先生是贤达之士，不会怪我们的。"

就这样，毛泽东穿着带补丁的衣服会见了张澜。

后来，毛泽东又穿着这件衣服会见了沈钧儒、李济深、郭沫若、陈叔通等社会名人。

即便这样，毛泽东还是一直没让人给他做新衣服。他常对大家说："现在国家还穷，不能开浪费的头。""没条件讲究的时候不讲究，这一条好做到。经济发展了，有条件讲究仍然约束自己不讲究，这一条难做到。共产党人就是要做难做到的事。"

中国共产党带领劳苦大众打下了天下，让人们过上了幸福的生活。但是，中国共产党的主席竟连一件没补丁的衣服都没有。毛泽东身边的工作人员每每想到此，心里总有

迎接外宾的毛泽东（杜修贤　摄）

1949 年 10 月 1 日,毛泽东在天安门
城楼上(侯波 摄)

些难过。

　　直到准备上天安门,宣布中华人民共和国成立时,毛泽东才让李银桥找人为他做了一套中山服。

　　1949 年 10 月 1 日,毛泽东穿着这套黄呢子制服,登上了天安门城楼,宣告中华人民共和国成立了。那时,人民解放军的军衣还没制定统一式样。人们对军装的概念似乎只是以黄色为标准。所以,毛泽东将他那套开国大典的黄呢子制服也视为"军衣"。

　　朝鲜战争停战协定签订后,毛泽东对卫士们说:"我们可以脱军衣了。我脱，你们也脱。"此后，卫士们都脱下了军衣，再不曾穿过。毛泽东也再不曾穿过那套开国大典穿的"军衣"。后来他把那套黄呢子制服送给了李银桥，其余的三套都送给了卫士们。再后来，李银桥将这套毛泽东在开国大典时穿过的衣服送给了天津历史博物馆。

新中国成立后，中山服被定为"国服"。毛泽东和其他中央领导人在公开场合一般都穿中山服。毛泽东对衣服要求不高，有什么穿什么，从不挑剔，但他对中山服，却只认准了一个颜色——灰色。

为了使毛泽东的穿着、形象更完美，专为毛泽东等中央领导人制作服装的红都服装店的田阿桐师傅，经过多次修改，设计了一种新型衣领。他把领放矮些，领尖阔而长，适合毛泽东高大的体形和非凡的气质风度。毛泽东穿上后非常满意，于是毛泽东的中山服便不同于普通的中山服了。他穿着灰色中山服会见了许多外国元首。

1972 年 2 月美国总统尼克松访华时，毛泽东正在病中，全身浮肿，原来的衣服都小了。工作人员找了一套毛泽东平时穿的毛式服，拿到红都服装店，请他们照着放大一些。

1974 年 2 月 22 日，毛泽东会见赞比亚总统卡翁达（杜修贤　摄）

2月21日,毛泽东穿上了这套特制的毛式服,接见了尼克松。大家看到的仍是熟悉的领袖形象,但并不知笔挺的衣服里,裹着的是一个病弱的身体。毛泽东以惊人的毅力、敏捷的思维,与尼克松进行了长达一个多小时的会谈。

1974年2月22日,毛泽东穿着一套灰色呢中山服,接见了来华访问的赞比亚总统卡翁达。这套衣服是20世纪70年代初,由红都服装店的王庭森师傅制作的。毛泽东就是穿着这套服装,提出了"三个世界"的战略思想。毛泽东与卡翁达的会谈具有划时代意义,而这套呢中山服便成了这次会谈的重要见证。

田阿桐回忆说:"主席比较喜欢灰色的中山装。春秋以中灰色为主,冬天则以深灰色为主。面料主要是啥味呢,因啥味呢比较柔软,显得干净。"由于毛泽东偏爱灰色中山服,因此,中山服便有了一个专有名词——毛式服。

进入20世纪70年代,特别是1972年以后,毛泽东的身体状况越来越差。由于长年累月躺卧在床上办公、看书,活动量减少,他的膝关节不能伸直。如果没有人搀扶,他想站起来都相当困难,走路就更不用说了。

毛泽东逝世后,由于生前身体严重浮肿,穿在身上的衣服已无法被脱下来。工作人员强忍悲痛,轻轻地用剪子小心翼翼地把他的衣、裤剪开。他们首先把穿在外面的灰色中山装剪开,然后把棉毛

1973年6月5日,脚穿布鞋的毛泽东会见越南劳动党中央委员会第一书记黎笋和越南民主共和国政府总理范文同(杜修贤 摄)

衣、裤也慢慢剪开，换上了在他生前做好备用
的崭新的中山装和棉毛衣、裤。毛泽东临终时
穿的棉毛衣、裤现在被保存在韶山毛泽东同
志纪念馆。棉毛衣、裤为纯白色，较厚。两件
衣，一条裤，衣长 85 厘米，胸围 170 厘米，袖
长 96 厘米；裤长 129 厘米，裤腰围 116 厘米，
很肥大。一件长衣从前面正中剪开，另一件从
右侧剪至腋下，两袖从腋下袖口沿缝处全部
剪开，棉毛裤为宽裤腰，两侧嵌松紧带。毛泽
东临终时穿的衣服，是如此普通，这也是他一
生生活习惯的写照。

　　毛泽东平时喜欢穿布便鞋，只在参加大
型会议或会见外宾时，才穿皮鞋。登上天安门
城楼时，毛泽东脚上穿的是一双深褐色皮鞋。
这双皮鞋一穿就是好几年，以至鞋帮内侧后
面被磨得褪了色，鞋底被磨去了一厘米多厚。
工作人员劝他做双新的，他不同意，还穿着这
双他喜欢的皮鞋去会见外宾。后来，工作人员
多次劝他换双新鞋，可他总是说："我只穿出
去见见客，开开会，要那么好的皮鞋子干什
么？这双鞋穿起来很舒适，虽然很旧了，我很
喜欢它！"

　　毛泽东穿皮鞋，不求质地品牌，唯求宽松
舒适。他不喜欢穿新鞋，因为新鞋紧，夹脚。
所以，他往往把新鞋让别人先穿。"你们年轻
人穿新的精神，我岁数大了穿旧的舒服。"他
把新鞋交给战士，将旧鞋要回来，"我们各取
所好。"

　　1956 年，毛泽东在中南海勤政殿接见印
度尼西亚总统苏加诺。事前，他进去检查布置
情况，巡视了一遍，停在一台外国收音机前，
皱起眉头说："中国也可以生产收音机，为什
么放外国的？中国的'东方红'不是更好吗？"

　　罗瑞卿见他穿着一双棕色皮鞋，对他说：
"主席，你还是换一双黑皮鞋吧？"

　　毛泽东很敏感地问："为什么？"

　　"按照国外惯例……"

　　"为什么要按国外惯例呢？"毛泽东不以
为然地轻跺一下皮鞋，"我们中国人要按中国
人的习惯穿。"

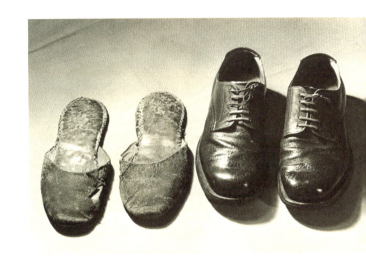

毛泽东穿了十几年的皮鞋与拖鞋

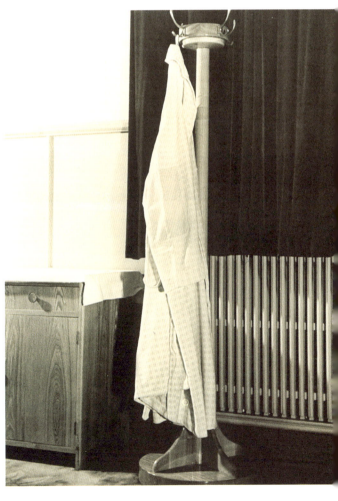

毛泽东打了很多补丁的睡衣

晚年时的毛泽东和周恩来（杜修
贤 摄）

就这样，毛泽东穿着这双大头棕色皮鞋接待了以潇洒、富贵闻
名于世的苏加诺。

此后，无人再敢在毛泽东面前提皮鞋颜色的问题。毛泽东穿着
棕色皮鞋，接见了一位又一位外宾。

一双皮鞋一穿就是几年。在一次舞会上，舞伴说："主席，你这
双皮鞋这么旧了，还不换一双？"

"换什么？这皮鞋穿起来舒服！"毛泽东兴趣很高，抬起脚，扬了
扬那双连鞋带都没有系的皮鞋，乐呵呵地说。

有一次，毛泽东看到周恩来穿着一双网眼皮凉鞋，他想这种网
眼可以散热透气，可能比一般皮鞋更舒适。于是，他问工作人员：
"总理那双皮鞋是哪里做的？"工作人员打听后，告诉他："是北京
做的，师傅叫王凤德。"毛泽东点点头，没有作声。工作人员心里清
楚：主席肯定喜欢那种鞋！于是，他们找到王凤德。王凤德用了好几天

1967 年，毛泽东在武汉东湖（钱嗣杰　摄）

毛泽东穿的是一双皮编网眼凉鞋
（钱嗣杰　摄）

做出了一双外观雅致的棕色网眼皮凉鞋。试穿后，毛泽东感到十分舒适，对王凤德的手艺赞不绝口。

1963 年夏，毛泽东穿上这双鞋时想起了王凤德，问工作人员："王凤德哪里去了？"毛泽东还评价说："他做的网眼皮鞋很好嘛！"当毛泽东把这双皮凉鞋穿旧了以后，工作人员又找到王凤德做了一双同式样的皮凉鞋。

毛泽东一生俭朴，他总是用清水洗脸，从未用过一块香皂，手染了墨汁或是油污洗不掉，就用洗衣服的肥皂洗。他从没用过什么"膏""霜""油脂"之类的护肤品，甚至没用过牙膏，只用廉价牙粉。他说："我不反对用牙膏、用高级牙膏，生产出来就是为了用，都不用，生产还发展不发展？不过，牙粉也可以用。将来经济发展，人们生活水平都提高了，大家都用了高级牙膏，我也会使用。"他什么时候将牙刷用秃了，什么时候才肯换新的。

毛泽东使用的被褥都是普通棉布、棉花做的，里外白布，几十年保持不变。还有用白布包起来的荞麦枕头，补了又补的毛巾被、睡衣和一条薄毛毯，进城时就是这些东西，逝世时仍是这些东西。

食：我就是这个命，喜欢吃粗粮

毛泽东在谈饮食问题时，常说自己是"农民的生活习惯"。

毛泽东的饮食十分简单，只求饱肚。他对身边的卫士说过："我们活在这个世界上，不是为了吃世界，而是为了改造世界。这才是人，人跟其他动物就有这个区别。"

在江西根据地时，毛泽东吃饭使用的是一个小缸子。那时，差不多天天打仗，流动性很强，警卫员陈昌奉常常用那个小缸子准备"三层饭"（中间一点儿菜，底层和上层都是米饭）。毛泽东工作起来，顾不上吃饭。到吃饭时，饭凉了，陈昌奉把饭热一下，毛泽东再吃。

有时，一缸子饭一顿吃不了，毛泽东就让陈昌奉留起来。有一次，陈昌奉看到只剩下一点儿饭，就倒掉了。第二天，毛泽东问："陈昌奉，昨天剩下的饭呢？"陈昌奉回答说："倒掉了。"毛泽东批评起来："群众的每一粒米都来之不易，下次剩的不准倒掉，留着下一顿吃。"

在长征路上，毛泽东和数万名红军指战员一样，在最艰苦的时候，也是靠吃草根、啃树皮充饥的。有一次，在行军途中，他发现路边的壕沟里有一挂人家扔下的羊下水——羊肠、羊肝和心肺，冻得硬邦邦的。他让炊事员捡回来化开冰，洗净烧熟，给同志们充饥。"羊下水菜"做好后，他和大家一起吃起来，都吃得津津有味，又充饥又解馋。大家一边吃，一边夸这是一顿"美餐"。

在延安，毛泽东和其他中央领导同志都是和中央机关工作人员一起吃大灶，一个星期只改善一次，吃一顿馒头。大家看到毛泽东和其他中央领导同志身体不好，提出："我们少吃一顿馒头，让毛主席多吃点馒头，不要搞平均主义。"

毛泽东知道后坚决不肯，他说："还是大家一块儿吃。"

1938年春天，有一次，毛泽东从二十里铺开边区党代表大会回来，在路上他突然在延河河滩边停住脚步，指着一些圆叶子小草对警卫员们说："你们看，这是一种野菜，能吃，回去以后，你们给我搞一点炒炒吃。"警卫员知道当时延安很缺菜，但不知道这种野菜是否好吃，都犹疑起来。毛泽东说："这叫冬寒菜，我过去吃过。"

回来后，他让炊事员炒冬寒菜，接连吃了好几次，但警卫员们仍不吃这野菜。毛泽东动员大家说："这菜很好吃，你们也可以拔些来当菜吃，不是现在没有菜吃吗？"

警卫员们明白了，主动挤时间去拔这种野菜，从而缓解了当时没菜吃的困难。

解放后，毛泽东仍然保持着俭朴的生活习惯。一切山珍海味他都不追求，尤其厌烦宴会。对于接待外宾，他也做过指示："不能总是山珍海味，既浪费又不实惠。"

毛泽东对餐具的要求也很简单。他一直使用毛竹筷子，一次也不用大饭店里的象牙筷子。他说："太贵重，我用不动。"

进城后，毛泽东仍保持吃湖南红糙米的习惯，米饭里总要加点儿小米、赤豆或芋头。这是战争年代养成的习惯，一直保持下来。碗沿、碗底上的米粒或掉在桌子上的米粒，他都夹起来送进嘴里。有时他甚至感叹两句："什么时候农民都能吃上我这样的饭，那就不得了啦，那就太好啦！"

毛泽东常说："我就是这个命，喜欢吃粗粮。"

保健医生徐涛多次劝他注意营养，改变饮食习惯，多吃点儿好东西。他每次都摇头。

　　1952 年秋，正是新谷入仓的时候，工作人员在郊区农村买了一袋粗米。毛泽东听到后非常高兴地说："今天就用这个来做饭吃！"粗米不如细米黏性大，做成的饭发散，厨师担心地说："这是个啥子米哟，不成个饭样子！"毛泽东吃过后，满意地说："很好的。"

　　毛泽东还爱吃苦瓜，并把吃苦瓜作为以苦为乐的象征。有一次，他边吃边说："苦瓜这种菜，我的家乡很多，房前屋后都可以种，好种也好活。有些人吃不惯，是怕它的苦味。我不但吃得惯，还一生都吃，从小就爱吃，就图它个苦味。我这个人一生没少吃苦，看来是苦惯了，以苦为乐了。"有时，他还对身边的工作人员说："你们多吃点嘛，不要怕苦。"

　　毛泽东对苦瓜的性能很了解。有一次，他同工作人员一起用餐，菜中便有一盆苦瓜炒鸭子。这是他很喜欢吃的一道菜。他说："凡苦的东西，对人体都有好处，苦能去火明目嘛！人吃五谷杂粮，难免上火，有时生气也上火，这叫虚火。这种人吃点苦很有必要。我这个人也爱上火，所以命中注定要吃苦喽。不如主动去吃，免得火气太大。火气大，不是伤人，便是伤己噢！至于明目，更是它的大好处，我现在有点老眼昏花了，时时吃一点，免得看不清事理噢！"

　　湖南人喜欢吃腐乳。在湖南，腐乳又叫"霉豆腐"，显然是经过霉变的食物。毛泽东很喜欢这一土特产。叶子龙做毛泽东机要秘书时，因会做腐乳，于是常常给毛泽东制作这道菜。后来，负责毛泽东生活的工作人员，还曾从京西宾馆请师傅传授制作腐乳的技艺。然而，保健人员对此却极为担忧。因为从医学角度看，霉变过的食物是不宜进食的。有一次，医务人员私下里将毛泽东吃的腐乳送去化验，结果发现其中细菌含量大大超标。于是，他们将化验报告上呈毛泽东，建议他从此不要再吃这种有害无益的东西。可是毛泽东依然如故，坚决不肯放弃这一美味。他说："人感到好吃也爱吃的东西，还是能吃的。爱吃一定是人体有这种需要，这也许是一种什么潜在的东西，但究竟是什么，我也说不清。不过，世界上的事，说不清的也太多。这也是好事，都说清了，科学还研究什么？不研究了，还有发展吗？"

　　辣椒、苦瓜、腐乳都是味重的食品，其实毛泽东是一个口味清淡的人，他只是把这些口味重的食物当作调味品来吃。毛泽东喜欢吃青菜，在众多蔬菜中，他喜欢冬寒菜、青蒿，还有一般人不大当作菜来吃的豌豆苗、马齿苋。

　　毛泽东尽管不是素食主义者，但他对吃素还是颇为首肯的。他在谈到吃百合、豆制品时就说过："我们先祖在寻找食物的过程中，也发现了药物。药食同源，许多食物中医都可入药，像百合、山药、山楂、连葱、姜、蒜都可治病。你们医生可不要过分迷信药物，不要轻视饮食治疗。"他还说："豆腐、豆芽、皮蛋、北京烤鸭都是中国特有的东西，有些地方的小吃，也很有特色，应该国际化，可以出口。"

　　毛泽东正经吃饭，一般是四菜一汤，这其中少不了一碟火煸的青辣椒或辣椒酱，一碟霉豆腐，一碟苦瓜。但是，毛泽东这样吃饭的时候并不多。他从来不愿意事事循规蹈矩，不愿意束缚自己的个性。他工作时间不分钟点，吃饭也没有准确时间，只以感觉饥饿为标准。一天吃两餐的时候多，还有只吃一餐的时候。他一直保持着战争年代的吃饭方式。卫士值班室有个电炉子和大搪瓷缸子，卫士们经常在电炉子上煮一缸麦片粥加牛奶、鸡蛋，他就着秘书叶子龙为他做的霉豆腐吃下去，就算一顿饭。

　　毛泽东一个人吃饭时，不是在书房，就是在卧室，他常常是吃饭时，还手不释卷。

　　有一天，毛泽东斜坐在木椅上，左手拿着一张报纸，两眼紧紧地盯住报纸，嘴巴似乎无滋无味单调地重复着咀嚼动作；右手则像一只机械手，在盘子和嘴之间来回运动，筷子始终落到菜盘子的一个位置上。那是一盘空心菜，才夹走了半边，他的筷子便夹不着菜了。

卫士悄悄地转动菜盘，让他的筷子落在有菜的位置上。毛泽东仍在全神贯注地看着报纸，全然不觉菜盘的变化。

停了一会儿，卫士又将荤、素两盘菜对调了一下位置。他依然没有觉察到饭桌上的变化。

"嗯？"嚼了几口，毛泽东突然一怔，目光转向饭桌，露出警惕之色，"味道不对呀？"说着，他就想吐掉嘴中的菜。

卫士忙解释说："是我把两盘菜调了个过儿。"

毛泽东松了口气，咽下了嘴里的菜。"嗯，我说不对劲儿。刚才还咯吱咯吱的，一下子就变得那么软绵呢……"

他的目光又转向了手中的报纸。

毛泽东的办公室离不开茶水，喝过的茶叶，毛泽东还舍不得倒掉。

1957年初春，中南海菊香书屋，毛泽东伏在桌上批阅文件。照规律，每隔一小时左右，卫士要给毛泽东的茶杯里续一次水，已经

毛泽东在中南海接见从延安来的劳动模范杨步浩（徐肖冰　摄）

间隔有一个小时了。就在卫士进门续水的时候，糟糕，杯里没水了！毛泽东伸出左手端起茶杯，右手放下红蓝铅笔，将三个指头插入茶杯。

卫士瞪大了眼睛，不明白他要干什么。

只见他手指一抠，杯里的残茶被送进了嘴里，然后顺势用手背擦了一下沾湿的嘴角，咀嚼起来。

这一连串的动作，像南方的老农民那样自然、熟练。卫士目瞪口呆，赶紧拿起空杯出去换茶。

"主席吃茶叶了，是不是嫌茶水不浓？"卫士小声地问卫士长李

1958 年，毛泽东视察河南农村
（侯波　摄）

银桥。

"吃茶叶怎么了？在陕北就吃。既然能提神,扔掉了不是浪费？"跟随毛泽东多年的李银桥对此司空见惯,根本不当一回事。

毛泽东对饮食没有过高的奢求。在他看来,追求个人的吃喝享乐,那是格调很低、很庸俗的事。

毛泽东的饮食太简单、太艰苦了。但是,他却特别喜爱吃红烧肉,在他看来,能有红烧肉吃就是大补了。毛泽东爱吃红烧肉是出了名的。围绕着吃红烧肉,还发生了许多有趣的故事。

1947年打赢沙家店战役后,毛泽东对李银桥说:"银桥,你想想办法,帮我搞碗红烧肉来好不好？要肥的。"

李银桥回答说:"打了这么大的胜仗,吃碗红烧肉还不应该？我马上去搞。"

已经三天两夜没有合眼的毛泽东,疲倦地摇摇头说:"不是那个意思。这段时间用脑子太多,你给我吃点儿肥肉,对我脑子有好处。"

于是,李银桥告诉厨师高经文烧了一碗红烧肉。毛泽东先用鼻子深深地吸了吸香气,两眼一眯,情不自禁地赞叹道:"啊,真香!"然后,他抓起筷子,三下五除二,转眼就吃了个碗底朝天。

毛泽东放下碗,忽然发现李银桥惊讶地站在旁边,有点不好意思地笑着说:"有点儿馋了……打胜仗了,我的要求不高吧？"

俘敌6 000余人,他只要求一碗红烧肉。李银桥的眼圈儿一下子红了,用力摇摇头说:"不高,不高,主席要求得太少了,太低了。"

毛泽东说:"不低了。战士们冲锋陷阵,也没吃上红烧肉,只能杀马当粮吃。"

从此,李银桥知道了毛泽东爱吃红烧肉。按毛泽东自己的说法,吃红烧肉是为了补脑子。

此后,每逢大战或者连续工作几昼夜,李银桥就要千方百计地替毛泽东搞一碗红烧肉来。可是,战争年代,有时连粮食都没有一粒,大家常常吃黑豆,到哪里去找红烧肉？李银桥每每有些为难。真是应了那句古话:巧妇难为无米之炊。

有一次,正当李银桥为找不到肉而犯难的时候,贺龙给毛泽东捎来一块腊肉。腊肉虽不好烧成红烧肉,但炒一小碟吃吃,也可以补补脑子。

令李银桥意想不到的是,他将腊肉端上桌,毛泽东却叫撤走。

毛泽东说:"你们想叫我吃得好一些,可是我怎能吃得下去呢？"

李银桥忍不住叫了起来:"这是为了工作,为了补脑,可不是为了享受!"

毛泽东朝椅背上一靠,说:"脑子是要补的,可是也要讲条件。条件不同,补的方法也不同。银桥啊,你给我箄箄头吧。"

李银桥拿了一把木箄子站在毛泽东的脑后,给他箄头。毛泽东开始给李银桥讲黑豆的营养价值,说它的蛋白质足够脑子使用了。毛泽东又讲箄头的好处,说它能促进头部血液循环,把有限的营养首先满足大脑。

李银桥听着听着掉下眼泪。补补也要讲条件,毛泽东的说法,是那么朴实。从不刻意追求饮食,这就是毛泽东对饮食的一贯态度。

毛泽东说,补脑子要讲条件,可是,后来到了西柏坡,特别是全国解放后,条件好了,毛泽东仍然保持爱吃红烧肉的这个习惯。一切山珍海味,他都不追求。

　　1948年9月，中共中央在西柏坡召开政治局会议。毛泽东工作十分紧张。会议开到第三天，毛泽东也已连续工作了三昼夜。这三天三夜，毛泽东每天只吃两餐麦片粥或素面。麦片粥是用搪瓷茶缸在电炉上煮的。毛泽东就着腐乳，喝一茶缸麦片粥，就算是一顿饭了。

　　这天，毛泽东又对卫士长李银桥说："馋了，来碗红烧肉吧！肥点儿的，补补脑子。"

　　江青知道后，皱起眉头说："真是改不了的农民习气！"她告诉李银桥："你们不要弄红烧肉了，贺老总不是送来腊肉和鱼了吗？做得有滋味些。什么不比那碗红烧肉强？"

　　吃饭时，毛泽东发现没有红烧肉，又发了脾气："怎么回事？交代了事情为什么不办？是办不了还是不想办啊？"

　　江青不吱声。李银桥委屈得流下了泪。

　　事后，毛泽东得知了原委，拍了桌子："我就是农民的生活习惯，我本来就是农民的儿子！我吃饭不要她管，今后我吃我的，她吃她的，就这么办了！"

　　李银桥还是给毛泽东端来了红烧肉。

　　毛泽东用筷子夹起一块大肥肉放进嘴里，吃得很香，边吃边说："好，很好。"一碗红烧肉很快便被他吃光了。

　　其实，江青不让毛泽东吃红烧肉，尤其是肥肉，也是出于好意、关心。因为肥肉吃多了，胆固醇增高，会影响身体健康。可是，毛泽东偏爱吃红烧肉，尤其是经过了一连几天的劳累和素食之后，更想改善一下胃口。

　　会议开了6天，卫士给毛泽东做了两次红烧肉。为了变变花样，警卫排的同志曾出去打斑鸠给毛泽东吃。毛泽东说："你们不要为我吃的东西费力气，一个星期给我吃两次肥肉，那就足矣！"

　　此后，卫士们都按照毛泽东的吩咐，每星期保证让他吃上一两顿红烧肉。

　　济南解放了。胜利的消息传来，毛泽东非常高兴，手里挥动着攻克济南的电报告诉卫士们。一个卫士调皮地把它与红烧肉联系起来，说："主席吃了红烧肉，指挥打仗没有不赢的。"

　　后来，进北京后，医生也多次劝说毛泽东最好不要吃肥肉，可毛泽东总是摇着头说："你们医生的话，不可不听，也不可全听。我这几十年的生活习惯了，你们不要强迫我。"

　　进城后二十几年，毛泽东始终未改爱吃肥肉的习惯。

　　秘鲁哲学家门德斯非常崇拜毛泽东，熟读过《实践论》和《矛盾论》。他千里迢迢专程来华，拜谒了毛泽东。在中南海的会客厅，毛泽东与门德斯吃饭，毛泽东夹了一块红烧肉给门德斯，"尝尝红烧肉，这是我最喜欢吃的一道菜。"

　　因为毛泽东的这个爱好，而今"毛氏红烧肉"几乎成了所有湘菜馆的一道招牌菜。其实，毛泽东参加革命后吃过江西的红烧肉，吃过福建的红烧肉，到达陕北后，又吃过陕北红烧肉，后来所谓的"毛氏红烧肉"是有其源流的。

　　毛泽东爱吃红烧肉，而且是爱肥不爱瘦，最好是五花肥肉，在味道上喜欢咸中微甜。要么是我军打了大胜仗，要么是做出一个重要决策，要么是开完一次重要的会议，他就会提出吃红烧肉的要求。

　　毛泽东吃的红烧肉，因不同时期、不同地方、不同师傅的做法而不同。那么，真正正宗的红烧肉是怎么做的，是哪个地方的呢？根据查找的资料来看，全国很多地方都有红烧肉，湖南、湖北、江西、北京等地都有，做法基本相同，只不过肉的品种、加工细节、配料稍有不同。但毛泽东吃的正宗的红烧肉有三种：一是在毛泽东的老家韶山，用传统方法

毛泽东在看农民的来信（侯波 摄）

做的，应该属于最正宗的了；二是中南海厨师做的，虽然每个师傅的做法不尽相同，但根据毛泽东的口味、特点做成，做法大致相同，就是现在流行的"毛氏红烧肉"；三是毛泽东巡视到江西时在专列上吃的江西红烧肉，在口味上得到了毛泽东的称赞，属于口味上的正宗。不管哪个地方，用什么方法做的红烧肉，毛泽东基本上都喜欢吃，只不过有的吃起来更过瘾而已。

吃饭离不开辣椒，是毛泽东饮食习惯的一大特点。

　　不管是在战火纷飞的年代,还是身居中华人民共和国主席的高位,辣椒陪伴了他的一生。在战争年代,能吃上一顿辣椒,对毛泽东来说就是顿美味佳肴了。没有别的食品,毛泽东就用馒头夹着辣椒吃。在延安,曾经盛传"毛泽东就着西瓜吃辣椒"的佳话。

　　中华人民共和国成立后,毛泽东的伙食还是相当简单,餐桌上总是一荤一素,但辣椒却是每餐必不可少的。

　　湖南人口味偏好辣,这个习惯在毛泽东身上发展到特别的程度。没有辣椒,他吃起饭来就觉得没有味道,甚至还影响到食欲。

　　1930 年 5 月,毛泽东在江西寻乌搞调查时,他的警卫员知道他爱吃辣椒,便一大早跑出去挨家挨户地寻找。

　　在江西,并不是每家每户都有辣椒。警卫员找了好久,都一无所获。突然,警卫员的眼睛一亮,一位老乡家的窗前晒了几串红红的辣椒,而且正是毛泽东最爱吃的焙干的红辣椒。于是,警卫员兴奋地跑过去,使劲儿地敲门。

　　门开了,一位老乡走了出来,看到一位战士站在门口,有点儿疑惑不解。

　　警卫员指着挂在窗前的红辣椒,问道:"我们首长爱吃辣椒,不知你的辣椒能不能给我一点?"

　　老乡听了,二话没说,伸手就摘了一串鲜红的辣椒送给警卫战士。

　　吃饭的时候到了,简单的饭菜中多了一碗红红的辣椒。

　　毛泽东看到辣椒非常高兴,立刻坐到桌子旁,一边举筷品尝,一边问道:"这辣椒是从哪里弄来的?"

　　"向老乡要的。"警卫员得意地回答。他想:这下毛委员可要表扬我了。

　　没想到,正在兴致勃勃地吃辣椒的毛泽东却放下了筷子,站了起来,说:"要的?"他走到警卫员跟前,和蔼地问道:"参军后,连长给你讲了'三大纪律,八项注意'没有?"

　　警卫员有点儿丈二和尚摸不着头脑,"没有。"

　　"这件事不能怪你,主要是我们对新战士宣传党的政策不够,教育还跟不上。一会儿告诉你们连长,叫司务长从我的伙食费里把辣椒钱给老乡送去,还要给人家道歉。"毛泽东耐心地对警卫员解释起来。

　　在寻乌,毛泽东为了酬谢帮助他调查的群众,请开会的群众吃饭。这顿饭有两道菜:一碗豆角和一小碗炒灯笼泡辣椒。

　　毛泽东的筷子只夹了点儿豆角,那一碗辣椒连碰也没碰一下。

　　"毛委员,你不吃辣椒吗?"有人觉得很奇怪。

　　毛泽东笑着回答说:"吃的,不过近来胃口不太好,不大敢吃。"

　　在座的群众向毛泽东介绍说:"这是我们本地的辣椒,叫灯笼泡。别看它个大,却不辣。"

　　"哦,是这样,我们湖南的辣椒可不同,虽然都是小指头那么小,却辣得厉害。"毛泽东一边说,一边果真夹了半个大辣椒,试着咬了一口,嚼一嚼,笑着说:"嘿,果真不辣,这真叫大而无用。"

　　毛泽东又咬了一口,幽默地说:"凡事不能光看外表。像它,看起来样子这么大,以为一定辣得厉害,可是它实际却一点不辣。湖南椒虽然小却辣得很。正像现在反动派一样,别看他表面上强大,其实却是中间空空的灯笼泡,而我们个个都是湖南椒。"

　　一席话说得大家都笑了起来。

心情愉悦的毛泽东（历史照片）

在江西瑞金的时候，有一次，为吃辣椒，毛泽东还和贺子珍发了脾气。那时正值盛夏，贺子珍为毛泽东炒了一碗辣椒。毛泽东一连吃了好几顿，还舍不得全部吃光。贺子珍端出来一闻，才发觉辣椒早变味了。于是，她将剩下的辣椒都倒掉了。

中午，毛泽东回来了，一边洗脸，一边问道："那碗辣椒到哪里去了？"

贺子珍回答说："倒掉了。"

毛泽东一听这话，顿时火起，连洗脸盆带水全扔到了地上。贺子珍气得跑了出去，到晚上才回来。

事后，毛泽东了解到事情的原委，很后悔当时的鲁莽。不过对于那点儿辣椒，他仍觉得可惜："把它再煮一下，是不是吃了不要紧。"

1942年，斯大林派人给毛泽东送来了丰厚的礼品。回赠什么东西才能与这些厚礼相称呢？爱吃辣椒的毛泽东，很自然地想到了他最为珍贵的辣椒。毛泽东给斯大林写了封信，让人缝了个大布袋，装上他亲手播种、培育、收获的红辣椒。毛泽东说："延安这里，没有什么特别的东西，我就给斯大林同志送这点礼品，表示我的谢意吧。"

于是，这袋毛泽东亲手种的辣椒便越过千山万水到了苏联最高统帅的手中。

1949年，毛泽东住在香山双清别墅。

为了能让毛泽东吃上可口的饭菜，警卫班的战士在自己住的院子里，开垦了一亩地，种上了毛泽东喜爱吃的辣椒和其他蔬菜。

一天，毛泽东散步来到警卫班的院子里，意外地看到了绿色的小苗苗。他弯下腰，仔细地端详了一会儿菜苗，笑眯眯地说："我几天没来，你们这里就大变样了！"

战士们看到毛泽东露出了满意的笑容，便七嘴八舌地告诉他："这些辣椒，是特意给主席种的。""咱们现在住在这里，有条件自己种菜了。"

"谢谢你们。"毛泽东站起身，拍了拍手上的泥土，风趣地说，"不劳动者不得食，我没有参加劳动，怎么能白吃呢。下次浇水时，我也来浇。我参加了劳动，以后吃的时候，就理直气壮了，吃起来也就更香了。"

毛泽东平时在家吃饭，也顿顿离不开辣椒，外出也离不开辣椒，只要条件许可，他一定要吃。没有辣椒，他吃起饭来就觉得没有味道，但医生又偏偏禁止他吃辣椒。这对毛泽东来说，是非常难受的。

1956年，毛泽东在武汉时，悄悄和陪他吃饭的湖北省委负责同志说："我身边的医生不许我吃辣椒，你能帮助我腌点儿湖南辣椒吗？"那位同志设法从湖南韶山弄来了2斤辣椒，制成成品后，送到毛泽东那里。由于有了湖南辣椒，毛泽东每餐竟能多吃半碗米饭。但是，纸包不住火，不久，这个秘密还是被保健医生发现了。

毛泽东不但嗜辣椒成性，而且还很爱唱一支名为《红辣椒》的歌。这支歌唱的是，辣椒对自己活着只是供人食用，而没有生活意义感到不满，辣椒嘲笑白菜、菠菜、青豆的浑浑噩噩，没有骨气的生活，终于领导了一场蔬菜起义。把辣椒放在蔬菜之王的地位，而且还赋予它革命性，可见毛泽东对辣椒的喜爱。

毛泽东还发明了一套"辣椒革命论"。他曾半真半假地对人说，吃辣椒革命性强。他认为，爱吃辣椒的人都是革命者。一次，他请人吃饭时，在餐桌上发布了他的"辣椒革命论"。他说，湖南人爱吃辣椒，因而革命家特别多。他还列举了西班牙、俄国和法国的情况来证明他的"理论"。没想到他的理论一发布，立刻就有人提出反对意见。有人举意大利为例，说意大利人也因爱吃辣椒而出名，而现在意大利的法西斯分子也特别多。毛泽东听罢无言以对,只好大笑着认输。

晚年时,由于患有多种疾病,特别是脑神经病,毛泽东吞咽困难,因而不能随心所欲地大吃辣椒了。这时他吃辣椒,都是在小盘子里蘸一点点,然后用嘴一抿,高兴地说:"好香啊,一直辣到脚尖了。"

行:毛泽东一生走过许多地方

毛泽东一生中走过许多地方,除了战事和工作外,也参观了许多名胜古迹。年轻时他曾去过山东曲阜的孔府等地;延安时期他还曾去过陕北的宗教名胜白云山等地。白云山庙建于明万历年间,有各种描绘佛、道、俗的彩色壁画 1 000 多幅,均为古代民间艺术佳作。毛泽东问他的警卫员李银桥:"银桥,你到过寺庙吗?"李银桥答道:"见过小庙,没见过大庙。"毛泽东马上纠正他说:"片面,片面,那可是文化,懂吗?那是名胜古迹,是历史文化遗产。"第二天他们一起去看庙。面对真武大殿中的铜铸像和侧廊中的泥塑像,毛泽东说:"过去的统治者为了统治天下,费了很大心机。这全

1954 年,毛泽东在紫禁城护城墙上
(侯波　摄)

1954年，毛泽东参观明十三陵后小憩
（侯波　摄）

毛泽东在天坛（徐肖冰　摄）

1954年5月20日，毛泽东在故宫
午门城楼参观出土文物（侯波　摄）

是劳动人民的血汗修成的。这是艺术、文化遗产，要保护。"

解放战争时期，他和周恩来路过山西宗教名山五台山时，他曾参观了五台山寺庙。在看过众多的雕塑和彩画后，他曾十分感慨地和周恩来说："佛教文化传入中国近两千年，它和儒道学说相融，成为了中华民族灿烂的文化遗产，我们要加以保护和研究。"对于五台山保存的康熙御衣和吴道子等人的书画真迹，他指示："很有价值，好好保存。"

解放后，毛泽东除两次出访苏联外，一年中有大部分时间都在全国各地视察。每到一处，工作之余，如有时间，他都会去当地的名胜古迹看看。毛泽东国学深厚，知识渊博，每看到一些珍遗古迹和名人字、画、诗，都会如数家珍般与陪同他的工作人员一一道来，令大家听得津津有味，受益匪浅。如他在去湖南考察时，曾问当地政府领导："郴州有个三绝碑，你去看过没有？"大家被问得一脸茫然。毛泽东便如数家珍般讲起北宋文学家秦观作词、苏轼题跋、米芾书写的三绝碑的来历，并说："秦少游很有才华，《踏莎行·郴州旅舍》这首词写得非常好，把爱国知识分子报国无门的悲凉写出来了。"他又特别交代："三绝碑是中华民族的瑰宝，要保护好"。为此，国务院还专门

1958年3月，成都会议期间，毛泽东参观杜甫草堂（侯波　摄）

1954年4月，毛泽东登上天下第一
关——山海关（徐肖冰　摄）

拨了经费，对三绝碑进行修缮。

20世纪50年代，毛泽东行动还较自由，他曾几次就近登上紫禁城护城墙，并在城墙上绕行一周。一是看看故宫周围防火等安全保卫情况，二是在漫步徐行中领略故宫的壮美和气势。总共三次的紫禁城护城墙之游，他既无警卫保卫，也不通知地方政府，轻车简从，只有几名工作人员陪同，行走得兴致勃勃，兴趣高昂。

烟:吃百家饭,抽百家烟

和离不了辣椒一样,毛泽东离不了烟。

毛泽东写作、思考问题时,手中必燃有一支烟。卫士们为了限制他吸烟的量,曾把一支烟折为两节,使他每次吸完后有些间隔。

毛泽东是何时学会吸烟的,至今尚无考证,他本人也不曾公开讲过。但可以肯定的是,在井冈山时期,他的烟瘾就已相当大了。战争年代,香烟并无保障。那时,香烟多为从国民党军队中收缴来的"战利品"。因此,毛泽东所吸香烟的牌子是形形色色、多种多样的。毛泽东曾戏称为"吃百家饭,抽百家烟"。

在生活条件极度艰难的情况下,毛泽东也时常吸吸当地农民自种自晒的"旱烟"。尤其是当他下乡与农民开会、交谈时,吸当地

国宴上的毛泽东(杜修贤 摄)

产的旱烟,不失为一种接近群众的方式。这种旱烟劲儿大油重,但他仍吸得津津有味。

毛泽东吸烟,真的做到了四个字:随意、潇洒。一般人吸烟,只是一种习惯,而毛泽东却能赋予吸烟一定的思想情绪。透过飘飘的烟雾,人们领略到的是一代伟人的洒脱。

在紧张的行军中,毛泽东将吸烟作为化解情绪的一种办法。在转战陕北的一次行军途中,部队遭到刘戡四个半旅的追击,担任后卫的警卫部队连续打退了敌人三次密集的冲锋,使得敌人寸步未进。

天黑下来了,部队在雨中继续进发。队伍刚爬上一道山梁,蓦然发现左边山沟里一片火光,看不见尾,火堆一个接着一个。那是追兵,就在山脚下!

毛泽东站在雨里,站在冷气逼人的光秃秃的山梁上,时而仰望天空,时而俯瞰被火光映红的山沟。敌人在沟里,我方在山上,前边传来命令:不许吸烟,不许咳嗽,更不许大声喧哗。

大家的心几乎都提到嗓子眼儿了,齐把目光投向毛泽东。毛泽东习惯地吮吮下唇,开口了。可他说的完全是另一回事:"这场雨下得好,再过半个月,就该收麦子了!"这声音不仅镇定,而且算得上逍遥。大家立刻感到很轻松。是啊,有毛泽东在,担心和焦虑实在是没有必要的。

1947 年 8 月,刘戡率领七个旅,朝我中央机关几百人的队伍紧紧追来,一直追到黄河边上。那几天连下暴雨,黄河水猛涨,十几里外就能听到咆哮声。

毛泽东的心情很不好。原因不在于背后有数十倍于我的追兵,而在于队伍里有一种议论,说要过黄河了。

毛泽东曾说过:"不打败胡宗南决不过黄河。"当时还没有打败胡宗南,七个旅的追兵又穷追不舍,在这种情况下过黄河,毛泽东是决不答应的。何况,"毛主席还在陕北"已成为全国军民"同国民党军队"殊死搏斗的精神支柱。

周恩来指出,前面是葭芦河,过葭芦河不是过黄河。因为葭芦河在这里入黄河,老百姓叫它"黄河汊"。

最后还是决定过葭芦河。此时,河水猛涨,巨浪铺天盖地而来。前有大水,后有追兵,如此严峻的形势,不免令人焦急万分!

"给我拿支烟来!"毛泽东突然伸出两根指头要烟抽。声音不大,却像雷声一般传遍了整个队伍。

"烟,得胜同志要吸烟!"

"得胜同志要烟抽!"

"有烟吗? 快找烟!"

转战陕北期间,毛泽东曾化名李得胜。前段时间毛泽东闹肺炎,已经戒烟,卫士们便没有准备烟,现在又碰上连下大雨,人人像从水里捞出来一样,去哪儿找烟?

毛泽东有点儿焦躁了:"烟呢? 给我一支烟!"

全体将士的注意力都集中到了毛泽东抽烟上。

抽烟这个普通的日常行为,此时却将整个部队的注意力都凝聚在一起,大家的心也胶着在一起。

值得庆幸的是,队伍里终于找到了能抽的纸烟。马夫侯登科用油布包藏着的纸烟在关键时刻派上了用场。

"举起来,不要举得太高,朝东南斜点,好!"周恩来指挥卫士们打开背包,用一条薄

毛泽东在庐山（吕厚民　摄）

谈笑中的毛泽东（杜修贤　摄）

棉被遮护在毛泽东的头上,并亲自扯起被子的一角为毛泽东遮蔽风雨。

卫士钻到被子底下,把一支烟插到毛泽东右手的指间。"嚓!""嚓!"……一连划了几根火柴,火光却只一闪便被风扑熄了。毛泽东几次把嘴凑过来都没有把烟点燃,有点儿火了。

周恩来又叫来另一名卫士,才把烟点着了。

毛泽东深深地吸了一口烟,紧接着又狠狠地连吸了几口,烟灰向下跌落着。

蓦然,毛泽东把烟头奋力摁在地下,用脚踩灭,嘴里迸出一声:"不过黄河!放心跟我走,老子不怕邪!"部队在他的带领下,硬是从敌人的眼皮底下走了出来。

毛泽东从这次开了烟戒,一直到80岁才又戒烟。

到了晚年,毛泽东患上了气管炎,按道理应该绝对禁止吸烟,可是他戒不掉,以至发展为肺气肿。他的办公室里经常是烟雾缭绕,他的牙发黄,也许是烟熏的。人们从彩色照片中看到的白牙都是照片作者修饰的。

毛泽东一生中只有一次控制住了烟瘾。那是在重庆谈判时,因为蒋介石不抽烟,而且讨厌闻烟味。毛泽东控制住了,在重庆谈判时始终未抽烟。这一点曾使很多人感到钦佩,钦佩他的毅力和意志。

新中国成立后,毛泽东吸烟更多了。这一方面是因为生活条件改善了,香烟来源稳定;另一方面是因为毛泽东的工作更加繁忙,需要以香烟来作为调节手段,从而使精神有所放松。

毛泽东吸烟不讲究品牌质地,只注重香烟是否劲儿大、味儿重。他好吸味儿重的烟。美国产的"555"牌香烟劲儿大,他就很喜欢。继"555"之后,毛泽东吸熊猫、中华牌香烟。这两种国产烟在当时都很有名,毛泽东吸过后也很觉满意。毛泽东生性节俭,很怕花钱,更怕浪费,但对吸烟的支出却很大方。"熊猫""中华"在当时算得上是价高位尊的,一般人还真负担不起。毛泽东有时也感到吸烟花的钱太多,但上了瘾,一时是戒不了的。

有一次,毛泽东去武汉,听武汉的一位同志说,湖北生产的一种珞珈山牌香烟,烟味儿很好,价钱却很便宜。他便找人弄了几条"珞珈山",试抽后觉得的确名副其实,于是买了几条带在身边。1959年6月,他回韶山时,随身带的就是珞珈山牌香烟。

每次毛泽东外出时,工作人员都要帮他带上足够的香烟。毛泽东登山、游历、访问时,香烟或由自己放在口袋里,或由随行人员装入一个公文包内。有时,他鼓捣着摸出烟来,发现烟盒挤皱了,工作人员见了很是不安。后来,工作人员找来天津卷烟厂生产的"双猎"牌金属烟盒,将香烟一支支装进去,从此便不再担心皱烟卷了。

冬天气候干燥,香烟水分挥发快,吸起来平淡无味儿。有一次,毛泽东抽烟时,对工作人员说:"在我们南方,冬天切烟丝时要喷上几口水,要不然就不好抽。"还说:"你们帮我想想办法,看能不能把卷烟弄湿一点。"工作人员想了好久,终于从老烟民处得到一个办法,即在烟盒中放上新鲜菜叶,上盖下垫,以保证烟丝不干。毛泽东抽了用这种方法保管的烟后觉得很受用。

1968年,毛泽东患了一次重感冒。病中,他依然想抽烟,但一抽便咳嗽不止。他感叹道:"病了,烟都没味儿!"工作人员劝他就此戒烟,但毕竟烟瘾太大,无法戒掉。此事被李先念知道了,他建议毛泽东抽一种特制的"雪茄"烟,说:"这种烟既可以解瘾,又不会咳嗽。"毛泽东听罢将信将疑,于是要机要秘书徐业夫试抽。徐业夫有气管病,且相当厉害,而烟瘾却并不比毛泽东小。徐业夫试抽了一段时间,感到确如李先念所言,于是便在毛泽东面前"吹"。毛泽东说："拿烟来,先试一试!"不试不知道,一试吓一跳。这种雪茄烟倒真是特适合患有气管病的烟民抽。

从此,毛泽东开始抽特制雪茄烟。这种雪茄烟本来产于四川。当毛泽东等喜欢上该烟后,有关部门便在北京南长街 81 号开了一个分厂,烟叶和技术人员都是从四川调过来的,卷烟的封口设备则来自越南。该烟包装普通,外观仅为白纸制成,毫无装饰,但有一个与众不同的特点,即暂停未吸 20 秒后便可自动熄灭。

毛泽东晚年抽上特制雪茄后,工作人员又多了一项烤烟的工作。因为,雪茄烟在春季和初夏极易受潮。有一年夏天,毛泽东在庐山视察。庐山气候温和凉爽,自然风光美不胜收,但是多云多雾,非常潮湿。因此,毛泽东携带的特制雪茄烟大都受了潮。于是,工作人员便每天在煤火上、白炽灯下烘烤香烟。

有一次,在北戴河,由于空气湿度较大,毛泽东吸了受潮的香烟,他感慨地说:"烟有些上潮了,吸不动,你们想想办法。"工作人员便在白炽灯下烤烟。然而,烤烟是个很精细的活儿,稍不小心,便会烤糊。一天,有位工作人员在白炽灯下烤烟时,突然受到启发:白炽灯可以烤烟,为何不做一个木箱呢? 这样白炽灯的热量不是更加集中吗? 于是,他试着制作了一个小木箱,中间用铁丝做隔层,箱底安装白炽灯,将受潮的香烟放在铁丝隔层上。工作人员试做了几次,发现效果很好,很省事。从此,毛泽东便有了独特的烤烟箱。

毛泽东原来抽烟不用烟嘴,后来保健人员认为他抽烟太多,对身体危害很大,才弄了一些烟嘴给他,并说:"主席,你以后还是用烟嘴吧,这样可以过滤一些尼古丁。"毛泽东听后尽管不很乐意,但还是采纳了,并且慢慢习惯了。1961 年,工作人员打听到国外有种烟嘴可以过滤药物,大大减少尼古丁等有害物质的吸入,于是便委托外交部购买了两打。以后,毛泽东吸烟就用这种烟嘴。工作人员还制作了一个小木箱,专门用来放烟嘴、过滤药物,以及为烟嘴清洗消毒的酒精、镊子、棉球等工具。

毛泽东抽了一辈子烟,可他从没有使用过打火机,他习惯用火柴。有一次,一位新来的工作人员在收拾毛泽东的东西时,不知毛泽东有保留火柴盒的习惯,随手将一个空火柴盒扔进了垃圾桶。毛泽东发现后,叫他将火柴盒捡回来。这位工作人员不解地问:"主席,空盒子还要啊?"毛泽东说:"凡是还可以用的,都不能丢掉!"事后,这位工作人员闲聊时说起这件事时说:"一盒火柴一分钱,空盒子留下来干什么?扔了就扔了呗!"这话刚好让毛泽东听到了,他很生气,叫来这位工作人员谈话,说:"你这么说是错误的。我们国家还很穷,凡事都要讲节约,浪费不起哟!火柴盒确实不值钱,但它是木材做的,丢掉它不就是丢掉木材吗?"经毛泽东这么一解释,工作人员明白了。他们十分细心地将毛泽东用完的火柴盒保留下来,然后去北京火柴厂买回大量火柴棍,重新装上再使用。一支空火柴盒往往要使用多次,直到完全不能使用时为止。

苏联领导人伏罗希洛夫发现毛泽东有两个最大的不良生活习惯,就是熬夜和吸烟。

有一次,伏罗希洛夫问毛泽东每天吸几支烟,毛泽东回答说:"不多,有时把烟拿在手里不抽,或者是燃着了不吸,看着它冒烟,在精神上也好像是吸了。"

酒:毛泽东不善饮酒却趣闻多

毛泽东不善饮酒,即使喝一杯葡萄酒也会脸红,所以他极少喝酒。但是有两个例外:一是安眠药用完的时候,他为了睡觉,要喝一杯。喝一杯就会晕,喝三杯肯定躺倒。另一

毛泽东递中华牌香烟给非洲外宾品尝，并与
他们亲切交谈（杜修贤　摄）

种情况是打仗或写作时连续几天不睡觉,也需要喝点酒,以刺激神经兴奋。酒对毛泽东来说好像既能提神又可以安眠,关键是掌握好用量。

1947 年 8 月,沙家店战役期间,为了制订歼灭钟松的国民党军三十六师的作战计划,毛泽东经常通宵达旦地工作。可是,那段时间恰好缺少安眠药,把李银桥急得没有办法,只好为毛泽东准备了酒。一天,毛泽东向李银桥要酒。李银桥连忙说:"要什么酒,白酒行不行?"

毛泽东想了想,摇摇头,风趣地说:"不要白酒。钟松没有那么辣!"

"那就拿葡萄酒?"

毛泽东想了想,又摇头说:"这一次敌人有十几万,我们又是侧水侧敌,仗也没有那么好打……嗯,有白兰地吧?"

"有!还有外国货呢!"

"我看就是白兰地吧!"毛泽东的手指头敲在地图上,敲在被红色箭头(表示人民解放军)包围的蓝圈(表示国民党军)上,敲在钟松的"脑壳"上。看来,毛泽东把钟松划入白兰地的水平:没有白酒辣,也不像葡萄酒那么柔和。

李银桥拿来白兰地,放在地图旁。酒瓶的一边放着一盒烟一盒火柴,酒瓶的另一边顺序摆开油灯和蜡烛。锅台旁摆着一张帆布躺椅。

1951 年,在全国政协庆祝"七一"的酒会上,毛泽东和著名物理学家钱三强碰杯(侯波 摄)

战役打响后，毛泽东便守在电话机旁，一边和前线联系，一边查看地图。前线无大事，他就看解放区各战区发来的电报，或回到锅台旁写电文。电话铃一响，他就放下笔去接电话，做出各种指示，下达各项命令。

工作如此繁忙，毛泽东自然舍不得休息。他决不出屋，也不上炕，累到极点就在帆布躺椅上闭目养几分钟神，眼皮一掀又接着工作。当脑子疲劳时，他就呷点儿白兰地刺激刺激。烟是一支接一支地抽，茶水更是一杯接一杯地泡。泡过的茶叶他用手指头一抠便进了嘴，嚼一嚼就咽了下去。头一天，是一包茶叶冲三次水后才被吃掉，到了第三天，已经是冲一次茶，喝完水就吃掉茶叶。

司令部里最热闹的是电台。大家从收到的敌台得知钟松惊恐万状，急于突围。胡宗南在无线电话里指名道姓地骂钟松，命令他"固守待援"。沙家店战役序幕一揭开，敌人便乱成一团，溃不成军。敌军完全是照着毛泽东为他们摆下的棋子一步步走的。

沙家店战役打了三天两夜，毛泽东吸掉了 5 包烟，喝掉了几十杯茶。这一战役的胜利，标志着西北野战军反攻的开始和国民党军对陕甘宁解放区"重点进攻"的彻底破产。

毛泽东很是兴奋，挥毫给彭德怀写了 12 个大字：

　　　　谁敢横刀立马，唯我彭大将军。

写罢，他把笔一掷，抓起剩下的大半瓶白兰地，晃一晃，说："拿错酒了。"

李银桥说："什么敌人遇见主席，白酒也得变成葡萄酒，想辣也辣不起来。"

毛泽东终生不善饮酒，这在党内外不算是秘密，甚至许多平民百姓都知晓。在党内，周恩来的酒量是不错的，毛泽东对此佩服至极。因为他本人太不能喝酒了，只要喝酒便会脸红——从脸一直红到脖子上。

然而，作为领袖，毛泽东总有应酬。因此，他在各种应酬场合，便不得不随大流，喝上几杯。

1945 年 8 月，毛泽东去重庆谈判，经常出席各种宴会。有一次，毛泽东去知名人士鲜英家私访。鲜英很好酒，特意取出封存多年的自制枣子酒招待毛泽东。毛泽东认为不能有失主人的一片盛情，便一杯接一杯地与鲜英对饮起来。他们一边饮酒，一边对诗。不善饮酒的毛泽东这次借着酒兴尽情地潇洒了一回，但却平生第一次大醉而归。后来，谈判结束前，蒋介石也举办了一个招待会。宴会上，蒋介石举杯向毛泽东敬酒。但毛泽东却不领他的情，只是礼貌性地与蒋介石碰了杯，未喝一口酒。也许，这也是毛泽东的一种性格，一种"不逢知己酒不香"的性格。

解放后，毛泽东很少喝白酒。

1949 年 10 月 1 日，是毛泽东最高兴的一天。这天，他站在高高的天安门城楼上，宣告了一个新时代的来临。

晚上，中国共产党举行盛大庆祝宴会，招待来自苏联等国家和地区的代表团。宴会前，中央办公厅的同志很担心有的中央领导会喝醉，因为苏联人很能喝酒，于是指示保健医生、首长贴身卫士用茅台酒瓶装了白开水，为我方人员斟酒。宴会上，毛泽东喝的是红葡萄酒。工作人员便以红茶水代替葡萄酒给毛泽东斟了一杯又一杯。毛泽东对此很满意，因为他已喝过几杯真正的葡萄酒了，如果再不玩点儿名堂，结果难以预料。当然，苏联人并不知道这一内幕，他们在酒意蒙眬中，只觉得眼前的中共领导人一个个都很善饮，

1957 年 4 月,毛泽东宴请苏联领导人
伏罗希洛夫(侯波 摄)

个个都是"海量"。

跟一般人一样,毛泽东在高兴或痛苦的时候也能喝些酒。在庐山期间,毛泽东心情不好,苦闷中他曾约请周小舟、田家英等喝过一次茅台酒。当时,毛泽东想听他们对形势的看法。这些同志与毛泽东关系密切,交谈时便毫无顾忌,许多观点与毛泽东的大相径庭。毛泽东本意是带了耳朵来听的,但听着听着心里就越来越难受。畅谈中,毛泽东突然吩咐服务人员:"来,我们喝点茅台酒以助谈兴。"服务人员马上提了一壶茅台酒来,给每人都斟了一杯。毛泽东拿起杯子,说:"我们边喝边谈。"说完便一饮而尽。谈话结束时,毛泽东已喝了好几杯酒。这位平时很少沾白酒的人,这次却喝了好几杯茅台酒,但奇怪的是他却没醉。

进入 20 世纪 70 年代,毛泽东的健康状况大不如前,甚至睡眠也更加困难。他又不愿意吃"补品",很让人担心。后来,工作人员为他用高丽参浸泡了两玻璃罐茅台酒,希望他能每次睡前喝上一杯以滋补身体,促进入睡。但任凭别人怎么规劝,毛泽东就是不肯喝酒。结果,这两大玻璃罐人参浸制的茅台酒,他一口也没喝过。

礼　品

对于收到的大量礼品，毛泽东说："如果我不是国家主席，就不会有人给我送礼了。"于是一律造表注册，照章交公

作为一个大国领袖，毛泽东受到了国内外友人的尊敬。在国际交往的礼尚往来中，他收到了不计其数的礼品，称得上包罗万象。

苏联领袖斯大林送给他吉斯轿车、吉姆轿车；古巴领导人卡斯特罗送给他 M1911A 式自动手枪；巴基斯坦总统阿里·布托送给他 5 箱橘子；美国总统尼克松送给他瓷制天鹅、水晶玻璃花瓶和高脚酒杯；柬埔寨西哈努克亲王送给他牛皮公文包。还有其他友人送的收音机、摄影软片、立体幻灯机、兔毛背心、雨衣、地毯、枕席、海产标本、人参、鹿茸、仿古玉鲁、玉扁笄、钢笔、象牙筷子、茶中上品福建武夷山的"大红袍"等。

对于收到的礼品，毛泽东一律造表注册并照章交公。只有几件含有极特殊意义的礼物，被他留用。如西哈努克亲王送的公文

1965 年 7 月，毛泽东、刘少奇在人民大会堂接见了越南国会常务委员会副主席黄文欢和由他率领的友好代表团。黄文欢把越南军民打下的 F—105D 美机残骸一片赠送给毛泽东（杜修贤　摄）

1960年，邓小平、刘少奇、毛泽东、彭真、周恩来、陈毅一起观看礼品单（侯波 摄）

包、齐白石送的砚台等。毛泽东之所以留下这极少的几件礼物，很大程度上，是因为与送礼人有着特殊的私交。

由于形成了礼品管理制度，许多送来的礼品，毛泽东根本没有过目，便上交了国库。

毛泽东身边的一些工作人员回忆说，他们经常看到毛泽东接受了外国领导人赠送的珍贵礼品，但他只看一眼，便嘱咐工作人员交公。

有时，工作人员认为，这些东西是送给毛泽东个人的，就劝他自己留用一些。

毛泽东摇摇头，说："这不行，人家这是送给国家主席的。如果我不是国家主席，就不会有人给我送礼了。如果你当了国家主席，他们也会送你的。"

人们对毛泽东无比热爱，因此，他的健康，大家最为牵挂和关心。大家发自内心地希望和祝愿"毛主席万岁，万万岁"，并把心目中最好的补品送给他。

毛泽东 60 岁时，各地送来了很多寿礼，小到甘草一束，大到虎皮、牛黄。十世班禅、阿沛·阿旺晋美和云南碧土活佛，分别赠送了麝香、藏红花、鹿茸。

1960 年，一位东北老人手捧刚刚挖到的百年老山参，亲自送到中南海，成为轰动一时的新闻。

毛泽东接见印度尼西亚总统苏加诺
（侯波　摄）

1963 年 9 月 3 日，印度尼西亚共产
党主席艾地（左一）向毛泽东赠送
"天堂鸟"标本（侯波 摄）

新疆维吾尔族代表向毛泽东献民族
服装（历史照片）

但送补品的那些人也许想不到，对于人参、鹿茸、灵芝之类的补品，毛泽东从来就不用，不管是谁送来的，这些高级补品都会一律被上交。

有一次，护士孟锦云闲谈时问毛泽东："为什么不吃点儿高级补品？"毛泽东亮出了与众不同的观点："有些所谓高级的东西，我可并不认为它们有什么特殊之处，只不过物以稀为贵罢了。虽然有些人有一种很特殊的心理，如果这种食品皇帝皇后吃过，什么名人大官吃过，它的名望也就高贵起来，甚至变得高不可攀，神乎其神。所以，那些有了权、有了钱的人，是绝不肯放过它的，仿佛吃了皇帝吃过的东西，自己便成了皇帝，吃了名人吃过的东西，自己便成了名人，这叫沾光吧。"

说高兴了，毛泽东还幽默地说："本人生来不高贵，故高贵之物，不敢问津。"

而对于补品毛泽东的看法是：补品能少吃便少吃，当然最好不吃。战胜疾病，保持健康，主要还得靠自己身体的力量，这叫自力更生为主，争取外援为辅。

一生中，毛泽东用过的最好的补品应该算是葡萄糖了。而使用葡萄糖，也还是保健医生的建议。保健医生认为喝红茶放点儿葡萄糖，有益健康。

1964 年，有人给毛泽东送来 32.5 千克的燕窝、23.5 千克的咖啡豆。毛泽东实在推不掉，只好派生活秘书把这些礼物交给了人民大会堂餐厅科。看到加盖了公章并有餐厅科负责人李发昌签字的收条后，他欣慰地笑了。

这张收据，如今就保存在韶山毛泽东纪念馆。

1972 年 6 月 28 日，毛泽东会见斯里兰卡总
理班达拉奈克夫人（杜修贤　摄）

观戏真性情

随着剧情的进一步展开，毛泽东越来越难以控制自己的情绪，最后竟忘情地哭出声来

毛泽东与湖南木偶戏团的演员在一起（侯波 摄）

毛泽东的一生，是真实而洒脱的一生。

曾在毛泽东身边工作过 15 年的李银桥，不无感慨地说："在党的领导人中，毛主席最不愿意掩饰自己的好恶，总是把自己的真实感情展现给大家。"

是的，毛泽东真正做到了他早年时说过的话："不愿牺牲真我，不愿自己以自己做傀儡。"

在情感表达方式上，毛泽东是个很本色的人。

爱其所爱，憎其所憎，从不刻意去掩饰真实情绪。

《白蛇传》是让毛泽东最动感情的戏。1953 年到 1954 年，毛泽东连续看了几遍，每次看都流泪。最令人震惊和难忘的，则是 1958 年毛泽东在上海看《白蛇传》时的动人情景。

在上海干部俱乐部礼堂，毛泽东在上海市市委和市政府领导的陪同下，再次看了一场《白蛇传》。开始，毛泽东看得很高兴，听到唱得好的地方他就鼓掌。然而，这毕竟是一场悲剧。当金山寺那个老和尚法海一出场，毛泽东的脸色立刻阴沉下来，甚至浮现出一种紧张情绪。终于，开始了许仙与白娘子曲折痛苦的生死剧情。毛泽东沉浸在剧情中，他的思绪完全进入到那个古老感人的神话故事里，泪水在眼圈里悄悄地累积、凝聚，变成了大颗大颗的泪珠，顺着脸颊滚落。

随着剧情的进一步展开，毛泽东越来越难以控制自己的情绪了，他的心与戏中主人公的命运相契合了。毛泽东的动静越来越大，泪水已经不是一颗一颗往下落，而是一道一道往下淌，他终于忘情地哭出声来。

当戏演到法海将白娘子镇压在雷峰塔下时，惊人之举发生了。只见毛泽东突然愤怒地把大手拍在沙发扶手上，一下子站了起来，大声喊道："不革命行吗？不造反行吗？"

演出结束，在上海市委负责同志的陪同下，毛泽东走向舞台接见演员。毛泽东双手握"青蛇"，单手握"许仙""白蛇"，对那个倒霉的老和尚"法海"则不予理睬。

一位领袖如此钟情于这美好的神话故事，如此投入，并如此大动感情，足见其性格中至亲至爱至纯的一面。毛泽东对发自内心的喜怒好恶丝毫不加掩饰。

一生钟爱两部史

《二十四史》和《资治通鉴》是毛泽东一生最喜爱读、最常读的史书

《二十四史》是中国古代各朝撰写的二十四部史书的总称，被历朝历代纳为正统的史书，故又称"正史"。它上起传说中的黄帝（公元前 2550 年），止于明朝崇祯十七年（1644 年），前后历时 4 000 多年。这套史书计 3 213 卷，约 4 000 万字，用统一的有本纪、列传的纪传体编写。书的内容非常丰富，记载了历朝各代成千上万的历史人物，还有历代经济、政治、文化艺术和科学技术等各方面的内容。

我们通过书中密密麻麻的圈画和批注可以看出，毛泽东对那些耿直刚正、敢于秉理力争和舍身直谏的人物，非常赞赏和重视。

当然，他也注重对这些人物事迹的研究。特别是这些人有分析、有说理、有真知灼见的言论、奏折、书信等，都会引起他的高度重视。他会反复阅读，读到心领神会时，便画出重点，记下心得。

毛泽东常常以一位军事家的眼光，对那些著名武将的生平事

毛泽东生前阅读过的部分书籍

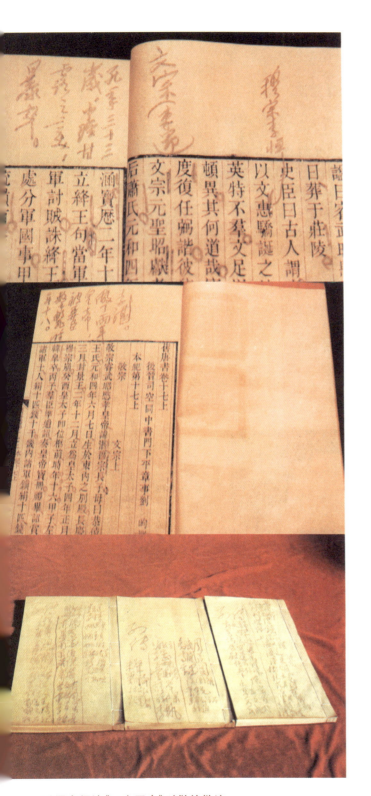

毛泽东阅读《二十四史》时做的批注

迹，对他们足智多谋的决策智慧，对那些有声有色的战争描写，予以认真审度、分析和评注。

同时，他还善于把历史和现实联系起来，在涉及思想方法和工作方法的事例中，汲取经验教训。

他还用自己的批注，对某些帝王的成败得失进行客观评价。而这些批注，正是他身心投入到字里行间的真实写照——他在用心和历史人物进行超越时空的感情交流和灵魂对话，从而得出自己的透彻感悟。

说来也是巧合，毛泽东通读卷帙浩繁的《二十四史》，竟用了整整24个春秋！

《资治通鉴》是毛泽东最爱读的另一部史书。

在他的藏书中，既有《资治通鉴》的线装本，也有20世纪50年代古籍出版社出版的加标点整理后的平装本。无论是哪个版本，里面都无一例外地留下了他仔细阅读后横七竖八的笔迹。

在毛泽东心中，《资治通鉴》是一本什么样的史书？

1954年冬天，毛泽东曾对正在校点《资治通鉴》的著名史学家吴晗说："《资治通鉴》这部书写得好，尽管立场观点是封建统治阶级的，但叙事有法，历代兴衰治乱本末毕具，我们可以批判地读这部书，借以熟悉历史事件，从中汲取经验教训。"

校点本出版后，毛泽东在日理万机之余，又反复阅读，不但做了批注，还做了许多标记和圈点。

毛泽东曾经对两个外国代表团说："所谓中国几千年的文化，是封建时代的文化，但并不全是封建主义的东西，有人民的东西，有反封建的东西。要把封建主义的东西与非封建主义的东西区别开来。应当批判地利用封建主义的文化，我们不能无批判地加以利用。"

正是带着这种指导思想，毛泽东熟读史书，酷爱史书，以古审今。

"我写我的体"

　　毛泽东一生酷爱书法，从少年、青年，一直到晚年，他的手中似乎从来没有放下过笔。毛泽东的字风格独特，品味无穷，气势磅礴，刚劲雄健，热情奔放，自然流畅。人们称他的字为"毛体"

　　毛泽东学习书法，是从欧体楷书起步的。欧体字工整、严谨，是许多书法爱好者临帖的首选。

　　毛泽东 8 岁开始读私塾，在 6 年的私塾生涯中，一直坚持临写欧体楷书。那个时候，铅笔和钢笔还是稀有物件，一般人家的孩子可望而不可即。和其他同龄人一样，毛泽东能够选择的书写工具只有毛笔。一管毛笔，让他从此踏上攀登书法艺术高峰的漫漫长路。

毛泽东在勤政殿修改文件（侯波　摄）

初学书法，毛泽东就显现出了与众不同。他不愿意描红，喜欢对帖临写。一笔一画，一撇一捺，从他的笔下流淌出来的字，雄赳赳，气昂昂，活灵活现，惹人喜爱。老师和同学们会时常向他投去赞许和羡慕的目光。

湖南湘乡的东台山上有一座贞元观，那里藏有湘乡草书名家萧礼容和其他书法家的碑刻。朝阳送晖，夕照如霞，毛泽东经常邀上二三知己，登山望碑临摹。书法家们的恣意游走，让他激动不已，进深悟道，如醉如痴，每有心得，他的脸上都会露出欣然的微笑。

韶山毛泽东故居陈列馆第二室里，挂有一张"还书便笺"，虽纸张已经发黄，有些地方还出现了破损，但墨迹依然清晰，内容也简单明了。

这大概算得上是毛泽东青少年时期留下的最早的手迹之一吧。

这幅手迹行书四行，字形挺秀，稍有侧势，布局均匀，笔画清劲，运笔果断，棱角分明，横平竖直中都带着一股锐气。

从这幅"便笺"可以看出，毛泽东在少年时就对书法学习下过一番苦功。

迄今为止发现的毛泽东最早的文章手迹，是他于1912年6月写在"湖南全省高等中学校"作文纸上的《商鞅徙木立信论》。

作文纸是竖式界格，首行作文题下写"普通一班毛泽东"。全文600字，小楷，工整，规矩，一丝不苟，下笔有出处，收笔有去处，属王羲之楷书体貌，与《黄庭经》相似。内行人一眼便能品出精要，知其功力不凡。

小楷比大楷难写，腕力、指力要配合得恰到好处。19岁的毛泽东，书法能够达到如此高的程度，不下一番力气，不用一番心思，是难以企及的。

毛泽东在湖南省立第一师范学校读书期间写的《讲堂录》，是我们研究其早期书法极为珍贵的材料。

《讲堂录》前11页是毛泽东手书的屈原的《离骚》《九歌》。《离骚》全部用小楷

1938年，毛泽东在延安窑洞中写《论持久战》(吴印咸 摄)

解放战争中的毛泽东（历史照片）

抄写，章法严谨，笔势静穆。既有欧体的方正之貌，又有王羲之楷书的圆润之美，博雅，流畅，令观者无不沉浸于巨大的审美愉悦之中。

"文贵颠倒簸弄，故曰做；字宜振笔直书，故曰写。"

这是《讲堂录》中的一段话。

"振笔直书"是毛泽东提倡的书法创作风格，从某种意义上讲，也充分反映了毛泽东书法艺术追求的自觉与自醒。

1917 年前后，毛泽东从对欧阳询、王羲之书法风格的学习，扩展为对颜体、魏碑等书法艺术的辐射式博取。这里，除了个人爱好的原因，还与他博而专的治学指导思想有关。

1915 年 6 月 25 日，毛泽东在写给同学湘生的信中提到："为学之道，先博而后约，先中而后西，先普通而后专门。"

尽管当时课业繁重，他仍以极大的毅力临习碑帖，寒来暑往，他的书法日臻精湛。从现在仅存的一张明信片和他当时在《伦理学原理》一书上用小楷批阅的 12 100 多个字来看，其受晋唐楷书以及魏碑的影响可见端倪。

毛泽东和贺子珍结婚的时候，贺子珍亲手缝了一个多用途挎包送给他。

办公中的毛泽东(侯波　摄)

　　他非常高兴,拍着挎包说:"我的家宝——'文房四宝'可以携带了。"

　　后来,毛泽东走到哪里,就把这个挎包带到哪里。无论是井冈山,还是中央苏区或者赣南,尽管战争环境恶劣,工作异常艰辛、繁重,只要一有空当,他就打开挎包,取出"家宝",抓紧时间练上几笔,多则几十、上百字,少则七八个字。书法不仅带给他艺术上的享受,更让他在强大的敌人面前神闲气定,游刃有余。

　　当年,跟随他转战到陕北的警卫队员张长明回忆说:"毛主席写电文从不用钢笔,都是用毛笔或比较软的铅笔。笔、墨、纸、砚,随从一直携带着。毛主席还用毛笔练书法。他注意研究各种字帖,随从人员带有多种版本。"

　　毛泽东早年尚楷书,后来多行书,晚年则以行书和草书为主。

　　毛泽东除了用毛笔书写外,起草文稿、批阅文件时,也喜欢用铅笔,有时也用钢笔。无论铅笔还是钢笔,其笔法于硬朗之中见柔和圆润,轻重有致,强弱得当,与毛笔所书有异曲同工之妙。

毛泽东曾对身边的工作人员详细讲解过怎样学书法。

他说："第一要多看帖，第二要多练习。写多了，就熟了。"

他还说："人有相貌、筋骨、神韵，字也有相貌、筋骨、神韵。"看帖时要"记字的结构、造型、行笔、章法。"

"字的结构有大小、疏密，笔画有长短、粗细、曲直、交叉，笔势上又有行与行间的关系，黑白之间的关系。你看，这一对对的矛盾，都是对立面的统一啊！既有矛盾又有统一。中国的书法里充满统一辩证法呀！"

……………

毛泽东的书法艺术的最大特点是兼收并蓄，博采众长。他的书法能在中国传统的书法共性中突显其个性，超出百家，自成一体，与他超常的理解力、悟性有关，更是他长期刻苦研磨、孜孜以求的必然结果。

他曾说："各个体我都研究，各个体都有缺点，我都不遵守，我写我的体。"

"我写我的体"，是毛泽东的性格和书法艺术追求的真实写照。

他身边的工作人员陈秉忱曾回忆说："从仅存的一张明信片的笔迹来看，毛主席早年似受晋唐楷书和魏碑的影响，用笔谨严而又开拓，具有较深功力。在延安时期，领导抗战和建党，工作、著作任务那样繁忙，毛主席仍时常阅览法帖，并且阅过的晋唐小楷等帖，一直带在身边……"

全国解放后，毛泽东更多地阅览法帖，1949年出国时，也以《三希堂法帖》相随。

1955年开始，他指示身边的工作人员广置碑帖，二十年间，所存拓本和影本碑帖有六百多种，看过的也近四百种。"二王"帖和孙过庭、怀素的草书帖，则是时常披阅。他不但博览群帖，而且注意规范草书，如古人编辑的《草诀要领》和《草诀百韵歌》等帖。

曾做过毛泽东秘书的田家英说："毛泽东的字是学怀素体的，写起来很有气魄。"

1958年10月16日，毛泽东致秘书田家英的信中说："请将已存各种草书字帖清出给我，包括若干拓本（王羲之等）、于右任千字文及草诀歌。此外，请向故宫博物院负责人（是否郑振铎？）一询，可否借阅那里的各种草书手迹若干，如可，应开单据，以便按件清还。"

毛泽东的书法，总的说来以"二王"，即王献之、王羲之为旨归，众采百家，取精用宏，化"他神"为"我神"，最终卓然成家。

中国书法的书体，经过几千年的嬗变，排列成了篆、隶、楷、行、草的序列。在这个序列里，草书被排在了最后一位，从某种意义上讲，这个排序证明了草书在书法艺术中至高无上的地位。

谁攻下了草书，谁就登上了中国书法艺术的巅峰！

所以，可以毫不夸张地说，1958年10月16日，毛泽东那封致田家英的信，在当时的书坛，乃至今天的书坛，具有相当大的震撼力，同时具有极大的书法美学意义。这封信表明了毛泽东在书法道路上盘桓了50年之后的主攻方向和决心，成为他攀登书法艺术之巅的宣言书和冲锋号。

毛泽东在中国现代书坛的崛起，除了他个人的努力外，亦是中国革命的需要和选择。

时代造就英雄，时代成就伟人。毛泽东的书法之路，并非完全在他自己选定的条件下完成的，而是在他直接碰到的、现实的，从历史中承继并扬弃的状态下走过的。

他从书法艺术的"传统"中走来，又从岁月的风云里穿过。他带着强烈的时代气息舒展着个人魅力，将历史与现实完美地结合，从而为我们建造了一座书法艺术的宏伟丰碑！

齐白石馈赠给毛泽东的《松鹤图》

与齐白石的交往

毛泽东喜欢与著名的艺术家交往,他与齐白石就有很深的交情

齐白石是一位画坛巨匠。唐朝张彦远说:"工画者多善书。"齐白石在评价自己的艺术时也曾说:"诗第一,印第二,字第三,画第四。"他还常对人说:"一天不画画心慌,五天不刻字手痒。"他的诗、画、字、印都很精湛,在中国近现代画坛上是绝无仅有的。

1949 年 1 月 31 日,北平和平解放了。齐白石这位饱尝战乱灾难的画家,迎来了他艺术上的春天。

欢庆胜利的激动心情还没有平复,齐白石就收到了毛泽东写给他的亲笔信。读了毛泽东充满真诚亲切、谦逊有礼、尊老崇文之情的信,白石老人感动得热泪盈眶。新中国成立伊始,百废待兴,一个泱泱大国的领袖该是多么的繁忙,可他没有忘记给一个老画家写信,问寒问暖。

为了表达对毛泽东的一片崇敬之情,齐白石精心选出两块名贵的寿山石章料,操起刻刀,精心镌刻了"毛泽东",朱、白印章,用宣纸包好,托诗人艾青呈献给毛泽东。

毛泽东是人民领袖,又是书法艺术爱好者。他收到齐白石赠送的两方印章,如获至宝,看了又看,还发现包印章的是一幅画,让秘书裱好,保存起来。于是出现了一则"争画"的珍闻。为了答谢白石老人,毛泽东在中南海设宴,请郭沫若作陪。毛泽东常以文会友,结交相知。一位伟大领袖,一位文坛巨匠,一位画坛宗师,酒席间,三人谈诗论画,不亦乐乎。

毛泽东首先端起酒杯,向白石老人敬酒,感谢他赠送印章和国画。齐白石一怔,问毛泽东:"我什么时候为主席作过画?"毛泽东笑着对秘书说:"把画拿来,请画家亲自验证验证。"

这是一幅国画,上面画着一棵郁郁葱葱的李子树,树上有一群毛茸茸的小鸟,树下有一头憨厚的老牛,侧着脑袋望着小鸟出神,颇有意境。齐白石见画后恍然大悟,这是他练笔的"废品",没注意用来给毛泽东包印章了。就是这幅练笔画,毛泽东让人全绫装裱起来,却成了一件珍品。

齐白石不好意思地说："主席，都怪我疏忽大意，这废作，说什么也不能给您，您若喜欢这种笔墨，我回去马上画。"

"我喜欢的就是这一幅嘛！"毛泽东固执地说。

齐白石听罢站起身来，一甩长髯，说："主席再不允许，我可要抢了！"

郭沫若见势忙走过来，用身体挡住画说："白老这件墨宝是送给郭沫若的，要想带走，应当问我！"

"送给你的？"齐白石惊诧地问。

"这不，画上标着我的名字嘛！"郭沫若解释说。

齐白石看看画，画上没有一个字。他又看看郭沫若，摇摇头，猜不透其中的含意。

郭沫若看到齐白石那副认真的样子，笑了起来，他指着画说："这树上画了几只鸟？"

"五只。"

"树上五只鸟，这不是我的名字吗？"郭沫若把"上五"两个字说得很重。

齐白石手捋长髯大笑起来，"好！郭老大号正是'尚武'，您真是诗人的头脑哇！"

"快快与我松手，没看见画上标有本人的名字嘛？"毛泽东说。

"您的名字？"郭沫若和齐白石都愣了。

看着两个人发愣的样子，毛泽东哈哈大笑起来，怡然自得地说："请问，白老画的是什么树？"

"李子树。"

"画得茂盛吗？"

"茂盛。"

"李树画得很茂盛——这不是敌人之名讳吗？"

"李得盛"与毛泽东转战陕北时的化名"李得胜"同音，所以毛泽东说此画是赠给他的。

齐白石乐了，"如此说来，拙画还有点意思。那么，劳驾两位在卷上赏赐几个字，如何？"

二人欣然应允。毛泽东挥笔提书"丹青意造本无法"，郭沫若接对"画圣胸中常有诗"。

齐白石得此墨宝，喜出望外，"两位这样夸奖白石，我可要把它带走啦！"

两位政治家斗不过一位艺术家，三人相视，哈哈大笑起来。

书与画，在毛泽东与齐白石之间架起了一座友谊的桥梁。

在新中国成立一周年的前夕，齐白石从他的自存作品中挑出两件最精美的。一件是1937年写的篆联："海为龙世界，云是鹤家乡。"蛟龙入海，鹤翔云天，铿锵有力，气魄雄伟。这幅五言篆书，最能表达老画家宽阔的胸怀、高尚的思想境界和宏远的理想抱负。另一件是1941年画的《苍鹰图》，巨鹰雄立，顾盼生姿，大有叱咤风云的气概。这两件作品是齐白石的得意之作，他原想自己珍存，此次呈送毛泽东，以表自己对毛泽东的敬佩和爱戴之情。同时赠送给毛泽东的还有一方石砚。这方石砚，是用齐白石家乡湖南的花岗

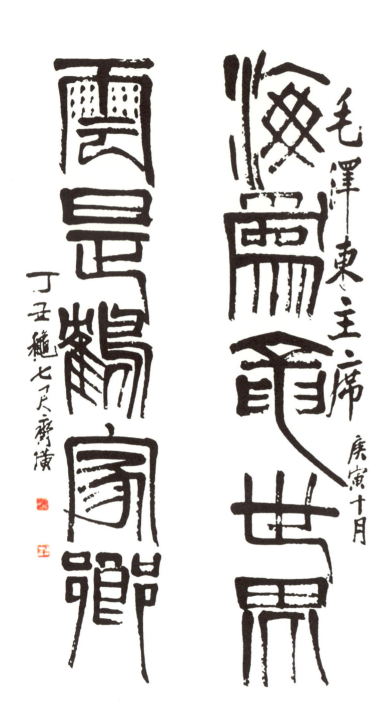

该作品作于 1937 年 7 月，是齐白石篆书
的代表作。齐白石馈赠给毛泽东时，又加
上了右边的款识

石做的，质地坚硬，发墨快而滋润。毛泽东收下这些珍贵的礼物后，很快派人给齐白石送去一笔丰厚的润笔表示感谢。

1952 年，齐白石和几位画家共同创作了一幅大画《普天同庆》，呈献给毛泽东。毛泽东收到大作，十分高兴，立即给齐白石写了封感谢信。

白石先生：

承赠《普天同庆》绘画一轴，业已收到，甚为感谢！并向共同创作者徐石雪、于非闇、汪慎生、胡佩衡、溥毅斋、溥雪斋、关松房诸先生致谢意。

毛泽东
一九五二年十月五日

1953 年 1 月 7 日，是齐白石的九十岁寿辰，首都文化艺术界为他举行了盛大庆祝会。庆祝会后不久，齐白石收到了毛泽东派人送来的礼品：一坛湖南特产茶油寒菌，一对特制长锋纯羊毫书画笔，一支东北野山参，一架鹿茸。收到这些珍贵的礼品，齐白石暮年逢盛世的幸福感油然而生，感叹道："古人说，'蔗境弥甘'，我可是享了这个福了！"

生日过后，齐白石创作了《旭日老松白鹤图》和《祝融朝日图》送给毛泽东。旭日象征光明和温暖，老松和白鹤是祝福毛泽东长寿；祝融朝日，寓意湖南升起红太阳，以此来报答毛泽东对他的深情厚谊，歌颂毛泽东的英明伟大。

重乡情

丰泽园的乡下客

毛泽东在香山双清别墅住了5个多月后，搬进了中南海丰泽园的菊香书屋院内。

从此，毛泽东算有了个安定的家。

有"家"就有客，乡里人如此，城里人如此，毛泽东自然也不例外。

毛泽东进京了，他可不是一般的"城里人"，他同时还是一国之主，谓之"主席"。可他出生在乡里，当年是乡下人，这样，即使他如今当了主席，乡里人还是认为他是乡下人，是"我们那里的"。于是，老乡们便来了，成了他屋里的客人。

毛泽东在中南海颐年堂接见家乡来的亲属（侯波 摄）

毛泽东和韶山的乡亲交谈（侯波 摄）

　　偏偏毛泽东又是一个以"乡里人"自称的人，他与乡亲们叙谈起来，天上地下，乡情乡音，极是融洽，老乡们轻松得很。人们说"入乡随俗"，可毛泽东却是不入乡也随俗。老乡们来了，除了好烟好菜招待一番外，临走还按乡俗打点一番，或送两丈布，或制一身衣。客人们笑眯眯而来，亦笑眯眯归去。于是来者益多，来者益频。

　　自 1949 年 10 月毛泽东的堂弟毛泽连等来北京后，一共来了多少乡下客人，没有统计，只知道最多的一次来过 11 个人。

　　乡亲们进京的一些轶闻，从另一个侧面反映了毛泽东与人民群众血肉相连的关系。

　　李漱清是毛泽东少时的老师，他虽然没有在正式的学堂里收毛泽东做弟子，可他对毛泽东的影响颇大。在毛泽东因看"杂书"被逐出学校休学在家的日子里，是李漱清启发他、鼓励他，支持他的一些想法，并把很多具有民主意识的书刊借给他阅读。后来毛泽东在与斯诺的谈话中称李漱清是一位"激进的"、有民主意识的老师。

　　毛泽东是很念旧的，新中国成立以后，他多次请人带信，想接李漱清来北京相见。

　　1952 年 9 月的一天，李漱清终于来了。毛泽东握着年逾古稀的李漱清的手，亲切地说："漱清先生，一别几十年，想不到今天还能见到你啊！"

本来李漱清是毛泽东的老师，而且过去给过毛泽东很多的帮助和很大的鼓励，但此时与毛泽东相见，他的心情却十分紧张，没有了当年那种"激进"的影子，气氛很有些沉闷。无论毛泽东怎么说话，李漱清就是活跃不起来。最后，毛泽东只好先坐下，以减轻李漱清的压力。李漱清落座，毛泽东又亲切地问道："你们来了几天啦，身体还好吗？"毛泽东的问话，也没有回音。好半天，李漱清才说："主席，我有点害怕！"

"害怕？怕什么呢？"毛泽东更随和地说，"老熟人，老朋友，随便一点，怕什么？"

谁知李漱清又认认真真地来了一句："见了中国最大的官，我心里慌！"

毛泽东真有些哭笑不得。如果是平时开玩笑，再诙谐一点儿，毛泽东也会乐呵呵地一笑。可本来气氛就这么拘谨了，这话又出自一位当年极力鼓励自己闹革命，去推翻封建统治的老师之口，简直是不可思议。但毛泽东还是轻松地说："如今讲什么大官不大官喽，就是大官也是人嘛！"

毛泽东这句幽默的话让气氛轻松下来。可不知为什么，李漱清又从一个极端跳到了另一个极端，刚才还是"见了大官就慌"，现在一下子又以姜太公自喻："太公八十遇文王，如今盛世升平，我这老朽，也是人寿年丰精神爽啊！"

毛泽东自然知道这个典故。太公者，姜尚也。姜尚曾在昆仑山从元始天尊学道，后奉师命下山辅佐周室。80岁时在渭水附近为周文王访得，拜为丞相；后又助武王起兵伐纣，统帅许多道术之士，经过与纣军的激烈斗法，终于完成了兴周的大业。

李漱清在这里是借用周文王起用姜尚的故事，赞颂毛泽东的英明领导，也有自喻子牙的意思。转眼之间，谈话如此"跳跃"，可见其内心之紧张了。

可毛月秋就不同。这位解放后曾担任韶山毛泽东故居管理员和讲解员的70岁老者，想什么就说什么，有什么就问什么。

"主席，现在死了人，是不是还可以做道场？"

一会儿他又问："主席，乡下的庙里有神医开假药骗人，那庙要不要拆掉？"

毛泽东简直只有做答的份儿。

吃饭的时候，毛泽东让毛月秋坐上座。毛月秋连连摆手，声音大大地说道："咯何是要得，你是主席，天地君亲师，我们是老百姓，哪有老百姓坐上面，而主席反而坐下面的呢？"

毛泽东说："那是旧习俗，现在是新社会了，老规矩要改哒！"

毛月秋倒像在乡下做客让座一样，一句接一句："你平日开会，出席宴会，为什么又总坐在上面呢？"

毛月秋有些得意，他又找到了这么一条理由。关于谁坐上座，谁坐下座，一位领袖，一位百姓，这么劝来劝去，倒是十分有趣。当然最后还是毛月秋坐了上座。

下午，毛泽东的两个女儿李敏、李讷放学回来了。毛泽东对女儿喊道："娇娇，李讷，快过来见见叔祖。"

按辈分毛月秋大毛泽东一辈，故毛泽东让女儿叫他"叔祖"。李敏、李讷过来叫了一声"叔祖"，又朝毛月秋鞠了一躬，便各自回房去了。这时，这位"叔祖"突然觉得来了这么一整天，未见过屋里的女主人，便对毛泽东问道："主席您的堂客呢？怎么一天没有见过面？""堂客"是湖南土话，指妻子。

毛泽东笑了一笑说："她不在家，经常不在家的。"

　　毛月秋听了毛泽东的话，便接着问道："那你原来那个堂客叫什么名字呀？"

　　"原来的堂客姓贺。"毛泽东给毛月秋递上一支烟，自己也点上一支，抽了一大口，又介绍着说，"叫贺子珍，患了病，在苏联诊治，延安时就去了苏联。那时，中央考虑我身边不能长期没人照料生活，便批准我同现在的咯个堂客结了婚。"

　　李漱清在北京住了一些日子，想去的地方都去了，想玩的也玩了，那是十二分的尽意尽心。有一天，李漱清突发奇想，给毛泽东写了一张便条托秘书带去。

　　"主席，余年八十，欲试航空，不知可否？请主席批准。"

　　毛泽东看毕字条，连忙歉意地说："哎哟，你看这个事，我还没有考虑到呢！"毛泽东自然能理解李漱清他们的心思，即吩咐秘书道："我的老师和朋友没坐过飞机，让他们也坐坐飞机去长城转一转吧！"

　　飞机很快安排好了，李漱清他们飞瞰京城，不亦乐乎！

　　但并不是每个人都有这种"待遇"。对待乡下来的客人，毛泽

1959 年，毛泽东首回故乡韶山，在父母墓前致哀（侯波　摄）

毛泽东和老师毛宇居携手同行（侯波 摄）

在家乡，毛泽东与毛福轩烈士
的夫人贺菊英交谈（侯波 摄）

东始终把握着"亲者严，疏者宽"的原则，不越规矩。

20世纪50年代初，毛泽东的表兄文涧泉多次到北京。有一次，在菊香书屋，文涧泉见毛泽东为韶山来的很多乡亲添置了衣服，乡亲们一个个喜形于色，穿着新衣在丰泽园里走动。他看得眼热，即向毛泽东提出要求："你给韶山的老乡每人做了一件，就把我这棠佳阁的表兄忘了，也给我缝一件长袍吧。"

毛泽东也不含糊，摇了摇头说："不行，平均每人只有一丈布票，哪有这么多布来制长袍呢？"

毛泽东拒绝了他的要求，文涧泉闷闷不乐。

但毛泽东又是重情义的，不能给亲戚制新袍，也不能让人家失望吧，他便叫工作人员将自己穿过的一件旧袍拿了出来，送给了文涧泉。

文涧泉来过北京几次了，像其他的乡下来客一样，他也想开开洋荤，坐一下飞机试试。这次他在北京住了一个多月，临走时他对毛泽东说："我汽车、火车、轮船都坐过，只有飞机没有坐了，我想坐飞机回去。"毛泽东听了，觉得不行，如果这么多堂兄弟、表兄弟来了都坐飞机，那如何得了，便劝说道："坐飞机太贵了，还是坐火车好。"

"你当主席的，说什么飞机太贵，我不相信就买不起一张飞机票。"文涧泉说。

"十一哥，不是我买不起飞机票，"毛泽东语重心长地对他说，"现在国家正在搞建设，缺钱花，大家都要节约。主席更应该带头啊！"

"那……"文涧泉还想说点什么，但见毛泽东把话说得很透彻了，便没有再说下去。

毛泽东为了安慰文涧泉，又从自己的稿费中支出 300 元钱，作为他返家的路费。

有人想搭飞机却搭不成，有人让搭飞机却不敢搭。这个不敢搭飞机的人是毛泽东的少时同学毛裕初。

到底是几十年没有见面了，当毛裕初应毛泽东之约来到中南海丰泽园相见时，毛泽东实在无法把他跟 50 年前那个小个子的毛裕初联系起来。他拉着毛裕初的手，凝视片刻问道："你是哪一辈的？"

"我是恩字辈的，谱名叫毛恩普。"毛裕初激动地回答。

这就巧了。毛裕初不仅比毛泽东大两辈，是毛泽东的祖父辈，而且毛裕初的谱名与毛泽东祖父的谱名一字不差。毛泽东"呵"了一声，有些惊喜地说："搞了半天还是我的叔祖父喽！"

一句话说得毛裕初不知所措。

大家坐下后，毛泽东便问起乡下的一些情况："现在农村的情况如何？社员生活得好不好？心情舒畅不舒畅？"

"搭帮主席翻了身，现在的日子算是好多了。农村现在没有讨

毛泽东与韶山的乡亲们（侯波　摄）

1959 年 6 月 26 日，毛泽东在韶山
水库游泳（徐肖冰　摄）

饭的了。"问到乡下事情，毛裕初利索地答道。

毛泽东又关切地问道："现在每人每年能吃多少谷？每人能吃多少米？"

"平均 500 斤谷。"

毛泽东算了算说："这是不够的，每人只能吃一斤三两多谷，才斤把米。我们的政策是每人每年至少要吃 500 斤米，这样才能不让大家饿肚子。"

"是少了点，但比要饭讨米就不知强到哪里去了！"

"我知道呵，我是农村来的。"毛泽东感叹道，"农民辛苦呵，一年四季，泥里水里，风里雨里，到头来连肚子都吃不饱，真叫人过意不去。"

"您可莫这么说，"毛裕初见毛泽东动了真情，便劝道，"您比我们还辛苦哩！"

毛泽东摇了摇头说："我这个主席没有当好呀！"这时，毛泽东的秘书过来，见他的眼圈有些发红，又说自己"没有当好主席"这类的话，便插言说："现在正是过渡时期，今后的日子会慢慢好起来的。"毛泽东接着说:"对,说得好,只要大家奋发图强,搞好生产,会有希望的。"

到中午了,毛泽东请毛裕初共进午餐。

吃饭时,毛泽东不断地给毛裕初敬酒、敬菜。毛裕初说:"主席给我敬酒,真是不敢。"毛泽东笑着说:"你是我的叔祖呀,是我的长辈,这也算是敬老尊贤嘛!"

毛裕初一连喝了两小盅酒,这酒喝起来真是舒心畅意。

在北京住了些日子,毛裕初想回去了。毛泽东问:"你这次来北京到处都看了吗?"

"感谢主席的关照,我这次来,什么都看了,什么地方都玩了,不过——"毛裕初停了一下没有往下讲。

"有什么东西还不好讲?"毛泽东感到奇怪地问道。

"我还有一件东西没有看到。"

"什么东西没有看到?"

"我到过飞机场,"毛裕初有些惋惜地说,"因隔得远了些,那飞机没有看清。"

"呵——"毛泽东仰着头感慨了一句,"难得来一次,飞机没有看清真是划不来。这样吧,你就坐飞机回去吧,从北京看到长沙,看他一个饱。"

毛裕初连连摆手,"不,不不,我只是要看飞机,没说要坐飞机。"毛裕初确实只是想看看飞机,他的要求不高,想法很简单。

"坐飞机不是更好吗?"毛泽东又感到有几分奇怪。

"坐不得呀,"毛裕初有几分紧张地说,"我年纪这么大,飞机飞得这么高,会不会扮(跌)下来? 扮下来了还种得田吗? 真从飞机上扮下来了,恐怕就种不得田了喽!"

对于这位少年时期同学的天真想法,毛泽东觉得很有趣,便笑着说:"不会的,你放心坐就是!"说完,他让秘书替他拿来 200 元钱,交给毛裕初说:"这点钱,给你做零用。"

毛裕初连连说:"那怎么要得呃? 主席你开支大,客人又多,我不能要你的钱。"

"莫关系,莫关系。"毛泽东将钱硬塞在毛裕初手中,"你暂时拿 200 元回去用。回去后,如果有困难,你写信来,我再多少寄一些给你。"

毛裕初非常感激地说:"感谢主席。我生活还算过得去,不麻烦主席了。"

说到这里,毛泽东又记起关于飞机的事,问道:"这飞机还搭是不搭?"

毛裕初连连摇手说:"不搭了,万一扮下来,连走都走不回去了。"

毛仙梅来到丰泽园,就像是在自己家的菜园子里一样

韶山人太特殊了,之所以特殊,是因为他们那里出了个毛泽东。

韶山冲有多大,解放前的韶山能有多少人,这实在是不难估计的。正因为地方不大,人口不多,相互间才都熟悉;甚至曲里拐弯的还都是亲戚,或是亲戚的朋友,或是朋友的亲戚,总之,大家都彼此相熟。

毛泽东是从上屋场走出来的,他属于韶山,属于韶山的父老乡亲。正因为这一关系,父老乡亲中的每一位都有理由来北京看望他,都有理由到菊香书屋做客。

毛仙梅就是这样来的。

当然毛仙梅也有他"该来"的理由。韶山虽然不大,烈士却出了不少。提到韶山的烈士,除了毛泽东一家 6 位亲人外,还有毛福轩、庞叔侃、李耿侯、钟志申、毛新梅等人。

毛新梅是谁? 毛新梅就是毛仙梅的哥哥。

烈士的弟弟想见见毛泽东,那是完全可以的。更何况,他还不仅仅是"弟弟"。早年大革命时,在那如火如荼的岁月里,毛仙梅在三哥毛新梅的带领下,与长兄毛学梅、二兄毛望梅一起参加了农民协会。1927年6月底,毛新梅被敌人杀害后,毛仙梅为了躲避敌人的追杀,流落他乡,直到1932年才回到韶山。这样的一个乡亲,对革命也是有功劳的。

1950年冬,毛仙梅的嫂子沈素华被接到北京,一住就是半年。毛仙梅也想去北京走一走,看看毛泽东,便写信表达了这一愿望。

毛泽东当然同意,毛仙梅就这样来了北京。

毛仙梅应该知道他来的是什么地方,这里是北京,他做客的地方是占世界总人口四分之一的人民所景仰的地方,是中国人民领袖毛泽东的家。

可毛仙梅却觉得,这就是到上屋场那人家走一走,只是上屋场的主人毛泽东已经搬到这里来住了。上屋场是韶山的,到韶山人家做客有什么可讲究的。于是,他腰间系了一条旧围裙就来了。于是,他将他那酱黄的小烟袋也带来了。这一切都很自然,自然的他在丰泽园里走动,就像在他家的菜园子里走动一样。

"好气派哟,三弟住的这地方!"他围着院子看了一周,用烟袋脑壳点了点,发表感想说。

他觉得这里的房子气派,却感觉不出自己的土气。他本来就是这样的。毛泽东第一眼见到他,一下便感到了淳朴的乡情,并伴有一种对故乡的依恋之感。望着毛仙梅那一身补丁加补丁的衣服和那条乡下喂猪种田的围裙,毛泽东没有嫌他,相反,感觉出了一种被乡亲信任的荣誉。

毛泽东最喜欢真诚。他知道毛仙梅并不是故意向他显示寒酸,他本来就是这样,但是这样已经够寒酸了。毛泽东感到了一丝沉重,立即让秘书去找了自己的衣服来,给毛仙梅换上。毛仙梅换上了毛泽东的衣服,马上精神了很多。

这次与毛仙梅同来的还有毛泽东的堂弟毛泽荣、毛泽东的表侄文炳璋等。文炳璋是毛泽东表兄文南松的次子,一年前,他曾写信给毛泽东,反映他伯父文运昌"骄傲自满""不大服政府管"的事,受到毛泽东的表扬。这次邀请这位表侄来北京,是想向他询问一些乡下的情况。

毛仙梅不大作声,只是听毛泽东和文炳璋谈着。

"农村的粮食够不够吃?"毛泽东最关心老百姓吃饭的问题。

"农村比较富裕,农民有饭吃,只有个别的没有饭吃。"不知文炳璋是因为拘谨还是什么,说的话并不很真实。

毛仙梅一听,觉得此话有假,又不想让人拿不下面子,便点上了他的水烟袋。屋子里烟雾腾腾。

"哪些人没饭吃?都是些什么人?"毛泽东没有顾及毛仙梅的反应,盯着文炳璋问。

"地主、富农。"文炳璋回答说。

毛泽东似乎有些不相信文炳璋的话,像是批评,又像是对旁边的其他人说:"讲话要实事求是,不要讲假的。"

毛仙梅的水烟袋发出"咕嘟咕嘟"的响声,那乡下的叶子烟让房间飘满了呛人的烟气。

毛泽东本来听了文炳璋说的不真实的话,心里就有些不快,又见毛仙梅在那儿一个

劲儿地吧嗒吧嗒吸那叶子烟枪，难受得很，便对他说道："仙梅十哥，你还是把那烟袋脑壳丢了，抽纸烟吧！"

毛仙梅住了没多久，又发生了一件不愉快的事情，让他一直闷闷不乐。

一天中午，毛仙梅来到了菊香书屋，见刚起床不久的毛泽东正在院中散步。

毛仙梅有些不悦地说："三弟，我在北京住不习惯，我要回去了。"

"回去？"毛泽东有些诧异，"不是说好了，来了就住一个月吗？怎么才来没几天，就要回去呢？"

毛仙梅却不答话。

"怎么，生活不习惯吗？是这里生活不好吗？"毛泽东追着问。

"生活也过得好。"毛仙梅如实说。

"那是什么原因呢？"毛泽东想了想，是不是工作人员或是别的什么人嫌弃了毛仙梅的土气，便问道："是不是有人对你说了不好听的话？"

"不是。"

毛泽东释然了，笑着说道："那还有什么呢？"

毛仙梅见毛泽东在活动着腰关节，似乎不再关心他了，便有几分不解地说道："跑到你这里来，只说是好神气、好不得了，谁知道在你这里还丢东西哩！"

毛仙梅不好说别人偷了东西，但毛泽东帮他把这个"偷"字说出了口。"是不是你的东西被'偷'了？"

毛仙梅扳着手指说："一件是叶子烟袋，一件是围裙子。"

毛泽东听了哈哈大笑，"呵，还是那两件宝贝。我不是都给你换掉了吗？"

毛仙梅这才知道他的东西不是被人"偷"了，而是被毛泽东换了，有些不好意思地说："唉，用惯了，还真舍不得呀！"

毛泽东停止了散步，扶着毛仙梅说："十哥，进屋去坐坐。"

进了屋，毛仙梅再也没有水烟袋抽了，只好抽纸烟。卫士又沏来了香茶。

"三弟，你还记得油榨塘吗？"

"是杨林联邑村那个油榨塘吗？"毛泽东问。

"是的，油榨塘的蒋梯空你还有印象吗？"毛仙梅一步一步地诱问着。

"怎么不记得呢？"毛泽东说，"他还是革命烈士嘛。"

蒋梯空的情况毛泽东是清楚的。他们不仅是同乡，也可算是同学，一同就读于"妙高峰"。蒋梯空的父亲在世时，与毛泽东的父亲毛顺生有很深的友谊。蒋梯空也早就认识毛泽东。因此，在长沙读书期间，他打听到毛泽东的住址，经常去登门求教。在毛泽东的教育、帮助下，蒋梯空的思想进步很快。1925 年，毛泽东回韶山开展农民运动时，蒋梯空成了毛泽东的得力助手。尔后成立韶山"雪耻会"，经过蒋梯空和其他同志的努力工作，韶山的农民运动如洪流波涛，汹涌向前发展，农会会员由原来的 2 万人发展到 4 万多人，声势浩大。1927 年 5 月 21 日，长沙发生"马日事变"，蒋梯空等接到中共临时湖南省委的通知，迅速组织韶山等地农民武装，参加进攻长沙的战斗，并与敌接火。这以后，形势更加严峻，蒋梯空被反动派严密追捕，不幸于同年年底被捕并杀害。

对蒋梯空，毛泽东是很了解的，他牺牲后毛泽东曾多次托人对其家属进行慰问。新中国刚成立不久，毛泽东还写信给他的长兄蒋浩然，赞扬蒋梯空"为国牺牲，极为光荣"。

今天毛仙梅提到蒋梯空，毛泽东不知何意，便问道："烈士的家属有什么困难吗？"

毛仙梅叹了一口气说："蒋梯空搞绿了（意思是被人败坏了），他人是烈士，如今却被划成了地主成分！"

毛泽东有些震惊。

"当年，蒋梯空被人杀了，一家人惶惶然逃命，日子过得几多凄惨，而今可好，还戴上个地主帽子了。蒋家人心里不服呢！"毛仙梅有些激愤地说。

毛泽东怔怔地望着毛仙梅。毛仙梅从口袋里摸出一封信来，递给毛泽东，"这是他的胞兄蒋浩然写给你的信，你看一下吧。"

毛泽东接过信，认真地看了起来。香烟在他的手上悠悠地燃烧着，烟灰掉在地毯上了，他全然不觉。看完信后，他将烟猛地抽了几口，一言不发地望着天花板。

毛仙梅见毛泽东没有作声，也不好作声。

"十哥，你到过蒋浩然家吗？"

"怎么没去过?"毛仙梅回答说,"我来北京时就去过他家,这封信就是那时交给我带来的。"

"蒋浩然家目前的情况到底怎么样?"

"那还会怎么样,"毛仙梅叹惜说,"连饭都莫得吃,困难呵,蛮作孽(意指困难,穷苦)呵!"

"那他家怎么被划成了地主成分呢?"毛泽东感到不正常,望着毛仙梅问。

"一开始,也就是解放后土改中,他并莫划,而是定的贫农。可是,后来有人公报私仇,说他家解放前有田产,几兄弟都上了学,属富裕户,就又给他改划了地主成分。"

"呵,是这样!"毛泽东再也没有作声了。

毛仙梅受人之托,想把事情办好,便催问了一句:"三弟,我也不知道事情该不该管,你能管就管一下,人家心里硬是有怨气呵!"

毛泽东点了点头。

日子过得真快,转眼将近一个月了。辛苦惯了的毛仙梅,横竖总觉得不是味道。那天吃过午饭,他便让人打电话找毛泽东的秘书,电话内容无非是坐不住,要见见"三弟"。

"三弟"很快安排了见面。毛仙梅坐下不多久就说:"这下我真的要回去了。"

毛泽东开着玩笑说:"是不是又丢了东西了?"

"东西倒莫丢,一颗脔心放在屋里(指老家)了。"

毛泽东乐呵呵地说:"锦城虽云乐,不如早还家啊,看来十哥是真想家了哟!"毛仙梅仿如周身不舒服似的说:"住在这个地方,热

位于韶山市韶山乡韶山村土地冲上屋场的毛泽东故居

是热闹,就是听不到猪叫鸡叫,心里不踏实,还是早点儿回去好些。"

毛泽东表示理解地点了点头。毛仙梅急着问:"三弟,你看我什么时候动身好些?"

毛泽东不急不慢地问:"北京都看完啦?"

"看完啦。"

"故宫去了吗?"

"去了。"毛仙梅不大以为然地说,"不就是一把椅子放在那里吗,我以为还可以看到皇帝爷哩!"

"真正看到了皇帝爷,只怕还要让你下跪磕头哟!"毛泽东幽默地说着。

毛仙梅说:"解放那阵子,韶山人说这一次江山就姓我们的'毛'姓了。不过那时候我就讲,三弟坐了龙椅,我就不想磕头。"

毛泽东仰头大笑,笑过之后,转了话题问:"十哥,你到过中国风景最好的地方吗?"

"哪里?"毛仙梅好奇地问。

"杭州。"

毛仙梅一辈子务农,大革命失败后,为躲避国民党的追杀流落外地,但也没有走出大山,更不敢去城里,可以说是没见过世面。他说:"我没有到过杭州,我只到过北京。路过长沙,街面是什么样子都莫看清白。"

"那好,你还先住两天,两天后,我要去杭州开会,你跟我一起搭飞机去吧。"

真没想到还拣了个搭飞机的便宜,毛仙梅喜不自禁。回到住处,他就将这消息告诉了同住在一起的毛泽荣。

两天后,他们果真坐上了飞机。

这飞机真大呀,像三间大堂屋那么宽敞。毛仙梅端端正正地坐着,好像怕自己身子倾斜,影响了飞机的平衡似的。

"泽荣老弟呀,这硬不是闹着玩的,你要抓紧两边的杆子呵!"毛仙梅嘱咐坐相还不太端正的毛泽荣。

这两位乡下客人还在紧张地互相提醒的时候,飞机就飞到了杭州上空。遵照毛泽东的嘱咐,飞机绕着西湖、钱塘江、六和塔等风景点的上空盘旋。毛泽东对毛仙梅说:"十哥,杭州到了,你使劲看吧!"

毛仙梅这才敢斜着朝下看,不过扶把上却留下了一抹汗水。

在杭州待了几天后,毛仙梅、毛泽荣又随毛泽东的专列,沿浙赣铁路到达南昌,再沿湘赣铁路到达长沙。

车近长沙,毛仙梅突然记起蒋浩然所托的那件事毛泽东尚未回音,便问道:"蒋浩然家划地主成分的事,你没忘记吧?"

"没忘记。"毛泽东从衣袋里掏出那封信,扬了扬说,"你看,我刚才还看了两遍呢!"

毛仙梅非常得意,托办的事,毛泽东没有忘记。

毛泽东说:"等下到了长沙,我会跟湖南的省委书记谈话,你就坐在我旁边,为蒋家多讲几句话。"

"省委书记也在场?"毛仙梅觉得有些不自在。

"十哥呀,主席的屋里你都是客人,省委书记的家里还不敢去?"毛泽东偏着头问。

"那不同呀。"毛仙梅认真地说,"主席是韶山人,哪个晓得他是何处人?"

"总不是外国来的吧?"和这位朴素的农民在一起,毛泽东的情绪总是很高。

专列缓缓地在长沙车站停住。毛泽东走下车，早有湖南省委领导在月台上迎候。当晚，毛泽东等人下榻蓉园，湖南省委书记周里等来毛泽东的住处汇报湖南的工作。毛仙梅也不声不响地坐在一边。

汇报的事情一件接一件，毛仙梅生怕毛泽东把那件事忘了，便插言道："主席，我先天跟你讲的那件事呢？"

正在汇报的湖南省委领导人，见一位乡下老倌子坐在毛泽东身边，而且冷不丁地插言打岔，不知道是怎么回事。正感到莫名其妙时，毛泽东对他说："周书记，韶山杨林有个蒋浩然，是个烈属，土改时划的贫农成分，现在又改划成了地主，不知是什么原因，他们家属意见很大，这个问题请你查一下。"说毕，毛泽东将蒋浩然的那封信递给了周里。

毛仙梅这才放了心，笑眯眯地跨出了房门。

毛仙梅这次硬是要回家了，想到自己去北方做客，却从南方归来，南北跑了一大圈，北京也住了这么几十日，可自己的困难，毛泽东一点儿也没有表示，还丢掉了一个烟袋脑壳和围裙。在和毛泽东告别时，毛仙梅的心里老想着这些事，又不好开口明讲。

毛泽东是一个精明人，自然十分明白毛仙梅的心思，但也不作声。临分手时，毛泽东对毛仙梅说："这里有一口箱子，里面有一点东西，算是三弟我的一点小意思，就送给你了。"

毛仙梅接过皮箱，不知道里面装的是什么家伙，他愣愣地看了很久。

警卫员走过来，帮毛仙梅提着箱子，将他送至长途汽车站，找好车号座位后下车走了。

毛仙梅回到家里，急匆匆地把皮箱打开，只见里面放着一床鸭绒被。毛仙梅心想：什么东西不好送，送这么个东西做什么呢？他再把被子打开，里面整整齐齐放着一叠钱，一数，有100元。再往下翻，那个久已不见的围裙，洗净烘干了叠着，还有那个烟袋脑壳，被擦得锃亮锃亮的……

不知为什么，毛仙梅的眼眶一下红了，眼泪不知不觉地掉了下来……

1963 年，正在打乒乓球的毛泽东（吕厚民　摄）

两个女儿

大女儿李敏

李敏，毛泽东的大女儿，小名娇娇。

1936 年冬天，贺子珍在陕北的保安生下一位千金。赶来贺喜的邓颖超看孩子长得又瘦又小，充满怜爱地说："真是一个小娇娇呀！"在一旁的毛泽东听到这，随即给孩子起了个小名"娇娇"。

1947 年，贺子珍带着大难不死的娇娇，从莫斯科回国，住在哈尔滨。娇娇用俄文给毛泽东写了一封信。

毛主席：

　　大家都说您是我的亲生爸爸，我是您的亲生女儿，但是，

1953 年 9 月，毛泽东与李讷一起看荷花（侯波 摄）

我在苏联没有见过您，也不清楚这些事。到底您是不是我的亲
爸爸，我是不是您的亲女儿？请赶快来信告诉我，这样，我才好
回到您的身边。

娇娇

毛泽东让人将一行行歪歪扭扭的俄文翻译后，哈哈大笑。他被
女儿天真、俏皮的话语感动了，马上写了封回信。

娇娇：

　　看到了你的来信很高兴。你是我的亲生女儿，我是你的亲
生父亲。你去苏联十多年一直未见过面，你一定长大了长高了
吧？爸爸想念你，也很喜欢你，希望你快快回到爸爸的身边来。
爸爸已请贺怡同志专程去东北接你了，爸爸欢迎你来。

毛泽东

毛泽东派人把13岁的娇娇接到了北京。对分别多年回到自己

1959年8月29日，毛泽东参加女儿李敏的婚礼（侯波　摄）

身边的女儿，毛泽东疼爱有加。娇娇的到来给了毛泽东很大的慰藉。一有空，他就牵着娇娇的手，一起散步，逢人便说："我家有个会说外国语的洋宝宝。"

"大哥叫毛岸英，二哥叫毛岸青，我为什么不跟着爸爸姓毛呢？"毛泽东用手拍着女儿的头说："娇娇，爸爸姓毛，这是不错的，但是为了革命工作需要，爸爸曾经用过毛润之、子任、李得胜等名字，爸爸特别喜欢李得胜的名字。"当毛泽东将其在转战陕北曾用过的"李得胜"这个化名，向李敏说明后，李敏一下子明白了爸爸给她取名的含义，脸上露出了满意的笑容。从此她成了毛泽东与贺子珍往来的信使，成了他们情感交流的桥梁。

1959年8月29日，23岁的李敏与孔从洲将军之子孔令华结婚。毛泽东亲自当了婚礼主持人，他高兴地举起酒杯，谈笑风生，脸上洋溢着喜悦。孔从洲夫妇、王季范夫妇、邓颖超、蔡畅、李敏的几个同学及部分工作人员，参加了他们简朴而温馨的婚礼。

婚后，因不为江青所容，小夫妻带着刚出生的孩子，搬出了中南海。打那儿以后，毛泽东与李敏也只见过几次面。一次是在陈毅的追悼会上，毛泽东拉着李敏的手说："娇娇啊，为什么不常来看看我呢？"李敏含泪点了点头。后来，李敏接到堂弟毛远新的电话，说毛泽东病重了。可这一次，江青只让她看了一眼，就把她赶走了。李敏最后一次见到毛泽东，是毛泽东去世的前几天。毛泽东吃力地说道:"娇娇来看我了,为什么不常来看看我呢?"李敏无言以对,只是默默地流泪。这时毛泽东已老泪盈盈,他艰难地打起手势,用右手的拇指和食指连成一个圆圈,说了一句话,但是李敏没有听清。毛泽东的这个手势表达的是什么意思呢?李敏后来懂得了,这是弥留之际的父亲,表示对母亲的怀念,因为母亲的小名叫"桂圆"。

小女儿李讷

1938年,45岁的毛泽东与24岁的左翼青年江青在延安结婚。婚后两年,他们生下了小女儿李讷。比起姐姐李敏来,李讷应该说是很幸运的,她是毛泽东、江青的唯一血脉。小时候,她和父母生活在一起,既有江青的关爱呵护,父亲又视其为掌上明珠。毛泽东不仅关心她的学习,还总是给她讲一些生活、做人的道理。乖巧的李讷,让毛泽东打心眼儿里喜欢。

长大后,李讷把毛泽东当父亲,也当知己,心里有话从不对他隐瞒。她知道父亲既希望自己成才,更渴望得到女儿的爱。她常给毛泽东写信,向他敞开心扉,诉说自己的欢乐和苦恼。

毛泽东和小女儿李讷在延安枣园(徐肖冰 摄)

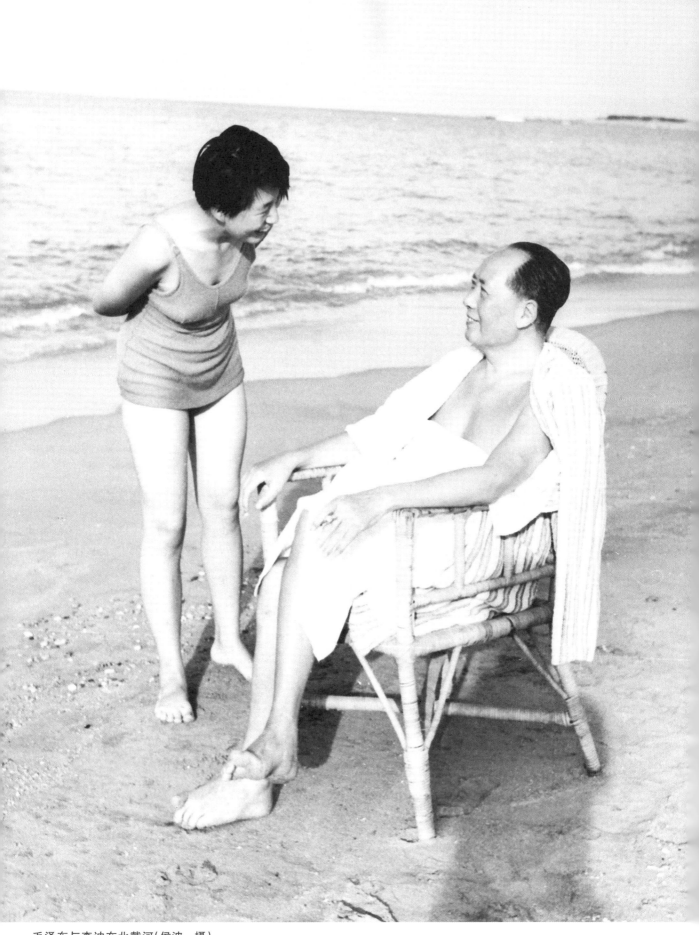

毛泽东与李讷在北戴河（侯波 摄）

李讷娃：

　　刚发一信，就接了你的信。喜慰无极。你痛苦、忧伤，是极好事，从此你就有希望了。痛苦、忧伤，表示你认真想事，争上游、鼓干劲，一定可以转到翘尾巴、自以为是、孤僻、看不起人的反面去，主动权就到了你的手里了。没人管你了，靠你自己管自己，这就好了，这是大学比中学的好处。中学也有两种人，有社会经验的孩子，有娇生惯养的所谓干部子弟，你就吃了这个亏。现在好了，干部子弟（翘尾巴的）吃不开了，尾巴翘不成了，痛苦来了，改变态度也就来了，这就好了。读了秋水篇，好，你不会再做河伯了，为你祝贺！

爸爸
一月四日

父亲的来信，充满了对女儿的怜爱、关怀。

从北京大学历史系毕业后，在江青的安排下，李讷到解放军报社当了记者。

在"文化大革命"大气候的影响下，刚刚来到报社仅三个月的李讷，干出了一件后来让她自己也很后悔的事。也因此，年轻的李讷一时间成了万众瞩目的人物。

毛泽东和他的两个女儿李敏（右一）、李讷（左一）在一起（徐肖冰 摄）

毛泽东和李讷在北京万寿路"新六所"（侯波 摄）

在下放江西五七干校时，李讷与徐宁结了婚。结婚仪式很简单，双方的家长都没有参加，后来江青因对徐宁不满，将他调离出中南海。从此，李讷与徐宁分开，虽然此时李讷已怀上了徐宁的血脉。

许多年后，在李银桥夫妇的介绍下，李讷又同师级干部王景清结婚。王景清忠厚老实，既会体贴人，也很会持家，他和李讷去监狱看过江青，江青对他很满意。

做一个普普通通的人，过像千千万万的人一样的生活。这位昔日的"公主"，曾经先后担任过中共平谷县委书记、北京市委副书记。李讷一家三口，目前过着普普通通的平民生活。李讷也经常以普通公民的身份，随着前来瞻仰的人群，缓缓地走进毛主席纪念堂。

看着父亲，李讷仿佛又回到了过去的美好岁月，仿佛又与父亲在一起……

李敏与李讷（钱嗣杰　摄）

在交往中内外有别

毛泽东与党外著名人士、艺术家、科学家相处十分融洽,但与党内同志交往,却威严而不拘礼节,直截了当

在那个年代里,中南海的中央领导人与党外著名人士、艺术家、科学家相处得十分融洽,弥漫着春天般的温馨气息。毛泽东在与他们的交往中,却很有特点,留下了许多佳话。

在交往中,毛泽东是论情论礼,很讲"朋友义气"的。

与党内同志交往,除非久别重逢,毛泽东很少表现出亲热,基本是威严而不拘礼节的,不掩饰好恶,不曲折违心,言简意赅,直截了当。

对党内同志,毛泽东也不搞迎客送客之类的礼节。他有躺在床上办公的习惯。有时国家、政府和军队的主要领导同志来向他请示汇报工作,他也不起身,继续批阅文件。有时他听了几句汇报后,才做个手势,"坐么,坐下说。"

如果毛泽东坐在沙发上,党内同志来了,他也基本上不立起身,只是做个手势让同志们也坐,坐下后有什么事就说什么事,闲话不多。

对于较长时间没见过的老同志,毛泽东要起身迎送握手,但是决不迈出门槛,除去人来时他正站在屋子外,否则他是不出屋的。对于兄弟党的同志也是如此。

20世纪50年代初,越南劳动党主席胡志明秘密来北京访问。那天上午,值班室电话铃响了,是周恩来打来的电话。

"主席起没起床?"周恩来问。

"没有。"值班人员回答。

电话那边略一迟疑,又问:"什么时候睡的?"

"早八点。"

"你能不能叫起主席。胡志明来了,有紧要事……"

值班人员来到毛泽东的卧室,叫醒他,帮他擦把脸,便跟随他来到颐年堂坐等。不到两分钟,周恩来陪胡志明边聊天边朝颐年堂走来。值班人员在门口小声说:"主席,来了。"毛泽东立起身,走到门口便停了下来,不再多迈一步。他等胡志明迈进门槛,才举臂握手。胡志明很热情,讲中国话:"身体好吗?"毛泽东点点头,"还行,你住得习惯吧?"两人就这样寒暄着来到沙发旁坐下。

谈话结束后,毛泽东送客到门口便停下来。胡志明由周恩来陪同离开颐年堂。

在工作人员的记忆中,有一次例外。那是1948年,粟裕从前线赶到城南庄参加军事会议,毛泽东迎出门外,同粟裕握手。粟裕显得恭敬、激动而又热烈。两人握手时间很长,毛泽东感叹地说了一声:"……17年了!"不知是17年没见,还是别的意思。毛泽东这一次破了例,所以给大家留下的印象非常深刻。

毛泽东似乎是有意约束自己,不要同某一个或某几个重要的党政负责人超出同志和战友的关系。同志关系就是同志关系。他尽量避免在同志关系上,夹杂过于浓厚的个人感情。比如他同周恩来,合作共事几十年,甚至他的衣食住行都无时无刻不得到周恩来的直接关心和照料:他住的房间多数是周恩来选择的;战争年代和非常时期,他走的路,周恩来常要先走一段看看是否安全；他吃的饭，周恩来时时要过问。他们的情谊应该说是深厚的。每当关键时刻，他总是信任地将大权交给周恩来。但是，在他身边工作过的人员，没听他对周恩来说过一句超出同志关系的私人感情的话。

这一切，与我们党的历史和现状不无关系。长期武装斗争，各解放区彼此隔绝，不得不各自独立作战，求生存，求发展，"山头"不少。正如毛泽东所言："党内无派，千奇百怪。"毛泽东是全党的领袖，自己不该有亲疏，也不能让其他同志感觉有亲疏。也许就是这个原因，他在党内同志中没有过多过深的私交。

这样一来又免不了生出另一种情况：许多同志，甚至相当高级别的领导干部，见到毛泽东，都是严肃恭敬，甚至表现出紧张、拘谨，不能畅所欲言。随着毛泽东威望的日益提高，这种状况也变得更加严重。也许这就是 20 世纪 60 年代末和 70 年代，形成某种程度的"家长制""一言堂"的根源之一。

彭德怀与毛泽东相交，带了浓厚的朋友味道。彭德怀说话举止真诚、随便、粗豪，敢笑敢吵敢骂。转战陕北时，全党早已叫惯了"毛主席"，唯独彭德怀偶尔还要直呼他一声"老毛"。彭德怀大概是党内改口最晚的一位。他与毛泽东谈话常常手势翻飞、声震屋宇，像打机关枪一样。于是，毛泽东也谈兴勃发，眉飞色舞，完全是老朋友"侃大山"的气氛。这种情况一直持续到庐山会议。庐山会议

1953 年，毛泽东在"契园菊园"赏菊，听契园老人介绍菊花品种（侯波 摄）

1958年3月，毛泽东在重庆（侯波　摄）

结束后,彭德怀再见毛泽东,就变得沉默寡言,甚至拘谨了。

　　陈毅另有一番特色，他每次见到毛泽东，都是脚后跟用力一磕,立正敬礼,"报告主席,陈毅前来报到！"或者是"主席,我来了。"毛泽东将手一挥,"坐么,坐下说。"于是,陈毅便粲然一笑,放开了。他一放开,毛泽东的屋子便热闹起来。他与毛泽东有诗词交往,这属于私交。在党内与毛泽东建立起深厚私交情谊的,大概只有陈毅了。陈毅又生性豪放、嗓门粗大,带有诗人那种特有的冲动和热烈的气质,说到高潮处就会手舞足蹈,并且伴随着激情洋溢的哈哈大笑，特别随便，特别富于感染力。陈毅是毛泽东所喜爱的人。20世纪70年代,毛泽东只参加过一次追悼会,就是陈毅同志的追悼会。

　　公开社交,比如游泳、跳舞等活动,毛泽东喜欢和青年人在一起,而且人多热闹为好。

1966 年 11 月 10 日，毛泽东在天安门检阅红卫兵（钱嗣杰 摄）

1974 年 5 月 11 日，毛泽东在中南海书
房会见巴基斯坦总理布托（杜修贤　摄）

1974 年 5 月 25 日，毛泽东在中南海书
房会见英国前首相希思（杜修贤　摄）